2015年度教育部哲学社会科学研究重大课题攻关项目"职业教育现代学徒制理论研究与实践探索"（15JZD046）

职业教育现代学徒制研究丛书

职业教育现代学徒制知识论基础研究

李 政◎著

中国财经出版传媒集团
经济科学出版社
Economic Science Press

图书在版编目（CIP）数据

职业教育现代学徒制知识论基础研究/李政著 . —北京：
经济科学出版社，2020. 12

（职业教育现代学徒制研究丛书）

ISBN 978 – 7 – 5218 – 2268 – 7

Ⅰ . ①职… Ⅱ . ①李… Ⅲ . ①职业教育 – 学徒 – 教育
制度 – 研究 – 中国 Ⅳ . ①G719. 2

中国版本图书馆 CIP 数据核字（2020）第 267827 号

责任编辑：孙丽丽 胡蔚婷
责任校对：隗立娜
责任印制：范 艳

职业教育现代学徒制知识论基础研究

李 政 著

经济科学出版社出版、发行 新华书店经销

社址：北京市海淀区阜成路甲 28 号 邮编：100142

总编部电话：010 – 88191217 发行部电话：010 – 88191522

网址：www. esp. com. cn

电子邮箱：esp@ esp. com. cn

天猫网店：经济科学出版社旗舰店

网址：http：//jjkxcbs. tmall. com

北京季蜂印刷有限公司印装

787 × 1092 16 开 21 印张 420000 字

2021 年 8 月第 1 版 2021 年 8 月第 1 次印刷

ISBN 978 – 7 – 5218 – 2268 – 7 定价：86. 00 元

目 录
Contents

第一章

职业教育现代学徒制的复兴之问

进入工业社会以来，技能人才队伍质量逐渐成为各国产业竞争力的重要因素。技能人才的有效培养也上升为解决民众就业和支撑产业转型与升级的政府行动。从 20 世纪逐渐兴起并深入发展的现代学徒制便是这一行动的主角。在欧洲、大洋洲、美洲、亚洲乃至非洲部分地区，传统的学徒制正在以一种新的形式注入各国职业教育体系之中，成为各国解决技能短缺、提升就业率和培养高技能人才的重要模式。这一转变发生在传统产业发展模式向现代产业发展模式转变的社会背景之下，并被冠以"现代"二字，以凸显这一人才培养模式的历史传承与时代特征。也正是学徒制在现代产业背景下的复兴，让我们对其育人价值产生了探索的兴趣。

"现代学徒制"统指所有以学校理论学习和工作场所学习交替安排为特点，基于制度化、特殊化的学习计划与稳定师徒关系的现代技能人才培养模式。由于各国经济社会发展的历史不同，包括政治派别力量的此消彼长、产业结构与生产方式的变迁、民族文化的不断融合与创新等在内的各种因素，都影响着各国职业教育体系的形成与发展。所以"现代学徒制"在各国的表现形式以及被赋予的名称都有所区别。但这并不能掩盖传统学徒制在现代社会的复兴趋势及表现出的共同特性。

第一节　世界各国现代学徒制的主要形式及其实施模式

在加拿大生活水平研究中心（CSLS）2005 年的一项研究中，研究人员比较了德国、法国、爱尔兰、澳大利亚等国的学徒制实践，将这些国家的学徒制系统分为北欧系统（Northern European systems）和盎格鲁撒克逊系统（Anglo－Saxon systems）①。这种划分以市场经济发展环境、制度规约与企业学校的参与情况等为维度，揭示了现代学徒制形成背后的主导因素和区域表征。除了这两种类型的国家以外，美国、日本以及一些发展中国家的探索也构成了现代学徒制本土化发展的成果体系。

一、北欧地区：以德国"双元制"为例

诸如全球化以及创新周期缩短等工作环境的变化，导致教育与工作的组织结构发生了巨大的变化。缺乏实际工作经验和相关的技能是欧洲当今"技能断代"的因素之一。当欧洲的 560 万名青年人找不到工作时，却有 36% 的企业急需招收工人②。为了应对不断增长的技能含量较高的工作以及社会再生产带来的劳动力问题，以欧洲各国为代表的西方国家在基于本国经济社会发展的情况之下，开始在本国的职业教育体系中探索新的人才培养方式③。以德国、瑞典等代表的北欧国家形成了高度发达的一段式"工学交替计划"（学徒制），即职业教育人才培养模式，这些国家普遍有重视职业教育与培训的历史传统，相关立法较为完善，企业参与职业培训的责任感与热情较高④。目前这种工学交替计划是发达国家，尤其是北欧地区发达国家最主要的技能人才培养形式⑤。在这一计划中，学徒大量的学习时间将在企业内完成。同时，他们也会交替前往培训机构以获得通识教育和职业教育，以及一些实操技能与关键能力的学习。欧洲职业培训发展中心将这种模式定义为"教育机构或培训中心与工作场所相结合的教育培训"。在德国、奥地利等北欧国家，这种工学交替计划被称为"双元制"。

德国的双元制可追溯至公元 9 世纪~13 世纪手工业行会中围绕学徒（apprentices,）、熟练工（journeymen）以及师傅（master craftsmen）所形成的严格的等级制度。工业化的不断推进使得手工业行会人才培养无法满足工业企业的需求，迫使工业企业建立了一套与行会学徒制体系相似的培训体系。1969 年，德

① Hilary Steedman. Apprenticeship in Europe：Fading or Flourishing？［R］. London：Centre for Economic Performance，2005：12.
② 欧盟委员会发布、孙玉直译：《欧洲现代学徒制》，中国劳动社会保障出版社 2016 年版。
③ Ines Herrmann，Philipp Grollmann，Felix Rauner. Introduction to W13：Rediscovering Apprenticeship-an Answer to Learning Enterprises［A］. Felix Rauner. Rediscovering Apprenticeship An Answer To Learning Enterprises ［M］. Bielefeld：W. Bertelsmann Verlag，2007：5.
④ 关晶、石伟平：《西方现代学徒制的特征及启示》，载于《职业技术教育》2011 年第 31 期，第 77~83 页。
⑤ Dual Apprenticeship Models in Bangladesh［EB/OL］.［2017－03－01］：http：//www. ilo. org/wcm-sp5/groups/public/－asia/－ro-bangkok/－ilo-dhaka/documents/publication/wcms_226501. pdf.

国为双元制立法，并形成了如今双元制的基本原则和实施框架。截至 2018 年，德国共有 326 个职业①通过双元制培养技能人才，2017 年共有 133 700 人通过双元制进入岗位②。除了护理和社会关怀两个行业以学校教育为主以外，所有的 12 个职业学科（vocational disciplines）都已被学徒制覆盖③。

在双元制中，企业是学徒最主要的学习环境。在这一环境中，操作技能、工作步骤（processes）、工艺流程（procedures）以及行为模式与态度都将在真实的工作情境中得到培养。无论是公办还是私营的培训机构（training institution，在德国一般为 Berufsschule），都将成为学徒的第二学习环境。在这里学徒可以以更高的效率获得部分职业能力。通过双元制培养出的学徒在进入工作岗位成为正式员工后，将只需要更短的时间进行入职培训，这样企业就能够更快地提升工作效率，员工也能够缩短获取更高薪资的时间。就实际执行过程来看，双元制拥有多种实施模式。通常情况下，学徒每周会有 4～5 天的时间在企业进行跟岗学习，1～2 天的时间脱产在培训机构中学习。学徒学习的内容由国家规定的学习框架和企业决定。法律规定，除特殊情况外，各个职业的双元制年限一般为 2～3 年左右，2 年期的占比 10%。调查也发现更多的职业倾向于 3.5 年的学制安排，这可能意味着职业日益复杂，对员工的能力需求不断提升，培训所需时间也不断增加④。德国双元制的学生完成率一般在 80%（如手工业）～90%（如公共服务业）之间。学生完成率在不同地区（东部地区相较于西部和南部地区偏高）和不同规模的企业（大型企业相较于中小型企业偏高）之间有所不同⑤。

二、英联邦地区：以英国"现代学徒制"为例

英联邦地区的学徒制体系主要涵盖了部分英联邦国家，如英国⑥、爱尔兰、澳大利亚等。相较于北欧国家强大的政府力量介入而言，这些国家的学徒制更多体现为

① 德国学界对"职业"的定义与我国不同。

② German Dual VET in Figure［EB/OL］.（2017 - 12）［2018 - 06 - 01］. https：//www.bibb.de/veroeffentlichungen/en/publication/show/8425.

③ An Architecture for Modern Apprenticeships. Standards for Structure，Organisation and Governance［EB/OL］.（2012 - 5）［2017 - 04 - 01］. http：//bildungsklick.de/datei-archiv/51719/memorandum_ - inap-commissionarchitecture-apprenticeship_may - 2012.pdf.

④ Towards a Model Apprenticeship Framework：a Comparative Analysis of National Apprenticeship Systems［EB/OL］.（2013 - 05）［2017 - 04 - 03］：http：//www.ilo.org/wcmsp5/groups/public/ - asia/ - ro-bangkok/ - sro-new_delhi/documents/publication/wcms_234728.pdf.

⑤ Datenreportzum Berufsbildungsbericht 2012［EB/OL］.（2013 - 3）［2017 - 04 - 02］. https：//datenreport.bibb.de/media2012/BIBB_Datenreport_2012.pdf.

⑥ 注：英格兰、苏格兰与威尔士的学徒制体系各不相同，这里只讨论英格兰。

一种"自助行为",即政府和企业都缺乏投入职业教育的意愿,主要的教育资源偏重于普通教育。这些国家的现代学徒制在20世纪机器大工业生产后期遇到重重阻碍甚至停滞不前。在20世纪70年代全球经济危机与产业变革的浪潮中,这些国家充分意识到本国严重的技能短缺与高失业率问题,并试图通过传统学徒制的现代改造以实现高技能的稳定供给和就业率的稳步提升。值得注意的是,这些国家的政府逐渐看到了现代学徒制在培养高技能人才和降低失业率上存在的显著价值,并开始通过加大资金投入、制定规范举措等方式加强管理,在提升学徒规模的同时保证学徒学习的质量。

英国的学徒制系统历史悠久,英国的行会体系曾经培养了大量的手工业者,并在近现代渗入了新兴行业如水管、造船、工程等领域。在20世纪60年代,英格兰地区拥有近24万名学徒,学徒学习年限可达7年,学习场所既包括工作场所学习,也包括在技术学院(technical college)学习。但是到了20世纪60年代,学徒制在实施过程中遇到了瓶颈,一方面,这种学徒制的培训效率较低,无法满足工业发展对技术技能人才的迫切需求,同时也不能高效率地解决失业问题;另一方面,学徒制无法适应那些新兴产业和职业对人才的需求。所以到20世纪80年代,学徒制的规模迅速萎缩至53 000名左右。但是取而代之的"青年培训计划"(Youth Training Scheme and Youth Training Program)并没有达到政府的预期目标,培训效果令人质疑。所以,从1990年起,政府开始着手对原有的学徒制体系进行改造,并在1995年正式推出"现代学徒制"计划。十多年来,现代学徒制经历了多次改革行动,并最终形成了目前的学徒制体系。

英国的学徒制体系包括三个类型或层级的学徒制:中级学徒制(intermediate level apprenticeships)、高级学徒制(advanced level apprenticeships)与高等(学位)学徒制(higher and degree apprenticeships)。中级学徒制指向NVQ中level 2的能力资格、岗位技能以及相关的知识学习资格。高级学徒制指向NVQ中level 3的能力资格、岗位技能以及相关的知识学习资格。高等(学位)学徒制则指向NVQ中level 4~7的能力资格、岗位技能以及知识学习资格,其中,level 4和5相当于高等教育资格或副学士学位,level 6相当于学士学位,level7相当于硕士学位。16岁以上的公民可以申请进入学徒制体系,学习期至少一年。学徒和企业之间达成的合同即为法律层面的保障,国家层面并未有相应的法律规章。现代学徒制采用产教结合的培训方式,实行工学交替的培养模式,每周学徒大约有1~2天在培训机构或职业学校学习理论知识,4~5天在企业接受实践能力培养,理论课与实践课的课时安排之比大约为3:7或2:8[①]。除此之外,学徒还需要

---

① 李赟、林祝亮、王泽文:《英国现代学徒制改革成效分析》,载于《职业技术教育》2015年第22期,第72~78页。

掌握个人学习与思考技能（PLTS），包括独立咨询、创新思考、有反馈的学习、团队合作、自我管理高效率参与。学习评价主要依托清晰的学习证据。同时，学徒必须要参加不少于 280 学时的指导性学习（GLH）[①]。值得一提的是，与德国等国不同，英国的学徒制凸显出以学徒为中心的特点。学徒拥有决定学习领域和学习方式的权利。它允许学生通过个人职业规划以及他们对劳动力市场变化的感知，自行建构技能与知识的学习配置。这一切都是通过学徒制"资格框架"得以实现的，学徒可以在核心资格与附加资格中进行任意选择和组合，其中核心资格包括数学、英语和信息技术，附加资格包括 GCSE（英国普通中等教育证书）、A - level 测试以及学位。这就有利于满足学生真实的学习需求，激发学生的学习兴趣[②]。

三、北美地区：以美国"注册学徒制"为例

北美地区的两个发达国家——加拿大和美国都曾是英国的殖民地。加拿大目前仍是英联邦成员国。受经济发展特点、殖民历史等的影响，这两个国家的学徒制在管理、利益相关方行动机制等方面与英联邦国家存在相似的要素和特征。但是在赢得国家独立后，北美地区的经济发展开始呈现出更为自由化、开放性的特征。两国学徒制的发展也表现出了独特之处。

从学徒制在北美地区的发展史来看，美国与加拿大的学徒制在 19 世纪就表现出了颓势。从 19 世纪中期开始，北美地区参与学徒制的男性学徒数量开始下降，且最终在美国和加拿大的劳动力市场中消失。而通过对蒙特利尔地区男性学徒在 19 世纪 50 年代前后 50 年期间数量变化的调查发现，导致学徒制消失的原因在于维持长期合同的困难以及大规模生产对于无技能（unskilled）劳动力需求量的增加[③]。在 20 世纪相当长的时间里，加拿大和美国通过移民政策而大批引进欧洲专业技术人才来满足各行业对技术劳动力的需求。在基础科学领域蓬勃发展和大规模生产方式普及的大背景之下，这种小批量、单独培养技能人才的方式一蹶不振。但是到了 20 世纪后半叶，随着西欧国家经济复苏和人口出生率的下降，加拿大和美国的欧洲技术移民大为减少，迫使两国开始探索本土化的技能人才培养模式。在这一背景之下，现代学徒制应运而生并逐渐受到两国政府的青睐和资助。

---

① Specification of Apprenticeship Standards for England ［R］. London：NAS. 2011：9 - 11.

② Françoise Le Deist，Jonathan Winterton. Comparative Analysis of Apparent Good Practice in Apprenticeship System ［R］. Toulouse：ESC. 2011：23.

③ Gillian Hamilton. The Decline of Apprenticeship in North America：Evidence from Montreal ［J］. *The Journal of Economic History*，2000，60（3）：627 - 664.

　　所谓"注册学徒制"，指的是经过注册的学徒按照既定的培训计划，在学校教师和企业熟练工人的指导下进行理论学习和技能学习，并在企业参加生产活动，达到要求获得相应资格认证并进入职场或寻求继续学习的制度。"注册"的过程等同于德国、英国等国的"合同订立"过程，旨在确保主管部门为学徒提供服务和保护。一般而言，注册学徒制拥有以下几个特点：（1）组织性，理论与技能的学习时间一年不少于 144 小时，生产活动时间也不少于 2 000 小时；（2）标准性，拥有一套服务于学徒训练的计划；（3）进阶性，学徒的工资会随着培训时间的增加而增加；（4）无歧视；（5）确保训练条件的完备。所以，所有的训练都是工作场所学习与学校教学的结合。通常，学徒一周的白天都在企业学习和工作，晚上或节假日前往学校（如社区学院、营业性职业学院等）学习，且学徒在岗学习和工作的时间超过 80%。与其他国家不同，美国注册学徒制往往从 15~19 岁青年群体中招收学徒。目前，注册学徒制已经涵盖了超过 1 000 个职业（occupation）。但其中很多所谓的职业是某一项工作（job）的一部分。由于美国学徒制训练是基于其手工业学徒制改造而来，所以在 20 世纪头十年里，建筑行业（如电工、瓦匠、管道工等）占据了学徒数量的半壁江山。此外，能源、交通、通讯、制造业、公共管理也拥有数量众多的学徒。

　　手工业时期的学徒制曾经为美国培养了大量的一线工人。但是自美国工业得到大规模发展以来，学徒制存在的根基被严重动摇。传统学徒制在美国的萧条开始于大规模公共学校的建立[①]。现代意义上的学徒制——美国的"注册学徒制"孕育于 20 世纪 30 年代的《国家工业复兴法》，形成于 1934 年的《国家学徒制法》，且各州在此法的影响下分别制定了自己的学徒制法规。美国历届总统都针对学徒制进行过改革。2014 年，在"重振制造业""再工业化"战略目标的指引下，奥巴马政府拨款 1 亿美元用以支持学徒制发展，并制订了一个宏伟计划——到 2018 年底，将美国的学徒总人数翻番至 75 万人，并且同时使学徒的种类更加多样化。到 2016 年，学徒人数已达 50 万人。奥巴马政府签署的 2016 财年支出法案中首次为美国学徒制设置了年度经费[②]。但是除去近几年来的增长，美国参与学徒制的学徒群体数量只占到全体劳动力数量的 0.3%，每年增长的劳动力数量中，也只有 4% 来源于学徒制培训体系[③]。研究指出：尽管在 2009~2010 年，年度新增培训计划数和新增学徒人数出现过短暂的波动和回暖，但注册学徒制在美国国内总体下

---

① Bernard Elbaum. Why Apprenticeship Persisted in Britain but not in the United States [J]. *The Journal of Economic History*, 1989（2）：337－349.

② 搜狐. 学徒制缘何在美国企业兴起：动机及成本收益分析 [EB/OL]. (2017－03－01) [2017－04－01]. http://mt.sohu.com/it/d20170301/127563327_468720.shtml.

③ Robert I. Lerman. Training Tomorrow's Workforce：Community College and Apprenticeship as Collaborative Routes to Rewarding Careers [R]. Washington：University of Washington，2009：12.

滑的运行态势依然显而易见①。有学者针对美国注册学徒制规模无法扩大、发展动力不足等问题进行了分析，例如美国缺乏行会文化与传统（Bernard Elbaum，1989）；大规模标准化生产不需要大量的技术工人（Gillian Hamilton，2000）；美国更注重基础科学和创新产业的发展，以及劳动力市场竞争过于充分，导致雇主不会向普通技能训练中进行投入，因为雇佣在其他地方接受过训练的劳动力会更具性价比（Nika Lazaryan，Urvi Neelakantan and David A. Price，2014）等。

四、发展中国家：以南非"学徒制"为例

相较于发达国家而言，现代学徒制在发展中国家的推广时间较迟，且应用程度不深。但是随着部分发展中国家产业承接转移和转型升级步伐的加快，学徒制逐渐开始成为本国重要的技能形成媒介。在印度、中国、南非等金砖国家以及印度尼西亚、埃及等近年来发展迅速的发展中国家中，不同形式的现代学徒制都在得到普及和运用。中国的工学结合人才培养模式类似于现代学徒制的实施模式，体现了理论与实践一体化教学的基本思想。但是在大规模标准化生产方式背景下诞生的"工学结合"人才培养模式在设计思路、实施过程等方面不能满足我国产业转型升级对高素质技术技能人才的新需求。印度农业承担了大部分劳动力的就业任务，但近年来经济的发展迫切需要劳动力向第二产业和第三产业转移。农业与制造业和服务业从业技能的差异造成了劳动力市场中巨大的技能鸿沟。据估算，印度在2022年需要培养5亿技术工人以支撑经济的发展②。所以自20世纪60年代起，印度着手大力发展学徒制。但学徒制在发展过程中也并非一帆风顺，其中一个突出的问题就在于学徒制的教学内容与产业需求相脱节③。

在一些欠发达地区，例如，坦桑尼亚、加纳、贝宁、尼日利亚，由于非正规经济（informal economy）的规模较为庞大且容纳了主要的就业人口，所以学徒制在这些国家通常以一种非正规的形式存在，称为非正规学徒制（informal apprenticeship）。这种学徒制往往以口头协议为基础，学徒在小微企业或手工作坊中跟随师傅学习技能。从学徒学习的内容、方式和运行机制来看，这种学徒制更像是传统学徒制的延伸和"翻版"，显然不属于现代学徒制的范畴，也不在本研究所

---

① 陈圆：《美国注册学徒制的演进轨迹与最新举措》，载于《职业技术教育》2015年第19期，第74~78页。

② ILO/MOLE Programme on Operationalization of Skills Development：Policy Paper［EB/OL］.（2011 - 12）［2017 - 04 - 02］. http：//www. ilo. org/newdelhi/whatwedo/projects/WCMS_123410/lang-en/index. htm.

③ Françoise Le Deist，Jonathan Winterton. *Comparative Analysis of Apparent Good Practice in Apprenticeship System*［R］. Toulouse：ESC，2011：105.

讨论的范围之内。但可以看出，正是由于这些国家产业结构的低端化，使得学徒制的表现形态与发达国家以及处于产业转型升级期的部分发展中国家有所区别。

南非的学徒制源于殖民地时期，在独立战争前曾因经济的振兴经历过短暂的繁荣。但这一时期的学徒制体现为传统学徒制的特点，种族隔离政策限制了技能的传播，学徒制和技工训练成为带有种族排外色彩的手工业联合会的特权。到了20世纪70年代，这种制度在实施过程中逐渐遇阻，并在20世纪80年代陷入危机。先前依靠外来移民的技能保障举措因为政治动荡、经济萧条而无法实施。同时，这一时期南非的经济结构开始发生变化，服务业发展逐渐占据主要地位，矿业、制造业等逐渐失去原有的优势。曾经占有学徒使用权的国有企业（SOEs）因经济规模的扩张和超出企业需求，而无法再支撑学徒制的发展。到了20世纪90年代，新的教育和培训体系更加关注在新经济所需要的技能创新人才的培养，对于原有的手工业学徒培养则不太关注。加之私有化进程的不断推进、国有企业在学徒培训上的萎缩、对经济衰退的低估以及对未来产业发展的错误估算，均导致学徒培养在21世纪前受到重创，从1975年的33 000人下降到2000年的3 000人。2006年3月颁布的"优先技能获取联合行动"（The Joint Initiative on Priority Skills Acquisition）认识到了学徒制在中等技能培养上存在的无可替代的优势。目前，南非形成了包括学徒制、先前学习认定（RPL）、徒工训练（Learnerships）和职业资格四种技工训练形式。

学徒制目前是南非四种技工培训方式中的一条路径。他要求学徒进行24~26周（约6个月）的机构学习以及80周（约20个月）的工作场所学习。学习的内容包括理论知识、操作技能以及真实工作场所的训练。进入学徒制学习的学徒需要年满15岁，但年龄不设上限，通常为18~58岁，平均年龄约为29岁。整个学徒的学习时间有2~4年不等，其中90%的学习时间用来学习操作技能，学习期间由一位经过资格认证的行业人员监督。剩下的10%的时间用来学习理论知识和行业层面的技术内容。目前，南非学徒制已经覆盖了机械工程、电子与电讯、无线电通信、建筑、汽车电工与机械、电气、制造、矿业、飞行、航空、园艺、食品加工、修建与喷绘等21个行业。且学徒群体中男性占到了79%，女性占比15%，另包括6%的未知性别人士。学徒制的管理工作和质量保障由教育与训练官方部门负责（SETAs）负责，INDLELA是行业强制测试的主要鉴定机构。①

可以看出，无论是西方发达国家，还是部分发展中国家，现代学徒制业已成为产业转型与升级背景下的主流人才培养模式。只是由于国情不同，现代学徒制

---

① A Technical Report on Learnership and Apprenticeship Population Databases in South Africa: Patterns and Shifts in Skills Formation [EB/OL]. (2012 - 01 - 01) [2017 - 04 - 05]. http://www.hsrc. ac. za/en/research-data/ktree-doc/9841.

在保有其核心要素与特征的同时，表现出了不同的形式。而各国现代学徒制的发展历史与当代实践也体现出了一些值得关注的特征。

第二节　全球现代学徒制复兴的特征

学徒制作为古代技能人才培养的主要方式，其地位是全球性的。也就是说，不论什么国家，在工业革命以前都是将这种传统意义上的学徒制作为本国技能传承与发展的中介。到了现代抑或是后现代社会，现代学徒制在全球主要发达国家和部分发展中国家的复兴再现了这种技能人才培养方式"全球同步变革"的态势。所以，无论是从时间这一横向的维度，还是从国别这一纵向的维度，我们都可以看到现代学徒制发展的基本脉络以及在当代呈现出的基本特征。

一、产业特征：现代产业背景下学徒制的复苏

产业发展对人才培养模式的影响是一个较为复杂的过程。但从历史的长河中，我们可以发现这样一个基本的发展规律：那就是学徒制经历了一个 U 型的发展过程（见图 1–1）。在传统手工业时代，由于生产规模小，生产技术水平低，生产效率也较为低下。手艺的代际传承主要是依靠具有人身依附关系性质的学徒制而完成的。学徒制在古代又被称为"师徒制""艺徒制"等，其实质就是一定年龄的学徒在通过口头或书面契约与师傅建立稳定的师徒关系后，依托师傅的言传身教，通过观察、试误、模仿等手段习得技能与学问的方式。在这种传统手工业的生产环境中，制造行为主要是依靠双手直接作用于自然，或以简单的工具为中介通过劳动改变自然物质的形态以满足人类生产生活的需求。从技能供给或提供的角度来看，技能本身是粗糙的、经验的，具有强烈的个性化色彩；且受诸多客观因素的影响，掌握这种技能的人并不多。手工作坊是这一时期的主要生产组织方式，客观上形成了以掌握技能的"师傅"为核心的技能派别，体现出了这一时期技能的封闭性与门派性。从技能需求或使用的角度来看，受制于消费者的数量与消费能力，市场上对于产品的需求数量与质量均处于低水平状态。所以这种产业形态①决定了技能内容的经验性、技能实施的情境性、技能传承的单一性以

---

① 产业形态是产业存在发展的外部形式，包括产业结构状态、产业链生态、产业活动质态以及产业发展业态等。

及技能拓展的限制性。而学徒制则能够满足古代技能传承的基本需求。学徒制的运行机制即为言传身教，学习的方式往往是"师傅演示—徒弟模仿和试误—师傅更正—徒弟修正与反复训练—师傅检验"。这种方式允许不可言传的默会性知识的传输，也强化了师傅作为技能占有者的主导地位与安全性。师傅与徒弟正是在具体产品制作的过程中实现了生产技能的代际传承，也极大地限制了技能扩散的可能性。在生产市场与消费市场都极为有限，以及生产技术含量较低的前提下，这种技能传承方式是可行的，也得到了官方的认可。所以在这一时期，学徒制处于鼎盛时期，是社会上主流的技能人才培养方式。

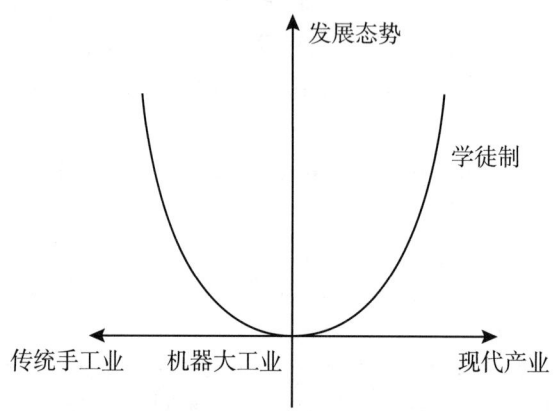

图 1－1　产业形态与学徒制发展的基本关系

注：本图选自徐国庆教授发表在《华东师范大学学报·教育科学版》2017 年第一期中的文章《我国职业教育现代学徒制构建中的关键问题》，有改动。

随着生产力的不断发展，技术水平的提升以及社会财富的增加，资本主义生产关系开始萌发，出现了以手工技术和雇佣工人分工为基础的手工工场这一生产组织形式。这是手工业生产向资本主义机器大工业过渡的准备阶段，也是传统学徒制社会性质变化的过渡阶段。这一时期，传统学徒制已经开始渗入雇佣与被雇佣的生产关系，"父子""师徒"层面的情感要素开始淡漠，作坊主与帮工学徒间的雇佣关系开始形成。分工式的工作组织形式与更先进的劳动工具的发明使原有的技能代际传承机制受到威胁。这一矛盾随着工业革命的到来而得到激化。工业革命带来的诸如飞梭、纺纱机、织布机、精密锉床等较为复杂的工具与机器的发明迫切需要操作机械的工人知晓相关的物理学知识[①]。而传统的学徒制无法进行系统、科学的知识传授，低效率的人才培养方式也无法满足工厂对大量技术工

---

① 李政：《职业教育现代学徒制的价值审视——基于技术技能人才知识结构变迁的分析》，载于《华东师范大学学报（教育科学版）》2017 年第 1 期，第 54～62 页。

人的现实需求。所以各类技术学校开始如雨后春笋般涌现，1823 年成立的伦敦技工讲习所、1827 年成立的曼彻斯特技术学校等都是人才培养模式发生变革的重要体现。在第一次工业革命初期，由于工匠的受教育程度有限，加之经验知识并未完全淡出生产一线，使科学与技术的关联性并不强①，这也间接导致人才培养模式的变革并不明显。但是第二次工业革命则在更大程度上破坏了学徒制"赖以生存的土壤"。19 世纪中叶后的第二次工业革命使得科学走在了技术发展的前面并成为技术发展的先导，开启了从近代工业技术向以科学为基础的现代技术的根本转变。究其原因，是由于当时工业领域所面临的技术课题，已经十分广泛和复杂，单凭娴熟的工艺，对于解决这些课题来说也已无济于事。因此，为了实现一系列技术上的突破，便只能求助于近代科学理论，只能让各种掌握了专门知识的科学家、工程师来充当主要角色②。而第三次科技革命的到来，更是将理论技术推向了技术活动的前沿，甚至占据了技术领域的核心位置。科学对技术的影响从未如此深刻。同时，由于以人所控制和改造的自然——第二自然——为对象的技术科学与工程科学（也叫应用科学）的产生和兴起，使科学与技术的界限模糊了③。

从第二次工业革命到第三次工业革命期间，学徒制的发展进入了"低谷"时期，这种低谷主要体现在两个方面：一是学徒制人才培养模式逐渐被学校职业教育的形式所取代。世界主要国家均建立了基于大规模生产与庞大分工体系的职业学校人才培养体系。这种基于学校的技能人才培养体系是随着产业发展层次的不断提升而诞生并确立其地位的：（1）企业生产规模的扩大。生产规模的扩大必然要求一线从业人员数量的扩大，尤其是在工业发展迅速的德国、英国等老牌资本主义国家尤为如此。学校职业教育形式可以高效率地培养技能人才，也就满足了大工业生产对从业人员在数量上的需求。（2）企业生产技术水平的提升。科学与技术的不断融合提升了企业生产技术的复杂性，迫使企业需要提升企业从业人员的教育水平以胜任岗位从业需求。职业学校的理论教学是替代传统学徒制的最佳选项。（3）企业生产组织方式的变革。泰勒制与科层制的管理体系使得技术占有群体出现了分化。纵向上，科层制使得企业的研发人员、工程人员与一线操作人员被严格的划分，且各自群体所从事的工作性质各不相同，这就使得大部分一线从业人员不直接从事复杂的、具有智力含量的工作任务，而只是不断扮演着低端

---

① 郭慧志、郭红燕、施凤丹：《大脑与手：从工业革命论科学与技术的关系》，载于《科学学研究》2007 年第 S2 期，第 178～183 页。

② 周友光：《"第二次工业革命"浅论》，载于《武汉大学学报（社会科学版）》1985 年第 5 期，第 103～108 页。

③ 远德玉：《技术是一个过程——略谈技术与技术史的研究》，载于《东北大学学报（社会科学版）》2008 年第 3 期，第 189～194 页。

劳动力的角色；横向上，泰勒制通过企业科学管理系统的设计以最大限度发挥每一位员工的潜能，专业化、标准化的生产允许一线操作人员的分工协作，且生产过程被分割成一个个简单的操作步骤。这就导致一线从业人员的技能呈现出低端化、分割化的状态。而这种技能的使用与组织方式完全可以通过大规模、标准化、高效率的学校职业教育实现，有些甚至只需要短期的职业培训即可完成上岗准备，长达数年的学徒制无法胜任，也没有必要。二是在仍然使用学徒制的部分国家，虽然学徒制仍然存在，但是失去了原有技能传承的基本精神。在"师徒制"教授学习中，师傅与徒弟总是分属于两个实践场域，单独进行教学，同台作业这一关键环节的丧失使其难以秉承应有的本色，而走向了异化[①]。更为严重的是，在资本主义生产规模不断扩张，而劳工权利无法得到保障的地区，学徒制俨然成为雇主剥削压榨工人的手段。在我国 20 世纪初民族资本主义工业短暂发展时期，这种现象比比皆是[②]。所以，在产业结构与形态发生重大变革的历史时期，受学校职业教育的冲击以及学徒制自身异化的影响，学徒制开始没落并逐渐失去其原有的影响力。但学徒制作为一种人才培养模式并未彻底退出历史舞台，无论是异化，抑或是在政治力量博弈中的改造，都没有抹杀这一模式在培养技术工人上所具有的独特价值。

进入 20 世纪后半叶，尤其是 20 世纪 70 年代的"石油危机"时期以来，各国开始反思建立在资源消耗与初级劳动力基础上的"经济繁荣"，并朝着绿色低碳、科技主导、可持续发展的高附加值产业转型。在这一转型过程中，产业本身的形态也随着各种要素的发展而发生了变革：（1）技术水平的提升与劳动力结构的分化。在科技水平不断提升的背景之下，技术开始渗透生产的每一个环节，一线从业人员的能力结构开始出现两极分化的局面：从事最低端劳动的人力资源逐渐开始被人工智能所取代，机械臂、小型机器人等开始被用于工厂的一线生产过程中；而普通员工则必须要摆脱过去从事低端劳动的基本模式，通过在岗学习等形式掌握先进装备、工艺的生产知识与技术，从而提升胜任岗位职责的能力。（2）生产组织方式的变化与工作内涵的外延。在生产性制造向服务型制造转变的过程中，服务在制造全过程中所占比重逐渐提升，生产不再是单一的标准性加工制造，而是融合产前、产中和产后的贯穿研发、设计、物流、供应、营销和售后的产业链条式制造过程。以快速成形技术、智能机器人技术、新材料技术、新一代信息技术等关键技术的成熟和产业化为基本特征，以此为基础的"大规模定

---

① 韩翼：《师徒关系结构维度、决定机制及多层次效应机制研究》，武汉大学出版社 2016 年版，第 13～14 页。

② 中共上海市委党史研究室 上海市总工会：《上海机器业工人运动史》，中共党史出版社 1991 年版，第 58～59 页。

制"成为未来制造业的基本方向①。未来的产业工人不仅仅活跃在工厂制造的第一线，还可能参与产品的设计、研发、营销乃至售后等各个环节。所以像日本一些汽车企业中的"生产岛"等新型生产组织开始取代原有的"流水线"式生产方式，员工必须在具备本岗位的职业能力的同时，还要了解岗位上下游环节的生产情况。甚至会参与到产品生产"微笑曲线"的两端环节——设计与售后。（3）消费模式的变化与工作对象的转变。在大规模标准化生产阶段，生产者面对的是设计人员的图纸以及根据图纸加工出来的商品。在消费水平提升的初期阶段，量产是维持企业生产利润与满足社会需求的主要途径。这种标准化生产虽然满足了社会不断提升的物质生活需求，但在达到一定程度后却失去了可持续发展的基本动力。当社会产品的供应量超过了社会产品的需求量时，卖方市场转变为买方市场，大众消费的主动权也将转移至消费者手中。在握有消费资本的消费者眼中，标准化生产的产品已经无法满足越来越流行的个性化需求。为了应对消费群体消费模式的转变，企业便需要着手将大规模标准化生产模式转变为大规模个性化定制模式，为企业寻求新的利润增长动力。新模式将一线从业人员的工作对象从产品本身转移到了消费者个体，因此需要一线员工不仅仅重视产品的生产与加工，更要重视产品在体现独特消费群体个性化特征上的差异化优势。在这些因素的影响下，无论是农业、制造业还是服务业，各个产业的发展形态都开始发生变化。以汽车制造业为例，20世纪初诞生的"福特"生产方式已经在20世纪末被"丰田"生产方式所取代，机器人已经被普遍运用到了生产线中，汽车定制化生产②已经初步实现等。

产业转型带来的是企业人才规格需求的转变，而这种转变也直接影响着人才培养模式的变革。现代学徒制便是这一变革的产物。从现代学徒制复兴的国别情况来看，现代学徒制主要是在大部分发达国家，以及部分经济处于较快发展阶段的发展中国家被大规模的普及和应用。从这些国家现代经济发展的历程上看，它们都面临一个共性的问题——现代产业变革。以德国、美国和印度为例。（1）德国。19世纪后半叶的"两德统一"与第二次工业革命为德国的经济发展注入了强劲动力，也迫使小作坊里的"能工巧匠"适应新的生产方法，从工匠转变为工业领域中的劳动力量。21世纪初德国电气电子和信息技术协会发布的德国"工业4.0"标准化路线图带来了职业内容、职业流程、职业类型等方面的变化。这也使工业发展对职业人才需求发生了变化，强调人才需求的"弹性化"。相应地，

---

① 罗仲伟：《中国制造业如何实现由大到强》，载于《社会观察》2015年第5期，第12页。

② 目前汽车定制主要还是消费者通过线上下单，自行定制车的外观颜色、内饰、配置选择。这还只是一种浅层次的定制化，没有涉及生产体系的变化，没有达到模块化生产的阶段，也并非大规模定制化生产。

德国"双元制"人才培养模式也在课程方案、考试制度、教育转换体系、法律法规等方面做出调整①。（2）美国。20 世纪初，在两次世界大战的刺激下，美国完成了工业化进程，并在 20 世纪 80 年代完全实现了现代化。但是从 20 世纪 80 年代开始，由于金融市场宏观监管漏洞频出，虚拟经济恶性膨胀，最终导致次贷危机的爆发。自 2009 年起，美国开始调整经济发展战略，在同年公布了《重振美国制造业框架》，2011 年 6 月和 2012 年 2 月，相继启动了《先进制造业伙伴计划》和《先进制造业国家战略计划》，实施"再工业化"②。也正是在"重振制造业""再工业化"战略目标的指引下，奥巴马政府在 2015 财年为"美国学徒行动"（American Apprenticeship Initiative）投入了 1.75 亿美元，并在收到阶段性成效后，于 2016 财年又投资了 0.9 亿美元用于扩展该计划。（3）印度。印度独立 100 多年来，第一产业在国内生产总值中所占比重持续下降，第二产业和第三产业所占比重持续增加，且第三产业的发展速度与质量高于第二产业，形成了不同于一般发展中国家产业结构演进的模式。也正是在产业结构调整时期，学徒制作为一种人才培养模式得到了推广应用并不断改进完善。1961 年颁布的《学徒制法案》正是因应独立后国内工业发展对技能人才的大量需求。但由于印度产业结构自 20 世纪 80 年代以来逐渐呈现出"三二一"模式的发展特点，从 1961～1991 年其工业劳动力仅上升了 0.5%，2000 年工业劳动力数量也仅恢复到 1987 年的水平③。第二产业在其国民经济中始终没有占据过主导地位，既没有超过第一产业，也没有超过以服务业为主的第三产业，尤其是以软件产业为代表的信息产业是拉动其国民经济增长的主力，也是印度国民经济的支柱④，所以学徒制在工业与服务业中的复苏之路并不顺利。近年来印度启动了"印度制造"升级版 2.0，将过去以"简化业务流程"为目的的制造业发展策略升级为以"技术、数字、创业"等为特征的全民运动，并通过《国家学徒制培训方案》（the National Scheme for Apprenticeship Training）等方式大力提高本国劳动力的技能水平。可以看出，这些国家的现代学徒制都在产业变革的浪潮中得到调整与发展，并根据产业发展的形态进行了调整和升级。

综合上述分析，我们可以看出，产业发展与人才培养模式间可能存在着一种影响机制（见图 1－2）：生产组织方式、技术水平、生产规模、消费方式等是影

---

① 谈毅：《工业 4.0 对德国二元制职业教育体系的冲击及其应对》，载于《职业技术教育》2015 年第 1 期，第 70～74 页。

② 《德国"工业 4.0"及其影响》［EB/OL］（2014－02－24）［2017－04－08］：http://cass.cssn.cn/xueshuchengguo/jingjixuebu/201402/t20140224_971515.html。

③ 任佳：《印度工业化进程中产业结构的演变——印度发展模式初探》，云南人民出版社 2011 年版，第 66 页。

④ 王丽：《印度经济发展方式转变的实证分析》，载于《南亚研究季刊》2009 年第 3 期。

响产业形态的若干要素，而一个产业在不同时期的不同形态将影响产业从业人员作为人力资本的内在结构，进而也就影响相应时期职业教育人才培养模式的建构。"古代时期的学徒制培养—近现代时期的学校职业教育—现代和后现代时期逐渐复兴的现代学徒制（学校与企业的双主体培养）"正是这一影响机制下所产生的结果。但是，上述关于这一关系的历史追溯只在宏观上描述了产业发展与人才培养模式变革的基本关系，并未回答现代学徒制与现代产业发展间可能存在的因果关系，而这也是本书需要回答的问题。

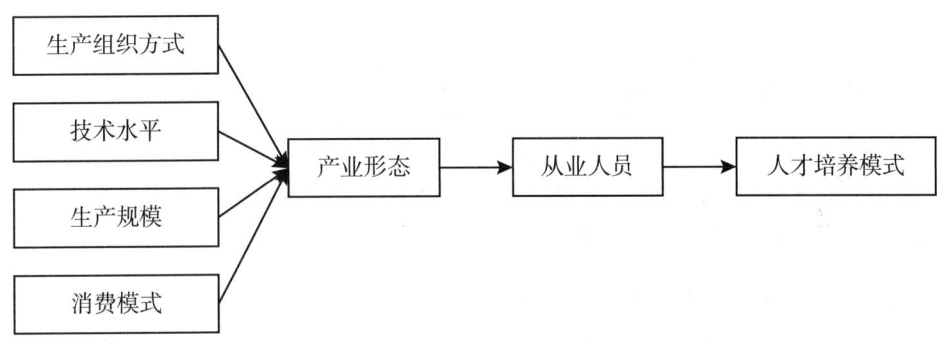

图 1 - 2　产业形态与人才培养模式关系图

二、职业特征：现代学徒制覆盖了多个产业中的多个职业

考察实行现代学徒制的各国，可以看出现代学徒制已经应用于本国多个产业中的多个职业/职业领域。

自 1980 年起，服务业快速成长为德国雇佣系统中的主导性角色。相应地，自 20 世纪 90 年代中期起，学徒制中服务业的合同比例迅速增加，在 2013 年已经占所有合同数量的 59.5%[1]（见图 1 - 3）。2018 年已在双元制中注册的职业有 326 个，且每年都会有新增和淘汰的职业。其中，最受欢迎的双元制训练职业为销售助理（24 993 个训练合同），其次是仓库管理（5 718 个合作合同）、机器生产操作工（3 351 个合作合同）、酒店服务（2 280 个合作合同）与邮政快递（1 407 个合作合同）。在 2005 ~ 2014 年，共有 155 个训练职业被更新，包括 131 个现代化改造后的训练职业以及 24 个新设职业[2]。

---

① BIBB. *VET Data Report Germany* 2015 ［R］. Bundesinstitut für Berufsbildung, 2016：50 - 51.
② BIBB. *VET Data Report Germany* 2015 ［R］. Bundesinstitut für Berufsbildung, 2016：53.

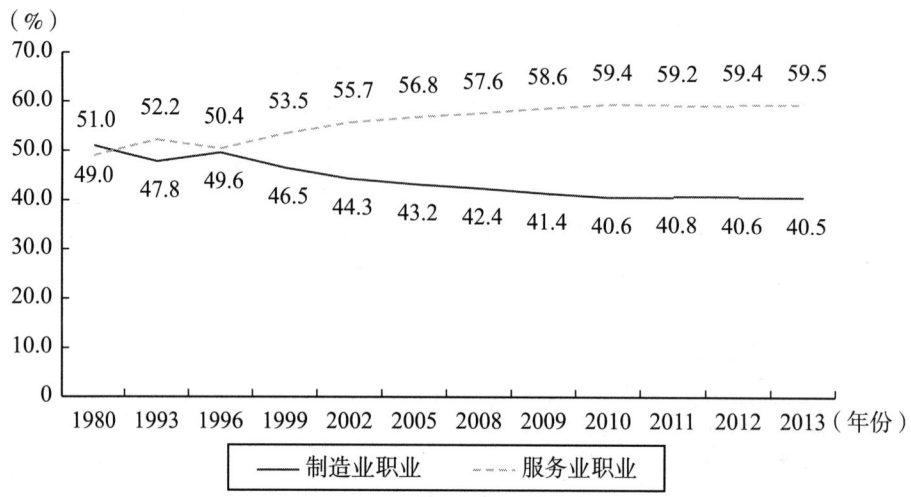

图 1 - 3　德国实施"双元制"的职业中服务业与制造业占比情况

资料来源：德国联邦职教所：《2015 年"双元制"发展报告》。

在英国，实施现代学徒制的职业数量也相当可观。截至 2017 年 7 月，已经有超过 538 个职业实施了现代学徒制，且现代学徒制学习标准①已经或正在被开发。有超过 1 200 个大、中、小型企业被纳入学徒制培训体系之中②。参与学徒制培训的行业包括农业、环境与动物养护、商业与管理、畜禽养殖、儿童关怀与教育、建筑、创意与设计、电子、工程与制造、美容美发、健康与科学、法律财经与会计、安全服务、销售营销与采购、社会关怀、交通与物流等 16 个行业，全面覆盖第一、第二和第三产业的大部分职业。

澳大利亚新学徒制同样覆盖了职业标准（ANZSCO）中的大部分职业（见表 1 - 1）。此外，澳大利亚根据国家技能需求程度设立了"国家技能需求列表"。国家技能需求清单列出了被认定为国家技能短缺的传统行业。这份名单是根据澳大利亚教育部、就业和职场关系部门详细的劳动力市场调查和分析得出的（见表 1 - 2）。

---

① 学徒制标准是现代学徒制招生招工以及考核的重要文件，它全面描述了学徒在某一个职业/行业中所需要的技能、知识与行为，以及他们在完成学徒制学习时的质量标准。

② Apprenticeship Standards：List of Occupations Available ［EB/OL］. (2015 - 10 - 5) ［2017 - 04 - 07］. https：//www. gov. uk/government/uploads/system/uploads/attachment _ data/file/628714/Apprenticeship _ standards. pdf.

表1-1 　　　　　　　　　　**澳大利亚新学徒制职业列表**

职业群 （非贸易性 职业）	管理类 首席执行官、总经理和立法者、农民和农场经理、专业经理、酒店、零售和服务经理 专业人士 艺术和媒体专业人士、商业、人力资源和市场营销专业人员、设计、工程、科学和运输专业人员、教育专业人士、卫生专业人员、ICT专业人士、法律、社会和福利专业人士 社区和个人服务人员 健康和福利支持工作人员、护理人员和助手、酒店员工、防护服务人员、体育和个人服务人员 文书和行政人员 办公室经理和项目管理员、个人助理和秘书、一般文员工作、调查人员和接待员、计算行业职员、文书和办公室支持人员、其他行政人员 销售人员 销售代表和代理商、销售助理和销售人员、销售支持人员 机械操作和司机 机器和固定设备操作员、移动设备运营商、铁路司机、仓储员工 劳动者 清洁工和洗衣工、建筑和采矿工人、工厂生产工人、农场、林业和园艺工人、食物准备助理、工人
职业群 （贸易性 职业）	工程、ICT与科学技术、汽车和工程行业工人、建筑行业工人、电技术和电信行业工人、食品行业工人、熟练的动物和园艺工人、其他技术人员和工人、理发师、印刷行业工人、纺织、服装和鞋类贸易工人、木材交易人员、杂工和贸易工人

资料来源：Apprentices and Trainees 2015 Annual Report［EB/OL］.（2016 - 02）［2017 - 05 - 04］. https：//www. ncver. edu. au/_ data/assets/word _ doc/0026/60488/Apprentices-and-trainees - 2015 - annual - 2880. docx。

表 1 - 2　　　　　　　　　　澳大利亚国家技能需求列表

空调和机械服务管道工、空调和制冷机、飞机维修工程师（航空电子设备）、飞机维修工程师（机械）、树艺家、汽车电工、面包师、黏合和修整、造船工和修船工、砖匠、屠夫或小商品制造者、细工木匠、瓦匠、木匠和细木匠、烹饪、柴油汽车修理工、排水、电子设备行业技术工人、电工（通用）、电工（特殊类）、电气接线员、纤维粉刷工、钳工（通用）、装配与车床工、钳工和焊接工、地板修整器、家具修整器、煤气工、装玻璃、理发师、庭园美化师、电梯技工、锁匠、金属加工、金属机工、运动力学（通用）、摩托车机械师、光学技工、绘画交易工、钣金工、糕饼师傅、摄影筹划、水管工（通用）、压力焊机、打印机械师、屋顶水管工、屋顶镶面、丝网印刷、修剪工、招牌制作、小引擎机械师、固体粉刷工、石匠、电信接线员、电信技术人员、工具制造者、家具商、健美运动员、车辆画家、汽车机、墙与地板贴板、焊接工、木材机械师

资料来源：National Skills Needs List［EB/OL］.（2015 - 07）［2017 - 05 - 06］. https：//www. australianapprenticeships. gov. au/sites/ausapps/files/publication-documents/fact _ sheet _ - _ about_the_national_skills_needs_list_july2015_final. docx.

　　从这些职业列表中可以看出，参与学徒制人才培养的行业/职业在整体上可以被大致划分为两大阵营：传统行业/职业，以及现代行业/职业。传统职业被描述为几代人的职业，植根于风俗和实践，专注于维持生计的经济、殖民和工业革命，例如，从事农业和手工业的职业，包括从编织到建筑的各种工艺。但这是否意味着所有的旧职业都被认为是传统的？尽管像医学、教学、酿酒、政治和音乐制作这样的职业已经被实践了几个世纪，但因为制度框架和技术的新颖性，它们被认为是现代职业。专业医学和计算机辅助设计使人联想起职业本身的现代性，尽管这些都是具有现代支撑结构和脚手架的古老职业。传统的职业往往与传统的执业模式结合在一起。"旧"和"新"指的是一个按时间顺序的时间轴，而现代性和传统则是更复杂的概念，指的是嵌入的价值观和意识形态、生产技术、知识体系、机械化程度，以及与资本主义生产和营销模式的整合①。所以学徒制从传统到现代的转变，也是职业从传统到现代的转变，是传统职业，或者说原型职业，在价值观、生产技术、知识体系、消费模式等的变化下的现代化变迁。在这一变迁过程中，一部分职业因为失去了生存的土壤而被迫退出历史舞台；一部分职业在传统发展的土壤中找到了新的生存方式，从而实现了蜕变；还有一部分职业，虽然追根溯源也可以从人类生产生活的细节中找到原型，但是由于缺乏职业的要素而不能被认为是从传统职业中生发而出，这类职业本身具有与现代社会相

---

① Ratnam，A.. Traditional Occupations in a Modern World：Implications for Career Guidance and Livelihood Planning［J］. *International Journal for Educational and Vocational Guidance*，2011（2）：95 - 109.

匹配的新职业特征（见图1-4）。

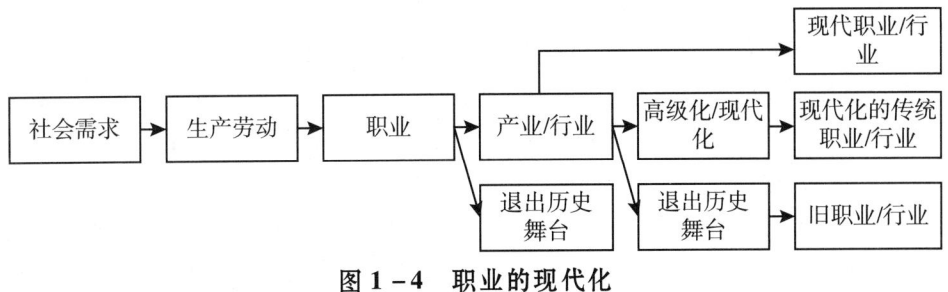

图1-4 职业的现代化

结合第一条特征的描述，我们可以将这些实施现代学徒制的职业划分为两类：现代化的传统职业，以及在现代社会中诞生的全新的现代职业。

（一）现代化的传统职业

现代化的传统职业是具有现代支撑结构和"脚手架"的古老职业。这些职业本身在传统社会中存在原型，在社会发展的进程中受到技术水平、消费模式、价值观念等的影响，形成了与现代社会发展相融合的，服务于现代人类生存与发展需求的新状态。金属加工类职业就是一个典型的例子。在古代，从事金属加工职业的人主要通过石型铸造、泥型（古称陶范）铸造、金属型（古称铁范）铸造、失蜡铸造和砂型铸造[1]等方式铸造金属器材，所使用的铸造工具和工艺较为传统和粗糙。铸造出的产品也往往为社会上层阶级所享用。到了近现代，金属加工这一职业不仅继续存在，其铸造工艺和工具也逐渐更新换代。同时由于消费阶层的下移，以及对金属消费量和种类的大幅度增加，金属加工的职业不断细分，形成了从产业链上端的采矿选矿，到产业链中端的各类金属加工，再到产业链下端的金属制品销售和创新的庞大的职业群。除此之外，定制化生产、智能化生产也开始渗透金属加工企业，深刻地影响着行业内的职业体系。可以看出，在实施现代学徒制的职业中，现代化的传统职业占据着相当大的比重。除了这类职业本身在职业群体中占据较大比重以外，另外一个可能的原因在于这些职业的原型——传统职业往往都是通过传统学徒制培养人才。由于构成职业的知识体系、技术水平、价值观念等的不断更新，胜任职业的能力结构越发的复杂，传统学徒制培养的优势无法全部满足职业能力的培养。而现代学徒制继承了传统学徒制在技能传承中的某种优势，并将其与现代学习方式相结合。但是这种解释是否合理，还需要本书的进一步验证。

---

① 聂小武：《中国古代的主要铸造技术》，载于《金属加工（热加工）》2008年第9期，第52~54页。

（二）现代职业

所谓现代职业，指的是基于新生产方式、新技术成果、新消费模式等而发展而来的，满足现代社会生产生活需求的职业。这类职业的特点在于缺乏传统职业的发展土壤，完全是由现代科技革命、产业变革、消费变革、政治变革等影响和带来的。尽管这类职业在传统社会中可能会找到活动原型，但是由于缺乏职业性，即并未被作为一种职业而存在于社会发展的系统当中，故不能称之为传统职业的现代化。信息技术类职业是这类职业的典型代表。信息技术产业的根基在于计算机技术和通信技术，而这两者都是在第三次科技革命后才逐渐发展起来的，在古代与近代社会，信息技术缺乏其存在的技术保障、消费模式保障、社会需求保障以及知识体系保障。除此之外，诸多新兴服务类职业也属于此类职业。

需要指出的是，对现代职业与传统职业的现代化的划分目的是明晰和进一步验证职业教育现代学徒制所生存与应用的环境——现代性，同时也为后续选择相应的职业作为研究对象提供理论依据。但这种划分并非绝对的"非此即彼"。正如前面所言，职业本身处于从旧到新的渐进变化之中，有些职业尽管存在传统职业的生存土壤，但是由于技术水平、设施装备、社会需求等的巨大变化，使其已经和传统职业不可同日而语，职业内部的传承特征也被淡化（如客栈服务与酒店服务）；而有些职业尽管无法找到其在传统社会中的职业源头，但是其所拥有的部分职业元素却与部分传统职业高度重合，甚至是直接继承（如古代画师与平面设计师），所以在现代化的洪流中，仍然存在且处于发展中的职业均带有其"现代性"的印迹，都可以被纳入研究的范围当中。尤其是那种从传统向现代转变的职业，其人才培养模式的转换更能够说明一些深层次的问题。

三、模式特征：学校本位与工作场所学习的多样化交替

无论是哪个国家的现代学徒制，其实施模式都包含了学校本位学习与工作本位学习两大领域，并辅之以不同的交替模式。

在现代学徒制中，工作场所学习的重要性被摆在了十分重要的位置。关于工作场所学习，从职业教育与成人教育两个视角出发，可能会得出不同的认识和看法，例如，马西克（Marsick，1987）认为工作场所学习是个人或团体获取、解释、重组、改变或吸收相关信息、技能和感觉的一种方式，同时它也是人们在个

人和共同的组织生活中建构意义的主要方式①。而霍利迪和雷塔利克（Holliday and Retallick，1995）则认为"工作场所学习"指的是员工和员工群体在特定的工作环境下进行的学习过程和结果②。里拉特（Rylatt，1994）则认为工作场所学习是一种持续的、高杠杆的员工发展过程，它与组织的商业成果保持一致③。但是无论何种定义，它们对工作场所中所具有的这种独特的、正式或非正式的学习方式予以了客观的承认。埃劳特（Eraut）④、黑格（Hager）⑤ 等的研究都证明了学校的正式学习（学习的标准范式）所得到的知识无法很好地转移到工作场所过程中，工作场所学习（学习的生成范式）有其独特的开端、方式与结果。同时在工作场所学习中，师傅扮演着关键的指导角色。例如，比利特（Billett，1994）认为从认知心理学的角度，工作场所中的技术熟练者包含一些特定的品质：如（1）知识（事实、主张、概念命题），也就是命题知识；（2）了解如何去做（技巧、技能、确保目标的能力——具体的和一般的），也就是程序性知识；（3）属性和相关的工作技能。职业教育和培训的目标就是在特定领域内发展这些知识类别⑥。而学徒学习的方式正是"模仿→指导→脚手架→消退"的过程⑦，师傅在各个环节扮演着不同的角色。而学校本位学习被认为是现代学徒制与传统学徒制相区别的重要特征。也是现代学徒制"现代性"的显著体现。

2013 年成立的"欧洲学徒联盟"使 24 个欧盟国家达成了一致，规定学生在工作场所的学习时间应达到其总学习时间的 50%。但是该规定在各国实施的差异很大。德语国家——奥地利、德国与瑞士拥有高度发达的一段式双元制职业教育体系。德国的学徒制实施模式为每周 1~2 天的职校普通文化课学习以及 3~4 天的企业培训。但是有时为了配合企业工作的连续性，学校也会以集中授课的形

① Marsick，V. J.，*New Paradigms for Learning in the Workplace*［M］//Marsick V. J.（Ed.），Learning in the Workplace，Croom Helm，London，1987：11 – 30.

② Holliday，R. and Retallick，J.，Workplace Learning：Module 2 – The Workplace as a Place of Learning［EB/OL］.［2017 – 05 – 11］. https：//learn. canvas. net/courses/1247/pages/module – 2 – learning-objectives.

③ Rylatt，A.，*Learning Unlimited*：*Practical Strategies and Techniques for Transforming Learning in the Workplace*［M］. Business and Professional Publishing，Sydney，1994：10.

④ Eraut，M.. *Transfer of Knowledge between Education and Workplace Settings*［M］//H. Rainbird，A. Fuller，& A. Munro（Eds.），Workplace Learning in Contex. London：Routledge，2004a：201 – 221.

⑤ Hager，P.. *The Conceptualization and Measurement of Learning at Work*［M］//H. Rainbird，A. Fuller，& A. Munro（Eds.），Workplace Learning in Context. London：Routledge，2004：242 – 258.

⑥ Stephen Billett，Situating Learning in the Workplace – Having Another Look at Apprenticeships［J］. *Industrial and Commercial Training*，1994（11）：9 – 16.

⑦ Collins，A.，Brown J. S. and Newman，S. E.，*Cognitive Apprenticeship*：*Teaching the Crafts of Reading，Writing and Mathematics*［M］//Resnick，L. B.（Ed.），Knowledge，Learning and Instruction，Essays in Honour of Robert Glaser，Erlbaum & Associates，Hillsdale，NJ，1989：453 – 494.

式连续几周进行教学，以保证学生在企业接受更为系统性的培训①。丹麦则是采用按周交替的方式，首先进行 20～60 周的基础文化课教育，然后将工作场所培训和专业课程，以周为单位按照一定比例进行交替，交替的比例因专业的不同而不同②。在英国的现代学徒制中，约 2/3～1/2 的时间在企业接受培训，约 1/3～1/2 的时间在职业学校学习；学徒每周 1～2 天在职业学校学习理论知识，4～5 天在企业实践学习，理论课与实践课课时之比约为 3∶7 或 2∶8。

美国的注册学徒制始终将"现场操作"和"理论学习"有机结合，两部分内容分别由企业雇主与社区学院等职业学校实施。就其培训模式而言，美国的注册学徒制在传统的、基于时间的基础上，增加了基于能力的培训模式③。学徒每年要完成不少于 2 000 小时的现场培训和 144 小时的理论学习。以美国建筑业注册学徒制为例，在美国建筑业的注册学徒制中，学徒每年需要完成至少 2 000 个小时的在岗训练以及至少 144 小时的教室内理论学习。通常的实施模式为学徒在每周的几个工作日后于晚上前往相关的学习机构（如社区学院或技术学院）参与理论学习。这种学习从秋季开始，在春季末尾结束。负责教学的为具有丰富实践经验的高级技术工人或导师④。

澳大利亚现代学徒制的特色在于其"基于学校"（school-based）的模式。在"基于学校"的学徒制中，参与学徒制的学校学生可以在一份正式岗位中进行兼职工作。兼职工作的时间可能是在学校学习时间之外，亦或者在学校学习时间内，一周一天。雇主将以兼职工作为中介与学生签订培训合同。这份培训合同还包括了职业教育的提供者——如 TAFE 学院或私立培训机构。大部分时间里，学校会扮演主要的训练提供者角色，但有时训练会完全在工作岗位上实施，此时训练的提供者（学校）有义务监督训练全过程并给予评价。除了职业技能训练以外，学生还需要承担普通中等教育科目的学习。这种普通科目的学习既可以作为职业资格证书评价的重要依据，也可以作为其升入大学学习的参考依据⑤。

现代学徒制具备的这三大特征，一方面说明了学徒制的现代化发展在各国有着不同的表现，另一方面更说明了现代学徒制在全球工业发达国家及部分发展中国家兴起的客观事实。我们不禁要问：为什么产业的变迁会导致现代学徒制这种人才培养模式的出现与不断变革？传统学徒制为何被用于现代产业人才的培养？

---

① 王宇东：《德国双元制职业教育研究》，辽宁师范大学硕士学位论文，2010 年。

② 郭宏伟、米靖：《丹麦学徒制课程体系探析》，载于《职教论坛》2017 年第 15 期，第 91～96 页。

③ 武炎吉：《美国：不断创新的注册学徒制》，载于《上海教育》2016 年第 14 期，第 38～40 页。

④ Robert W. Glover, Cihan Bilginsoy, Registered Apprenticeship Training in the US Construction Industry [J]. *Education & Training*, 2005（47）：337 - 349.

⑤ Erica Smith, Lou Wilson, School-based Apprenticeships and Traineeships in Australia [J]. *Education Training*, 2004（2）：64 - 74.

在解决现代产业技能供给问题上，现代学徒制到底发挥出了什么样的作用？而这些关切实质上都指向了一个核心问题：现代学徒制在培养现代产业背景下合格的一线从业人员上有何价值？

现有研究已表明，现代学徒制对于促进经济发展、降低失业率、提升培训质量、提高员工的忠诚度等方面的确存在显著的作用。但是这些研究并未深入现代学徒制这一人才培养模式的内在机理之中。而如果不深入现代学徒制运作的内在机理之中，不去解构不同产业中现代学徒制的育人特征，就不能在元研究的层面证明现代学徒制对于技能供给侧改革的重要价值。将现代学徒制的价值研究回归到"人"这一根本的核心要素，是进一步推进现代学徒制研究的必然之路。那么我们究竟如何从"人"的视角去探寻现代学徒制的育人价值？这就涉及如何理解"人"和解构"人"的问题。

第二章

理论基础与扎根理论研究设计

研究现代学徒制的育人价值，必须要回归到现代学徒制的服务对象——"人"这一层面上。具体到实践当中，则指的就是企业一线员工。由于现代学徒制的目标是为现代产业培养合格的一线员工，他们是企业技术技能人才的主力军。所以为了回答"现代学徒制是否具有现代产业背景下的育人价值"这一问题，我们就要从现有的、合格的一线员工入手，以知识论为视角，通过对这一群体的深度解构，并将其与现代学徒制的育人机制进行对照和匹配，考察现代学徒制能否提供相应的基础性条件，进而回答现代产业背景下的现代学徒制是否满足技术技能人才的培养需求。

第一节　理论基础：对知识与知识类别的认识

一、实用主义认识论及其对"知识"的界定

到底什么是"知识"？广义上的知识，或者说知识的本质到底是什么？如何鉴定一种陈述或一种信息是不是知识？关于这些问题的争论，可谓从古至今纷繁不休。前苏格拉底学派关于知识的认识是较为原始的，米利都学派的"气"、毕达哥拉斯学派的"数"、赫拉克利特的"火"、克塞诺芬尼的"神"、恩培多克勒

的"流射说"、德谟克利特的"原子论"以及普罗泰戈拉的"人是万物的尺度"等，都是人类对知识本源的最淳朴的探索。巴门尼德最早提出了真理与意见的区分，即感性认识与理性认识的区分①。到了苏格拉底与柏拉图，对于知识的探索则有了质的飞跃。苏格拉底的"产婆术"强调应将知识从人的灵魂中"接生"出来，他认为知识的对象是绝对的美和善，即普遍的定义、本性或本质。知识是最能支配人的行为的美好东西②，进而认为"美德可教"。柏拉图则首次提出了关于知识本质的明确定义，他在批评泰安泰德"知识即知觉"的论断后，提出了知识就是证实了的真的信念（knowledge is justified true belief）这一著名论断③，这一论断在此后的数千年里仍然具有重要的指导意义。直到 20 世纪 60 年代"盖梯尔问题"的提出，才开始对这一论断提出了质疑。柏拉图的这一观点得到了诸多西方哲学家的赞同和发展，笛卡尔的对感觉经验所持的怀疑态度、斯宾诺莎的"几何学"探索、莱布尼兹的"单子论"以及康德等都将知识构成中的逻辑成分和理性作用放在了更为重要的位置上。与这些理性主义认识论相对的便是经验主义认识论。经验主义反对任何先验的概念，认为所有的知识都是来源于感官对外部世界的反映。培根和洛克是经验主义的代表性人物。培根的归纳法与实验法，洛克的"白板论"都认为先验的概念是不存在的，人类必须由感觉经验通过归纳的方式获得一般理解。经验主义与理性主义的这种对峙持续存在，并在 19 世纪末 20 世纪初期迎来了实用主义的调和。

实用主义诞生于美国本土，以杜威和詹姆斯为代表。实用主义认识论以"行动"为中心，将经验与理性统一起来，抛弃了主体与客体、理性与经验、相对与绝对、过程与结果等的二元对立，将"效用"作为知识价值判断的标尺。提出了对"知识"这一概念的新的认识。实用主义认识论认为知识是一种暂时的稳定的状态，是主体利用反思性思维，在和客体的互动过程中以及获得互动结果后形成的对某一事物暂时性一致的理解。他既不限于通过感官获得的直接经验，也不限于前人积累的间接经验，但最重要的元素是在实践活动中，通过亲身体验的方式获得的理解。知识既是支撑和推进体验活动的素材，也是体验活动后形成的个性认识。所以在杜威看来，知识乃是"通过操作把一个有问题的情境改变成为一个解决了问题的情境的结果"。"如果观念、意义、概念、学说和体系，对于一定环境的主动改造，或对于某种特殊的困苦和纷扰的排除确是一种工具般的东西，它们的效能和价值就全系于它们工作的成功与否。如果它们成功了，它们就是可

---

① 洪汉鼎、陈治国：《知识论读本》，中国人民大学出版社 2010 年版，第 11 页。
② 董秀敏：《苏格拉底"美德即知识"思想述评》，载于《现代大学教育》1999 年第 2 期，第 39 ~ 42 页。
③ 胡军：《什么是知识》，载于《求是学刊》1999 年第 3 期，第 5 ~ 12 页。

靠、健全、有效、好的、真的①"。杜威的实用主义认识论不仅调和了经验主义和理性主义围绕知识主客体二分所产生的矛盾，同时从改变了对知识属性的认识，将知识与行动、实践等联系在一起，拓宽了知识所能够承载的内容，丰富了知识的存在形式。这种经验过程中的知识超脱了经验主义与理性主义对知识狭隘的"反映论""先验论"的论断，凸显了主体在知识发现、使用以及创造中的主动性。

需要指出的是，尽管杜威强调知识获得的"体验性""个体性""实践性"，但是他并不否认前人经验在实践过程中的积极作用。他把知识划分为技艺的知识、了解的知识、间接的知识和理性的知识，前两种属于个体在活动中所生发出的直接经验，后者则属于前人积累下来的，用理性认识到的"间接经验"。四种知识应该在不同的环节扮演各自的角色，并形成一个有机的整体。除了理性主义、经验主义、实用主义以外，神秘主义也是求得知识的一派，神秘主义者强调主张真理只有由"天启"方能获得。由于神秘主义的宗教色彩浓厚，对"知识"的理解也缺乏现实的论证，在此不做详细解释。

本书并不希望给"知识"下一个明确的定义，事实上，目前这也是一件不可能完成的任务。但是这里必须要界定知识的边界，明确知识在工作过程中存在的形态及特征。结合上述对"知识"概念的梳理，这里用一系列特征描述本书中所使用的"知识"这一核心概念：

1. 性质上：知识是主体在工作过程中生发的对各环节暂时的稳定理解

这是对知识基本性质的描述，是知识生成的过程及其功能。首先，知识是在工作过程中通过主客体的相互作用生成的，是一线从业人员与工作设备、员工、问题情境、工作环境等的互动中生发的一套理解体系。只有在工作过程中使用的知识才被纳入研究的对象之中；其次，知识产生和应用于工作过程中的各个环节。从对问题情境的判断，到问题解决方案的设计，再到问题的解决，每个环节都被认为是知识应用与产生的活动情境；再次，知识是个性化的、暂时稳定的理解。每个人在工作过程中生发出的知识特征各不相同，应该在正视这种"异"的基础上认识知识特征的"同"。最后，虽然知识的内容是已经发生的东西，但是知识的关联是未来或前瞻的，因为知识为还在进行中的事情和应该做的事情提供了了解或给予意义的手段。

2. 内容上：知识是工作中的事实、关系及其解释的集合

知识所包含的历程包括三个阶段：一是"描写或描述"，二是"说明"，三是"解释"②。描述是事实③的知识，相当于赖尔口中的"知道什么"（knowing

---

① 杜威：《哲学的改造》，商务印书馆 1958 年版，第 84 页。

② 张东荪：《认识论》，商务印书馆 2011 年版，第 6 页。

③ 注：所谓"事实"，张东荪认为有以下几个特点：事实是特殊的事物；事实必须假定其在知者之外；事实是能测量的；事实是与其他事实有关系的；事实是现象。

that）以及安德森口中的"陈述性知识"。"说明"指的是事实的上下关系，部分相当于赖尔的"知道如何"（knowing how）与安德森的"程序性知识"。例如，"工具的使用方法""工艺流程各环节及其之间的关系"等。"说明"比"描述"更为高级，包含了一些主体对事实的更复杂的认识。而解释则是事物的缘由，是将事物与机体相融合的知识，"知识习得必定是学习者个体身体在场的，把自己的身体行为和心理感知完美地协调起来"①，相当于梅耶的"策略性知识"。例如，一线从业人员针对某个复杂情境所做出的最优决策、从工作情境、过程与结果中生发出的一些品质、习惯等。如果我们把这三个阶段综合起来理解概括，那就是杜威口中的"联系"。杜威认为知识就是认识一个事物和各方面的联系，这些联系决定知识能否应用于特定的环境。当我们用一个联系的观点认识一个事物时，这个事物才能被我们正确且合理的认识，因为"联系"提供了复杂、科学且理性的认识材料。从实用主义认识论来看，"知识包括我们理智方面的种种资源——包含使我们的行动明智的全部习惯"②。

3. 形式上：知识包括多元存在形式与表征形式

知识的存在及其在人脑中的表征形式是多元的，所有形式的知识都应被纳入研究的范畴当中。

知识的存在形式指的是知识的载体及其特征。由于不同知识的产生源头、功能等各不相同，其存在形式也会多种多样。例如，石中英（2001）认为人类要想合理、有效地开展实践活动，就必须具备相关的知识，如与目的辩护有关的形而上学和哲学知识，特别是哲学中的价值理论（know-why）；与实践对象有关的事实性知识（know-what）；与实践主体及其组织形式有关的社会、心理学、政治学、管理学等知识（know-who）；与实践技术有关的技术性和规则性知识（know-how）；与实践时间和地点有关的文化知识（know-where）、历史知识（know-when）等等③；孙金年（2003）认为人类的知识有三种存在形式：意识形式、符号形式、物化形式④。波兰尼将知识分为显性知识与隐性知识，是基于知识能否清晰地表述和有效地转移进行的划分。所以，知识的存在形式会因对知识的不同维度的理解而有不同种划分。这也说明了知识自身的多元性特点。

知识的表征形式指的是知识在人类大脑中储存和呈现的方式。一般而言，陈述性知识对应的是命题与命题网络的表征方式，而程序性知识对应的则是产生式

① 怀特海著，庄连平等译：《教育的目的》，文汇出版社2012年版，第27页。
② 杜威著，王承绪译：《民主主义与教育》，人民教育出版社2001年版，第356~360页。
③ 石中英：《知识转型与教育变革》，教育科学出版社2011年版，第4~5页。
④ 孙金年：《知识的存在形式》，载于《南京大学学报（哲学·人文科学·社会科学版）》，2003年第1期，第89~97页。

即产生式系统（即 if……then……）。不同的表征形式对应不同的传播、外显与学习方式。

以上对"知识"这一概念的认识，跳出了日常生活中对知识的狭义理解，基于本质特性考察了知识的内涵，强调了知识在内容、形式上的广泛性。同时也为后期对访谈材料的开放式编码提供了依据。

二、知识分类的相关理论

一些与知识分类相关的理论能为本书挖掘一线从业人员使用的各类知识提供可能的编码思路。历史上对知识分类的探索也诞生了很多经典的成果，例如（1）按照知识的效用（实用知识、学术知识、闲谈与消遣知识、精神知识、不需要的知识）；（2）按照研究对象（自然科学与社会科学）；（3）按照知识的属性（事实性的、概念性的、程序性的和元认知性的知识）；（4）按照知识的形态（主观知识与客观知识)①；（5）按知识的表征形式（显性知识和隐性知识）；（6）按照知识存在的载体（个人知识与组织知识/社会知识）等。

一些学者也从技术知识的角度对技术知识进行了解构，例如，邦格和卡平特将技术知识划分为无意识的感知动作技能、经验型技术知识、描述性定律、技术理论知识。费雷则按照技术知识的不同层次将其划分为工匠技能、技术语言、描述性定律、技术理论知识。文森缇按照知识的性质将技术知识划分为描述性知识、规定性知识与默会知识。徐国庆则以技术活动单元为标准将技术知识划分为技术实践知识（包括技术规则、技术情境知识、判断知识）和技术理论知识②。

以上各种知识分类方法都从不同角度解读了知识的内在结构。而由于本书已经将分析的对象置于不同产业的一线生产环境之中，挖掘出的各种类型的知识应更贴近产业特性与工人实际的工作过程。为了能够凸显一线从业人员在工作过程中使用知识的动态性和情境特征，本书以"知识在工作过程中的功能指向"为标准进行编码。这一标准一方面强调知识存在的工作情境（技术活动单元），另一方面则强调知识在这一情境下，在服务从业人员完成工作任务的过程中所展现出的多元功能（知识效用）。其优势在于尽可能生动、全面地展示工作知识的丰富性及其功能的特性。

---

① 陈洪澜：《论知识分类的十大方式》，载于《科学学研究》2007 年第 1 期，第 26~31 页。
② 徐国庆：《实践导向职业教育课程研究：技术学范式》，上海教育出版社 2005 年版，第 133~139 页。

第二节 基于扎根理论的一线员工知识特征研究的整体设计

上文对本书中的"知识"概念进行了梳理，并明确了本书所面向的研究对象及其特征。接下来将在理论分析的基础上，对扎根理论研究部分进行总体设计，以便搜集丰富且有价值的实证资料。

一、数据收集方法

本书试图通过对一线从业人员在完成特定工作任务过程中所运用的各类知识以及这些知识的作用关系的研究，揭示现代产业背景下一线从业人员的知识特征，为验证现代学徒制的育人价值，及其在我国的本土化实施提供支撑。这就涉及一个问题：应该使用何种方法去揭示这些知识特征。围绕这一问题有以下几个关键点或难点：一是知识及其作用关系本身是内在的，需要一定的方法进行外显；二是如果方法不当，这一外显过程会带有浓厚的被试者的主观色彩；三是虽然知识特征在一定程度上是稳定的，但是如果研究方法选择和实施不当，会让受试者无法完整有效地表达出知识特征的全貌。总之，外显性、客观性、完整性是我们在选择数据采集方法时需要考虑的最重要的三个要素。基于此，本书将主要使用出声思维法和观察法采集相关实证资料。

（一）出声思维法

1. 出声思维法及其种类

出声思维（Think Aloud），也称有声思维，最早见于埃里克森和西蒙（Ericsson and Simon，1980，1984）对口述的分类。犹如其名字所描述的那般，出声思维的关键就在于用"出声"的方式将人们的思维活动进行外显，以有利于科学家探索人们的思维过程。例如，人们在解决一个难题的时候，其大脑究竟是如何工作的，他（她）会按照什么思维步骤去思考和解决问题，在解决问题的过程中他（她）都使用了哪些知识，这些知识在思维过程中如何共同作用以促成目标的达成。出声思维与访谈法的最大区别或优势在于三点：一是出声思维与特定的任务相连，尤其是经过研究者筛选的、具有特定意义和研究价值的工作任务，这就有利于研究者从出声思维报告中挖掘更有价值的、与研究紧密相关的内容；二是出声思维能更加客观地探索被试的思维过程，尤其是被试在执行任务过程中无意间表达出的"细微之处",而这些细微之处往往能为研究带来意想不到的收获;三是所需要的被试数量往往较少。就被试数量而言,霍普曼(Talke Klara Hoppmann)指出样本通常为 10~30 人[1]。但这并不排除更少样本实验测试的准确性,尤其是在定量研究中,如 A. 罗伯特·沃兹(A. Robert Virzi)表明:平均而言,只需 9 个被试者就可获得所需信息的 95%[2];乌拉·邦茨(Ulla K. Bunz)等进一步指出:在出声思维法的实验研究中,只需 4~5 个被试者即可确定 80% 的信息[3]。甚至在一些相关实验研究中,还可找到更少的样本量。这样,研究的成本会大幅度降低,研究的可行性也会进一步提高。相较而言,访谈法的访谈内容较为泛化,或无法聚焦于某一特定情境下的特定任务。在访谈的过程中获得的资料往往经过访谈者的主观处理,且所需要的访谈数量也较大。基于这三大特点,本书将借助出声思维法实现对一线从业人员知识特征的探究。

当然,出声思维法也存在一些弊端。由于出声思维法要求被试者在完成工作任务的同时进行思维活动的表述,这种表述方式可能会影响被试者正常任务的开展过程,尤其是针对那些需要专心致志投入的任务而言更是如此。同时,出声思维法使用录音录像设备进行过程记录也可能会为被试者带来心理负担、隐私等方面的顾虑。所以出声思维法的使用也必须考虑对象的特点、工作任务的特点以及研究的需要。

目前国内诸多学者也开始注重出声思维法的运用,这些研究主要集中在二语习得、语言学习、翻译、学习机制等领域中。在这些研究中,出声思维法提供了记录内省数据的方式,为深层次地研究语言活动提供了重要支撑。这些研究在步骤、处理方法、实验设计上都有所不同,但是都秉持着一个前提,那就是基于受试者表达思想活动这一基本形式。实验结果形成的出声思维报告用于说明被试者完成任务时的心理策略和知识表征。这些报告也可以让研究者分析被试的任务表现及其意识经验间的差异。

埃里克森和西蒙(Ericsson and Simon,1993)根据口述的时间与完成特定任务的时间之间的关系,把出声思维法的口述分为共时(concurrent)口述、事后(retrospective)口述与带有解释(explanation)的口述[4]。

---

[1]　Klara,H. T. Examining the Point of Frustration. The Think-aloud Method Applied to Online Search Tasks [J]. *Qual Quant*,2009(43):211 – 224.

[2]　Robert,V. A. Refining the Test Phase of Usability Evaluation:How Many Subjects is Enough? [J]. *Hum Factors*,1992.(4):457 – 468.

[3]　Bunz,U. K. *Usability and Gratifications:Effective Website Communication Through an Audience-centered Website Analysis Model* [M]. University of Kansas,Communication Studies,2002:11 – 12.

[4]　Ericsson,K. A.,& Simon,H. A. *Protocol Analysis:Verbal Reports as Data*(revised ed.)[M]. Cambridge,MA:MIT Press,1993:16.

（1）共时口述。

"共时口述"指的是在完成工作任务的同时对思维活动进行语言描述。它要求被试者在工作过程中根据思维活动，实时向研究者报告工作的步骤、想法和行动。同时研究者会同步记录被试者的外在行为表征。"共时口述"的优点在于能够捕捉到最原始的、最接近工作过程思维状态的信息，但由于需要被试者边工作边口述，这就对被试者及其所在岗位的工作任务有特殊要求。如果被试者无法适应这种研究方式，或者所在岗位的工作任务不允许采用这种方法，则需要使用以下两种方式收集信息。

（2）追述法。

追述法指的是被试对象先完成工作任务，然后由研究者安排被试对象，对完成的工作任务的过程及每个环节的思维活动进行回忆和叙述。追述法的使用过程主要是"先完成，后叙述"，即让被试者先完成预定的典型工作任务，研究人员通过视频或纸笔对其工作过程中的步骤和细节进行记录，当被试者完成工作后，研究人员将基于视频或文字记录，启发被试者回忆每个步骤开展时的思维活动。如果所选取的岗位不适合采用共时口述的方式采集信息，则应采用追述法的方式进行信息采集。不适合采用出声思维法的情况包括但不限于：工作环境不允许开展较长时间的跟踪实验；工作过程需要全神贯注，不允许有任何情况的打扰；工作过程各环节具有保密性，不允许进行任何形式的记录；劳动密集型岗位，主要以体力劳动为主，工作步骤单一，无法明显体现出技术技能要素。

（3）带有解释的口述。

带有解释的口述指的是口述者在口述时还要叙述其行为的原因，即赋予行为以个性化的动机解释。埃里克森（Ericsson，1993）认为，单纯的口述可能会丢失与叙述对象相关的价值观、态度、动机等主观性信息，"带有解释的口述"的优势就在于补充口述过程中的信息，使研究人员可以从相对客观的信息中更深层次地分析出行动背后的逻辑。但其劣势是容易打断被试的思路，而且被试给出的解释信息较为主观，需要加以甄别。

2. 出声思维法在本研究中的应用

本书选择出声思维法作为数据收集的方法之一。选择这一方法的原因有三：首先，思维与知识的关系无疑是非常紧密的。没有大脑思维的创造活动就不会有知识的产生，而不同时代人们的思维活动又都是建立在相应的知识层面上的。正是思维与知识紧密互动的关系形成了选择这一研究方法的基本前提；其次，出声思维法强调的是真实工作情境下的操作与叙述，这一过程不仅在最大程度上保证了实验对象所处环境的真实性，同时由于"边做边说"的实验模式一定程度上控制了被试主观发挥的空间，使被试者的言语客观性得到提升；最后，出声思维通过对某一典型工作任务完成过程的真实陈述，可以有效地将被试者工作时的心理活动、操作动作等细节记录下来，这些将为知识特征研究提供最为原始和有效的支撑。

本书将综合使用"共时口述""追述"与"带有解释的口述"三种方式收集数据。考虑到数据收集的可行性和完整性，本书将以"追述"与"带有解释的口述"为主要数据收集方法。从业人员在完成相关工作任务中或完成工作任务后，将被要求在研究人员的提示下，对工作过程中完成的全过程及其细节进行叙述，并在叙述过程中进行解释。

需要指出的是，出声思维法在国内外的一些领域已经有所应用，这些应用案例可以为本实验设计提供参考。但是，由于本书与这些研究在研究领域、目的、背景、被试特点等方面有着诸多不同。所以本书需要根据出声思维法的特点，在遵循该方法基本操作规范的基础上进行进一步的设计，以满足研究的需要。

（二）观察法

观察法是指研究者根据一定的研究目的、研究提纲或观察表，用自己的感官和辅助工具去直接观察被研究对象，从而获得资料的一种方法。本书将通过观察法观察并记录被试对象在工作过程中所使用的物化知识，以及对象在工作过程中所表现出的具有研究意义的行为特征。物化知识是以实物的方式存在于工作环境之中，例如，设施设备、工作手册、操作工具等。而从业人员在工作过程中除了使用思维以外，还会表现出丰富的肢体动作和表情等。这些知识更容易通过观察的方式被获取。

本书将可以被观察到的"物化知识"分为三类：第一类是设施设备，指的是工作过程中进行加工生产和服务所依赖的，与生产和服务直接相关的各类设施与设备。例如金属加工岗位中的"电焊机""数控车床"，平面设计岗位中的"计算机""电子画板"等。第二类是文本材料，指的是工作过程中用于支持工作进行的、以文字符号为载体的材料。材料既可以是纸质版，也可以是电子版，例如，"设备操作指南""实施方案""工艺指南""合同书"等。第三类是操作工具，指的是在工作过程中起辅助作用的各类工具。这类物化知识需要与"设施设备"相区分。设施设备偏向于起支撑工作过程的主体硬件，操作工具偏向于起辅助工作过程的软件与硬件。以"零件装配""前台服务""动漫设计"三个岗位为例。在"零件装配"岗位中，设施设备主要是装配夹具和电钻、操作工具主要是各类用于测量孔径大小的量具。"前台服务"岗位中的设施设备主要是电脑和收款设备。操作工具主要是各类登记客户需求信息的软件、纸笔等。"动漫设计"

岗位的设施设备主要是电脑、各类电子画板等绘画与制作设备,操作工具主要是各类动漫制作软件如"MAYA""3DMAX"等。

本书将以整体性的语言描述从业人员在工作过程中表现出的有研究意义的行为特征。描述的文字尽量简单,以肢体动作为主线,辅助以表情等其他信息。重点关注:(1)重复性的动作。重复性的动作意味着行动者对动作的重视程度较高,或者一系列重复动作之间围绕工作任务的完成而存在一定的协作性。(2)不经意间添加的动作。这一动作可能是行动者在行动体系中的薄弱之处,或具有个性特征的行动方式,或具有某种试误的倾向。(3)一体化连贯性的动作。这一套动作意味着行动者的动作与动作之间形成了连贯性,具有自动化的特点。

观察的实施主要依靠观察表的记录。表2-1记录了制孔岗位各环节所使用的主要设施设备、文本材料、操作工具以及一些有研究意义的行为特征。工作过程的划分主要依据被试对象的自述,如果无明显的划分,可在观察时先行记录,事后和被试对象核实和修改。

表2-1　　　　　　　　　　观察表（以制孔岗位为例）

工作过程	设施设备	文本材料	操作工具	行为特征
1. 工件装夹	夹具	加工操作说明书	扳手 螺母 螺帽	• 装夹过程中夹具的夹紧程度由手的感觉来把控 • 每一个紧固点在完成装夹前都会有一个确认夹紧的动作（重复下压）
2. 工件钻孔	电钻 （GBM350RF）	加工操作说明书	制初孔钻头 毛刷 各类量具	• 钻孔的时候钻头在孔内"进进出出" • 钻初孔使用的力量、眼睛盯着钻孔的状态以及孔中出来的碎屑 • 使用毛刷清洁孔内
3. 钻孔精加工	电钻 （GBM350RF）	加工操作说明书	精加工钻头 润滑油 各类量具	• 孔精加工时使用的力量、手部感觉到的孔内阻力 • 在钻头上加一点油
4. 钻孔清洁			润滑油 毛刷	
……	……	……	……	

资料来源:作者根据相关资料整理。

二、研究对象的选择

研究对象回答的是"如何选择合适的一线员工作为知识特征分析的对象"的问题。《现代汉语词典》对"合适"的定义是"符合标准"。但是究竟符合什么样的标准才是本研究需要的分析对象，似乎也是一个无法界定清楚的问题。但无论是从理论层面，还是操作层面，对研究对象的界定又不能含糊，否则会导致研究对象群体条件混杂、知识特征的分析不够全面和权威等问题。

（一）研究对象选择的基本原则

本书的研究目的是要通过分析现代产业背景下一线员工的知识特征（各个知识类型及其组织方式）以验证现代学徒制对于培养现代产业技术技能人才的价值（有无价值及价值域问题）。"现代产业背景"这一条件主要指"现代化的传统职业"，以及"在现代社会中诞生的全新的现代职业"这两大群体。在这两大职业群中，如果要寻找到符合"合适的一线员工"这一条件的研究对象，应满足以下三个基本原则：

1. 稳定性

稳定性指的是研究对象所具有的知识特征在行业或职业内部具有一定的稳定性。这是确保研究结果信度的重要保证。这种稳定性一方面体现在空间上的稳定性，即分析出的知识特征在拥有同一水平产业的不同地区都能保持大体一致，至少是在核心特征上保持一致。另一方面体现在时间上的稳定性，即分析出的知识特征在较长的时间内保持不变，或至少在核心特征上能够体现时代特征。稳定性原则客观上要求研究对象的知识特征必须处于相对成熟的阶段，且能充分体现工作过程的核心特征，使分析出的知识特征能够保证时空层面的相对稳定。

2. 全面性

全面性指的是根据研究对象分析出的知识特征要能够全面反映研究对象所在行业或职业的工作特性。全面性是确保研究有效性的重要原则。如果研究对象选择不当，则可能会导致知识类型不够、各类知识的关系不明或错误等。所以，在选择研究对象时，应充分考虑研究对象所代表的行业内从业人员知识特征的典型性。同时这里还需要明确的一个条件是"一线"。"一线"从业人员指的是与该行业或职业从业内容最直接相关的岗位从业人员。知识特征一定要全面地反映那些与被研究行业或职业直接相关的一线从业人员的工作特质。

3. 可行性

可行性指的是研究对象要能够通过语言或动作等形式向研究人员准确地表征与知识特征相关的素材。可行性原则涉及研究对象的语言表达能力和理解能力。由于本书将主要通过出声思维法、观察法、访谈法采集实证信息，故对研究对象的语言表达能力和对相关要求的理解能力有所要求。研究对象需要在研究人员的指导下完成某项工作任务，并在完成工作任务的过程中或完成工作任务后即时或追述工作流程及在各个环节的心理活动与行为。所以研究对象必须具有能够充分和准确表达内心想法，以及展现工作过程的能力。如果研究对象缺乏良好的语言表达能力，或者误解研究人员的意思，亦或是在研究期间因性格等原因不能配合完成信息的采集，则不能被选为研究对象。

（二）研究对象选择的维度之一——研究对象的自身条件

"研究对象的自身条件"回答的是"某研究对象的工作经历是否能够体现稳定而又全面的知识特征"这一问题。对于研究对象自身条件的判定，可以有以下三个标准：

1. 以工作年限为判定标准

即按照研究对象在某一职位上（与岗位直接相关）所处的年限作为判定标准。工作年限应与组织年限有所区别。组织年限指的是某一员工在某一组织中工作的年限。他在这一组织中可能已经工作多年，但是岗位经常发生变动，所以不应以组织年限作为判定标准。

人力资本理论认为，较长的工作年限能够反映一个员工较高的价值：如果员工能够在某一职位上有较长的工作时间，这就意味着他有可能在这一岗位上学习到了更多的知识、技能与经验，从而能够提升其工作绩效（Schmidt，Hunter and Outer bridge，1996），并更可能得到提拔或加薪（Jacobsen and Levin，2002）。该理论同时指出，工作年限越长，在岗位上获得的陈述性知识与程序性知识就越多。一方面，在某一职位上的长时间工作可以让员工更多地了解关于岗位的要求、目标、任务、程序等信息，从而影响工作绩效的各个方面。同时，老员工对于反生产力行为所造成的后果更为敏感，所以出现反生产力行为的概率较新员工更低。另一方面，具有较长工作年限的员工能够凭借丰富的工作经验、疑难问题情境和对应的解决方案等更为顺利地解决各种问题[1]。布兰得利（Bradley，2007）在试验中就观察到了有经验的老师所承受的压力比新

---

① 闫佳怡、宋轶凡、施俊琦：《工作年限与工作绩效关系研究》，载于《职业》2014年第1期，第74~75页。

手更小，因为新手并不清楚在面对一些疑难问题时应该采取何种方式[1]。当然，也有一些研究（如 Gordon & Fitzgibbons，1982；Hackman & Oldham，1980；Bruursema，Kessler & Spector，2011）认为二者之间的关系非常微弱，甚至还可能出现工作年限较长而影响工作绩效（因为厌倦）的现象。在这里我们不去验证两者之间的关系，因为工作绩效本就是一个受多种因素影响的变量。但是现有的部分研究成果（包括元研究与具体岗位的研究）（关丽丽等，2014；马慧杰，2015；Schmidt，Hunter & Outer bridge，1996，等等）可以从侧面证实：工作年限越长，越能够帮助其在岗位上积累知识、经验、技能等，从而能够更好地完成工作。

如果以工作年限作为遴选标准，那么研究对象要求至少具有 10 年以上相关工作经验。之所以规定必须具有 10 年以上工作经验，是因为大多数领域内的专家在工作 10 年后才逐渐达到自己最高的水平。一些研究确实证明，10 年的规律可以推广至很多不同的领域，甚至包括"竞技运动"[2]。但是将工作年限作为判定标准还会造成一些其他的问题。例如，在某些行业（如文化创意类行业）中，工作年限长的员工未必比刚入职的员工具有更好的工作表现，因为此类行业并不是完全凭借工作经验而胜任岗位职责的，有时更多地依靠个人的审美、对流行时尚元素的感觉、对艺术元素的抽象与重整等非积累性因素。所以工作年限只能适用于那些充分依赖工作经验的岗位，而对于不完全或基本不依赖工作经验的岗位，则需要结合下一个标准进行综合考虑。

2. 以工作成果（荣誉）为判定标准

即按照员工所取得的工作成果或各类荣誉作为判定标准。工作成果凝结了员工的知识、技能、品质等各种要素，综合反映了员工的从业素质，自然也能体现其专业性的知识特征。荣誉则是对工作结果的外在肯定，是反映工作成果质量高低的依据。在部分行业中，员工所取得的成果及其所依托的荣誉是判定员工是否合格的重要依据，这些成果和荣誉并不显著依赖其工作经验的长短，如市场营销、动漫制作等。尽管工作经验可能会对其工作成果的质量存在一定影响，但是最终判断员工的合格乃至优秀水平的依据始终是其成果（营销数额和动漫作品在市场上的影响度）。这其中很多优秀的工作成果出自年轻员工之手，他们在对市场的把握，对受众群体的了解以及对行业流行趋势的把握上往往更有独到之处。所以工作成果（荣誉）这一遴选指标适用于那些以工作成果及其依托荣誉为主要评价或晋升标准的岗位。

---

① Bradley，G. Job Tenure as a Moderator of Stressor Strain Relations：A Comparison of Experienced and New-start Teachers ［J］. *Work & Stress*，2007（1）：48 - 64.

② 杜伟宇：《从知识到创新——知识的学习过程与机制》，上海财经大学出版社 2007 年版，第 4 页。

3. 以职位为判定标准

即按照员工在企业内的职位高低作为判定标准。员工在企业往往会有较为固定的晋升渠道，而其晋升的凭据往往是其工作成果的优秀度。在大多数企业，从普通员工晋升为技术主管，需要其在技术层面具有过硬的水准、在问题解决上具有正确判断和决策的能力等，所以职位在很大程度上可以印证员工是否属于"合格一线员工"。但是"职位"这一标准并不是在所有企业都能够使用。因为职位在超出技术岗与管理岗的分界线后就失去了评价的意义。部分企业的管理岗和技术岗属于两条晋升渠道，企业经理虽然比技术主管的职位高，但是经理并不拥有一线岗位的从业经历，或者脱离一线工作多年。所以"职位"这一判定标准的使用必须要在技术岗的序列中使用，且企业的晋升标准是以成果或技术水平进行判定。以"汽车修理"为例。汽车修理厂中的"汽车修理员"就是与"汽车修理"这一岗位最接近的职业，这一职业本身有"学徒—学员—辅修—副修—主修"的职务变迁，反映了技术从生疏到成熟的成长路径。但是如果是厂内的管理经理，则可能不能代表"汽车修理"这一岗位。因为尽管经理是汽车修理厂员工管理、质量保证等的第一负责人，但是由于长期不与生产一线的具体工作任务打交道，故缺少与汽车修理最直接相关的知识，其知识特征不能很好地反映与汽车修理相关的工作。如果该经理最初是做汽车修理工工作，那么就应该考虑该经理是否接触一线工作。如果该经理直接负责技术工作，并指导员工工作或直接参与日常工作，则可以作为研究对象。

以上指标在内涵和涵盖的对象上存在部分重叠，但每个指标在使用时具有一定的倾向性。在使用时可以结合行业行规、企业特点和员工的自身条件进行综合考虑，如表2-2所示。

表2-2　　　　　　　　　各遴选指标的内涵及适用性

遴选指标	指标含义	指标适用
以工作年限为判定标准	即按照员工在某一职位上（与岗位直接相关）所处的年限作为判定标准	充分依赖工作经验的岗位
以工作成果（荣誉）为判定标准	即按照员工所取得的工作成果或各类荣誉作为判定标准	更多依赖以工作成果及其依托荣誉为主要评价或晋升标准的岗位

续表

遴选指标	指标含义	指标适用
以职位为判定标准	即按照员工在企业内的职位高低作为判定标准	综合性指标，更适合在以科层制为主要管理模式的企事业单位中使用。适用面更广，但仅适用于同一晋升序列（即不得在管理岗、技术岗等序列中跨越）

在本书中，对于制造业和大部分服务业从业人员而言，选择具有较长工作经验的和在技术岗位具有较高职务的从业人员更为合适；对于文化创意产业从业人员而言，以工作成果（奖项荣誉）等为遴选标准更为合适。需要强调的是，选择具有较长工作经验或较好工作表现的员工（通常称为技术专家），是因为这些具有经验和良好表现的员工，其知识特征更具典型性和代表性。如果选择了普通的或新入职员工，他们的知识特征可能会因为对工作场所、环境、设施设备、工艺流程、复杂问题情境的不熟悉而不成熟，进而不能真实反映该工作的内在特性。

（三）研究对象选择的维度之二——研究对象所在的产业

受技术、生产组织方式、消费群体、产品与服务种类等的不同，不同产业从业人员的知识特征会存在显著差异。由于产业技术是体系化了的技术，由诸多产品生产技术所构成，一旦把多种生产技术组合起来，形成为一种产业技术系统，这一系统就是一个独特的系统，而且是唯一的[①]。所以在划分分析对象时，应该以产业为基本单位。

划分产业类别的方法有多种，"三次产业分类法"由新西兰经济学家费歇尔首创，他按照加工对象的不同，将人类发展初级阶段的农业、畜牧业、渔业等称为第一产业，将工业革命后出现的、以机器大工业为标志的制造业作为第二产业，将 20 世纪初吸纳更多劳动力和资本的非物质生产部门称为第三产业。这种产业划分方式曾经被广泛应用，但也暴露出很多问题，如某些产业的划分具有模糊性、某些新型产业无法被纳入三大产业当中，第三产业囊括产业的种类过于庞杂，缺乏对这一产业的统一性认识等。除了三次产业分类法以外，"关联方式分

---

① 远德玉：《产业技术界说》，载于《东北大学学报（社会科学版）》2000 年第 1 期，第 22 ~ 25 页。

类法""农轻重产业分类法"等也曾经在部分国家和地区推行。现行的国际标准产业分类体系（ISIC）将产业划分为（A）农业、林业和渔业、（B）采矿及采石业、（C）制造业、（D）电力、煤气、蒸气和空调供应、（E）供水、污水处理、废物管理和补救、（F）建筑业、（G）批发和零售业、机动车和摩托车修理、（H）运输和储存、（I）住宿和餐饮服务活动、（J）信息和通信、（K）金融和保险活动、（L）房地产活动、（M）专业、科学和技术活动、（N）行政及支持性服务活动、（OSTU）公共管理与国防及其他服务（O，S，T，U）、（P）教育、（Q）人类健康与社会工作活动、（R）艺术、娱乐和文娱休闲。基于此分类，我国国民经济行业分类中将我国的产业划分为20类：分别为（A）农、林、牧、渔业、（B）采矿业、（C）制造业、（D）电力、热力、燃气及水生产和供应业、（E）建筑业、（F）批发和零售业（G）交通运输、仓储和邮政业、（H）住宿和餐饮业、（I）信息传输、软件和信息技术服务业、（J）金融业、（K）房地产业、（L）租赁和商务服务业、（M）科学研究和技术服务业、（N）水利、环境和公共设施管理业、（O）居民服务、修理和其他服务业、（P）教育、（Q）卫生和社会工作、（R）文化、体育和娱乐业、（S）公共管理、社会保障和社会组织、（T）国际组织。这种产业划分方式较为细致，行业间的界限较为分明，也比较符合我国产业发展的实际。

从研究的角度考虑，对于产业的选择应在综合性与细致性间做出一定的平衡。一方面，产业间划分过于细致，可能会忽视具有相同技术体系产业之间知识特征的相通性。另一方面，产业间的划分过于宽泛，则可能会导致研究结论的不准确甚至错误。除此之外，产业的选择还应该考虑产业在中高等职业教育中的布局情况，重点选择那些现代化发展色彩浓厚的，能够体现现代技术发展、现代企业生产组织方式变革、现代消费观念和模式等的产业。从实行现代学徒制的国家来看，德国、英国、澳大利亚等国实行现代学徒制的行业基本为第二产业和第三产业的相关行业，如加工制造、酒店服务、仓储货运等。综合上述分析，本书将在已有多种产业分类法的基础上，选择三类产业作为研究对象：

1. 制造业

据国民经济行业分类中的定义，制造业包括那些将原材料经物理变化或化学变化后成为新的产品的行业，不论是动力机械制造，还是手工制作，均视为制造。

2. 服务业

《现代汉语词典》中对"服务业"的定义为"利用一定的场所、设备和工具，为社会提供服务性劳动的各种行业的总称"。但是学界至今尚未对"服务业"的内涵边界形成统一意见。就产业特征来看，服务业满足的是消费者的个性化的需求①，其服务对象既指向个体（生活性服务业），也指向生产（生产性服务业）。在国民经济行业分类标准中，服务业对应批发和零售业、交通运输、仓储和邮政业、住宿和餐饮业、信息传输、软件和信息技术服务业、金融业、房地产业、租赁和商务服务业等多个行业。

3. 文化创意产业（以下简称"文创业"）

文化创意产业也被称为"文化产业""创意产业""文化创意与设计服务业"等。英国文化媒体体育部于 1998 年发布的《创意产业图录报告》首次提出了"创意产业"的概念及分类，并在 2001 年根据创意产业发展的最新情况作了修改。《创意产业发展报告（2001）》认为创意产业是一类"极具个人创造力、个性化技能与才智的产业，该产业通过对知识产权的挖掘与利用以创造财富和创造就业机会"②。可见，该定义将"文化创意产业"的核心要素定位于"知识产权"的生产和利用。该文件认为文创类产业包括广告、建筑、艺术与古董市场、工艺品、设计、设计师与时装、影视、互动休闲软件、音乐、表演艺术、出版、软件和计算机服务、电视和广播。此外，联合国教科文组织（2006），联合国贸发会议（2004）等也都对文创类产业给予了定义。

选择这三类产业的原因有三：（1）这三大产业所对应的高职专业覆盖了专业总数的 70.98%（制造业 17.17%，服务业 43.19%，文创业 10.63%），所对应的中职专业覆盖了专业总数的 66.77%（制造业 15.51%，服务业 40.19%，文化艺术类 11.08%）③，所以上述三大产业具有代表性；（2）这种产业遴选方式既能够保证产业间的技术体系特征区别显著，同时又能够避免产业划分过于宽泛而出现的结论不准确等现象；（3）制造业、服务业是我国产业转型发展的两大重点产业，文化创意产业则是新兴产业发展的代表，且文化创意产业中的部分行业涵盖了信息产业等高新产业的部分内容，这三大产业能够涵盖实施现代学徒制的两大类职业：即现代化的传统职业，以及现代职业。尽管有些产业分类体系中将文创业纳入服务业之中，但是由于文创业的工作内容、形式等与服务业的其他岗位差异较大，更加强调无形的创意价值，所以本书将文创业单列为一个领域进行研究。

---

① 陶纪明：《服务业的内涵及其经济学特征分析》，载于《社会科学》2007 年第 1 期，第 21～28 页。

② Creative Industries Mapping Documents［EB/OL］．［2017 - 05 - 07］. https：//www. gov. uk/government/uploads/system/uploads/attachment_data/file/183544/2001part1 - foreword2001. pdf.

③ 以上数据根据最新版本的中高职专业目录计算得出。

（四）研究对象选择的维度之三——研究对象所在岗位的典型工作任务

典型工作任务指的是某岗位对应的工作任务中最具代表性的，具有独立体系的工作内容。一般而言，每一个岗位都包含着若干项工作任务，这些工作任务共同构成了一个员工在岗位上完成的所有工作内容。这些工作任务中有一些较为简单和机械，有一些与其他岗位具有一定程度的相似性，而有一些任务则具有该岗位的特殊性和复杂性。将这些具有特殊性和复杂性的工作任务作为研究视角，可以更加准确地把握研究对象的知识特征。

在工作特性的测量上，特纳和劳伦斯（Turner and Lawrence）[①] 用了六个维度以描述工作的基本特性：

（1）多样性——某项工作需要雇员展现一系列操作的程度，或者雇员需要使用一系列设备与程序的程度。

（2）自主性——员工在某项工作中拥有安排工作、选择设备和决定程序的程度。

（3）任务独立性——员工从事整个工作还是从事工作的一部分，以及员工是否可以清晰的分辨出他们努力的成果。

（4）反馈——员工是否能够接收到相关信息以揭示他们所获得的成果。

（5）与他人相处——工作中要求与他人合作完成的程度。

（6）友谊机会——工作中允许雇员与他人讨论并建立非正式关系的程度。

哈克曼和劳勒（Hackman and Lawler，1971）将以上六个要素分为两部分：核心要素与非核心要素。核心要素是（1）（2）（3）（4）四个维度，因为这四个维度能够展现出员工在岗位上是否能够获得意义、满足与个人价值[②]。在选择典型工作任务时，任务的特殊性与复杂性应在这四点上有所体现：即任务是否应用较为复杂的操作与设备，员工在任务中独立思考与操作的程度、员工是否能够根据工作成果进行判断和完善，以及员工是否独立从事某一项任务，或该任务具有一定的独立系统性，是有头有尾的模块性任务。

结合以上分析，本书初步遴选以下三个产业中遴选了39个岗位，以及每个岗位上具有典型意义的工作任务，如表2-3所示。

---

① Turner，A. N. & Lawrence，P. R. *Industrial Jobs and the Worker* ［M］. Boston：Harvard University Graduate School of Business Administration，1965.

② Hackman，J. R. & Lawler，E. E. Employee Reactions to Job Characteristics ［J］. *Journal of Applied Psychology*，1971（55）：259-286.

研究对象一览表

表 2-3

产业	编号	企业	地点	岗位	典型工作任务	工作年限（年）	报告时长（分钟）
制造业	A01	某飞机零部件制造企业	浙江	装配岗位	精密制孔	11	40
	A02	某航空设备零部件制造厂	上海	数控车工岗位	零件加工	21	78
	A03	机床加工企业 A	安徽	质量检验岗位	加工产品检验	24	30
	A04	机床加工企业 A	安徽	刮研岗位	钢轨刮研	26	36
	A05	机床加工企业 B	安徽	数控加工编程岗位	编程	10	45
	A06	机床加工企业 B	安徽	磨床岗位	钢轨磨削	15	40
	A07	机床加工企业 C	江苏	零部件加工岗位	零件钻孔	11	35
	A08	某汽车零部件制造厂	四川	铣床操作岗位	零件表面数铣	11	34
	A09	某医药公司	安徽	药物制剂岗位	颗粒制备	14	31
	A10	某服装制造企业	浙江	服装定制加工岗位	定制服装工艺分析	10	33
	A11	某电镀企业	江苏	电镀操作岗位	镀锌前处理	16	21
服务业	B01	某电梯维保公司	浙江	电梯维保岗位	电梯保养	11	81
	B02	某现代物流企业	山东	快递岗位	快件分拣与派送	8	48
	B03	某保险公司	安徽	保险行销岗位	保险销售	18	121
	B04	某科技公司	安徽	网站制作与运营岗位	网站策划	7	34
	B05	某三甲医院	江苏	康复理疗岗位	患肢恢复理疗	9	62
	B06（1）	五星级酒店 A	安徽	中餐厨师岗位	菜品制作	15	76
	B06（2）	五星级酒店 A	安徽	中餐厨师岗位	菜品创新	21	61
	B07	五星级酒店 B	江苏	前台服务岗位	入住手续办理	7	45
	B08	旅行社 A	上海	国内导游服务岗位	国内景点导游服务	8	58

续表

产业	编号	企业	地点	岗位	典型工作任务	工作年限（年）	报告时长（分钟）
服务业	B09	某三甲医院	安徽	护理岗位	甲状腺肿块患者护理	8	68
	B10	旅行社B	美国洛杉矶	国外导游服务岗位	国外景点讲解	10	38
	B11	某医药用品公司	安徽	会计岗位	基本药品会计	12	41
	B12	某空调维修公司	山东	空调维修岗位	家庭式中央空调故障检修	21	45
	B13	某水管维修公司	美国匹兹堡	水管维修与安装岗位	洗浴设施安装	14	29
	B14	某电子商务公司	安徽	运营岗位	产品市场分析	8	45
	B15	某汽修4S店	江苏	汽车维修岗位	发动机保养	7	25
文化创意产业	C01	影视公司B	浙江	影视编导岗位	纪录片编导	7	110
	C02	某工业设计公司	湖北	工业设计岗位	电梯内饰设计	7	119
	C03	某广告设计公司	湖北	广告设计岗位	网页众筹广告设计	7	45
	C04	某漫画设计公司	广东	漫画设计岗位	漫画前期设计	7	126
	C05	某服装设计与制造公司	浙江	丝巾织造岗位	丝巾纹样设计	15	45
	C06	某婚礼设计公司	上海	设计岗位	婚礼典礼设计	6	41
	C07	影视公司A	江苏	人像摄影岗位	艺术照拍摄	5	32
	C08	某会展公司	上海	创意岗位	校史展览馆设计	6	31
	C09	某出版公司	江苏	美术编辑岗	书籍封面设计	5	45
	C10	某设计工作室	上海	平面设计岗	商业包装设计	7	31
	C11	某装饰公司	江苏	室内设计岗	室内设计方案的制定	7	41
	C12	某艺术培训有限公司	广东	幼儿教师岗	幼儿舞蹈创编	5	27

资料来源：作者根据相关资料整理。

三、研究的实施与材料分析

(一) 研究的实施

1. 研究的环境

实证研究尽量选择在被试的真实工作环境下开展。如果工作环境因安全、保密等原因不允许收集数据，则另选合适的环境收集。数据收集环境应尽可能地包括完成典型工作任务的基本工具和其他要素。

2. 研究的准备

在开展研究之前，以下准备工作需要完成：(1) 协商时间与地点；(2) 准备完成典型工作任务所需要的各类工具；(3) 一台摄像机或录音机；(4) 记录用纸和笔；(5) 出声思维培训材料一份；(6) 其他相关工具。

3. 研究的基本步骤

如果采用的是共时口述的方式开展出声思维研究，则基本步骤如图 2-1 所示。

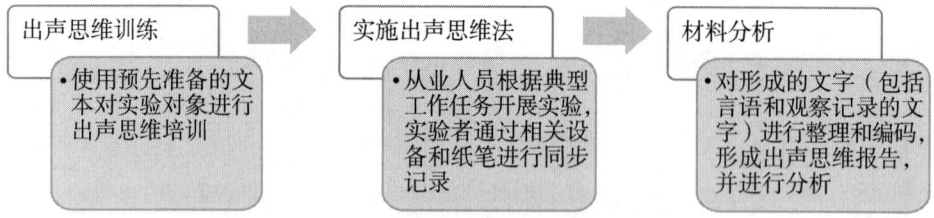

图 2-1 共时口述实施的基本流程

追述法和带有解释的报告在使用时所考虑的对象、环境、准备以及编码方式可参考出声思维实验的相关设计，其步骤有所变动，如图 2-2 所示。

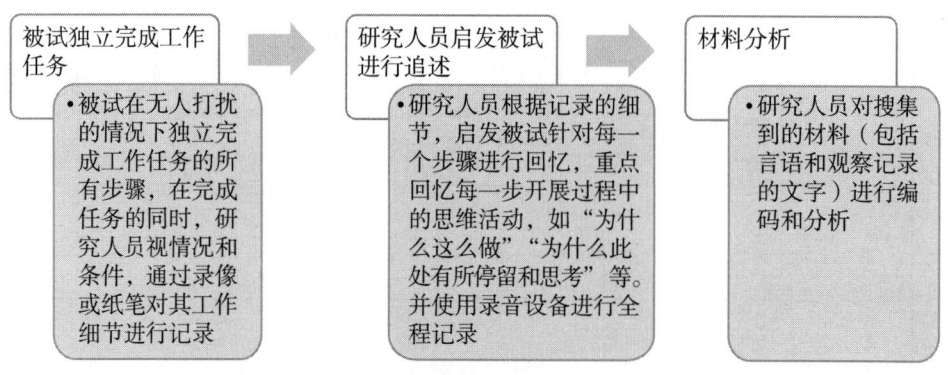

图 2-2 追述法与带有解释的口述法实施的基本流程

可以看出，无论是共时口述，还是追述法，其最终的实验成果都应该是基于出声思维报告或访谈内容的编码结果分析出的知识类别图、工作流程图及其对应的知识组织方式图。这三项材料将能很好地展示一线从业人员在完成工作任务的过程中在每个工作环境环节所使用的知识类型及其相互之间的关系。

4. 研究的过程质量控制

实证研究的过程中可能会出现影响实证资料采集质量的因素，例如，对一线从业人员在工作过程中说出的专业术语和专业动作理解不透或有误、对某些操作工具的使用原理和情境不熟等。针对这种情况，在开展实证研究前与研究过程中主要采取以下几个措施以降低可能出现的专业性错误：（1）在开展实证研究前通过查阅相关书籍或请教行业专家等方式，了解与被研究职业与岗位的基本情况；（2）在实证研究的过程中邀请同行业专家现场观摩、指导和讲解；（3）在实证研究结束后和编码过程中与行业专家和被试者交流，并将编码后形成的成果交由专家进行审核。

（二）材料编码与分析

在收集到企业一线从业人员的实证资料后，接下来将根据一定的规则，对口述资料进行编码分析。资料的整理与分析基于 NVIVO14.0 软件同步进行。本书数据编码遵循施特劳斯（Strauss）[1] 与麦克斯韦（Maxwell）[2] 的三级编码规则：即从开放式编码到轴心编码再到选择编码。

1. 资料的转录、合并与编号

这一步的目的是将口述资料由音频转化为文字。转录过程坚持真实反映研究对象在工作情境下的叙述文字和风格。在共时口述中，口述者每一个文字、停顿、重复、强调、动作等都应被记录。在资料的转录前应决定最基础的思考单位。思考单位的选择应根据研究的要求决定[3]。由于本书聚焦一线工作人员在完成某项工作时所拥有和应用的知识，所以思考单位应较为细致，以方便对语句背后隐含的知识进行分析，故本书将以句子作为基本思考单位进行分析。每一个句子完整的表达一个意思。在资料转录时，将按照"每个句子配一个回车符"的规则进行录入。

语音资料转录完毕后，将先前收集到的观察表数据（如使用的工具、一些具有研究意义的行为特征及其背后代表的含义）按照工作过程各环节对应到转录的文本资料中，并对每份资料进行编号，以方便后期的查找。每份资料将按照"所

---

① Strauss, A. *Qualitative Analysis for Social Scientists* ［M］. Cambridge：Cambridge University Press，1987：5.

② Maxwell, J. A. *Qualitative Research Design：An Interactive Approach* ［M］. SAGE Publications，2013：237 – 238.

③ 陈向明：《质的研究方法与社会科学研究》，教育科学出版社 2000 年版，第 281 页。

属产业＋编号"的方式进行编号，制造业为 A，服务业为 B，文化创意产业为 C。同时标明每份资料的口述人、口述时间、口述地点、口述时长、岗位任务简介和其他需要注释的内容。

2. 开放式编码：设码和寻找本土概念

资料转录的一个十分重要的工作是找到对本书问题有意义的登录码号（code）。"码号"表示的是资料分析中最基础的意义单位，是资料分析大厦中最小的砖瓦①。本书中的"码号"是那些在资料中出现的含有知识要素的短语或短句，反复出现的短语和短句则需要重点登录。

寻找"码号"，需要结合前面对"知识"特征的分析，从每一句话中分析背后可能存在的知识类型。例如工作中的陈述性知识往往被表征为"是……"，例如"这个孔要求的精度是 0.02 毫米"，可被编码为"终孔精度"，同时也可能是一些物化知识，如各种测量工具等，可被编码为"通止规的使用方法"等类似短语。程序性知识往往被外显为具有判断条件的语句。可以看出，寻找"码号"的过程，即是资料的开放式编码过程（见表 2－4）。

表 2－4　　　　　　　　　　开放式编码过程示例

工作步骤	言语	开放式编码
制初孔	这个制孔不是说力气大就行，你比如说这个钻头啊，上面有刀刃，如果这个刀不快的话，我拿给你钻的话，你会出一头的汗 我这个刀具拿的好的话我可以钻一排，你就只能钻几个。你力气再大也没用，孔还钻不圆 有的时候力气再大，好的刀具拿给你，钻速太快，钻头一下就损坏了…… 刚来的人是不可能掌握这种钻速的快慢的 有的时候钻的不能太快，因为太快的话就等于在钻孔中磨这个刀。但是越慢，就出屑越多。钻的过程中是有讲究的 （现在要钻的）这个孔最终是 7 点几的孔，你不可能一下就拿 7 点几的钻头去钻，必须要从小到大 终孔直径是 7.92，他有一个范围，7.90～7.94。就只有 0.04 的误差。你要钻到 7.6，然后用钻刀慢慢调成精孔，调成 7.92 他不能偏小也不能偏大 零件上面都有孔，每个孔都要从小到大 如果你直接一刀的话，钻错了就完了，而且还不容易钻	对钻孔力度的把控 对钻速的把控 电钻的使用方法 逐步扩孔的过程 客户的产品需求 终孔精度 钻头型号

---

① 陈向明：《质的研究方法与社会科学研究》，教育科学出版社 2000 年版，第 281 页。

在设码的过程中，应尽量使用一线员工自己的语言作为码号。这些一线员工自己的语言往往是重要的"本土概念"，这种"本土概念"可以更加真切地表现他们的知识特征。

3. 建立编码与归档系统

在完成开放式编码后，所有的码号将会被汇集并形成一个编码本。编码本是一个将所有码号按照一定的分类标准组合起来的系统，可以反映资料浓缩后的意义分布与相互关系。它的作用在于：（1）了解现有的码号数量、类型、意义间的联系等，以确认现有码号系统的合理性；（2）为今后码号的查找便利。

所有码号都有属于其唯一的编号。码号的编号规则为"资料编号—码号顺序"。例如"用钻刀从粗孔调成精孔"这条码号属于 A01（制造业"制孔岗位"）出声思维资料中的第 32 条码号，则该条码号的编号为"A01 - 32"。图 2 - 3 显示了编码本在 NVIVO 软件中的样式。在开放编码中，研究者根据本研究对知识的定义，筛选、检视出 766 个一级编码，这些一级编码蕴藏着可供分析的知识类型。

图 2 - 3　编码本在 NVIVO 中的样式

4. 轴心编码：岗位内知识元素的类属分析

在完成开放式编码后，接下来将在开放式编码的基础上进行轴心编码，在每个岗位中发现类属。"类属"是资料分析中的一个比"码号"更大的意义单位，是"码号"的上位概念。"类属分析"指的是在资料中寻找反复出现的现象以及可以解释这些现象的重要概念的一个过程[1]。类属分析的主要途径是比较，包括同类比较、异类比较、横向比较、纵向比较等。本书主要采用"横向比较"的方式，在各岗位出声思维资料码号中进行比较，比较的标准是"知识在工作过程中的功能指向"。例如"半径的计算方法""终孔直径的计算方法""加工的力学特性"等的功能是在原理层面服务于工作过程中的判断决策和操作行为，它们在工作过程中所展现出的功能指向和特点一致，故被归为一类。总共得出的二级编码，共 184 个。

5. 选择编码：产业从业人员使用的知识类型

在选择编码环节，研究者将对二级编码进行合并、整理，共寻找到 27 个核心类属。其中制造业 8 个，服务业 9 个，文化创意产业 10 个。"核心类属"是所有类属中最上位的意义单位，可以统领所有其他类属。本书中，核心类属即为不同类型的知识。

6. 理论饱和度

编码过程中，首先对制造业、服务业、文创业共 39 份材料进行随机排序，并按照顺序依次进行编码。制造业的 11 份材料在编码至第 7 份时已无新的类属出现；服务业的 16 份材料在编码至第 9 份时已无新的类属出现；文创业的 12 份材料在编码至第 6 份时已无新的类属出现，后续材料也均未贡献新的类属。这表明本研究理论饱和度较高。

7. 情境分析：知识要素间的关系研究

情境分析指的是将资料放置于研究现象所处的自然情境之中，按照故事发生的时序对有关事件和人物进行描述性分析。这是在基于类属分析的基础上进行的"整合式"分析，是将被分解的资料重新整合为真实情境中的故事。其目的是将概念"情境化"，以用来解释现象或挖掘更有价值的信息。这种整合可以按照时间前后、因果关系、圆周反复等方式进行。独立开展情境分析的基本步骤为"通读资料挖掘故事发展线索——按照已设立的编码系统为资料设码"。同时情境分析与类属分析可以进行结合[2]，将类属分析作为情境分析的基础。

本书中情境分析的目的是通过将核心类属（知识类型）置于自然情境（工作过程）中，观察各类知识之间的组织方式。所以，本书中的情境分析是基于类属分析的结果而开展的，其基本步骤为"根据原始材料凝练工作过程——根据材料的叙述顺序，将核心类属置于工作过程的各个环节之中——探索和描述各类型知识（核心类属）在工作过程中各个环节的基本作用，以及这些知识的组织方式"。

---

① 陈向明：《质的研究方法与社会科学研究》，教育科学出版社 2000 年版，第 290 页。

② 陈向明教授（2014）认为类属分析和情境分析各有千秋，也各有弊端，在资料的分析过程中是可以相互包容的。因为"一个类属可以有自己的情境和叙事结构，而一个情境故事也可以表现一定的意义主题"。类属分析关注的是"点"，而情境分析则可以将这些点串成一条"线"。

综上所述，本书中扎根理论研究部分的基本流程如图 2 - 4 所示：

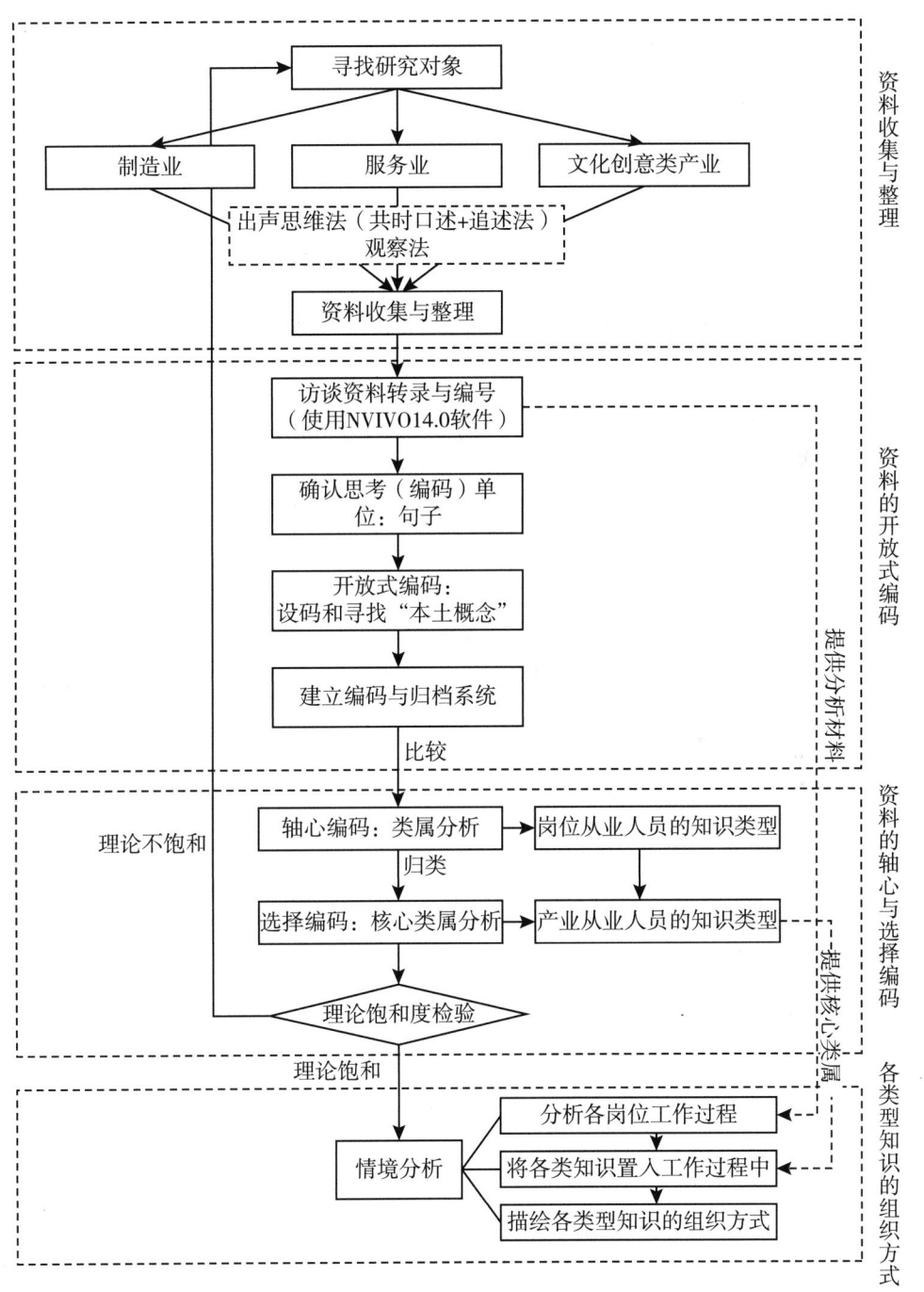

图 2 - 4 实证研究基本流程

第三章

制造业从业人员的知识特征研究

制造业是国民经济的主体，是立国之本、兴国之器、强国之基。新中国成立后尤其是改革开放以来，我国制造业持续快速发展，建成了门类齐全、独立完整的产业体系[①]，成为支撑经济腾飞和其他产业发展的关键基础与动力。此外，制造业也是吸纳社会就业的重要行业，尽管近年来第三产业就业人数占比逐年攀升，但对于我国这样一个经济发展水平区域差异大，且制造业体系齐全和基础雄厚的国家而言，未来制造业对就业乃至整个国民经济发展的贡献都是不可低估的。在2010年版本的《中等职业教育专业目录》与2015年版本的《高等职业教育专业目录》中，制造业主要对应其中的"加工制造类"专业和"装备制造大类"，同时在其他大类中也有所涉及。那么制造业有什么特点？从事制造业工作的一线从业人员在工作过程中表现出了什么样的知识特征？这种知识特征是如何帮助从业人员完成不同的工作任务的？本章将围绕制造业从业人员的知识特征进行深入讨论。

---

① 中国制造 2025 ［EB/OL］.（2015－05－19）［2017－07－05］. http：//www. gov. cn/zhengce/content/2015－05/19/content_9784. htm.

第一节 制造业的基本特点及其发展趋势

一、制造与制造业

在现代汉语词典中，"制造"的意思是"将原材料加工成为可供使用的物品"。从这一定义中可见制造业的核心元素是"加工"。加工的对象是"原材料"，加工的方向是"可供使用"，加工的结果是"物品"。所以制造业涉及原材料的甄别与选择、加工工艺的设计与实施、加工方向（市场需求）的调查以及加工成品的消费等若干关键环节。总而言之，制造业的主要内容是在一定目的（主要是市场需求）的指导下，通过一定的制造过程，将自然中业已存在的原材料转化为可供人类消费和发展（如用于再制造）的物品。

在从原材料转化为具有使用价值的物品的过程中，人扮演着关键的角色。无论是从自然界中挑选合适的原材料，还是分析人对特定物品的需求，亦或是设计一定的工艺方式将原材料转化为物品，这些都需要人的智力和情感因素的充分参与。例如，原材料挑选涉及对材料特性的分析；分析市场需求涉及对市场的判断，以及在制造者个人偏好、市场导向、制造条件等各种因素间取得平衡；转化的过程涉及制造工艺的设计、制造条件的分析与创造甚至是制造过程中对环境的影响等。所以制造从不是一个简单的转化过程，而是一个综合性的心智活动与体力活动，这其中掺杂了自然物质等有形条件以及价值观等无形条件。显然，如果从知识特征的视角去分析，这其中必然存在复杂独特的知识类型与知识组织方式。

作为一个产业，制造业则是一系列原材料转化行业的集合。但正如前所述，制造并非仅仅是原材料向物品转化的过程，而是集合原材料选择、工艺设计、工艺实施、物品销售的全过程。在大规模标准化生产时代，细致的分工使得制造业局限于工艺实施这一个环节，但如今这种设计将被全产业链式生产所取代。尽管制造业仍然致力于做好"原材料转化"这一关键环节，但是生产过程的智能化、生产工具的先进化、消费导向的个性化、生产理念的人性化等都进一步扩展"制造"的含义，改变制造业发展的形态。这也就启示我们在横向上要用发展的眼光看待制造业，并深入探讨现代制造业对员工知识特征的影响；在纵向上要把握制造或转化环节的特征，重点研究现代制造业中"转化"环节的知识特征。

二、制造业的发展及现代制造业的特点

（一）制造业发展：从石器时代到智能时代

人类的制造活动可以追溯到远古时期，古石器时代对石头、动物角质等的利用，中石器时代陶器的制作，新石器时代复合工具（如带柄的斧子），青铜器和铁器时代的农耕器具等都代表了不同时期制造活动的特点。但是在第一次工业革命以前，农业是社会经济发展的支柱产业，且制造业发展水平低下，社会整体生产与消费水平不高，导致零散的制造活动尚未形成规模性的业态，更不用谈及制造业与农业和其他业态间的协作与互促。但是在这一时期，科学与机械类的知识已经开始有陈述化、系统化的倾向，巴基斯坦的哈拉帕市也出现了史上的第一个行业标准——建筑业标准。尤其是在欧洲的中世纪时期，一系列的生产省力技术（如，水里驱动机、织布机）也逐渐出现①。这些都为工业革命的诞生打下了社会与技术基础。

第一次工业革命为制造业带来了新动力（蒸汽机）、新载体（机器）与新方式（工厂），使得织造、金属加工等领域的生产技术、生产效率大幅提升，促进了社会经济的发展。而第二次工业革命则将领域扩展到了几乎所有制造领域。电的发现与利用为制造业提供了更灵活高效的能源，在机械制造、金属加工等领域出现了新技术，塑料等新材料代替了木材与金属。生产线的变革以及机器人的发明进一步提升了机械化的水平，而制造业管理也从试误（trail and error）走向了科学。在19世纪末20世纪初，技术、能源、管理、生产组织方式等的变革将制造业推向了前所未有的高度，丰富着人们日益增加的消费需求。这种变革延伸到了20世纪后半叶，精益生产、航天科技、精密制造、绿色能源逐渐成为制造业发展的"新宠"乃至主轴。正在发生的新工业革命与产业变革则通过大规模定制、3D打印、智能制造等"充满活力"的方法与技术重塑制造业发展格局。制造业正在走向一种"终端到终端"以及"服务化""可持续发展"的战略。

（二）"现代制造业"的特点与中国的现代制造

"现代制造业"相较于制造业这一名词而言，多的不仅仅是"现代"这一前

---

① Roser, C. "Faster, Better, Cheaper" in the History of Manufacturing from the Stone Age to Learn Manufacturing and Beyond [M]. CRC Press, 2016：37 – 78.

缀，更多的则是现代技术、管理、组织方式等对制造业的全面改造。具体而言，现代制造业应在以下几个方面实现对制造业的现代化改造：（1）技术与工艺的现代化。制造技术及工业设计应充分体现科学与技术发展的先进成果，如精密加工、虚拟成型、精密成型、网络制造、计算机数控加工等，支撑制造由低端粗放向精密智能的方向发展。（2）管理的现代化。现代制造业应主动创新管理模式，将管理与企业生产和创新活动紧密结合，实现人、财、物三大资源、尤其是智力资源的高效利用，以及企业内部各类知识资源的有效整合和价值发挥，有效、合理地控制各个实体间的相互联系，在保证质量及提高产品性能、价格比的前提下，及时将产品和服务推向市场[①]。（3）生产组织方式的现代化。在集约生产、高效生产、消费导向生产等的客观要求下，企业的生产组织方式应随之发生变革，根据产品的市场特点和企业的规模，充分借鉴和利用准时生产、并行生产、计算机集成生产、精益生产、适时生产等新生产组织方式带来的效益。精益的重点在于操作的"软"方面，改变生产程序，让人们的内心和思想不断地改进过程。精益计划从对顾客的价值分析开始，并将销售和营销、设计、采购、制造、物流和仓储、人力资源、管理和客户支持等环节整合起来，以了解该价值是由公司内部的运营创造、保留和丢失的，还是价值链的上下活动所为。有了这一认识，成功的企业就可以不断地改变其全球供应链，以最小的浪费为客户提供最大的价值[②]。（4）能源的现代化。现代制造业需要体现"绿色制造"的思想，而实现绿色制造的关键举措就是实现能源的"绿色化"，这也是制造业可持续发展对能源动力的内在需求。除此之外，制造理念、发展方向等的现代化也是制造业从传统走向现代所要完成的目标。

中国正在经历这场制造业的大变革。对于拥有全面工业制造体系，但制造业总体水平尚处于第二次工业革命阶段的中国而言，要想实现弯道超车不是易事。杜鹏（2012）认为，在"经济创造能力""科技创新能力""环境影响"三个总指标中，中国的制造业总体上仍旧处于低端、低效、高污染阶段，与西方制造业发达国家相比差距较大[③]。但是制造业的"新型化"（包含经济指标、科技指标、能源指标、环境指标和社会服务指标）程度在逐年提高，尤以东部地

---

① 张映伟、于川：《现代制造业的组织与管理》，载于《成组技术与生产现代化》2002 年第 3 期，第 27～31 页。

② Brennan, L., Ferdows, K., Godsell, J., Golini, R., Keegan, R., Kinkel, S., Srai, J. & Taylor, M. Manufacturing in the World：Where Next? [J]. *International Journal of Operations & Production Management*, 2015 (9): 1253 - 1274.

③ 杜鹏：《中国制造业产业升级研究》，武汉大学博士学位论文，2012 年。

区为甚①。《中国制造 2025》提出了"三步走"实现制造强国的战略目标，并"坚持把人才作为建设制造强国的根本"，在制度层面强化了人才在制造业转型与升级中的关键地位。

本书所选取的研究对象及其所在企业都是这场变革中的"亲历者"乃至主角。不少企业都经历了改革开放前二十年我国制造业的粗放发展阶段并以此积累了产业转型升级的"原始资本"。可以说，这些员工的知识特征和时代感悟都是我国制造业多年积淀成果的生动体现。了解我国制造业发展的机理与变化，一线从业人员是最合适的突破口。

第二节　现代制造业一线从业人员使用的各类知识及其属性

通过对 11 名制造业企业一线从业人员出声思维报告和访谈记录的编码与分析，本书认为现代制造业一线从业人员使用的知识主要包括以下八个类型：关于技术原理的知识、关于工艺技术的知识、关于软硬件使用的知识、关于操作技艺的知识、关于生产情境的知识、关于判断决策的知识、关于职业伦理规范的知识以及关于相关岗位的基本知识。每种类型的知识中又包括不同的内容（见图 3-1）。以下将从"内涵界定""基本内容""基本特点"三个方面对每种知识进行详细阐述。

一、关于技术原理的知识

（一）内涵界定

所谓"关于技术原理的知识"（以下简称"技术原理知识"），指的是在工作过程中使用到的科学、技术事实及由科学、技术事实推导、概括、提炼出来的基本概念、命题、原理、公式、符号等。例如，在制孔过程中，技术工人需要了解加工程序的含义及其基本格式，这其中的"加工程序"即为一种技术符号，它是装配加工过程中人为规定的一种通用性符号，用于各个加工环节中供参考以实现

---

① 李廉水、程中华、刘军：《中国制造业"新型化"及其评价研究》，载于《中国工业经济》2015年第 2 期，第 63~75 页。

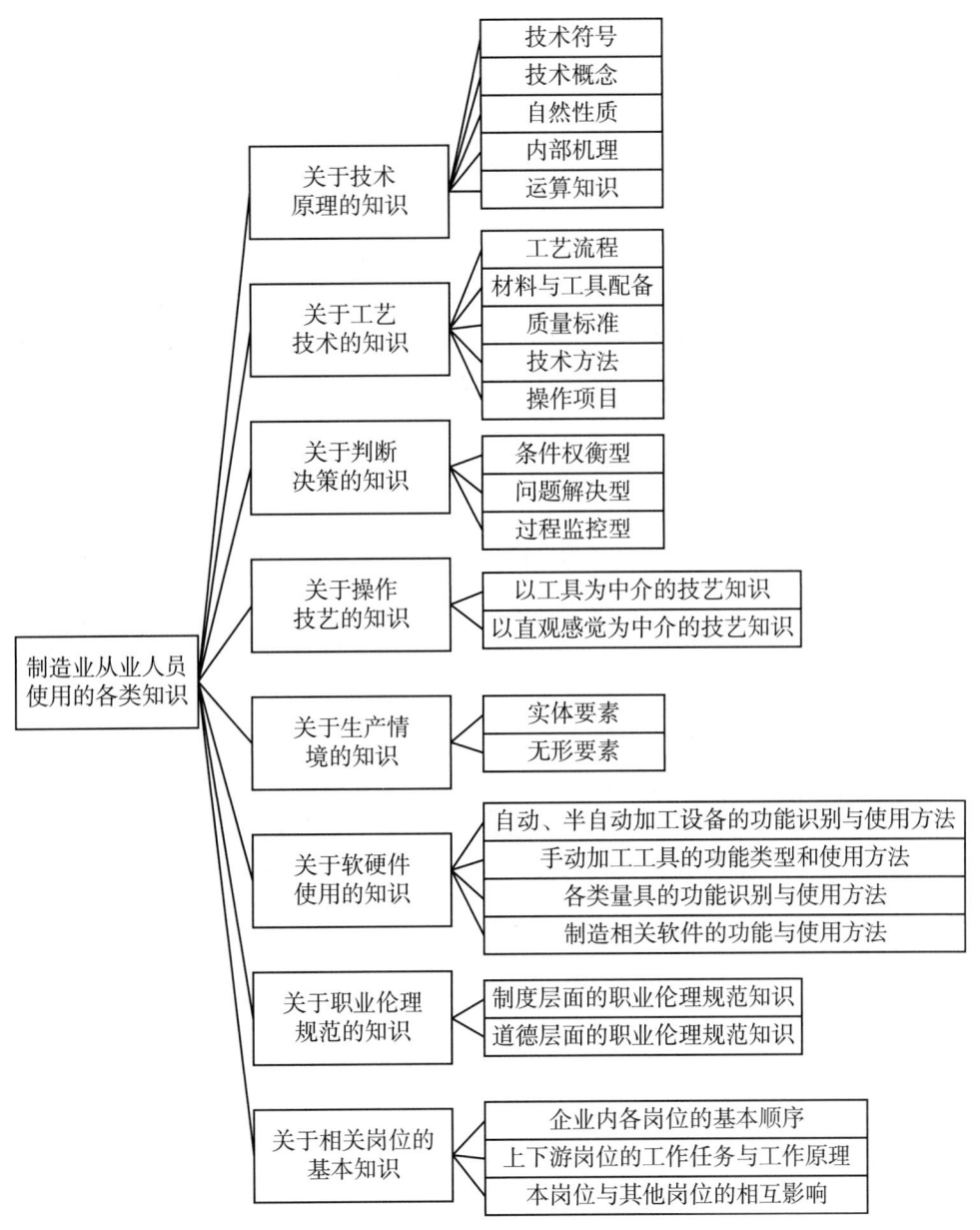

图 3-1 制造业从业人员使用的各类知识

加工目的；再例如工人在使用数控铣床对工件进行加工时，需要了解工件材料的特性以选择相应的转速，这其中"工件的材料特性"以及"数铣转速的含义"就分别属于技术原理性知识和技术符号。杜威将这种知识称为"科学或合理化的知识"，并认为这种知识是可靠的、无疑的、确定的，已经处理过的事物，是

"知识的极致"①。

"技术原理知识"的两个核心特征或元素分别是"原理性"与"技术"。"原理性"强调这类知识背后具有的普遍意义的基本规律。例如，制作某类工件所用的材料就具有某种不以人的意志为转移的特性；技术图纸是在一定工作范围内由人规定的，是具有普遍意义的技术符号，这种符号是从事这个行业工作所需要了解的基本要素，具有一定程度的稳定性和客观性；通过计算的方式得出某类工件加工的精度要求也是一项利用基本规律的工作任务，因为基本的加减乘除或更为复杂的数学运算就是一种普遍意义的基本规律。所以"原理性"并不仅仅指的是原理，其背后指代的是在这一行业内存在的、具有普遍意义的规律性知识。"技术"一词将这种知识限定在技术领域，强调这类知识均是围绕某类技术产品、技术设计或技术思想等组织和运用的。有时一些原理性知识可能与制造业缺少直接的关系，但是，当这一原理性知识运用到生产过程中时，就会被赋予技术性色彩（例如，客户心理学知识与产品制造间的关系）。"技术"的限定意义还在于明确这类技术的"技术学"色彩。很多技术来源于科学研究的成果，但是这并不意味着是简单的科学原理应用到技术之中。正如布莱恩·阿瑟所言："技术人员应用科学思想就犹如政客们应用已故的政治哲学家们的思想一样。他们日复一日地使用这些思想，对其起源的细节却知之甚少。但这并不是处于无知，而是因为起源于科学的那些思想会随着时间的推移被消化吸收到技术体自身当中……毋宁说技术是从科学和自己的经验两个方面建立起来的。这两个方面堆积在一起，并随着这一切的发生，科学会有机的成为技术的一部分，被深深地植入技术"。② 所以尽管科学原理仍然保有其"科学"的外衣，但是当其与技术相结合之时，就产生了技术的"基因"。例如，以图纸为代表的技术符号就可以被认为是数学、物理等科学知识转化来的技术知识。

（二）主要内容

从本书所选取的11个研究对象来看，"技术原理知识"可以归为以下几类：

1. 技术符号

符号是一种认知工具，是人类对客观实体进行联想、提炼、抽象而形成的观念体系。而技术符号就是围绕技术活动所引入的符号。技术符号的出现是因应技术日益复杂、艰深，对象门类、制约因素与操作规则繁多，不确定因素不断增加的技术发展现状和趋势。王丽（2010）认为技术符号具有三个环节：首先，技术符号是一

①　杜威著，王承绪译：《民主主义与教育》，人民教育出版社2001年版。
②　布莱恩·阿瑟著：《技术的本质》，浙江人民出版社2014年版，第64~65页。

种观念体系，是技术主体的主观思维建构；其次，技术符号具有直观形式；最后，技术符号具有指定功能。所以相应地，技术符号具有建构、抽象、直观、实用、约定和间距六个特征[①]。

实际上，技术符号是"实物建构"向"思维建构"转变的充分体现。所以它是符号化的技术。本书中，数控铣工、钻工、钳工、质量检验工等使用的图纸就是一种典型的技术符号。图中带有特定含义的数字（如半径/直径）、线条和箭头（工件轮廓）、指代符号（如半径符号、同心度符号）、字体字号要求等都是CAD加工图的重要元素。除了图纸以外，数控加工程序、各类代码、钳工划线等都是制造业常用的技术符号。

需要注意的是，技术符号具有一定的情境性。绝大多数的技术符号在一定的行业范围内具有通用性，但是在特定的工作范围内，一定的工作群体内部可能会形成特殊的技术符号。这种特定情境下的技术符号往往是因为便于工作交流而创造出来的，在群体内使用较长时间而形成习惯，从而成为这一特定群体技术语言的元素。例如，在"产品质量检验"工作中，检验员在不合格的地方会标注不同的符号以提示生产人员需要注意的地方，而不同的符号代表不同的注意内容和误差的严重程度。这种在厂内检验员和工人间形成的特定符号就具有企业工作的情境性。

2. 技术概念

概念是思维的基本形式之一和基本活动单元，是事物共同特征的一种概括，是由感性认识到理性认识，由感性材料通过归纳得出的认识结果。技术概念就是在技术领域归纳出的，分别代表不同技术现象共同特征的一组概括性认知结果。他是认识技术现象，开展技术活动，评价技术结果的基础，是技术语言的基本单元。

相较于技术符号而言，技术概念具有更强的去情境性和一致性。例如，"倒角"一词在任何加工制造领域内都被理解为"把工件的棱角切削成一定斜面的加工"。"半径"都是指"从圆的中心到其周边的任何线段"。正是由于对基本概念的统一认知，才能保证对技术现象的科学认识和对技术活动的正确执行。通过词频统计发现，本书中常被研究对象提到的概念包括"工件""刀具""轴""装夹""程序""图纸""精度""校准"等（见图3－2）。这些概念充斥着一线员工工作的每一个环节，无论是审阅加工图纸，还是与其他员工进行交流，都离不开对概念的统一认知和使用。也正是这些概念构成了对更深层次原理性知识（如接下来提到的物质的理化性质、内部运行机理等）的理解基础。

---

① 王丽：技术中的符号［C］//中国自然辩证法研究会．第三届全国科技哲学暨交叉学科研究生论坛文集，中国自然辩证法研究会2010年版，第6页。

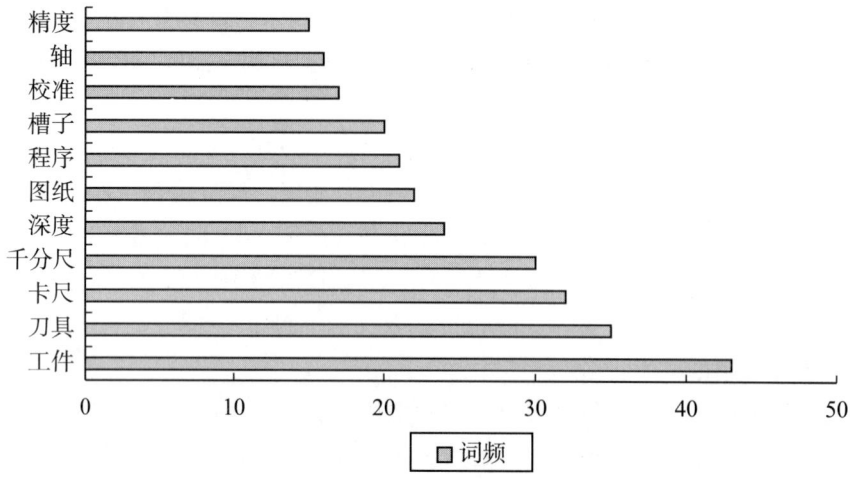

图 3 – 2   出声思维报告中出现次数较多的若干概念

3. 自然性质

自然性质指的是物质的物理、化学、生物等自然特性。制造业的对象是来自自然界的各种资源，将自然界资源进行转化的目的是要满足人类的生产生活需求。所以这些资源的自然特性决定了哪些物质可以被用来进行加工以实现特定目的，哪些物质必须要使用特定的加工手法以保证产品质量等。物质的自然特性是加工制造各环节均需涉及的知识模块。

从内容上看，"自然性质"主要包括物理性质和化学性质，如在进行工件表面的加工时要考虑工件装夹时产生的应力，不同型号的钢的硬度及其对工件装夹和转速设定的影响，不同表面处理溶液的化学特性及其在加工过程中的应用等。这些物理或化学知识为一线员工提供了判断、设计与执行加工工艺的基本依据。

4. 内部机理

内部机理指的是技术活动中存在的自然和人工运动规律，是根据一系列物理、化学特性所推导和证实的，理想状态下技术活动各要素的运动机制和原理。因为内部机理指导制造活动，尤其是高级制造活动的原理性知识，直接决定了制造活动如何开展，以及对制造活动中产生的特殊情况的判断和处理，所以内部机理是制造业设计工艺环节的主要依据，同时在工艺实施环节也起到判断和支撑作用。

在生产过程中，这种内部机理主要体现在各类与制造相关的技术原理之上。例如，各类刀具的生产工艺及其对工件加工的影响，刮研工作中在工件表面加工出的"点"的作用、状态及其背后的含义，工件或材料中的杂质对刀具的影响等等。这些技术原理涉及工艺流程的整体设计、加工工具的选择和判断、加工方法的合理配置等。它是人类通过对一系列物理、化学特性的科学认识产生和发展出来的，构成了支撑制造活动的基础。

需要强调的是，内部机理往往是科学验证或技术经验积累的结果，虽然具有很强的稳定性和可参考性，但由于生产环境、条件（尤其是操作者）等的区别，同样的技术原理在不同的生产情境中可能会产生不同的效果。这也是为什么会出现"同一个机床、同一张图纸，交给两个技术水平不同的人，所加工出来的工件质量有高有低"现象的原因之一。认识内部机理是设计和实施加工活动的第一步，在真正实施的过程中，还要根据工件、机床、生产加工环境等诸多要素进行即时调整。这就是后面需要交代的其他类型的知识。

5. 运算知识

在制造业生产一线，员工往往还需要具有一定的现场运算知识。这种运算需求可以体现在以下几个方面：一是图纸上的数字并不是直接体现工件所有部分的尺寸，有些尺寸需要根据其他数字进行简单的运算才可获得；二是不同工件加工精度不同，一线员工需要根据精度需求，计算加工余量，以选择合适的加工范围和工具；三是通过运算判断加工结果是否处于允许的误差范围之内；四是要根据加工需求计算切削速度、背吃刀量等数据。

一般而言，这种现场工作所涉及的运算并不复杂，基本的加减运算即可满足生产需求。但是实际工作往往要求一线员工对数字保持敏感状态，不仅要求运算速度要快和准，同时要求能够将运算结果直接体现在实际工件的尺寸和加工程序中。所以运算知识是情境下的运算知识，它与技术符号、实际工件等紧密联系在一起。

（三）基本特征

从这些知识在工作过程中的呈现和使用情况中，我们可以总结出这些知识的几个特点：

1. 内容上的主客观统一性

无论是技术概念还是理化特性，抑或是内部机理，这些原理性的技术知识都蕴含着不以人的意志为转移的客观内容。例如，不同材质的物理和化学性质，以及刀具在遇到不同材质或含有杂质工件后所表现出的特点等。一线工人应合理利用这些理化特性和内在机理去设计和执行相应的生产工艺。另外，一些技术原理知识也带有一定的主观性。这些主观性来源于人类将科学规律应用到技术活动的过程中，是人的主观能动性的体现。技术符号是基于实物性质而人为设计和创造的，理论上说具有强烈的主观性和可变性。但是技术符号是将客观事物与思维连接的手段，在一定范围内（通常是整个行业内）具有约定性，并构成了一定领域内成员的集体记忆。所以就其体现的内容和较长时间内的使用特点来看，它具有强烈的稳定性和一定程度上的客观性。技术概念是人类认识客观事物、运用客观事物所创造出的思维单位，它连接了客观事物和主观认知，为人类传递和发展经验提供了可能。可以说，技术概念和技术符号是主客观的统一体，其主观性来源于人脑对客观事物的主观抽象，客观性来源于其揭示事物的主观属性。所以在主客观性的光谱上，不同类型的技术原理知识拥有不同的主客观成分，总体上表现出主客观统一的特点。

2. 形式上的符号化

所谓符号化，指的是这些知识均可以符号的形式记录、分析、传播乃至传承。在杜威看来，这些符号都是"需要传递的当前社会生活的意义"，是用"具体的详细的术语"所构成的永久保存的文化的重要成分[①]。"名词和命题把抽象出来的东西记录和固定下来，并传播下去。从一个特定的经验分离开来的意义，不能悬在空中。它必须有一个'住地'。名词就给抽象的意义一个'住地'和'躯体'。所以，意义的表述并不是一种事后的思考或副产品……一个人若要表述经验的意义，必须有意识地考虑别人的经验。他必须设法找到一个立场，既包含他自己的经验，也包含别人的经验"。也正是这样的特点，同样的一份生产图纸可以被重复用于多次生产当中，一份生产图纸在不同的车间和厂家中可以生产出同一个规格的产品。由于人们对符号及其内涵存在统一认识，这样就允许我们在前人对符号的记录和分析的基础上借用乃至发展这些知识，从而使人类的生产生活能够维持，文明得以发展。

3. 组织上的系统性

技术原理知识往往以系统的方式组织。这与碎片化的生活知识（everyday knowledge）不同，因为技术原理知识往往直接或间接来源于科学知识谱系，无论是纵向的类别上，还是横向历史上都存在一个连续的、发展的路径。一种技术原理知识往往有众多相关的知识做支撑、对比或补充。在工作过程中，一线员工所要掌握的不仅仅是一项技术原理知识，而是要能够掌握与之相关的一系列技术原理知识。在工作过程中遇到不同的情境和对象时，能随时启动知识图谱，从中搜寻合适的知识以完成工作任务。

以工件材质为例，一线工人不仅需要了解当前工件的材质特征，还要了解其他未来可能需要加工的材质的理化特征，如钢、铝、铜等；不仅需要了解 A3 号钢的理化特性，还需要了解 20 号钢、45 号钢、Q235、Q345 钢的特性；不仅需要了解钢作为合金的理化特性，还要了解钢在用于工件制作的过程中如何利用其理化特性；而且物理、化学、核反应特性中又包含诸多的内容，如硬度等。这些

① 杜威著，王承绪译：《民主主义与教育》，人民教育出版社 2001 年版，第 194 页。

知识最终形成了一个知识图谱（见图3-3），这些图谱构成了支撑一线员工工作的重要知识基础。

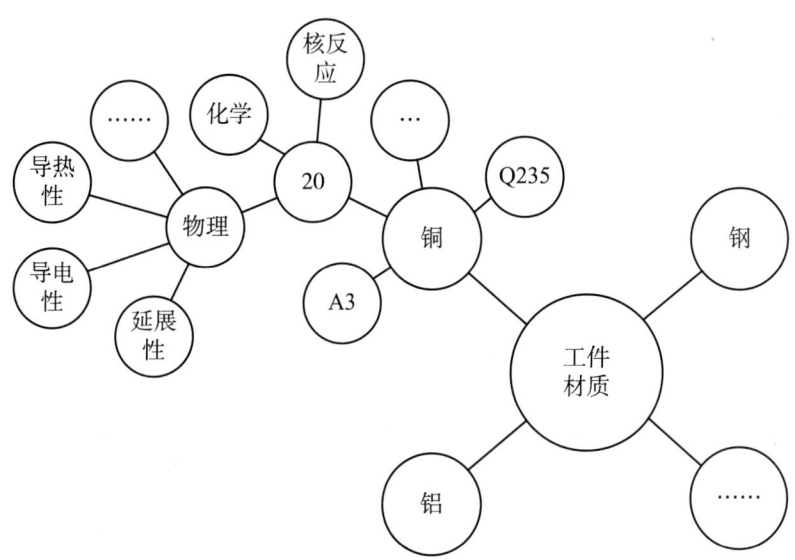

图3-3　技术原理知识的组织系统性特征——以工件材质为例

4. 使用过程中的情境性

技术原理知识来自多个知识领域，无论是纯粹的科学知识，还是在科学知识的基础上被技术化了的技术原理，抑或是人为创造的技术符号，这些知识在特定的情境下都围绕一个或若干个技术情境/活动/问题而被组织起来，构成一个支撑问题解决的"域"。一线员工在使用这些知识时，往往是将其与手头上的技术活动联系起来，在特定的情境中思考知识对于问题解决的价值。甚至这些原理性知识要根据现实条件进行一定的调整，以满足特定情境下的工作要求。

例如，在"数控车床零件加工"这一案例当中，为了保证工件的光洁度，车工往往需要预留一定的量以供精加工。"一般情况下书本上说要留50丝[1]，但是实际上根本不需要留这么多，也许有的材质（如不锈钢），你留10丝，20丝就已经可以保证光洁度了。铝、铜、A3钢等的余量如果不留一个半的话你是无法达到光洁度要求的。但是如果有的时候你留多了，车出来的可能是一种椭圆的状态。"所以一些看似具有稳定性的技术原理在现实工作过程中需要与具体的工作环境相结合，否则可能会因为机械套用而产生错误。

综上所述，从知识的性质来看，"技术原理知识"与谢弗勒（Scheffler.，

---

① 注：一丝=0.01mm。

1965）口中的"命题式的事实知识"（descriptive knowledge）以及"规范式的认知"（normative knowledge）[①] 均有交叉，也同时涉及阿伦（Allan，2003）口中的"描述性知识"（declarative knowledge）以及概念性知识（conceptual knowledge）[②]，归属于安德森的"陈述性知识"（declarative knowledge）。它包括两方面内容：一方面是 know-what，即事实知识；另一方面则是 know-why，即原理知识。事实知识是原理知识的外在表征和传播符号，原理知识是事实知识的内在规律与特征。

二、关于工艺技术的知识

（一）内涵界定

"关于工艺技术的知识"（以下简称"工艺技术知识"）是与生产工艺相关的知识，属于工艺知识（Process knowledge）的一部分，广义上的工艺知识包括了产品的设计、生产准备、制造和经营管理活动等，贯穿产品全生命周期的与工艺有关的知识[③]。工艺技术知识是其中设计与实施的部分，相当于工艺规范中的"工艺技术规范"[④]，主要包括指导性的工艺规范和操作性的工艺规范两个部分，不包括一些学者分类架构中的"工艺管理知识""工艺情报""基础理论知识"。

工艺技术知识需要回答的是"怎么做"的问题。技术原理知识是了解工艺的基础，为了能够将理论上的设计变为具体的实施方案，就需要利用一系列的科学知识和技术原理对整个生产工艺进行设计，规定生产的流程、方法、设备、步骤等，最终形成一整套指导操作的工艺技术规范。所以工艺技术知识是理论构想到生产制造的承接环节，实现了从理论到实践的跨越。需要指出的是，这种知识有两个主要来源：一是对科学原理的应用，由科学知识或技术原理直接设计出的工艺方案，二是技术经验积累的产物，即由企业或个人长期积累的生产经验而形成的工艺方案。无论是何种来源，其形成的结果——指导操作的工艺规范都具有一定的稳定性和科学性。工艺技术知识是企业一线员工进行生产直接参考的知识，运用该知识的目的是能够保证产品加工的质量符合客户需求。此外，当企业内部需要内控工艺或专利

---

① Scheffler, I. *Condition of Knowledge: An Introduction to Epistemology And Education* [M]. Chicago, Scott, Foresman, 1965: 107.

② Wigfield, A., Byrnes, J. P., & Eccles, J. S. Development during Early and Middle Adolescence [M]//Alexander, P. A., & Winne, P. H. (Eds.). Handbook of Educational Psychology, second edition. New York: Routledge, 2006: 89.

③ 于洪雷：《基于 Web 的工艺知识管理系统研究与开发》，大连交通大学 2005 年版，第 85 页。

④ 金大元：《工艺规范体系构建与编制研究》，载于《新技术新工艺》2016 年第 8 期，第 28~30 页。

技术时，可以制定成工艺规范，避免工艺诀窍或专利技术流失。这种知识表现在实体层面即为现场工艺规范、工艺卡、工序卡、工艺过程卡等。

（二）主要内容

1. 工艺流程

工艺流程指的是生产过程中各项工序的安排。从产品生产的全过程来看，这里的工序涉及企业的各个生产部门和岗位，就某一个岗位的生产过程来看，这里的工序指的是在这一岗位中生产活动的先后顺序。例如，在"制孔"岗位中，一般的工作顺序为"明确终孔直径—制初孔—扩孔—铰孔—锪窝"。如果某一个工序出现了错误，就可能会出现孔的大小有误差或其他不符合质量的情况。再例如"刮研"岗位中的刮研工作主要就是"平面刮削—研磨显示—再平面刮削—再研磨显示"，如此往复，交替循环，不断运作，直到单位面积中的点的个数达到标准才可停止。

工艺流程是生产过程中最基本的工艺技术知识，有了工艺流程，企业一线员工就能够按照一定的步骤规范进行操作，避免因个人或其他因素导致误差或生产事故的出现。一般情况下，工艺流程表现为一张流程图（见图3-4）。流程图的优势

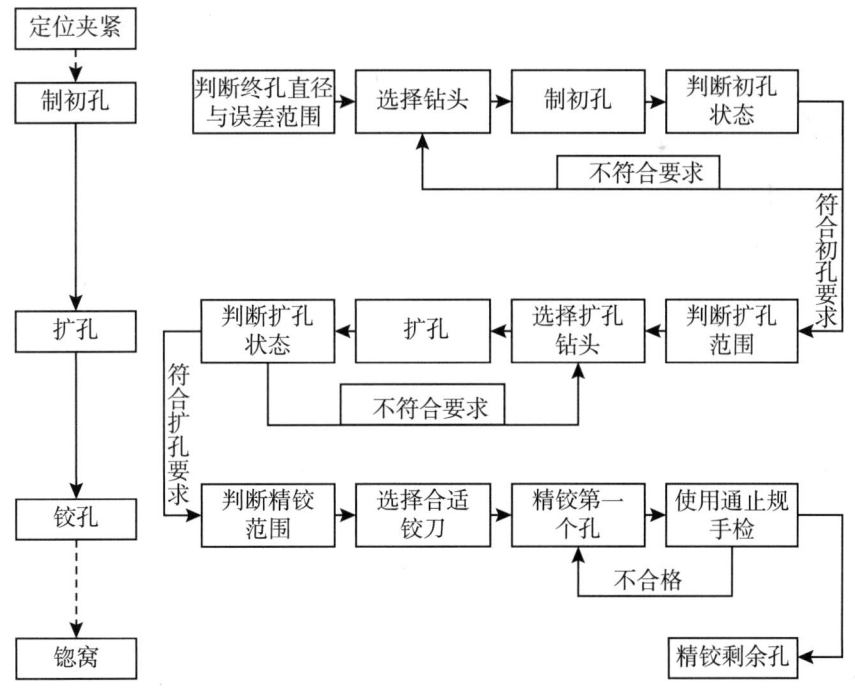

图 3 - 4　某企业制孔岗位工艺流程

注：该工艺流程是作者根据企业一线员工的口述整理而成，可能在细节上与企业真实的岗位工艺流程有出入。

在于能够清晰地指明员工的动作规范，并能在宏观层面审视各岗位间的关系。在生产过程中，企业一线员工往往既需要掌握自己所在岗位的内部工艺流程，还要了解其他相关岗位的工艺流程（这一部分在"相关岗位基本知识"中详细介绍）。企业会根据工艺流程的使用和保密情况，决定工艺流程的传播和展示方式。

2. 材料与工具配备

材料与工具配备指的是在生产加工过程中应如何准备生产材料和生产工具。生产材料是工人生产的直接或辅助对象，不同岗位对生产材料的准备要求各不相同。有的岗位专门负责生产材料的选择和配置工作，有的岗位则只是在前序岗位选择和加工好的生产材料上进行进一步的加工处理，在工作过程中不涉及或只涉及其他辅助材料的准备工作。例如，在"刮研"工作中，工人需要使用一种红丹颜料涂在刮研的平面上，以方便工人了解刮研的进展（点的个数）。这种红丹颜料的配置就属于生产材料的准备工作。一般而言，红丹颜料"颜色要鲜明，不能太浓或太稀，否则影响工人的识别"，可见对红丹颜料配置的规范有利于提升工作效率。

生产工具是工人生产所依托的各类器具。广义上的生产工具包括各类大型生产器械、中小型生产器材和手工工具。例如，在精密工件的制孔过程中往往需要使用多个不同型号的钻头，工人需要根据加工需求准备相应的钻头，以及在钻孔过程中使用到的润滑油、清洁剂等。员工要根据加工的需求选择不同的加工器械，例如，数控车床、磨床、铣床等。在所有研究对象中，有一半以上的员工均可以使用或操作企业内超过两种生产工具，且在企业智能化生产不断普及的今天，一个员工操作、管理或使用多项工具已成为常态。

3. 质量标准

质量标准是一线员工生产活动的目标，员工应对照所在岗位的任务要求和质量标准完成相应的生产活动，在流程化制造中任何一个环节出现质量问题都将会影响下游岗位生产的进度和产品最终的质量。在制造业生产活动中，质量标准常体现在产品（如工件）加工的尺寸规格、精度、误差、成分等数值内容上。例如，为了检验某机床成品是否能够达到相应的加工精度，检验员使用"精车圆柱试件（钢件）"作为检测标准，在圆柱面上车削长度大于或等于 80 毫米的三段直径，车削的结果只有满足以下两个条件方为合格：（1）允差为 0.005（同一剖面内最大与最小半径差）；（2）允差在 300 测量长度上位 0.03。

生产质量标准存在于企业、行业、地方和国家三个层面。国家质量标准是最高位阶的标准，由《标准化法》和《产品质量法》等法律、法规规定，对各行各业的基本生产、服务活动提供最基本的规范。这种规范体现在一线员工生产活动的各个方面，例如，生产图纸的编写和识读就要依据机械制图的国家标准进行。地方与行业质量标准是中间位阶的标准，由地方政府或行业组织根据国家质量标准的要求分别在地方和行业内提出针对性的质量要求。例如，同样的刮研工作在高精密制造行业与中低精密制造行业中的质量标准就会有所不同，这主要体现在单位面积中研磨点的数量、分布等。企业层面的质量标准是企业根据国家、地方和行业标准制定的，充分考虑产品市场特点和用户需求的质量标准，不同产品所需要依据的生产质量标准各不相同，同一家企业会同时拥有针对不同产品的质量标准。

4. 技术方法

技术方法指的是一线员工采用什么样的技术方法实现工艺要求。同一个生产工序、同样的生产设备和工具，可能会因为不同的技术方法而产生不同的结果。这里的技术方法与接下来即将谈到的"技艺知识"存在联系与区别。技术方法强调的是依据科学与技术原理所推导和证实的技术方法，是去个性化的知识，且在一定范围内具有一定的稳定性、符号化、客观性与普及性；但是技艺知识具有强烈的个性化和默会性特征，它是操作者基于技术方法的要求，在长时间的训练和互动中产生的个性化操作知识，其中整合了自身独特的感官与肢体反应。可以说，技艺知识是技术方法的延伸与发展，是外在技术不断内化的体现，是一种"具身认知"。

5. 操作项目

操作项目指的是员工在岗位上依照工艺程序、凭借工具和材料、借助一定的技术方法所要操作的具体内容。操作项目类似于员工在特定岗位上的工作任务。如果操作项目有着明显的前后顺序，那么操作项目与前面的工艺流程相似（如表 3 - 1 中的"航空件制孔""高精密零件数铣""镀锌前处理"等）；如果操作项目是按照产品类别、结构特点等纵向维度设计的，那么操作项目就有着其他内在的逻辑顺序（如表中的"加工工件检验"）。

表 3 - 1 　　　　　　　　　　本研究所涉及部分岗位的操作项目

岗位	操作项目
航空件制孔	1. 在定位锁上定位锁紧工件 2. 在工件相应位置上加工一定数量，一定规格的孔洞 3. 对孔洞进行清洁去毛刺 4. 将工件取出并转移至下一个站位

续表

岗位	操作项目
高精密零件数铣	1. 将工件以合理的方式在数控铣床上夹紧 2. 根据工件和加工需求选择合适刀具 3. 在机床中核对并输入程序 4. 开启机床加工 5. 工件清洁去毛刺
加工工件检验	1. 工件长宽高 2. 各类键槽长宽高（深） 3. 各类轴的半径、宽度、同心度 4. 台阶深度
刮研	1. 清洁稳定工作台 2. 根据铲刮精度和质量标准选择合适刀头 3. 正确刮削、涂料和研磨 4. 判断刮研结果
数控车床零件加工编程	1. 审查图纸 2. 考虑刀具、转速等 3. 编写程序 4. 程序审查
镀锌前处理	1. 除油 2. 酸洗 3. 活化 4. 漂清

（三）基本特点

1. 科学性与经验性并存

工艺技术知识的两大来源决定了这一知识类型既有科学、客观性的一面，也存在主观、经验性的一面。一方面，工艺规范是在对材料、工序等进行科学研究的基础上制定的，是有着坚实的理论基础的。例如，金属成形工艺就需要合金铸造性能、金属滑移性能、加工硬化与再结晶、金属的锻压性能、焊接接头组织与性能、金属的焊接性[①]等多领域的技术原理知识。另一方面，工艺规范也允许大

---

① 范崇洛主编：《机械加工工艺学》，东南大学出版社 2009 年版，第 79～92 页。

量合理的技术实践经验的介入与组织。因为技术活动本身自成系统，在从理论层面向实践层面过渡的过程中有很多其他因素，尤其是人的因素影响着理论在实际环境中作用的效果。尽管技术不断地受到科学的影响，甚至大量地依靠科学研究成果，但技术并非科学原理的直接移植，而是要在人类与实践的互动中寻找理论应用的切入点，最终将科学原理有机地植入技术之中，并集成地体现在技术产品制造的过程中。

从知识呈现这一视角来看，尽管工艺技术知识兼具科学性与经验性，但它是长期科研与实践积累下的成果，是被长期实践检验而较为成熟的工艺规范。所以它可以由文字、图像等符号的形式编码、储存、修改、应用乃至发展。大型企业往往十分重视工艺知识的管理，工艺技术知识就是工艺知识管理的重要对象。很多学者也提出了诸多工艺知识搜集、分类、编码和管理的模型与实例。

2. 通用性与特殊性并存

正是由于工艺技术知识来源于科学研究与人类长期实践的结果，所以工艺技术知识在一定范围内具有通用性。即按照一定的工艺流程，使用相同的工具、材料、设备和技术方法，是可以保证产品规格的统一和质量控制的。全球范围内的分工式生产依靠的就是统一的工艺规范以达到零件的匹配和产品的品控。在本书所涉及的几家金属加工企业中，对于工件加工过程中的"误差控制""刀具选择""产品清洁去毛刺"等环节都存在诸多相同的工艺技术，两家不同企业的制孔岗位在制孔过程中都采用了相同的制孔技术方法，如孔径从小到大加工、通过往复式钻孔的方式去除孔内金属碎屑等。

但工艺技术知识具有一定的情境性或特殊性。由于加工产品的样式、结构、材质、精度要求等均不相同，诸多工艺技术知识在整合到一件工件的加工时，会在组合形式、前后顺序、细节处理等方面不同。即使是同一个工艺技术知识，由于不同企业的生产环境（如设备精度、温度、湿度、气压等）不同，在应用过程中可能需要进行细微的调整。更重要的是，由于实现产品加工目标的路径多样，在同一原理指导下指定的工艺规范可能完全不同，但根据不同版本的工艺规范所制造出的产品几乎都可以确保的质量。例如，在产品质量检验的过程中，工件的一个部分既可以用千分尺测量，也可以用深度尺测量，只要量尺的量程选择正确即可。加工程序的检查既可以从前往后，也可以从后往前，亦可以抓住几个重点元素（如 G0 和 G1 要搭配出现）检查，具体的检查步骤可以根据程序员对程序的熟悉程度、程序的复杂度等权衡和选择，只要能确保程序可以正常运转即可。

3. 稳定性与发展性并存

由于工艺技术知识所依赖的科学知识和技术原理是通过科学实验或长时间的

技术实践所得来的，所以和技术原理知识一样具有一定程度的客观性，在一定范围和一定时间内也是稳定的。这也就决定了工艺技术知识是一种宝贵的企业财富，尤其是具有企业特色和相对优势的工艺技术知识更是企业需要保护的资本。但是它也可以随着社会整体技术水平的提升、科学事业的进步等而继续发展。这就涉及技术创新以及科学成果的产业化。随着我国制造业转型升级的步伐逐渐加快，超精加工、微细加工、快速成型等在内容和形式上改变着制造业传统工艺技术。所以工艺技术知识又是不断发展的，它的发展受经济、科学、技术等因素发展的制约。

由于工艺技术知识是理论与实践交汇的产物，所以这种知识同时表现出诸多看似对立的特征，这也为我们研究这种知识的作用关系与培养机制提供了重要的参考。

三、关于软硬件使用的知识

（一）内涵界定

"关于软硬件使用的知识"（以下简称"软硬件使用知识"）主要指一线工作中各类软件与硬件设备、工具的基本特性、使用情境和使用方法。一般情况下，一个岗位往往涉及一种或多种类型的设备或工具。例如，数控车工的核心操作设备是数控车床，除此之外可能还需要量具作为辅助工具。在工业革命以前，加工工具往往是手工制作和手动操作，经验技术占据较大成分。工业革命以后，以蒸汽机为起点的工业生产设备开始大规模使用，并逐渐替代人工生产，成为企业扩大生产规模和提升生产效率的主要途径。在大规模标准化生产时期，这种以机器标准化生产为特点的生产方式满足了人类生产和生活日益增长的需求。但随着消费模式与制造模式的不断升级，机器标准化生产开始在一些领域呈现出消退迹象。非标准、个性化定制、精密制造等新制造理念开始渗透进企业的制造设计和流程之中。这就产生了以下三个显著的变化：一是手工制造在一些领域的回归或强化；二是手工制造成为机器制造的补充；三是智能制造对机器操作人员的智力要求更高。机器的功能将在原有的"解放双手"的基础上更加"突出智力"。这些特点在本书涉及的若干岗位中均有体现。

（二）主要内容

1. 自动、半自动加工设备的功能识别与使用方法

自动与半自动加工设备的区别在于机器运行过程中是否需要人工的直接参

与。制造业自动、半自动加工设备的种类较多，本书研究所涉及的岗位主要有数控车床、数控铣床、钻床、磨床、刨床、钻具等。不同的加工设备有着不同的加工目的。例如，数控车床主要是对加工零件进行切削加工，数控铣床主要是利用铣刀对加工零件表面进行加工的机床，钻床则是用钻头在工件上加工孔的机床，磨床的功能是对工件表面进行磨削加工，刨床则是用刨刀对工件的平面、沟槽或成形表面进行刨削。生产一线的从业人员需要根据不同的加工需求，对设备能够实现的功能进行辨别，尤其是其重要参数（如最大车削旋径、最大加工长度、X/Z 最大行程、最大主轴转速等），并利用机器的功能服务工艺的设计，把加工任务指定给最适宜的工种，尽可能发挥机床的加工特长与使用效率。

在分辨其功能和使用情境以外，从业人员要能够认识机器的各部位，并根据机器的使用说明正确地对机器进行操控。在数控设备上的主要操作包括机器日常维护、程序输入与修改、润滑液与切削液的补充、润滑油路与气压检查、刀具更换等。在一般情况下，特定功能的操作步骤及其背后原理是固定的。多次操作后即可形成熟练的操作流程，其难点在于程序的输入与一些特殊情况的处理。对于半自动设备而言，操作的重点和难点在于操作者对设备的操作和控制，尤其是如何实现某些步骤中自动与手动的结合。

2. 手动加工工具的功能类型和使用方法

手动加工工具是完全依靠手工操作的各类工具，其不包含任何其他的动力来源。这类工具包括锉刀、刮刀、刨刀等。在机器生产日益普及、精度不断提升的今天，手动加工依然存在并仍起到重要作用。一线员工需要根据机器加工的情况和精度要求，适时选择相应的加工工具对工件进行精密处理，例如，对机床的导轨在抛光处理后进一步进行铲刮，以提升表面精度。

手动加工工具的使用方法并无固定要求。一般而言，行业内会对加工工具的使用进行原则性的规范，这就涉及"工艺技术知识"中的"技术方法"。但是在实际操作过程中，不同的人会根据使用习惯、环境等形成自己的操作方式，这就涉及接下来将要介绍的"技艺知识"。手动加工往往是金属加工和处理的尾端，是精加工的步骤，他对个体的从业经验与加工感觉要求较高。

3. 各类量具的功能识别与使用方法

量具是用来对工件各部位进行测量的工具。它广泛用在制造业的各环节，尤其是其中的质量检验环节。在金属加工、食品药品加工、织物生产等不同的行业，所使用的量具也有很大不同。例如，千分尺、游标卡尺、深度尺、皮尺、量杯、重量称等。不同工种的从业人员需要根据自己岗位的实际需求选择相应的量具。这里需要考虑的因素包括量具的使用环境要求、量具的量程、对所测量物体外形与性质的要求等。在金属加工过程中，有些量具可以用于不同场景，有些量具之间可以互换。这些都需要从业人员根据需求灵活掌握。

不同的量具具有不同的使用方法和注意事项。例如，在使用深度尺时要保持测量工件表面的干净；测量基座和尺身端面应垂直于被测表面并保持贴合；测量现场光线要充足；在测量沟槽或曲线基准面时，测量基座的端面应选择曲线最高点等。一线从业人员应能够熟练掌握不同量具的使用规范和注意事项。一般情况下，量具的使用过程较为规范，不同人的操作应保持统一，否则测量数据将无法保持应有的效度和信度。

4. 制造相关软件的功能与使用方法

与制造业相关的软件涉及设计、管理乃至制造等各个环节，如制造业系统和资源计划软件（ERP）、各类计算机辅助设计软件如 CAD、CAE、CAM、生产信息化管理系统如 MES、非生产性物资管理软件如 MRO 等。需要指出的是，一线生产岗位并不或很少直接涉及软件的操作。一系列计划、管理软件主要由管理岗位负责，计算机辅助设计软件主要由设计岗位负责。生产岗位需要了解软件的基本功能及其与生产岗位的关系。必要时与其他岗位合作完成产品的设计、管理或生产。

（三）基本特点

1. 不同类型的设备对操作者的要求不同

正如上面所分析的那样，自动设备、半自动设备以及纯手工工具对操作者的要求是完全不同的。自动设备更关注人通过程序对设备的操作，其重点在于操作中介——程序。程序的输入是固定、简单的动作，但程序的编写却是智慧参与的过程。半自动设备则是将手动加工与自动加工进行了结合，将力气的部分交给了机器，而将智慧与利用机器的部分交给了人类。自动设备与半自动设备的关键区别就在于操作者如何用人类的智慧和感官合理地"利用"机器的"力气"。而纯手工工具则将智慧与力气两大部分整合到了工具之中，将主动权完全交予人类。操作者不仅需要考虑工具的使用情境和操作方法，还要用"巧力"将设想付诸实践。但不论要求有何种不同，任何一个设备和工具自发明之日起就被赋予了一项基本的操作规范和使用目的。而这种目的或规范是客观存在且不断发展的。这其中客观的部分需要从业人员的学习和练习，而其中蕴含的智慧技能或衍生出的操作技能部分则在接下来的其他知识类型中存在和发展。所以机器的发明并不一定是代替人类劳动，它只是将原来纯手工劳动的部分替代为更精细、更稳定的操作，这种替代"为人类赢得了闲暇的时间，使大脑获得自由，以从事高级的思维活动"[1]。

---

[1] 杜威著、王承绪译：《民主主义与教育》，人民教育出版社 2001 年版，第 274 页。

2. 外在表现为使用说明或指导文件

为了能够确保机器或工具的正常使用，在实际工作中，软硬件使用知识往往外在表现为一系列使用说明或指导文件，例如，使用说明书，使用指导手册。对于普通的手工工具而言，其使用说明相对比较简单，通过短时间的言语交流和动作示范就可以完成工具使用方法的学习；但是在制造设备数字化、智慧化的背景之下，制造设备的设计原理与使用方式不断更新，这种使用说明文件的重要性也就不言而喻。这些指导文件的内容包括但不限于：（1）介绍机器的运作原理，以方便操作人员对机器的检修和保养；（2）介绍机器或工具的使用规范，以确保设备或工具能够完成生产任务；（3）介绍机器或工具的保养方式，以延长使用寿命。可见，这种知识具有一定的外显性和稳定性。但是由于机器或工具是由人操作的，无论是自动、半自动设备，还是纯手工工具，其工作的核心都在于操作者对工具的熟悉度和使用方式。使用同样的设备，为什么不同的人加工出的结果并不一样？除了前面提到的工艺技术知识以外，还有一种更为隐性和个性化的知识——技艺知识。

四、关于操作技艺的知识

（一）内涵界定

在生产过程中，一些企业一线员工经常表现出十分精湛的技艺，例如，用恰到好处的力度将孔的内面钻的更为光滑；用身体和胳膊协作出的一种姿势和力气恰到好处地刮出工件上的点，且不伤及工件表面；根据刀具运行过程中与工件产生的摩擦音判断刀具使用的次数及损毁程度等等。这些技艺很难被直接表述，主要依靠人的肢体、五官的感觉，是人工成分直接影响的结果。拥有这种技艺的人的过人之处在于，他们能够精准地通过直接或间接地利用工具完成特定的动作，并能达到预期的效果。其核心——一连串动作——存在于周围要素与身体各部位间的互动过程中。实际上，这些动作的操作过程看起来很简单，通常都是由几个简单的动作连贯而成，但是，为什么有些人就可以在完成一系列动作后实现更好的效果呢？这里就涉及工作过程中关于如何操作的知识。我们通常将其称为"技能"。

但是在一般的理解中，技能往往被视为一种能力或表现（performance）。例如，某个人的开车技能很强、钻孔技能很强，说他们"强"是因为他们能够在路况复杂的区域平稳驾驶，能够在工件上钻出合格甚至超精度的孔。而技能往往被视为实现这一结果的手段，或这一结果的内在表征，很难将其称为是一种"知识"。长期以来，无论是学界还是实践领域，都有将知识与技能作为两种不同类型的事物看待的观点。一般意义上的知识是静态的、可陈述的，而技能通常是动态的、程序性的。技能被看作由一系列动作或思维操作构成的自动化活动方式，不属于知识，而是运用知识的方式，属于行为范畴①。要么技能优先于知识（通过对熟练行为者行为的解释来表现行为背后的知识②），要么知识优先于技能（熟练的行动是由知识引导的行动③）。

　　但技能与知识真的是毫无关系的两个事物吗？或者说到底是否存在一种介质，能够将技能与知识相互融通和关联？技能是否可以被理解成知识的成分？在传统认识论领域，技能与知识的对立来源于对知识与技能在"信念"成分上的差异。知识需要从错误中获得安全（safety）：如果 S 知道 p，那么 S 就会认为 p 不可能是错误的。"安全"是对知识最合理的模态（modal）要求。相比之下，即使是不安全的或冒险的表现，也可能是很有技巧的。知识似乎需要安全，而熟练的技能却没有。所以将知识与技能归约到一个模型中似乎是不可行的④。但是（Carlotta，2016）提出了对技能和知识统一模态化的可能性。他通过修改模态条件的表述方式，引入了"稳健性模型"（Modal Robustness）这一概念，消解了知识与技能在"安全"上的矛盾⑤。波兰尼则区分了准则和实践知识，认为一项技能是实践知识运用的体现⑥。（Ference，1979）通过对 25 年前的一个扭转摆实验的详细阐述，证明了"技能可以被看作是知识的一个方面"的原则⑦。而"技能知识"（skillful knowledge）这一概念则是在消解二者"隔阂"的同时将两者合二为一，是对知识视角下的"技能"的哲学表述。技能知识是一种实践的知识，它的获得依赖认知者在技能实践中对明言知识的理解和对意会知识的调用⑧。目前，"技能知识"这一概念已经超越了哲学层面上的讨论，在人力资源⑨等领域被广泛使用。将技能视为一种知识，不仅扩大了知识的可理解性，而且丰富了知识的

　　① 王不凡：《哲学视域中的技能知识》，载于《洛阳师范学院学报》2012 年第 9 期，第 12～19 页。
　　② Dickie, I. Skill Before Knowledge [J]. *Philosophy and Phenomenological Research*，2012（3）：737 - 745.
　　③ Stanley, J. *Know How* [M]. Oxford：Oxford University Press，2011.
　　④ Sosa, E. *A Virtue Epistemology*：*Apt Belief and Reflective Knowledge*（Vol. 1）[M]. Oxford：Oxford University Press：2007：29 - 31.
　　⑤ Pavese, C., Skill in Epistemology I：Skill and Knowledge [J]. *Philosophy Compass*，2016（11）：642 - 649.
　　⑥ 波兰尼：《个人知识：迈向后批判哲学》，贵州人民出版社 2000 年版，第 74 页。
　　⑦ Marton, F. Skill as an Aspect of Knowledge [J]. *The Journal of Higher Education*，1979（5）：602 - 614.
　　⑧ 王不凡：《论技能性知识及其增长图式》，载于《哲学分析》2014 年第 4 期，第 103～114 页。
　　⑨ 聂顺江、罗云芳、龙月娥：《企业技能知识：特征、来源、确认与计量》，载于《经济问题探索》2007 年第 1 期，第 161～163 页。

可运用性①。哲学领域中逐渐兴起的对"专家哲学"的研究,正是这一观点不断明朗和被接受的印证。所以,技能应该被理解为一种"知道"的倾向,尤其是获得知识的状态,比如知道"如何去 F"。这就是技能如何与知识相关联。它不仅仅包括知道如何去做(know-how),还包括知道何时(know-when),知道何地(know-where),知道是否(know-whether)②。

综上所述,技能实际上是个体将明言知识和意会知识进行有效的提取和运用,通过智力或动作表现出来的过程,它作为一种动态的知识存在于个体的行为中。心理学中根据不同技能的内在机制和表现特点,将技能划分为操作技能与心智技能。本书将制造业从业人员使用的操作技能称为"关于操作技艺的知识"(以下简称"技艺知识")。而心智技能知识则是下面即将要谈到的"关于判断决策的知识"。技艺知识的外在表现是肢体操作工具完成的一系列动作,但其本质却是个体对程序性知识的进一步转化,这种转化是综合情境中的各要素进行的肢体判断,具有情境性、个体性、默会性。

(二) 主要内容

1. 以工具为中介的技艺知识

这种技艺知识的特点是个体通过工具与被操作对象接触,利用工具实施各类生产活动。刮研、钻孔等都是这类生产行为,他们的共同特点在于使用刮刀、钻具等对工件进行加工,身体相关部位的操作将依据工具对身体的反馈而不断调整。例如,钻孔人员有过这样的叙述:"有的时候力气再大,好的刀具拿给你,钻速太快,钻头一下就损坏了,孔也给钻坏了。钻孔不是拿着钻头一个劲往里面钻,一定要灵活用劲,由着钻头往里面蹭。劲不能大,也不能小,小的话容易造成孔径前后不一,大的话容易出现孔壁毛刺,而且容易伤钻头"。钻孔人员对于如何在钻孔时使劲的描述正体现了这样一种作用关系(见图 3 - 5):手在使用钻具进行钻孔时首先会有一个试钻的动作,这个动作的目的是为了试探钻孔的力度、姿势等是否能够保证孔的精度、位置等符合要求,然后根据钻具传达给手的反馈(如力度、阻碍度、声音等)进行力气、姿态等的调整。这是一个钻孔动作的循环。在这个循环过程中,孔的状态不是唯一的调整判断来源,对工具保护的重视、工人的自我安全防护、对工件精度的把控、对整体生产环境的判断等都会影响操作人员调整的方式与内容。这是一个调集各种明言知识和意会知识的过程,是以一定目标(钻出合格的孔)为指引的各类型知识的综合运用。

---

① 王不凡:《论技能性知识的"实践—知觉"模型》,上海社会科学院硕士学位论文,2013 年。
② Stanley, J. & Williamson, T. Skill [J]. *Noûs*, 2017, 51 (4): 713 - 726.

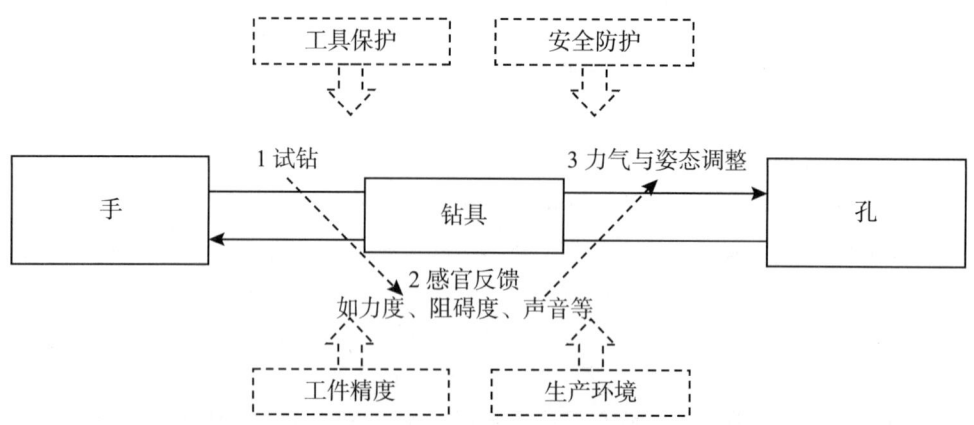

图 3 – 5　钻孔时以钻具为中介的工艺知识的发生机制

可以看出，在这类技艺知识中，人的肢体与工具间的互动成为知识发挥价值的重要依据。而这种互动所导致的感官上的差异很难被直接表述。尽管从业者一直用"不能大、也不能小""蹭着用力"等词句形容，但是这些词并不能让其他人领会到发力和姿态调整的真正内容。而这些个性化的技艺知识则是通过对周围各种元素的综合判断而总结出来的，并集中体现在肌肉的活动方式之上。这是一个"具身认知"的过程。

2. 以直观感觉为中介的技艺知识

除了凭借工具获得的技艺知识以外，还有以人体各部位（主要是感觉器官）直接获得的技艺知识。如听觉、触觉、嗅觉、视觉等。这类技艺知识的特点是不依靠工具的介入，单凭感官对工件状况（加工声音、温度、味道、外部特征）等进行判断。例如，在进行工件数铣的过程中，受访的技术专家往往会通过工件与刀具间摩擦的声音判断刀具是否适合进行加工。他描述这种声音是"一种蒙蒙的声音，嗡嗡嗡…"。此外，在装夹刀具前，技术专家也会通过目测观察刀具是否合格，他说："在目测刀具的时候其实也是看经验，它的侧刃，它的前角和后角爆掉了一个，或者侧刃已经磨得差不多了，后角的韧劲已经磨得没有了，那就必须要把它换掉"。使用目测技艺的还有这样一个案例：刮研工人在对工件表面刮削出的点是否符合要求进行判断时，"就不用书上的方法：比如每个平方有多少个点，老师傅都是用眼睛直接去看，一目了然就知道这个是否符合要求"。以刀具摩擦声音判断为例，在这个过程中（见图 3 – 6）：员工的耳朵首先会捕捉刀具与工件摩擦的声音，然后将这种声音与其他情境下刀具运行的声音进行比对，如果声音不正常（例如，发出"嗡嗡声"），那么员工就要立刻判断出刀具的状态，如刀具磨损情况严重，或刀具装夹有问题等，进而对刀具进行处理。在使用听觉进行判断的同时，员工同时会受到工具保护（保护刀具不受进一步损伤）、安全防护（防止刀具弹出或碎裂而伤人）、工件精度（防止刀具问题导致的工件表面不光滑）、生产环境（生产环境中的其他噪音等）等各类情境元素的影响，在综合各种元素后做出合理判断。这与运动训练的过程有着异曲同工之妙。马吉尔（Magill，2006）认为运动技能学习中主要有两种重要的反馈，一是主体从视觉、听觉、本体感受（即身体的定位和平衡）中获得的任务内在的反馈，二是触觉与增强的反馈，这种反馈用来提供结果知识（knowledge of result）以及表现知识（knowledge of performance）[①]。这两种反馈正是在身体或感官与外界相互作用的基础上不断放大和指导行动的。

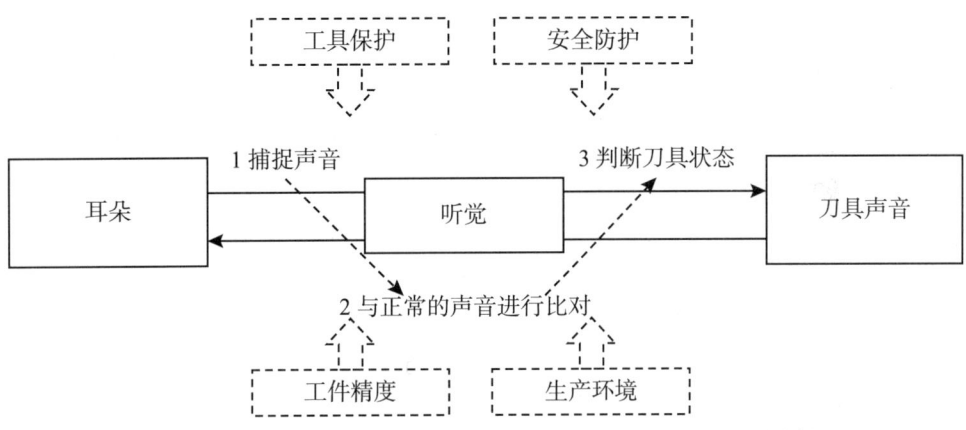

图 3 – 6　工件数铣过程中对刀具与工件摩擦声音的判断

所以，在没有工具直接介入的情况下，员工通过感官与加工对象进行直接或间接接触，感觉加工对象在声音、颜色、气味等方面所表征出的特点，进而根据脑中惯有的"基准值"进行匹配，然后做出决策。这种匹配的过程有两个地方值得关注：一是"基准值"，这个基准值往往很难量化，因为他是员工在经过与生产过程的多次接触后形成的对某一物体或现象的基本判断，每个人心中都有自己的基准值；二是"异常值"，也就是员工需要判断加工对象是否有异常出现，这就需要员工准确地捕捉现象，并将其与"基准值"进行比较。比较的过程也十分隐性，因为比较出来的差异有大有小，每个人对比较结果的态度也各不相同，进而也就产生不同的处理结果。

———————————

①　Magill, R. A. *Motor Learning and Control*：*Concepts and Applications* (8*th* ed.) ［M］. New York：McGraw Hill, 2006.

（三）基本特点

1. 技艺知识内容的个体性与社会性

由于技艺知识存在于个体通过肢体或感官与物体直接或间接（如借助工具）的互动中，所以技艺知识是一种极其个性化的知识。人们"将感官活动的结果保存在技艺和想象中，应用于习惯所形成的技能，从而构成经验""身体或感官反复和事物接触，这些接触的结果得到保存和巩固，最后获得预见和实践的能力"。它指的是不以对原理的卓识为基础的知识和能力，但表明是大量分散尝试的结果，也就是常说的"试误法"①。所以技艺知识是我们常说的"经验"的重要组成部分，"经验与身体相关的具体事物有关"。中世纪时期的技术主要就是这种经验技术，这一时期内，技术受其担当者移动的限制，这也就意味着技术不能离开载体而得到传播。这就使技术具有很浓的担当者主体经验性，还不具有普遍性，不能被定性化、法则化地传播②。

但是技艺知识的形成与使用都在社会化的环境之中。诸如上述提到的"工件精度"（客户需求）、"生产环境""安全防护"等都是影响技艺知识生成与发展的重要社会情境元素，光靠主体与客体间的直接或间接互动，无法获得有意义的技艺知识。因为情境元素赋予了技艺知识以价值和目的，确保技艺知识的形成有利于工作任务的完成。钻孔的力度把控只有在符合客户对精度需求的前提下才有价值；刮研时的姿态和力度必须要朝着"刮出合格数量与高低的点"这个目标进行调整；对刀具质量的目视一定是以刀具原有的样子以及刀具在加工过程中应该保持的样子为基准，这些社会情景元素无时无刻地塑造着主体的技艺知识内容和价值。在大部分情况下，这种技艺知识的使用是有利于生产的，例如，提高生产率，降低次品率等。但是也存在技艺知识阻碍实践的情况③，例如，对技艺知识的过度依赖使主体不依靠科学知识而单独依靠经验进行判断。

2. 技艺知识的强默会性与弱默会性并存

传统知识观本质上是命题导向的，它强调知识和语言之间的内在联系，认为任何称得上是知识的东西必须能够用语言手段或某种记号形式来表达。从伽利略的著名论断"自然之书是用数学的语言写成的"，到莱布尼茨的"普遍语言"的构想，再到以波普尔为代表的逻辑实证主义的知识观，我们可以看到这一知识观发展的清晰脉络。但是逻辑实证主义的知识观在"二战"后逐渐得到质疑，

---

① 杜威著：《民主主义与教育》，人民教育出版社 2001 年版，第 279 页。
② 仓桥重史：《技术社会学》，辽宁人民出版社 2012 年版，第 137 页。
③ Grimmett, P. & MacKinnon A. Craft Knowledge and the Education of Teachers [J]. *Review of Research in Education*, 1992 (18): 385 –456.

约翰·内森曾表示命题性知识并非唯一的在科学上重要的知识类型，他采用了波兰尼的术语，把那些无法用语言手段充分表达的知识，称为默会知识。这种对知识的二分法（言述与默会）是从知识本身的表征与存在方式来界定的。这里的默会知识曾一直是一个研究黑箱，但是维特根斯坦派学者区分了强的默会概念与弱的默会知识概念，为默会知识这一概念的界定和在知识领域中的分析提供了重要的理论工具（见第一章第六节分析）。

波兰尼的默会知识论也提出了与维特根斯坦学派相同的观点。在对默会知识的界定上，波兰尼认为默会认知本质上是一种整合活动。默会能力本质上是一种整合能力。在知识和科学发现中，被整合的诸细节、部分和线索，原则上是可以充分言说的，但是，整合的能力和整合的行动本身，原则上非言说所能尽（完成对各个细节的理解所需要用到的想象力、理解力、洞察力等）。所以与前者相关的是弱的默会知识概念，与后者相关的是强的默会知识概念（见图3-7）。波兰尼曾经用"钉钉子"的例子揭示了附带觉知与焦点觉知的关系。他认为，钉钉子并非不可言传，"我们相当确定我们的行为的细节，而它的不可言传性在于这样一个事实：如果我们把注意力集中在这些细节上，我们的行为就会崩溃"。所以，我们可以把这样的行为描述为"逻辑上不可言传的，因为我们可以证明，在某种意义上，对这些细节做详细说明会在逻辑上被有关的行为或场境中所暗示的东西否定"①。

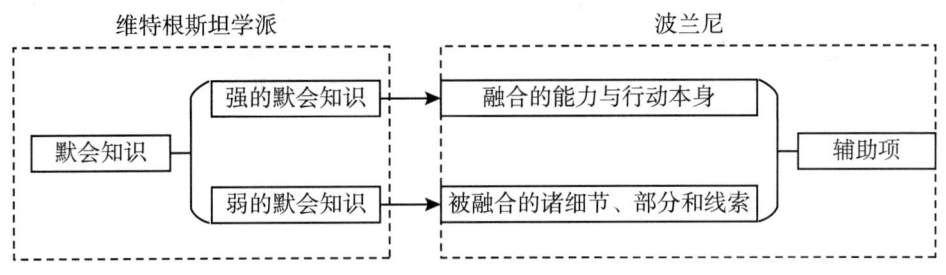

图3-7　两种默会知识论的关系

技艺知识正是一种融合了弱默会性与强默会性的知识。技艺知识操作过程中被整合的细节（如安全防护意识、工件精度、生产环境等）、基本的操作流程（如刮研应先往下按，同时向前推刮刀，这样才能刮掉东西）、肢体或感官所接受到的感觉（如"嗡嗡声"）等都是可以在一定程度上被传递或言明的。这也正是学校通过教科书传递前人经验的基本前提。但是，在技艺知识使用的过程中个体应用或表达出的精神层面的事物是难以被言明的。技艺知识不仅整合各类实体元

---

① 波兰尼：《个人知识：迈向后批判哲学》，贵州人民出版社2000年版，第82～84页。

素和直观感觉，还整合诸多非实体元素和间接、内在地判断，尤其是基于个体直观感觉所做出的判断更是难以描述，因为每个人心目中的"基准值"、同一个人在不同情境下对异常值的"敏感域"等都是不同的。这种强默会性与弱默会性共存的特点也让技艺知识的传递有了一定的层次感，在效率与效果之间产生了一种微妙的张力，塑造着学校和工作场所在技艺知识传递过程中的关系。

3. 技艺知识产生于主体的"具身认知"

近年来，"具身认知"在认知心理学、社会心理学等领域逐渐兴起，成为解释抽象符号溯源问题的新兴方向，也为本书对技艺知识的认识提供了新的视角。

"具身认知"的核心观点认为认知过程不仅仅发生于核心系统（脑），其同样发生于感觉与运动系统（如四肢、五官等）[1]。它具有三层含义：（1）身体的状态直接影响着认知过程。（2）大脑与身体的特殊感觉运动系统在认知的形成中起着至关重要作用。（3）认知既是具身的，又是嵌入的，大脑嵌入身体，身体嵌入环境，它们构成了一体的系统[2]。所以具身认知将主客体的相互作用作为理论的核心指导思想，强调认知的"情境性"。技艺知识的产生正是主体与客体间互动的结果，技艺知识并不是肢体、感官与物体机械作用的产物，那种在生产流水线上机械的从事装配工作并不能带来具有个性化和实践价值的技艺知识。相反，技艺知识充满着实践智慧及其对主客体关系的深刻认知。企业员工的一线知识来源于其多年的生产活动经历，这种长时间与客体（如工件、生产工具、生产环境）的相互作用使得主体的肢体、感官与客体形成了"嵌套"的关系，犹如波兰尼所言的"把我们与被我们视为处于自己之外的物体相接触的点向外延伸……我们在存在上寄居在它们之中并给它们以认可"[3]。身体已经成为一线员工与工作任务对话、接受反馈的重要中介。

五、关于生产情境的知识

（一）内涵界定

"关于生产情境的知识"（以下简称"生产情境知识"）指的是在真实的工作环境及其内部各要素，以及这些要素与工作者之间存在的各种关系。每个企业员工都在一个特定的企业环境内工作，即使是同一个行业的企业，都会在有形环境

---

① Adams F. Embodied Cognition ［J］. *Phenom Cogn Science*，2010（9）：619.
② 胡万年、叶浩生：《中国心理学界具身认知研究进展》，载于《自然辩证法通讯》2013 年第 6 期。
③ 波兰尼：《个人知识：迈向后批判哲学》，贵州人民出版社 2000 年版，第 89 页。

与无形环境上有着不同的安排。情境与环境不同，情境强调的是主客体的互动及互动过程中形成的关系网络。它既包括人与人的互动，也包括人与物体的互动，是物质层面的环境与精神层面的关系所组建的生动的、真实的工作场所。

根据活动理论（Activity Theory），工作可以被视为活动。主体参与到活动之中，被活动系统中的设备所调节，这个活动具有结果/动机导向，产生相应的结果。此外，工作的环境（community）也在活动的调节中发挥作用。在这一环境中所有的主体（人）有着共同的目标，存在一定的劳动分工，有着明确的和隐含的文化规则①。斯蒂文森（Stevenson，2002）认为知识建构是工作场所的元素（物理、心理、语言工具和设备）、规范性结构、工作职责分工和社会集体之间的一种多媒介交互作用②。所以情境以及情境知识的价值在于为员工提供一个指导行动的工具。它不仅构成了员工进行决策判断和实施行为的支撑性要素，还在一定程度上形塑员工的认知结构、态度、品质等。员工和情境是相互作用的，而由情境以及这种互动所产生的关系正是工作情境知识的主体内容。

（二）主要内容

1. 实体要素

在制造业企业中，常见的实体要素包括制造设备和整体工作环境两个部分。员工需要熟悉企业所使用的设备型号和基本操作方法，以及企业的工作环境（如，工位分布、工作亮度、工作温度、设备密度、工作噪音等）。员工与实体要素间互动的价值在于明确资源配置的基本状况，以提升工作效率。

2. 无形要素

无形要素是生产情境知识的主体。因为生产活动发生于具有市场导向的企业中，不仅受企业产品特点的影响，还受相应产业环境、企业内部文化与管理思想、企业员工等的影响。常见的无形要素包括以下几种：（1）客户需求。不同的企业面向的客户群体不同，即使是在一家企业，也会同时存在具有多元需求的客户群体。所以员工的工作必须要围绕客户的需求进行，例如，某个工件的精度需要达到多少丝，表面要保持多少程度的光滑度等。企业的客户需求构成了影响员工工作的最根本因素。（2）规章制度。企业的管理制度是调节员工行为的最有利工具，也是与员工生产行为最直接相关的因素。由于领导风格、公司结构、管理团队等诸多因素，每家企业的管理制度及其背后所蕴含的管理思想各异，员工需

---

① Engestrom, Y. *Learning by Expanding: An Activity Theoretical Approach to Developmental Research* [M]. Helsinki: Orienta – Konsultit Oy, 1987.

② Stevenson, J. Concepts of Workplace Knowledge [J]. *International Journal of Educational Research*, 2002 (1): 1 – 15.

要在思想和行为上践行制度规范，以维持企业的正常运转。例如，本书中的高精密零件数铣岗位隶属于某军工单位，所有员工需要遵守严格的保密协议。而这一保密级别在其他企业中则不存在。（3）企业发展理念。企业发展理念决定了一个企业可能涉足的领域、工作风格、发展规模等。而员工则会受到企业发展理念的影响，或认同理念并积极参与，或是不认同理念而退出岗位。例如，加工工件检验岗位所在的机床生产企业立志于做东南地区机床生产的龙头企业，检验员工在受访时也认可老板对企业的定位，因为"我们也想有更多的订单，厂子里面的年轻人还有很大的发展空间和需要"。（4）市场环境。企业的发展需要考虑所面向市场的情况。员工也需要根据市场环境判断从业时间和生涯规划。例如，现在很多企业的机器加工精度已经很高，或者所加工产品并不需要进行抛光后的手动精加工，于是就裁撤了原有的刮研岗位。很多年轻人也不愿意接触这一岗位，因为"好多老职工由于年轻时干刮研的活，上了岁数腰都落下了毛病，平时稍微弯一会儿腰，再马上就直不起来了"。（5）企业文化。员工既是企业文化的熏陶对象，同时也是企业文化的形塑者和践行者。在受访的企业中，有些企业十分崇尚员工技能的提升，每年都会举办员工间的技能比赛，并设立相关奖项。这项比赛对促进企业生产效率的提升十分有效，在三年间赢得了4个所在市职业技能大赛的一等奖，并申请到了若干专利。（6）人际关系。员工需要处理与领导与同事之间的关系，这种关系既存在于生产过程中的岗位配合和工作交流，也存在于工作之外的社会交际场合。在企业中员工需要处理的人际关系主要包括：同事间关系、与领导的关系、与所带学徒的关系、与所管理员工的关系、与企业外相关岗位工作人员的关系、与客户关系。总的趋势（一个更复杂的知识基础，新产品通常会结合许多技术，每个技术都植根于不同的科学学科）使接触许多不同的知识来源变得更加重要[1]。Know - Who 关注的是谁知道什么，谁知道该做什么。但也涉及与不同类型的人和专家进行合作和交流的社会能力。（7）表达方式。在企业内部存在一些具有情境特色的表达方式，可以被称为"行话"（jargon）或行业语。行业语指的是社会上某一行业、部门通用的词语，是全民语言的一种社会变体。行业语是生产力发展到一定水平、社会发展到一定阶段的产物，具有如下几个特点：内容的专业性、使用范围的局限性、表义的单一性[2]。这种交流方式是在特定情境、特定群体中经过长期的互动后生成的，是企业内的一种亚文化，具有一定的排他性，所以获得这种交流方式是员工获得身份认同和顺利工作的重要渠道。例如，在受访的一家加工企业中，螺纹在工作过程中被员工称为"丝牙"，

---

① Pavitt, K., , Technologies, Products and Organisation in the Innovating Firm: What Adam Smith Tells Us and Joseph Schumpeter Doesn't [J]. *Industrial and Corporate Change*, 1998 (3): 433 - 452.

② 刘芳：《行业语的泛化及其认知基础》，载于《语文学刊（教育版）》2010 年第 5 期。

使用平钻头在工件上钻孔时应该"蹭着用劲"（或者被称为"循环用劲"）。这些行话体现了当事人在特定情境下对某个动作或某个概念的理解，并夹杂了情境下的语言表达方式。而这种表达方式在各个生产环节上屡见不鲜。

（三）基本特点

1. 生产情境知识具有潜移默化的形塑作用

情境对人的影响是潜移默化的，这一点在工作过程中体现的十分显著。就制造业而言，大部分员工的大部分工作时间都面对着相同的机器，处于相同的工作环境之中。每天需要面对的各种情境要素（包括人员、设备等）都较为稳定。即使是变化的"客户需求"，体现在某一岗位中也只是这一需求分解出的一部分内容。这与接下来两章提到的现代服务业从业人员与文化创意产业从业人员的服务/创作情境有着较大的差异。在这样的环境之下，员工会与熟悉的机器、工厂生产环境、人员等形成进行稳定的互动，并逐渐将生产情境中的各个要素纳入自己工作思考的范围之中，内化为指导工作乃至生活的工具。更重要的是，尽管部分情境知识是显性的（如工作需求、工作场所布局、工作温度、规章制度等），但是，有相当一部分知识是不可以被人与人之间直接传递的知识，是隐性的、个性化的知识（如企业文化、人际关系、表达方式）。在相同的情境要素被内化到不同人身上时，又会产生完全不同的结果（如有的员工表示认同和适应，有的员工则表示反感或逃避）。生产情境知识潜移默化地形塑我们对工作、企业乃至这个社会的认识，同时每个人也都是生产情境知识的生产者，主导着生产情境的每一次改变。

2. 客户需求是工作过程中最核心的生产情境知识

客户需求是若干生产情境知识中，内容经常发生变化的生产情境知识。每一个订单都有着不同的加工需求，每个企业也可能有着不同类型和规模的客户。客户需求是最核心的生产情境知识，因为客户需要的内容与数量决定了员工工作的方式、内容与数量，甚至决定了员工对企业、同事乃至行业的态度，以及在企业中进行人际关系维护与融入亚文化的意愿。客户需求又是凝结不同岗位员工的最直接要素，渗透到每一个生产环节。此外，客户需求间接反映了一个企业的经营理念和文化，以及企业所处区域的行业氛围与市场环境。例如，研究涉及的一家为军方提供零部件的企业决定了客户需求的特殊性（如高精密、高度保密等），这样的客户需求在客观上形塑了企业的工作安排（平时＋战时工作制度）、企业文化（崇尚技术）、人际关系（企业内部传帮带与层级保密）、管理制度（保密制度）、市场环境（非市场、封闭式生产）、工位布局（安排哪些机器进行哪些生产）。这些影响在其他非军需企业内是不存在的。

同时，客户需求也受到其他生产情境知识的影响，与它们形成互动关系。例如，受访的一家机床生产企业，只生产精密机床，不代加工其他零件，且要做到东南地区的龙头企业规模（企业生产理念与市场环境），其目前拥有的磨床、钻床、电气安装等工位和设备（设备与生产环境），以及 500 名在职员工（具有中高级技术人员占总人数 30% 以上）能够满足 CK61 系列数控车床和 CW61 系列普通车床两种车床的制造；机床属于精密器械，尤其是关键设备（如导轨）的生产对精密度要求高。所以企业制定了严格的质量检验制度（管理制度）；基于机床各零部件生产的精密需求，为保证产品质量，大部分岗位都设置了师徒式教学环节，由经验在 20 年以上的老师傅带着新入厂的员工工作一年（企业内部人际关系）。可以看出，客户需求在所有生产情境知识中起到主导和核心作用，而这种作用来源于客户需求背后的经济效益。因为企业内员工的诸多行为也都是效益或个人利益导向，故客户需求能够在很大程度上形塑员工的角色。

3. 生产情境知识中的无形要素是员工重要的资本

生产情境知识体现了一家企业独有的生态圈。在这一生态圈里，客户、员工与企业实体三大主体围绕需求形成了彼此互动的关系网。对于员工而言，生产情境知识所包含的诸多无形要素，尤其是人际关系、表达方式等，都是重要的文化资本与社会资本。文化资本由法国学者布迪厄提出，被定义为"文化与社会选择中的较高地位文化符号"。拉蒙特和拉罗（Lamont and Lareau，2011）批判了这一定义背后隐含的多重角色定位，将其定义为"用于社会和文化排他的、制度化且较高地位的文化信号"[①]。文化资本被占主导地位的群体用来标记文化距离和邻近性，垄断特权，排斥和招募高级地位的新成员[②]。在企业中，诸多亚文化及亚文化背后形成的社会交际模式是员工文化资本的重要体现。研究中出现的企业内独特的表达方式以及人际交往模式正是这种文化资本的内容。文化资本往往出现在企业中拥有特权（如管理权、技术）的人或团体中，拥有文化资本的方式可以通过晋升、发展人脉（师带徒最为典型）等方式。此外，所在企业的文化、层级、业界地位、发展理念等也可以被视为员工的文化资本。这种文化资本是由企业赋予员工的，在员工归属于企业的那一刻就天然获得。这种文化资本的多寡体现在不同等级企业的员工之间，如行业名企和地方普通企业的员工间不同的从业经历也可以被视为文化资本占有量的区别。

社会资本不是一个单一的实体，而是包含了多种不同的实体，它们有两个共

[①] Lamont，M. & Lareau，A. Cultural Capital：Allusions，Gaps and Glissandos in Recent Theoretical Developments [J]. *Sociological Theory*，2011（2）：153 – 168.

[②] Bourdieu，P. *Distinction*：*A Social Critique of the Judgement of Taste* [M]. Cambridge：Harvard University Press，1984.

同的要素：都是社会结构的某些方面，促进了行动者的某些行为。社会资本是通过促进行动的人之间关系的变化来实现的，有三种形式：义务、期望和结构的可信赖性；信息渠道；规范和有效的制裁措施[①]。弱连接（weak tie）就是一种社会资本，每个在弱连接网络中的人都可以充分利用他与周围人的连接。而这种连接是需要个体通过投入一定资源进行维持的[②]。在企业中，以弱连接为表征的员工与员工、员工与领导、员工与徒弟、员工与客户、员工与厂外员工等关系无处不在，它体现在工作场所中的"人情"、对行业情报或信息的捕捉以及企业内形成的显性或隐性的规范和约定，且这种弱连接可以在一定条件下转化成人力资本（human capital）或资本。总之，这些无形的资本都是生产情境知识所固有的，存在于工作场所中的，对于员工的个人发展具有重要的价值。

六、关于判断决策的知识

（一）内涵界定

"关于判断决策的知识"（以下简称"判断决策知识"）（Yates，J. F.，1990）是一线员工在面对一些生产状态或问题情境时，根据一定的条件做出反应和决策以应对问题的知识。例如，钻孔中在初孔加工完毕后要判断初孔的状态，以决定对该孔实施什么样的后续加工；在工件数铣过程中，操作人员要根据各种条件判断工件在车床上装夹的稳定性；电镀工人要根据除油和除锈的情况决定是否进行清洗。很多时候判断决策知识使用的过程十分内隐和短暂，但是它被使用的过程却是调集更多知识、开展复杂思维活动的过程。

判断决策知识是一种心智技能。主要依靠人的大脑对各种信息进行认知和加工，从而形成一定的思维链以指导行动。其作用对象是向外的，即需要通过该知识达到一种目的；但是其作用过程是内隐的，它需要对各类信息、观念、符号等进行内在加工，在工作过程中无法直接观察到其作用的内在机制。我们可以通过出声思维的方式尽可能地还原判断决策知识使用的过程。下面一段话就是工件检验员在对工件的某个部分进行检验时的思维活动过程，在这个过程中，其使用了多次判断决策知识：

---

① Coleman，J. S. Social Capital in the Creation of Human Capital [J]. *American Journal of Sociology*，1988（S）：95 – 120.

② Granovetter，M. The Strength of Weak Ties：A Network Theory Revisited [J]. *Sociological Theory*，1983（1）：201 – 233.

先用游标卡尺把这个长度量一下，（看图），这个是 126 毫米，没问题。然后看看这个（指的是第三部分轴），（看图）这个是 17，17 都是对的。（看图）完了要把台阶量一下。这个（第三部分轴）到这个（第五部分轴）台阶是 81，−80 丝到 50 丝。我要把这个看一下，这个图纸要看懂。81，没问题。然后我来量量这个长度，还有键槽，键槽是 20，20 没问题。5 个的键槽宽，没问题。（看图）这个（左边键槽）跟这个（右边键槽）必须在一条线上，因为这个是 90度。这个（左边键槽）是 5 毫米，长度是 10 毫米，正一点。这个只能长不能短。然后量它的深度，也可以用游标卡尺量。外径是 30 毫米深。正好的。这个是 12毫米，这个外径是 15 毫米，说明也是 3 毫米。

此外，判断决策知识与工艺知识一样，也是一种程序性知识，它表现为人脑中存储的某个情境下的步骤、程序知识，具有一定的顺序逻辑。其表征方式是产生式和产生式系统。例如，在测试一个工件的某个部位时，根据工件的形状与基本尺寸选择具有相应量程的量具。在这个过程中，就存在由两个产生式组成的产生式系统，即"如果工件形状是 X，那么就可以用 Y""如果工件的尺寸是 A，那么就可以用量程为 B 的 Y"。

（二）主要内容

1. 条件权衡型

"条件权衡型"知识是协助主体根据已有条件，在全盘考虑各种情况下选择最优解的知识。这种判断决策知识的核心特点在于"权衡"，即综合已有的各类条件，考虑每种路径的利弊，权衡得出"最优解"。这种权衡存在于两个层面：一个是从工作的整体而言，需要在工作的一开始针对目标做通盘考虑，并设计出一个整体解决方案。德国不来梅大学教授费利克斯·劳耐尔（Felix Rauner）曾提出了一个概念以解释工作过程中存在的系统的、全盘性（holistic）的问题解决能力——专业知识（professional knowledge）。专业知识是在工作世界中理解和掌控任务的必要条件。在这样的背景之下，全盘问题解决范式将得到充分的运用[1]。可见，条件权衡型知识是一线从业人员走向专家型员工所必须具备的知识，是员工掌控工作任务，提升工作成果质量的保证。

另一个则是在工作过程中，针对某一个步骤涉及的多种解决路径进行权衡选择。例如，工件的装夹方式对于工件加工精度十分重要。加工某个部分可能有几种装夹方式，但是操作员要综合考虑工件的整体形状、材质、走刀路径等因素，

---

[1] 李政：《职业教育现代学徒制的价值审视——基于技术技能人才知识结构变迁的分析》，载于《华东师范大学学报（教育科学版）》2017 年第 1 期，第 54～62 页。

避免装夹造成走刀路径偏长甚至撞刀的可能，避免装夹导致工件取下后的表面反弹等，最终确定一个最佳的装夹方式。

2. 问题处理型

"问题处理型"知识是在遇到具体的工作问题时，借助已有的条件和其他知识形成处理问题的方案的知识。它的价值在于促进问题状态与目标状态间的吻合。在工作过程中，问题状态对于一个一线从业人员而言总会有初次面对的情况，在多次经历以后，从业人员会形成问题解决的"产生式"，即"如果问题情境是 A，那么解决方案则为 B"。例如在零件数铣时，如果"零件是精加工，没有余量了，那么就在表面上走一刀，看一下表面的形状对不对"。这就是简单的问题解决产生式。如果问题情境更为复杂，那么主体可能就会使用由多个产生式构成的产生式系统来解决问题。

某一问题情境在首次出现时往往最具挑战性，因为主体没有解决这一问题的经验（即固定的产生式），这样主体就必须要通过试误、探索、分析等方式深度挖掘问题出现的原因，并给出解决办法。例如，在工件质量检验的过程中（见图 3 - 8），质检员在检测到某个工件出现误差值后，会根据不同情况判断误差出现的原因和解决办法，超出误差范围 5% 以内，检验员会更多地考虑员工个人操作问题导致的误差；如果在超出误差范围 5% 以上，那么检验员就会考虑加工机床本身出现的精度问题。判断的方式是检验同批次其他产品的误差情况。如果是个案，那么检验员会针对个别工件进行返工完善，如果确定是机床精度问题，那么检验员还要协同加工人员、器械维修人员等对机床出现误差的原因进行判断。这其中，检验员的角色十分重要，因为检验员可以根据工件出现严重误差的表现，初步分析机床上可能出现故障的部位，以指导器械维修工对相关部位进行检修和调整。工件误差每次出现的原因可能是重复的，也可能是全新的，这就需要检验员在利用已有知识结构的基础上充分辨识问题及其背后的原因，不断扩大已有的产生式系统库。

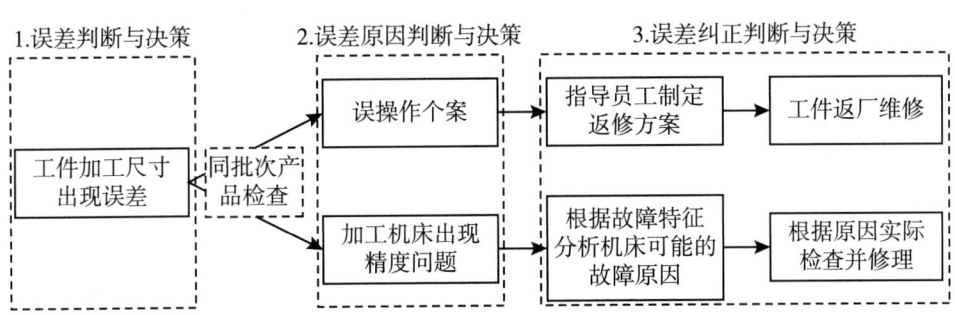

图 3 - 8　工件质检过程中针对误差的判断与决策过程

3. 过程监控型

过程监控型知识是一种元认知策略。它是对判断决策的过程进行监控的知识。员工在进行判断决策的过程中往往会受到多种因素的干扰，无论是周围的判断情境、所具有的判断条件，还是自身的认知结构和个性特征，都会影响判断决策的过程与结果。所以一线员工会通过对判断决策的过程进行内省和监控，以避免判断决策的过程出现可能的失误，提高判断决策的准确性。例如钻工在判断使用何种型号的钻头时，必须要"仔细"判断钻头上显示的型号数字，及其与目标孔径的匹配程度。在这个过程中，如果稍有闪失，可能就会导致初孔直径计算错误，以及所选钻头大于或小于应有的初孔直径，最终更可能导致整个零件的报废。所以员工在判断和挑选孔径的过程中应时刻小心，避免出错。

在实际工作中，过程监控型知识与其他类型的判断决策知识紧密相连。两者往往同时出现在一个细微的工作环节之中，其先后顺序不定。出现的频率和顺序依据个人的工作风格、任务特点、难度等决定。

（三）主要特点

1. 判断决策知识在各类知识中所占比例很大，且贯穿工作全过程

我们对 11 个岗位的访谈记录所编码出的节点进行数量统计[1]发现，判断决策知识节点数量占七个知识类型总节点数量的 36.7%，远远高于任何其他知识（如软硬件使用知识的 18%、生产工艺知识的 14.7%、技术原理知识的 9.3%）的节点数量。而且，在每个岗位中，判断决策知识节点的数量都高于其他类型的知识（见表 3-2）。这类知识在每个岗位中都贯穿工作前后，每个环节都有不同频次、类型的判断决策知识的出现。

表 3-2　　　　制造业岗位中判断决策知识节点数量占比情况

岗位	判断决策知识节点数量占比（%）	判断决策知识节点数量在所有知识要素中的排名
装配岗位	31.4	1
数控车工岗位	41.2	2
质量检验岗位	33.5	1
刮研岗位	35.6	2
数控加工编程岗位	36.8	1

---

[1]　注：这里的统计不包括工作品质知识。原因在于这类知识并不总是在出声言语中体现，单纯的数量统计无法体现该知识在工作过程中出现的频率。

岗位	判断决策知识节点数量占比（%）	判断决策知识节点数量在所有知识要素中的排名
磨床岗位	33.1	1
零部件加工岗位	44.1	1
铣床操作岗位	39.5	1
药物制剂岗位	30.1	2
服装定制加工岗位	33.8	1
电镀操作岗位	28.1	3

资料来源：作者根据相关资料整理。

判断决策知识所占比例之大说明了一个很重要的现象，那就是在现代制造业的岗位中，对于一线工作人员进行现场判断和决策的能力要求越来越大。这些判断和决策行为既有较为简单的问题解决，也有更为复杂的条件权衡，更需要从业人员对判断决策的过程拥有自省能力。所有从业人员都需要结合生产现场出现的各种情况进行判断和选择，这与流水线生产中的机械操作岗位，以及脱离实际生产情境的科研型岗位都不相同。前者主要以肢体的机械操作为主，心智操作成分较少；后者的判断与决策脱离实际生产应用情境，难以覆盖到情境过程中难以预测的问题。

2. 判断决策知识需要内在理性逻辑和其他类型知识的支撑

就其本质而言，判断决策知识是一种方法型而非内容型知识，它的功能是将现有的各类信息、知识等进行组合，在特定目的的指引下发挥价值判断、问题鉴别、利益平衡、制定措施等功能。所以判断决策知识发挥功能的前提是有其他类型的知识（如技术原理知识、工艺技术知识、软硬件使用知识等）的支撑。如果一个人在遇到一个问题情境时无法获取有用的信息和知识作为判断的材料或手段，那么有效地判断决策行为自然无法发生。问题情境或目标情境是判断决策知识出现的"导火索"，其他类型的知识是判断决策知识发挥功能的支撑。除此之外，判断决策知识作为一种知识所具有的属性在于其逻辑性，即判断一个问题及其原因，在现有的条件和信息下做出权衡等需要尊重必要的、合理的逻辑关系。理性选择理论（rational choice theory）正是体现人类在面临选择时做出理性选择的基本理论。在这一理论中，理性被表达为一个由主动者（subject）和被动者（experimenter）所共有的一个正确的决定，且这个决定在一系列的偏好和信念中满足内在的一致性[①]。尽管社会学家在心理学家所得出的结论的基础上对这一模

---

① Mellers, B. A., Schwartz, A. & Cooke, A. D. J. Judgement and Decision Making [J]. *Annual Review of Psychology*, 1998 (49): 447.

型做出了修正，提出了诸如"rule following"（规则遵循悖论）等决策模型，但是不可否认的是，在产品制造过程中，人的理性决策主导了主要的决策过程。这种理性决策来源于对自然规则的尊重（如工件材质的特性）、对市场经济的遵循（如产品生产的效率与质量取向）以及对生命的敬畏（如生产过程中时刻保持安全意识，采取安全措施）。所以良好的判断决策知识既需要有丰富的其他类型的知识做支撑，还需要具有理性的判断决策逻辑。

3. 判断决策知识具有鲜明的层次性

与其他类型的知识不同，判断决策知识有着较为鲜明的层次性：即用于全局的判断决策和过程性的判断决策。这种层次性是由问题情境的大小以及条件权衡的层次所决定的。当需要从宏观层面进行权衡（例如，控制企业生产的成本与收益、效率与工作速度的关系等）与问题解决（例如，如何设计某个工件的加工工艺）时，判断决策知识往往较为复杂，因为问题解决所需要经历的情境、条件权衡所需要考虑的条件比较多，且需要整体性地考量每个部分之间的关系。判断决策的过程往往是一个个产生式系统。当需要从微观层面进行权衡（例如，使用何种工件装夹方式）与问题解决（例如，如何选择合适量程的量具）时，判断决策知识也相较于宏观层面更为简单。

七、关于职业伦理规范的知识

企业一线从业人员在对待工作时的基本态度与行为规范往往与工作的质量有着极为密切的关系。在被访谈的一线员工中，常常会听到他们对于工作态度与行为规范的着墨，例如，"程序编好以后输入机器，如果有明显问题，机器是可以检查出来的。但是有时候错误检查不出来。这样就容易撞刀。所以查的时候一定要细致，否则你就会给企业带来损失，甚至会威胁到你自己的生命，这个不是开玩笑的""（清洗工件的时候）一定要防止这个酸进入到溶液里面，不然生成氢氰酸就完了，一屋子人都会被毒死"。这些信息透露出一线员工在工作中会始终遵守一些成文或不成文的、实体或精神道德层面的伦理规范，这些伦理规范深深植根于对职业的认识和实践中，并因为其亲身经历而变得更为丰富和生动。这些指导一线员工在工作中始终遵守规范的知识被称为"关于职业伦理规范的知识"（以下简称"职业伦理规范知识"）。

职业伦理（professional ethnics）是指人们在社会职业劳动过程中所遵循的基本道德价值理念或原则，应当遵守的具体行为规范、准则、戒律①。职业伦理规

---

① 王正平：《美国职业伦理的核心价值理念和基本特点》，载于《道德与文明》2014 年第 1 期，第 141～149 页。

范是调整职业活动中人们的利益，判断从业者职业行为善恶及是否履行职业义务和责任的行为准则和评价标准①。法律和法规规定了我们必须遵守或避免的行动方针，而伦理包括了更广泛的行为准则，它可以帮助我们做出正确的决定。这种伦理早在古巴比伦时期就已有史料记载。古巴比伦国王汉穆拉比认为必须要对那些拙劣的工作做出惩罚，他认为：

　　"如果一个建筑工人为一个人建造了一所房子，但工作质量并不好，他所建造的房子已经倒塌，并导致了它的主人的死亡，那么建造者就会被处死"。②

　　而在当今社会，包括建筑业在内各行各业都已经建立起了一套系统的职业规范文本，在制度上确保工作行为的规范性、专业性。但是单纯的制度规范在实践过程中依然存在漏洞，不仅是因为制度建设存在漏洞，更因为制度执行过程中很难能够全面、精准、有效地覆盖与发挥作用。涂尔干在《社会分工论》中说道："在任何情况下，文明都无法找到能够认识道德事实的外在指标。在这个时代，我们用铁路替代了公共马车，用海轮代替了帆船，用工厂代替了小作坊，所有这些与日俱增的活力被人们普遍认为是有用的，然而它没有一点道德强制性"③。所以，道德层面的伦理规范只是在更大层面，尤其是行为的微观层面发挥引导工作行为的作用。"道德是一种必不可少的最低限度"。这使得职业领域形成了由制度规范与道德规约共同构成的伦理规范知识。

　　伦理规范知识所要规范的对象是从业人员及其工作过程，规范的中介（或载体）是强制与鼓励的、明文和潜在的、文本与话语的各类伦理内容，规范的目的是要在全行业保障产品制造的质量和对客户的信誉。在信用社会不断发展，品牌制造深入人心、客户主导制造模式广为应用的当下，职业伦理规范知识深刻影响一个企业或行业的生存和发展。

（一）主要内容

1. 制度层面的职业伦理规范知识

　　制度层面的伦理规范知识主要是以制度的形式将职业或行业内的基本伦理规范进行明文规定。这种规定既包括原则性的规范。如"爱岗敬业"，也包括具有指导性和操作性的具体规范，如企业制定的《机械加工安全作业规范》中的"严禁设备操作时穿宽松衣物、短裤、裙子，佩戴领带等影响操作安全的物品"；

---

　　① 涂平荣、姚电：《孔子职业伦理思想探析》，载于《中北大学学报（社会科学版）》2007 年第 4 期，第 48~52 页。

　　② Mirsky, R. & Schaufelberger, J. *Professional Ethics for the Construction Industry* [M]. Taylor and Francis, 2014：4.

　　③ 涂尔干：《社会分工论》，三联书店 2000 年版。

既包括强制性的规范，如《中华人民共和国安全生产法》《安徽省安全生产条例》、企业内部《安全生产管理章程》等，也包括非强制性的鼓励性规范，如各级各类安全生产公约、倡议等。具体而言，制度层面的职业伦理规范知识可以分为三种类别：（1）法律法规，指由各级人大和人大常委会以及各级行政机关制定的，对全行业生产起到强制性规范作用的法律、行政法规、法律解释、地方法规、地方规章、部门规章等其他规范性文件；（2）行业规范；指一定区域的行业围绕生产过程制定的一系列职业操作规范，如《金属制品业职业卫生技术规范》。需要指出的是，这里的规范与工艺技术知识中的"质量标准"不同。"质量标准"是围绕产品制定的，而"行业规范"是围绕生产过程制定的；（3）操作准则（公约类），指一定行业或区域内形成的，用来在精神层面约束和引导从业人员生产行为的倡议，如产业协会会员自律公约、执业公约、行为准则等。

2. 道德层面的职业伦理规范知识

除去制度层面的规范以外，更广层面的行为约束来自道德层面。道德层面规范知识的特点在于"润物细无声"。也就是说尽管它可能没有明文的制度层面的规定，但是这种通过亲身实践所总结出来的、带有自我感情色彩和情境色彩的伦理规范知识能够更好地渗透和体现在工作的各个环节之中。而且道德层面与制度层面往往是一脉相承的。从内容上看，道德层面的职业伦理规范知识有很多内容，即使是一个类型的职业伦理规范也因职业的多样性而有不同的表现。所以这里在归类的基础上阐述出现次数最多的三种道德层面的职业伦理规范知识：（1）安全生产类。这类知识是员工在生产过程中领悟和践行的与安全生产相关的规范知识。在钻孔岗位中，安全生产类的规范知识体现在"安全处理钻孔产生的铁屑""钻孔时工件应紧固在操作台上"等；在铲刮岗位中则体现在"铲刮操作台应稳固""铲刮姿势应正确以防止被工件划伤"等；在编程岗位则体现在"程序应防止撞刀"等。可以说，安全生产类的伦理规范知识是制造业特有的规范知识，它体现了人类在与自然世界和人造物世界互动中所遵循的基本约定。（2）细致沉稳类。这类知识要求企业一线员工应秉持细致和沉稳的态度应对工作过程中的每个环节。在钻孔岗位中，细致沉稳体现在"细心观察不同钻头的型号""在钻孔过程中应循环用力，不可一次用力过猛"等；在质量检验岗位上，细致沉稳体现在"细致观察工件测量结果""冷静分析工件误差出现的原因"等方面；在数铣岗位上，细致沉稳则体现为"仔细核对刀具半径"等。（3）团队协作类。这类知识体现了员工工作过程中与其他岗位及工作人员间的相互协作。例如，在质检岗位中体现为"与员工共同协作检查出工件误差出现的原因，并给出解决办法"。

（二）主要特点

1. 职业伦理规范知识扎根于具体的工作之中，以非抽象形式存在

伦理规范往往被视为高度抽象的精神层面的产物，"安全意识""精益求精""扎实认真"等描述职业伦理规范的词语常常由一系列的职业行为及其结果抽象而出，并被凝练为支撑职业发展的若干准则或精神。但研究发现，无论是制度层面，还是道德层面，这些规范都扎根于具体的工作之中，以非抽象的形式存在和使用。正如上面所分析的那样，"安全生产"在不同的岗位上所体现的内容是不一样的，同一个安全条例在不同的行业也有着不同的内容，从业人员需要通过与岗位工作的细节相结合，才能表征出某一职业伦理规范的真实含义和实践价值。斯帝文森（Stevenson，2002）以活动理论为基础，认为以工作为代表的活动是规范性的，但似乎并不包含在对价值观认知的直接应用中。也就是说，规范并不是抽象的概念，而是在活动本身中存在的。活动系统本身是个体规范行为和集体规范活动的主要来源[①]。职业伦理规范知识不仅来源于生产实践一线，而且在使用过程中也必须要回归到生产一线当中，在实践中学习、体会、发展和持续践行伦理规范的真实意义。

2. 职业伦理规范知识渗透到工作的每一个细节，体现于每一个行为

职业伦理规范知识很难被直接捕捉或抽象，它往往体现在工作的每一个细节和行为之上，是从业人员在常年工作的环境下，结合自身的体会和对工作的独特认识所获得的个性化知识。尽管很多企业悬挂了伦理规范的标语、职业学校或企业行业不断地宣传和系统地进行职业伦理规范教育，但职业伦理规范知识的价值却扎扎实实地与每一次职业行为紧密相连。一个从业人员是否具备这类知识可能很难从几次访谈与观察中得出结论，但是，其无意中流露出的部分言语与行为中可以彰显出他（她）对待工作的态度与品质。就像研究对象在工作过程中不断强调的"这个不是开玩笑的，这个一定要注意安全""如果不细心就很容易出错""性情粗犷好动的人是干不了的，必须是精心细致的人才可以"等，都是他们以生动的经历凝结出的对职业伦理规范最有力的诠释。这类知识也很难用数据进行定量化处理，因为它是一种背景性要素，是约束其他知识运用场景、使用方式的框架，是其他类型知识发挥价值的基础动力。

3. 制度层面与道德层面的"匹配"与"失配"

无论是制度层面还是道德层面，由于目标的一致性，两者间往往在内涵和精神上也保持一致。可以认为制度层面的职业伦理规范知识是道德层面知识的外在

---

① Stevenson J. Normative Nature of Workplace Activity and Knowledge [J]. *International Journal of Educational Research*，2002，37（1）：85-106.

体现，而道德层面的职业伦理规范知识往往也会受到制度层面的形塑。两者只是表现形式和作用方式不一样而已。但道德层面的规范知识更具有个体性，同样的人对于同一个道德内容的理解和践行模式是不一样的。

但是，制度与道德层面的职业伦理规范知识有时也会出现矛盾之处。例如在对机床企业中的一个钻孔人员工作进行观察时发现，他并不在意钻孔过程中铁屑对孔内壁光滑度的影响，下钻过程中用力过大，在钻孔的同时用毛刷清理铁屑，且在作业过程中经常在机器运转的情况下离开机器，并使用手机等。因为在他看来，这些铁屑或动作不会导致产品不合格。但该企业对于包括钻孔岗位在内的所有岗位有着明确的作业要求，包括"在操作过程中要防止铁屑进入眼睛，不可用手直接捡、拉铁屑，防止割伤，设备发生故障应停机检修。""左手握操作柄，右手握住钻柄缓慢下按，不可用力过猛，应循序渐进"。出现这类矛盾现象的原因有很多，一部分原因在于员工对于工件"精度"和生产要求的判断。正如该员工所说的那样，由于产品精度要求不高，一些看似并不规范的操作对于产品精度并无致命影响。而且这种操作是该员工在评估了操作的舒适性与流畅性、工件的精度等各种因素后形成的惯习性操作，在员工看来，尽管操作并不严格符合制度层面的职业伦理规范，但是由于能够实现生产目标，那么也不应在道德层面被"谴责"。

八、关于相关岗位的基本知识

（一）基本概念

"关于相关岗位的基本知识"（以下简称"相关岗位基本知识"）包括两个关键词：一个是"相关岗位"。什么是"相关岗位"？为什么要了解这些岗位的基本知识？这与制造业发展现状有关。一方面，制造业新生产组织方式的应用带来了科层组织的扁平化、流程再造、以过程为中心、项目制生产等的新变化，这些变化产生了制造业生产的三个基本趋势或问题：一是制造业生产方式的"人本回归"；二是劳动分工并非是生产高效率的唯一原因；三是劳动分工向综合方向发展[①]。所以这种融合趋势对从业人员的工作能力提出了新的要求，即以某一环节专精能力为核心，全产业链其他环节基础能力为背景的贯穿制造业全过程的制造能力[②]。另一方面，在如今的制造业企业中，一位员工往往需要在多个岗位中轮

[①] 陈树公、陈俐俐：《制造业生产方式演变过程中的劳动分工及启示》，载于《西安财经学院学报》2009 年第 1 期，第 10 ~ 14 页。

[②] 李政：《"中国制造 2025"与职业教育发展观念的转轨》，载于《中国职业技术教育》2015 年第 33 期，第 38 ~ 44 页。

换，他不仅要会使用钻床，还要会使用数控车床，甚至还需要为今后进入管理岗位做准备。但是，对于制造业而言，由于每个岗位非常重视经验的积累，所以在同级别岗位中，这种轮换往往只存在于一系列具有相似操作的情境、内容、方式的岗位中，例如，普通车床向数控车床，钻床向磨床的转换等。如果需要转换到一个基本操作、知识特征有较大差异的岗位，则需要员工通过继续教育、师徒制等方式从零起步。综上，制造业中的"相关岗位"，存在一个具有模糊边界的岗位群（见图3-9），这个模糊边界就是以技术为特征、以产品为核心、以生产为主线的岗位。一线员工需要了解的"相关岗位"基本位于这个岗位群内部。例如，数铣岗位的员工需要了解工艺设计岗位、编程岗位、钳工岗位、装配岗位等生产岗位的基本知识，这些岗位都是围绕工件的加工与组装而存在和关联的，一个岗位的生产结果可能会对前后岗位都会产生影响。但是他并不需要或很少需要了解管理岗中"如何管理人事""如何管理财务"等知识，因为这些岗位并不直接与核心岗位的工作任务直接相关。

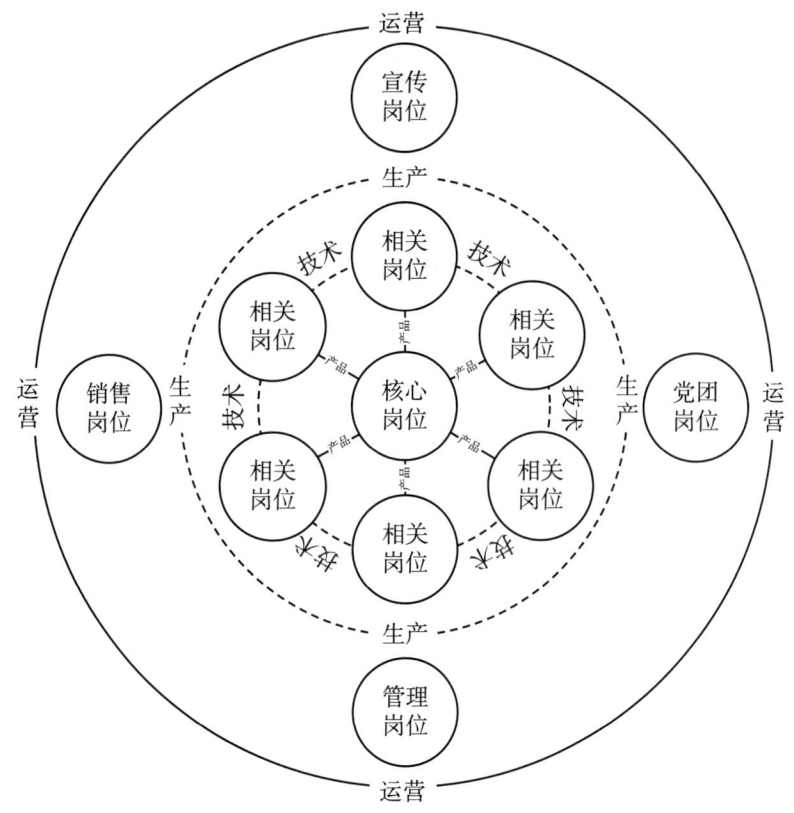

图3-9 "相关岗位"的基本边界

　　另一个关键词是"基本知识"。为什么要在知识前面冠之以"基本"二字？这就涉及工作过程中一线从业人员使用相关岗位知识的深度问题。知识的深度可以被理解为是知识的系统性问题。某一岗位的从业人员会围绕某一岗位形成一个知识体系。不同相关岗位之间的知识体系可能会有重合（公共知识与交叉知识），但是只有那些非重合部分才是这个岗位的独特性所在，也是该岗位知识体系中的核心部分（见图3-10）。从收集的资料来看，所有岗位的从业人员在工作过程中所涉及的其他岗位的知识以交叉知识和部分可陈述性的、原理性的专门知识为主。例如，数控铣工需要了解钳工划出的线所代表的意思，以及编程人员编写的程序的格式与正误，除此之外，他还要了解这件工件在自己的岗位加工后需要进入哪个工序（如装配），自己的岗位使用了一定的加工方法（如清洁去毛刺）后可能对后续的加工有什么影响。他并不需要从事钳工的划线工作，不需要从零开始编写程序（尽管他可能具备这样的能力），不需要从事如何对工件进行装配（例如，如何使用电钻进行钻孔）。对于这位数控铣工而言，上述知识有些（如编程）对他而言是熟悉的，因为与自己的岗位有所交叉（如编程员或工艺设计师），有些岗位尽管他并未从事（如装配钳工），但是装配钳工所做的事以及这件事背后基本的原理他需要了解，因为这与他所从事的岗位有着间接的关系（例如，数控铣工加工出来的零件的某个部位的尺寸误差只能少不能多，否则在后续装配过程中无法装进去）。这种现象同样出现在质量检验、钻孔、刮研等岗位上。

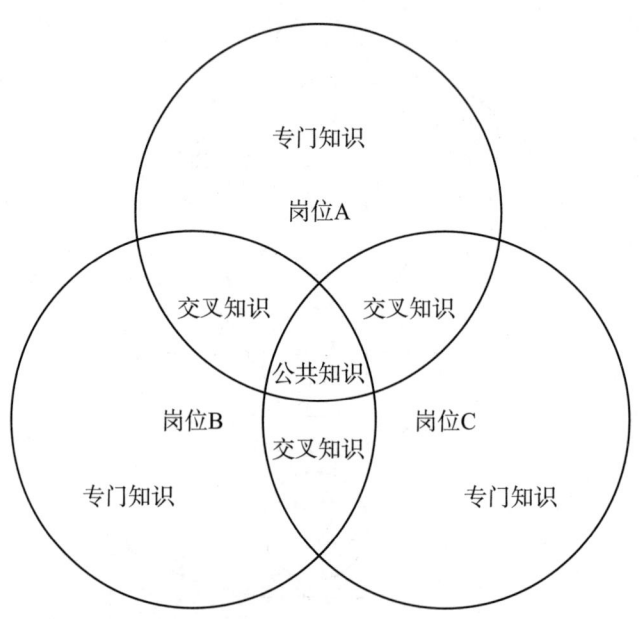

图3-10　岗位知识体系的基本结构及其相互关系

对交叉知识有需求是因为这部分知识横跨自己所在岗位和其他相关岗位，而对其他岗位专门知识中部分原理性的、可陈述性的知识有需求则是因为该部分知识可以帮助他跳出岗位，从联系的视角审视工作任务、岗位职责、技术特征乃至行业发展。这种原理性的、可陈述性的知识并非其他岗位从业人员专属的知识，且学习、传递与储存成本较低，而那些个性化的默会性知识则是更为深入、情境化的专门知识，不需要也不能在较短时间内获得。

综上所述，所谓"相关岗位基本知识"指的是蕴含在以技术为特征、以产品为核心、以生产为主线的相关岗位中的知识，这些知识以交叉知识，以及部分可陈述性的、原理性的专门知识为主。

（二）主要内容

1. 企业内各岗位的基本顺序

即企业内相关岗位围绕产品制造所组成的生产链的基本情况。例如，一位数控铣工需要了解所加工工件的前后加工流程；电镀岗位的从业人员需要了解电镀品镀前处理的基本工艺和处理效果；检验岗位的从业人员需要了解所检工件在整体机器中的部位和功能、允许的误差范围以及已有误差对未来装配和使用可能造成的影响。了解各岗位的基本顺序有助于从业人员建立对生产的整体意识，在联系的观点中审视自己所在岗位的价值。

2. 上下游岗位的工作任务与工作原理

即自己所在岗位的上下游岗位究竟有哪些工作任务，以及完成这些工作任务背后的原理有哪些。例如，编程员需要了解业务洽谈人员是如何了解客户需求的，必要时可能需要亲自参与业务洽谈的过程；同时他要考虑到一线操作人员在使用程序时可能出现的问题，以及这个程序是使用德国的机床还是日本的机床进行加工等。编程者不仅仅需要掌握编程的基本格式，还要将程序的编写与实际加工过程中的各个细节相联系，了解程序在输入机器后是如何工作的，以及这种工作原理对刀具实际加工过程以及工件装夹可能产生的不利影响。了解上下游岗位的工作任务有利于保证自己所在岗位与其他岗位进行工作任务的衔接，尤其是岗位间有任务交叉的部分；而上下游岗位的工作原理则能够帮助员工深入理解工作活动的本质，促进不同岗位之间在业务上的深度交流，尤其是企业内岗位之间所流通的隐性工艺知识。

3. 本岗位与其他岗位的相互影响

即员工所在岗位与其他岗位之间可能存在的互动内容、方式和结果。例如，质检员需要考虑检验的工件是否会导致后续装配的问题，这决定了质检员在误差范围上如何进行权衡；铲刮员工在铲刮过程中应该关注工件表面点的个数对这批零件质量和精度的影响，以及这批零件在整台机器中的表现，这决定了他如何安排铲刮的时间与程度；服装工艺师在进行定制服装的工艺分析时，需要充分考虑到工厂现有的技术水平、生产线的总体产能等其他岗位情况。在现代企业资源计划（ERP）中，岗位与岗位间的相互影响已经不仅仅体现在传统流水线生产中的"某一环节决定下一环节的工作进展"这样简单的程序之上了，智能制造、大规模个性化生产等使得每一个岗位（环节）都是具有独立生产意识与决策能力的单位，对于那些精密制造企业而言更是如此。

（三）主要特点

1. 相关岗位的具体范围可根据实际情况有所伸缩

不同的岗位所需要掌握的相关岗位基本知识的广度和深度有所差异。这取决于企业的性质、生产任务的性质、岗位的角色、一线操作人员的自我意识等。从岗位的角色来看，有的岗位（如铲刮）只需要掌握邻近岗位的基本知识即可，但是有的岗位（如质检）则需要掌握大多数岗位的基本知识，因为这种岗位涉及半成品与成品的质量控制，从业人员不仅需要能够测量产品是否合格，还要能够分析出产品出现误差的原因，更要站在产品生产全局的角度去考虑产品合格的问题。从企业的特性来看，如果一个企业的加工范围广、流程长、横跨多个领域，那么企业员工所需要掌握的岗位范围就仅限于本领域的若干岗位；但是如果一个企业只加工单一产品，且加工环节也较为单一，那么每个员工就更有可能去了解所有岗位的基本知识。从生产任务的性质来看，如果一个企业加工的产品对精度（如飞机零部件制造厂）和保密性（如军工企业）要求较高，那么相关岗位的范围会相对较小。

2. 一般出现在主体工作之前和之后

在实际工作中，相关岗位基本知识主要出现在所在岗位的主体工作之前与之后，也就是说，在主体工作开展期间这种知识一般不会被使用到。这也体现了相关岗位基本知识的功能：帮助从业人员设计开端与核实结果（见图 3-11）。"设计开端"重在帮助从业人员思考即将付诸的行动有何意义，可能造成什么样的结果，需要在执行前注意哪些事项等。例如，制药厂工人在配置各类辅料时"需要看得懂工艺设计师制定的工艺流程与操作要求"；"核实结果"则帮助从业人员将制造出的结果与先前设定的目标以及其他岗位的生产活动进行核实与比较，确认结果是否符合预期目标，例如，质检员在使用量具测得"-13"数据后，认为误差超过了一点，但问题不大。因为这个工件是需要穿过其他孔洞，所以这个工件可以适当小一点，但是不能多一点，否则有可能导致工件无法穿入。

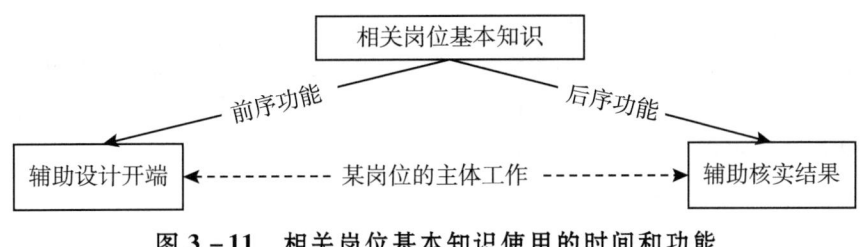

图 3-11 相关岗位基本知识使用的时间和功能

第三节 各类知识的组织方式

在完成对制造业一线从业人员各类知识的探索和研究后,另一个问题自然也就浮出台面:这些知识在工作过程中究竟是如何组织在一起发挥作用的?这个问题的本质是探求知识的组织方式。前一节我们仅仅通过对访谈资料的三级编码分析出了一线从业人员在工作中使用的不同类型的知识,但是这些知识究竟在何时出现,发挥什么样的功能,如何组织在一起,仍需要代入实际工作情境中探讨。而研究这些知识的组织方式,属于质性研究中的"情境分析",本节就将结合制造业不同岗位的工作过程实例,以上一节"类属分析"得出的各类知识为基础,建构制造业从业人员知识的组织模型,实现类属向具体案例中的"回归"。这种"回归"既能帮助我们更深入地认识不同类型知识的作用和功能发挥情境,同时也将为后续回答"现代学徒制究竟能不能培养现代产业从业人员"这一根本性问题,从知识的情境性和过程性的视角提供理论和案例支撑。

需要指出的是,这里所研究的知识间的组织模型是一般意义上的模型。所谓"一般意义",指的是选择那些最能体现知识特性和工作过程特点的内容。例如,相关岗位工作知识的功能是帮助从业人员设计开端与核实结果,那么其出现的时间点主要位于主体工作开展前以及开展结果出来以后,在实施过程中尽管也有可能出现,但出现的概率较小,实际案例中也鲜有出现,所以在关系研究中不予考虑。

一、分析框架的建立

分析不同类型知识在工作过程中的内在组织关系,需要我们建立基于工作过程的分析框架。但是不同岗位的工作过程千差万别,即使不同岗位都是指向同样的工件加工,由于所使用的工具、操作的方法等不同,所以也难以在操作层面建立贴近实际工作过程的分析框架。这就需要我们在更高层级或不同维度上寻找建立一个基本分析框架的可能性。

如果我们观察每一个岗位的工作过程，可以发现这样一个现象：即每一个制造业岗位的基本任务都是实现一个由初始状态向目标状态运动的过程。正如本章第一节所述，制造本就是"将原材料加工成为可供使用的物品"。所以这个初始状态可以被理解成未被加工成物品的原材料或半成品，目标状态可以是半成品或制成品。任何一个岗位的工作任务都是让原材料或半成品离成品更近一步。而一个岗位的所有工作环节都可以被理解为"初始状态"向"目标状态"的集合（见图 3－12）。以刮研工作为例，从宏观角度来看，刮研工作的工作任务是让表面精度较差的机床导轨变为表面精度更高的导轨。初始状态是毛坯导轨，目标状态是表面精度更高的导轨。中观角度来看，在第一次刮研前，导轨表面单位面积的点是 2，刮研后表面单位面积的点是 5。初始状态是"表面单位面积点的个数为 2 的导轨"，目标状态是"表面单位面积点的个数为 5 的导轨"。微观角度来看，刮研过程中，操作工人使用 A 姿势配合 B 程度的力度进行刮研，在铲刮第一次以后发现铲刮的效果不明显，然后对姿势和力度做出细微调整，使用 C 姿势配合 D 程度的力度进行刮研。这时初始状态为"A 姿势配合 B 程度的力度"，目标状态是"C 姿势配合 D 程度的力度"。

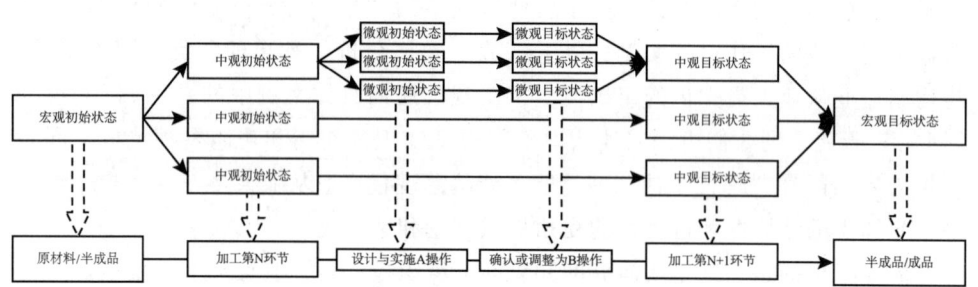

图 3－12　制造业工作过程分析基本框架

以上是一个简化了的制造业工作过程。但是它仅仅帮助我们明晰了制造业工作过程的基本特点，我们尚不明确从初始状态到目标状态内部经历了什么样的过程。考察研究对象的出声思维报告，我们可以发现在从初始状态向目标状态运动的过程中，几乎所有的岗位都经历了一个"由思考到实施再到判断"的过程。

在"钢轨磨削"岗位中，操作人员首先通过使用水平仪判断了钢轨的水平情况，然后根据几个方位的测量结果判断问题出在钢轨的哪个位置，进而制订修补的方案；在"航空件制孔"岗位中，员工首先要明确初孔加工后手检的内容及工具，然后使用通止规进行检查，根据检查的结果判断这个初孔的情况，决定接下来钻孔的基本规格；在"零件加工（数铣）"岗位中，操作人员首先明确在铣床加工前需要检查刀具的磨损情况，然后使用听力的方式听测刀具的磨损情况，决定是否更换刀具。在这三个岗位中，工作人员在各环节的工作过程都经历了"思维层面的思考和设计""操作层面的实施""思维层面的判断与决策"这三大步骤。

所以，我们可以根据上述分析确定制造业从业人员工作过程的一个模型（见图 3 - 13）：制造业从业人员的工作过程是一个多层次"初始—目标"运动过程的嵌套，在每一个"初始—目标"运动过程中，操作人员会以"思考与设计—实施—核实与决策"的过程完成工作任务。每个运动过程中包含着若干个这样的"思考—实践—再思考"的过程。所有工作任务都是从分初始状态向分目标状态不断地循环过渡的过程，最终实现由初始状态向最终目标状态的转变。这一分析模型为我们接下来分析不同类型知识的功能提供了基本的分析框架。

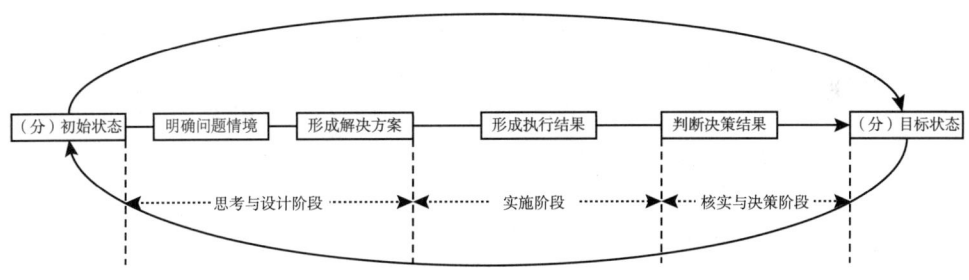

图 3 - 13　制造业从业人员工作过程的一个基本模型

二、制造业从业人员各类知识的作用特性

在将不同类型的知识代入工作过程中进行情境分析之前，我们还需要明确这些知识的作用特性。知识的作用特性与其基本特征不同，它重点说明知识是如何发挥作用的。了解了不同类型知识的作用特性，就为我们思考知识与知识之间的组织方式提供了便利。知识的基本特征是其作用特性的基础，而作用特性则是知识基本特征的表现。

从这八种知识的内容和基本特征中可以看出，这些知识在功能发挥的范围与形式上是存在差异的，例如，相关岗位基本知识主要出现在主体工作之前和之后，且起到的是辅助思考与判断的作用，而技艺知识则主要是在工作执行过程中出现的知识，且这种知识会受到生产情境知识等的影响。职业伦理规范知识渗透到工作的每一个细节，体现于每一个行为，它以潜移默化的形式在工作的每一个环节中发挥作用。所以不同的知识有着自己作用的方式和特点。我们依据知识作用的功能特点，将这些知识划分为三个类型：背景性功能知识、中介性功能知识和执行性功能知识。

（一）背景性功能知识

背景性功能知识的作用是在工作过程中发挥全局性的、潜移默化的影响作用。它渗透到了工作过程的每个环节之中，以潜移默化的形式引导着从业人员工作的方向与过程，影响其他类型知识的功能发挥。这八类知识中，生产情境知识和职业伦理规范知识属于背景性功能知识。

（二）中介性功能知识

中介性功能知识指的是在工作过程中支撑人与物体互动的知识。这些知识尽管不直接作用于人和物体的互动，但可以影响人与物体互动的方式与内容。这些知识往往"没有稳定的位置，它们只是被放置在众多工具中，如果它们被认为具有与当前文化背景的相关性，它们就可以被利用"[①]。所以"工具性"和"中介性"是这些知识的特点。在这八类知识中，技术原理知识、相关岗位基本知识和工艺技术知识属于中介性功能知识。

（三）执行性功能知识

执行性功能知识的功能是指导从业人员利用中介性知识完成判断、决策和执行的知识。它的核心特征是"执行"，是从业人员在思想上和行动上的执行意志的体现，在这八类知识中，技艺知识、软硬件使用知识和判断决策知识属于执行性功能知识。

三、制造业从业人员各类知识的组织方式

综合工作过程分析框架的建立，以及本章第二节对制造业从业人员使用的各类知识的内容与特点的研究，我们可以描绘出制造业从业人员使用的各类知识的组织方式（见图3-14）。

（一）以知识为分析维度

在工作过程中要做到：（1）生产情境知识、职业伦理规范知识和判断决策知识全程与各知识及工作的主客体发生相互作用。首先，生产情境知识通过实体和

---

① Stevenson J. Concepts of Workplace Knowledge [J]. *International Journal of Educational Research*，2002，37（1）：1-15.

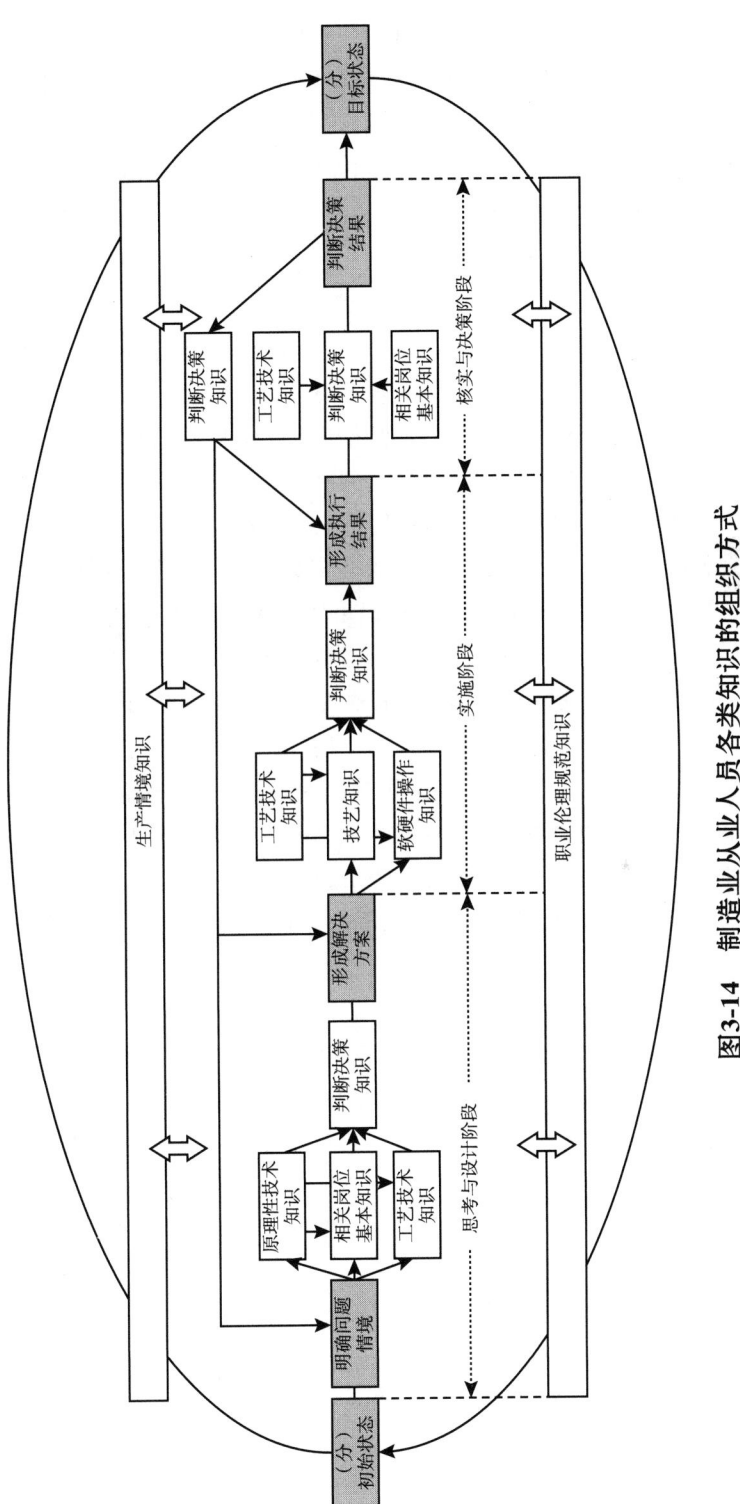

图3-14 制造业从业人员各类知识的组织方式

第三章 制造业从业人员的知识特征研究

无形两种要素将工作主体与客体囊括在一定的物理环境与社会环境中，主体做出的任何一项判断与决策，客体发生的每一次改变都离不开生产情境知识潜移默化的作用。其次，职业伦理规范知识通过制度层面与道德层面的约束时时刻刻影响工作主体的思想和行为，外在的奖惩以及内在的驱动都会导致从业人员产生相应的回应，这种回应可以前后一致，也可以前后不一。当然，生产情境知识与职业伦理知识也会受到其他知识及整个工作的影响。斯蒂文森（Stevenson，2002）通过对 4 个不同地点酒店前台服务生的工作过程研究发现，许多实物产品，包括各种设备（如，电话、收音机、电脑、电话答录机、汽车旅馆本身的特点、信息材料）、当地的工艺品（如"圣经"、日记）、纸张（如单据、收据、凭证）和技术都被用来调解工作场所的活动①。在活动理论中，设备也是建构工作态度、解决工作紧张（tension）中的重要事物。最后，判断决策知识是贯穿整个工作过程的知识，其他类型知识的组织和价值发挥都要通过判断决策知识实施。在三个阶段中，不论是思考与设计，还是实施，抑或是核实与决策都需要判断决策知识发挥推进工作过程的作用。（2）技术原理知识主要用来支持主体的思考与设计环节。在实际工作中，原理性工作知识往往不会很清晰地表征出来，因为这种知识已经被工艺化或情境化了，现象背后的原理往往是在已有的工艺知识、技艺知识无法起到作用，以及新问题出现的时候被主动调用。在长期的工作中，原理性知识已经内化为思想与行为的一部分，在各种知识中发挥一种基础性的、溯源性的价值。（3）相关岗位基本知识主要用来辅助员工进行设计，以及对实施的结果进行判断。这种知识不直接运用到实施的过程中，但是对于实施具有前瞻性和验证性的影响。（4）工艺技术知识以不同的形态出现在各个阶段，因为工艺技术知识是指导主体进行制造活动的"最活跃"的知识，它来源于技术原理知识以及人类制造实践经验，与生产活动紧密相关，其中的工艺流程、方法、材料、工具、质量标准、操作项目等贯穿制造活动的始终，帮助主体进行前期设计、中期实施和后期思考。（5）技艺知识与软硬件使用知识主要是在实施阶段使用的知识，因为这些知识直接或通过机器间接作用于物品，对操作者的智力与肢体操作有较高的要求，主要起到实际执行的作用。当然，两者作用的发挥还会受到工艺技术知识的影响，因为工艺技术知识在实施过程中经常出现，以保证实际操作的准确性。

（二）以工作过程各阶段为分析维度

在工作过程中要做到：（1）思考与设计阶段，从业人员需要从初始状态中明

---

① Stevenson J. Normative Nature of Workplace Activity and Knowledge [J]. *International Journal of Educational Research*，2002，37（1）：85 - 106.

确问题情境，找到核心问题点，然后在技术原理知识、相关岗位基本知识以及工艺技术知识作为背景知识的支持下思考问题可能的解决方式，并通过判断决策知识形成解决方案。在这一过程中，技术原理知识也会为其他两类知识提供理论支持作用。同时从业人员会利用整体工作环境信息、客户需求信息、制度规范、行业发展、企业发展信息等生产情境知识协助方案设计，职业伦理规范知识则"监督"从业人员细致、全面、科学地思考和决策。（2）实施阶段，从业人员会按照这个初步设计的解决方案开始实施，实施过程中主要依靠技艺知识与软硬件使用知识实施，而且工艺技术知识也会在其中起到辅助作用。技术原理知识与相关岗位基本知识在具体执行过程中很少直接出现。这一阶段将形成阶段性的实施结果。生产情境知识（如工作情境、设备、表达方式）、职业伦理规范知识（信息、沉稳、专注、安全生产等）、判断决策知识（如问题解决、条件权衡）等影响从业人员的实施效果。（3）核实与决策阶段，从业人员需要使用判断决策知识以核实和判断这个结果与目标结果是否相符。这个判断的过程需要工艺技术知识和相关岗位基本知识的参与，工艺技术知识提供质量标准等的参照，相关岗位基本知识则协助考虑结果对其他岗位产生的可能影响。如果这个结果与（分）目标状态相符，那么将进行下一个"初始—目标"状态的循环，如果不相符，那么从业人员将再利用判断决策知识，思考是回到"问题情境"环节考虑更深层次的原理性问题，还是回到"方案实施"环节考虑实施过程中出现的执行问题，抑或是回到"执行结果判断"环节考虑是否是先前的判断有误。生产情境知识将通过如客户需求、人际关系等方式协助从业人员做出准确的判断，而职业伦理规范知识则会引导从业人员通过缜密分析、团队协作等方式进行决策和判断。

第四章

服务业从业人员的知识特征研究

服务业不仅是减缓经济下行压力的"稳定器",也是促进传统产业改造升级的"助推器",更是孕育新经济新动能成长的"孵化器"。几十年的发展使我国服务业取得一系列新进展和新突破,服务业成为国民经济第一大产业,新兴服务行业和业态层出不穷,服务贸易规模跃居世界第二[①]。在2010年版本的《中等职业教育专业目录》中,服务业主要对应其中的"旅游服务""财经商贸""休闲保健"等类别中的专业,同时在其他类别中也有所涉及。在2015年版本的《高等职业教育专业目录》中,服务业主要对应"旅游""财经商贸""教育体育""公共管理与服务"等大类的专业,同时在其他大类中也有所涉及,可以说,服务业占据了职业院校专业设置的"半壁江山"。那么服务业有什么特点?从事服务业工作的一线从业人员在工作过程中使用了哪些类型的知识?不同类型的知识是如何帮助从业人员完成不同的工作任务的?本章将深入研究服务业从业人员的知识特征。

---

① 我国服务业发展回顾及"十三五"发展思路和目标. (2015 – 12 – 02)〔2017 – 10 – 17〕. http://www.drc.gov.cn/xscg/20151202/182 – 224 – 2889490.htm.

第一节　服务业的基本特点

一、服务与服务业

（一）"时空约束"视角下的"服务"行为

人们对于"服务"这一概念尚未形成统一的定义，因为"服务"这一行为及其成果很难被清晰界定，表现形式也千差万别。随着产业边界逐渐模糊，产业融合不断加深，对"服务"的定义似乎更有难度。韦氏词典中将"服务"（service）视为"不产生有形物质的劳动的结果，如铁路运输、洗衣、医疗服务等"。这一定义强调了服务的三个特点：无形性、需要付出劳动、且是劳动后的结果。希尔（T. P. Hill, 1977）对"服务"的定义则包含了更多的经济元素。他认为"服务体现在人的变化之上，它囊括了一些生产无形商品的经济单元，这些经济单元以协议的方式产生使人发生变化的结果"①。加拿大经济委员会（ECC）则认为"服务"的生产与消费是同时进行的，所以服务是同一个过程的两个方面。ECC进而给出了"服务"与商品（goods，也可译为动产）的四个区别：（1）无形与有形；（2）生产者消费者之间直接的合同关系与无直接合同关系；（3）可转移与不可转移；（4）可存储与不可存储②。

勒曼（Lnman, 1985）、梅尔文（Melvin, 1989）则认为，与其难以在"服务"的定义上形成共识，不如从"时空约束"（dimensionality constraints imposed by time and space）的维度去解构"服务"这一活动的特点。对于像剪发、医疗服务等个人服务活动而言，它们均需要提供者与消费者在时间与空间上保持一致。这些服务活动被定义为"接触性服务"（Contact Services）。而在其他领域，技术已经帮助人类跳脱出了这种时空的限制，从轮子的发明、蒸汽机的发明、铁路的建设，到飞机的发明、电报与电话的发明，再到如今电脑、光纤等的出现，这些发明正在一步一步地帮助我们更好地利用时空安排，从原有的束缚中解脱

---

① Hill T. P. On Goods and Services ［J］. *The Review of Income and Wealth*, 1977 (23): 138.

② Economic Council of Canada, *Employment in the Service Sector* ［M］. Minister of Supply and Services, Canada, Ottawa, 1991: 7.

我们可以将这些服务活动称为"中介性服务"（Intermediation Services）。所以对于"接触性服务"而言，由于无法跳脱出时空固有的限制，所以活动本身就是一种"服务"，而对于"中介性服务"而言，由于那些技术提供了解脱时空束缚的可能性，所以我们可以将那些帮助我们解脱时空束缚的活动称为"服务"①。

虽然梅尔文（Melvin）的这一分类只强调了时空对于服务行为的影响，但是这一分类实际上指出了服务行为的特点：即服务提供者与服务终端消费者之间的直接或间接联系。如果是直接连接服务者与终端消费者的"接触性服务"，那么就会产生"人—人"的直接服务模式。这种服务模式强调消费者与服务者之间的直接互动及体验；如果服务者提供的服务并不是直接面向终端消费者，而是面向其他相关行业，那么就会产生"人—中介—人"的间接服务模式。在这种服务模式中，中介就是服务产品，消费者与服务者之间没有直接的服务关系，但是中间服务提供商的服务会间接影响到消费者最终的消费体验（见图4-1）。

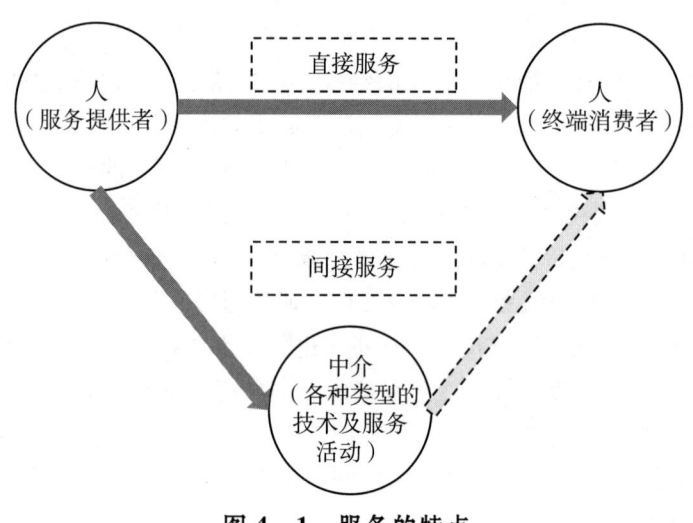

图 4 - 1　服务的特点

不论何种模式，这些服务的目的都是为人类提供更为便捷、舒适的生活，提升人类的生活品质与工作效率。服务不仅是人与人直接的沟通与接触，还可以由服务提供者通过中介间接地与消费者进行沟通与接触，这些行为的核心都是围绕人来组织和实施的，其直接目的就是满足人的需求。而ECC所提出的关于服务的四个特点在这一情境中也是适用的。

---

① Melvin, J. R., History and Measurement in the Service Sector: A Review [J]. *Review of Income and Wealth*, 1995 (41): 481 - 494.

（二）从"服务"到服务业

那么是不是所有服务行为都可以被视为是一个产业呢？将苹果从A地运输到B地可以被认为是提供了一种运输的服务行为，但是否可以认为某区域内已经形成了运输产业？回到图4-1，无论是"人—人"还是"人—中介—人"，如果这两种服务试图升级为一种群体性行为，就必须要有一个第三方团体专门提供一种服务。例如，批发零售行业存在于制造商与消费者之间，为二者专门提供商品的销售服务；银行业则在借贷双方扮演资金周转的角色；造型师凭借寓居于造型师自身的造型技术，并辅之以相应的工具而专门为消费者提供造型服务。当提供中介服务的团体逐渐壮大并形成专门化职业的时候，服务业就诞生了。

就服务对象和目的而言，服务业可以被划分为生产性服务业与生活性服务业。生产性服务业是指为保持工业生产过程的连续性、促进工业技术进步、产业升级和提高生产效率提供保障服务的服务行业。生活性服务业则直接向居民提供物质和精神生活消费产品及服务，其产品、服务用于解决购买者生活中（非生产中）的各种需求。比较这一分类与梅尔文对"服务"行为的分类，我们可以大致在两个分类体系中进行关联：（1）大部分"生活性服务业"可以被归为"人—人"模式，例如，旅游、健康服务、法律服务、家庭服务、体育服务等。因为"人—人"模式强调消费者与服务提供者间的直接接触与交流，消费者与服务提供者之间的行为往往在时间和空间上同时发生，这比较符合"生活性服务业"的基本特征——直接面向消费者。（2）大部分"生产性服务业"可以被归为"人—中介—人"的模式。因为这一模式强调消费者与服务提供者之间的中介性服务，主要目的是面向过程性的生产。它是市场化的非最终消费服务，是作为其他产品和服务生产的中间投入的服务。例如，知识产权服务、仓储服务、货运服务等。

二、现代服务业的发展及特点

（一）服务业：从否认到确立

服务业与人类职业史的发展如影随形，服务活动的发展以及经济和社会学家如何看待服务业价值的态度，构成了服务业从否认到怀疑，再到确立和中流砥柱的地位变迁过程。古典时期亚当·斯密继承了重农学派和重商主义的观点，区分了生产性劳动力与非生产性劳动力，并认为服务行为并不产生大量的资本，且对经济发展没有什么益处。这一观点在 19 世纪著名经济学家约翰·穆勒（John Stuart Mill）等那里遭到了驳斥。卡尔·马克思在前人的基础上对"服务业对经济的贡献"这一问题进行了更加深入地研究，但在苏联早期服务业尚未被计入国家生产总值之中。然而在第一次世界大战之前，服务业的价值已经逐渐开始被重视，而且服务与产品之间的区分也越来越模糊[①]。随着国家生产总值统计技术的不断发展，服务业以及服务业代表的生产力逐渐被纳入公共政策的视野之中，并在经济大萧条的背景下诞生了三次产业划分理论，希冀为国家和全世界寻找新的经济增长点。

有很多理由支持对服务活动在社会中扮演的角色给予更多的关注。第一，服务业在诸多经济体，尤其是发达经济体的经济中占据主要份额，而且它与其他产业越来越多地融合在一起。所有的制造活动和服务行业都需要服务活动来生产、设计和分配产品。第二，服务业在市场一体化和全球化进程中发挥着非常积极的作用。第三，服务业可以创造新的就业机会，增加价值和收入。第四，一些服务活动的发展与我们社会福利的增加直接相关（教育、健康、个人服务、休闲等）。第五，开放竞争是近年来发达经济体和新兴经济体服务业发展的特点之一，在通信、运输、贸易、卫生和社会服务的供应方面，服务业开始逐渐减少、打破了传统的公共垄断[②]。

按照联合国和世界贸易组织的分类方法，服务业主要包括 11 大类：（1）商务服务；（2）通信服务；（3）建筑和相关工程服务；（4）分销服务；（5）教育服务；（6）环境服务；（7）金融服务；（8）与健康相关的服务和社会服务；（9）旅游和与旅行相关的服务；（10）娱乐、文化和体育服务；（11）运输服务。而我国在国家与地方层面也制定了生产性服务业与生活性服务业的分类方法。

（二）传统与现代的交织：我国服务业的现代化发展

改革开放 40 多年来，我国服务业增长速度明显加快，劳动生产效率逐年提高，正逐步成为吸纳就业人员的主力军[③]。目前，我国三个产业就业人员的比重已从 2012 年末的 33.6 : 30.3 : 36.1 转变为 2017 年末的 28.3 : 29.3 : 42.4，第三产业就业人员占比三年间提高了 6.3 个百分点[④]。但是服务业发展仍面临诸多

---

① Melvin, J. R., History and Measurement in the Service Sector: a Review [J]. *Review of Income and Wealth*, 1995 (41): 481 – 494.

② Cuadrado-Roura, J. R. *Service Industries and Regions: Growth, Location and Regional Effects* (1st ed.) [M]. Heidelberg, Berlin: Springer. 2013: 3.

③ 夏杰长：《中国服务业三十年：发展历程、经验总结与改革措施》，载于《首都经济贸易大学学报》2008 年第 6 期，第 42~51 页。

④ 国家统计局：《就业保持基本稳定 结构出现较大调整——十八大以来我国就业状况》. (2016 – 03)[2017 – 09 – 11]. http://www.stats.gov.cn/tjsj/sjjd/201603/t20160308_1328215.html.

矛盾和问题。例如，服务业发展整体水平不高，产业创新能力和竞争力不强，质量和效益偏低，生产性服务业发展明显滞后，生活性服务业供给不足，思想观念转变相对滞后，体制机制束缚较多等[①]。《服务业创新发展大纲（2017—2025年）》明确提出了要"努力构建优质高效、充满活力、竞争力强的现代服务产业新体系"的宏伟目标，并力争实现"中国服务与中国制造互促共进，加快形成服务经济发展新动能，推动经济转型升级和社会全面进步"，进一步明确了现代服务业在经济发展中的地位。

李燕（2011）综合国内外关于"现代服务业"概念的提法与定义，认为我国对现代服务业的概念认定与国外不同。在我国，现代服务业是一个相对于"传统服务业"的概念，兼具时间上的"新兴性"与技术上的"先进性"两层含义。例如，庞毅等（2005）认为现代服务业既包括新兴服务业，又包括实现了技术改造和升级的传统服务业[②]。但是国外往往并不使用"现代服务业"这一概念，并将这一概念指向知识密集型服务业[③]。对于一个后发国家而言，包括传统服务业与知识密集型服务业在内的所有服务业在我国尚未形成成熟的发展体系，故在对待所谓的"传统"与"现代"的划分上并不能一概以西方国家为标准。结合时间和技术两个维度，本书认为现代服务业既包括在国内出现时间较晚的新兴行业（时间维度），也包括那些实现了技术改造和升级的传统服务业（技术维度）。这种认识既符合我国服务业发展的现实国情，也能够挖掘传统服务业现代化过程中一线从业人员知识的变化特征。本书选择了包括新兴服务业（如保险营销）以及升级后的传统服务业（如中餐烹饪）在内的 16 个职业，希望通过对这些岗位上的一线从业人员的深度访谈，一窥服务业从业人员的知识特征。

第二节 现代服务业一线从业人员使用的各类知识及其属性

通过对 16 名服务业企业一线从业人员出声思维报告和访谈记录的编码与分析，本书认为现代服务业一线从业人员主要使用九类知识：关于服务理论的知识、关于区域性服务的知识、关于软硬件操作与工单使用的知识、关于操作技能

---

① 《服务业创新发展大纲（2017～2025 年）》. (2017 - 06) [2017 - 09 - 11]. http：//www. ndrc. gov. cn/zcfb/zcfbtz/201706/W020170621580363698534. pdf.

② 黄健青、陈进、殷国鹏：《北京现代服务业发展研究》，载于《国际贸易问题》2010 年第 1 期，第 66～73 页。

③ 李燕：《现代服务业系统研究》，天津大学博士学位论文，2011 年。

的知识、关于判断决策的知识、关于工作情境的知识、关于相关岗位的基本知识、关于行业的知识、关于职业伦理规范的知识。每种类型的知识中又包括不同类型的内容（见图4-2）。以下将从"内涵界定""基本内容""基本特点"三个方面对每种知识进行详细阐述。

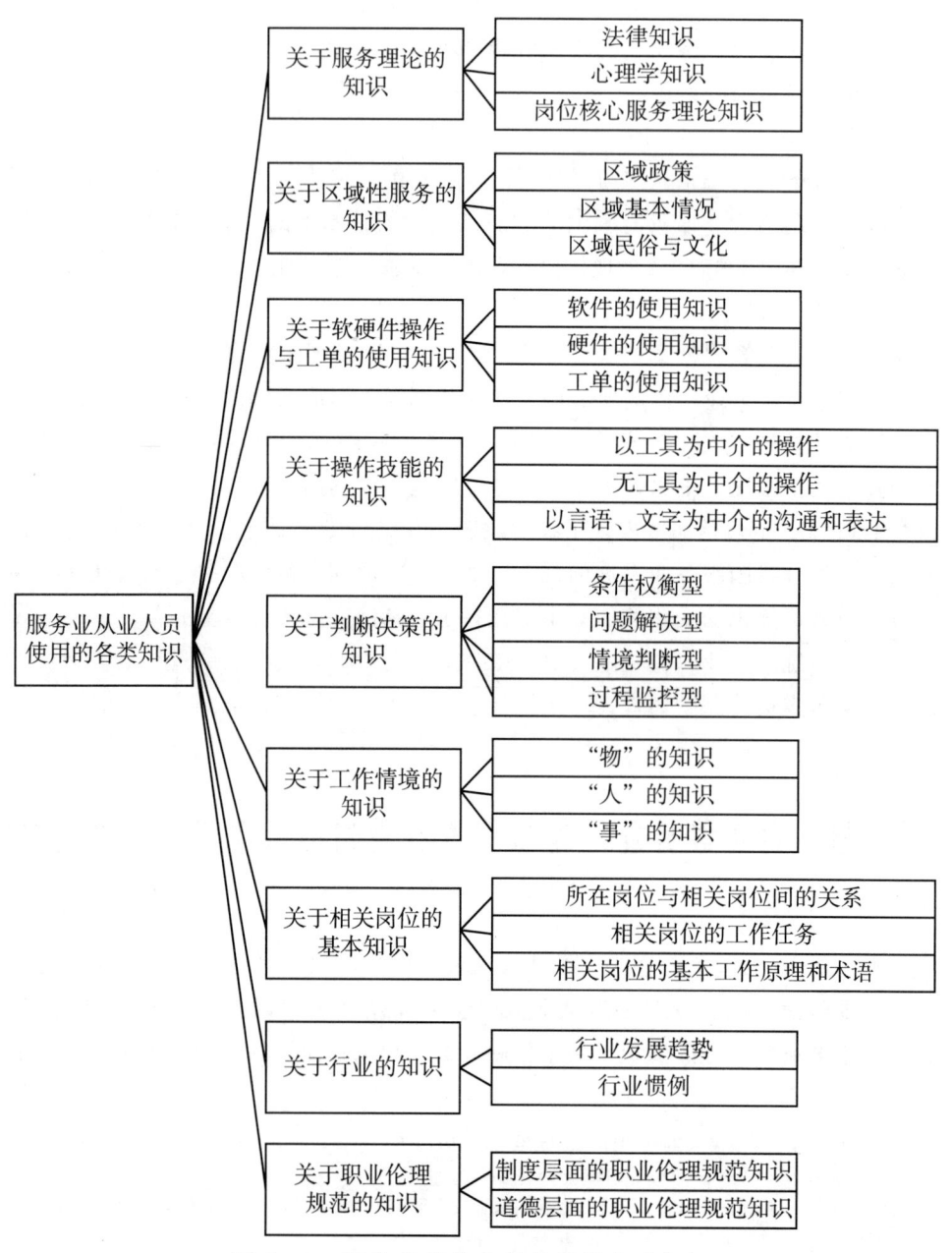

图4-2 服务业从业人员使用的各类知识

一、关于服务理论的知识

（一）内涵界定

在提供服务的过程中，一线从业人员会充分依据所在领域已有的公认路径、方法、内容等进行判断和行动。这些公认的、稳定的、由科学或经验证明的知识被称为"关于服务理论的知识"（以下简称"服务理论知识"）。例如，保险销售员需要了解、熟记并运用《中华人民共和国保险法》、《中华人民共和国婚姻法》（以下简称《婚姻法》）、《中华人民共和国消费者权益保护法》（以下简称《消费者权益保护法》）、《中华人民共和国合同法》（以下简称《合同法》）等法律条文。这些法律条文是由全国人民代表大会制定并在全国范围内实施的，具有公认性、稳定性特征，且是保险业从业人员经验体系的基础与行动框架，属于保险业从业人员的服务理论知识。医院的护士在提供医护服务时需要掌握标准的测量生命体征的流程和规范、滞留针的功能和使用方法、医嘱的基本格式和内容、入院护理评估记录单的认识等知识，这些知识在医护领域具有公认性和一定程度的稳定性，且是科学论证和经验积累的结果，属于护理行业的服务理论知识。

现代汉语词典对"理论"的定义为"人们由实践概括出来的关于自然界和社会知识的有系统的结论"。这个定义强调了理论的几个基本特点：（1）经过实践的检验；（2）经过了演绎或抽象等逻辑思维过程；（3）来自自然界和社会；（4）内容和结构具有系统性。这就与制造业中的"技术原理知识"有所不同。虽然制造业中的"技术原理知识"具有主客观的统一性和组织上的系统性，但服务行业的理论知识体系更凸显了由人构建的主观社会的系统性与多样性。保险业中的法律知识、中餐烹饪中的烹饪手法、景点导游服务中的景点信息及其背后的文化底蕴、护理服务中的各类医疗符号等都是人在千百年的生活中所构建起来的，具有主观性、人文性和一定程度稳定性的内容，且自成体系。这些内容并非"原理"，也并不反映自然世界的客观规律，但却是人类社会的文化遗产和运行保障。使用"理论"一词，可以更好地体现和维护这一知识中主观、文化部分的地位和价值，同时也能反映客观世界的基本原理（如中餐烹饪中的食材与各类配料的特征）。

之所以将这些知识归为服务理论知识，还因为这些知识在从业人员的工作过程中起到背景性的、根本性的指导作用。理论的价值在于以体系化的科学内容为人类实践提供指导，且这种指导是根源性的，具有方向指引和行为规范功能的。对于保险营销员而言，法律知识是指导他们推销、出险与评估的根本依据。无论是最高位阶的各类法律，还是保险公司与客户达成的具有法律依据的保险合同，都直接指导保险营销员做出相应的判断和实施行动。对于电梯维修工而言，电梯的构造、各系统及部件的工作原理是指导其工作的根本依据。不了解电梯的运行机制与工作原理，再有服务热情和动手能力的工作人员也无法完成此项工作。所以这些理论知识在根本上支撑着从业人员以科学、有效的手段为消费者提供服务。

（二）主要内容

1. 法律知识

指服务领域内的相关法律法规。包括现行有效的法律、行政法规、司法解释、地方法规、地方规章、部门规章及其他规范性文件以及对于法律法规的修改和补充。法律知识在各服务领域内出现的频次较多，其目的是为服务行为及结果提供法律层面的参考。例如，保险销售过程中涉及的《合同法》《婚姻法》；导游服务过程中涉及的《消费者权益保护法》《合同法》；护理和康复治疗过程中涉及的《医疗事故处理条例》等。

法律知识的广泛应用在于服务商品的特殊性。一方面，服务业，尤其是生活性服务业提供的服务商品直接或间接面向客户，是与"人"打交道最为密切的行业，服务业提供的无形的服务商品很难像制造业的成品那样具有明确的检验标准。故需要法律法规应严格调整服务市场的规范措施，并保护消费者和商家的合法权益。另一方面，服务业也存在一些利用法律法规"钻空子"的现象，一些法律法规没有涉及的"灰色区域"可能会成为商家的牟利点。所以法律法规知识还可以帮助从业人员规避可能的法律风险，巧妙地利用法律法规提高利润。

2. 心理学知识

指与人类心理现象及其影响下的精神功能和行为活动相关的知识。这类知识依托心理学研究成果，包括基础心理学与应用心理学两大领域，实践层面以应用心理学为主，且内容与特定的服务行业相结合，如消费心理学、谈判心理学、销售心理学等。对于一线从业人员而言，心理学知识主要帮助他们了解客户的需求，揣摩不同类型客户的个性特征、行事风格等，以更好地提升服务品质和企业效益。这种知识出现在诸多服务行业之中，如保险营销员要在进行展会的过程中实时分析现场客户的谈话内容和表情，从中得出其了解乃至购买保险的意愿；而在对潜在客户进行私下会面时，更要根据潜在客户的身份、职业、性别等设计着装、话题、话语风格等，以更好地赢得潜在客户的信赖，为合同洽谈赢得机会。这种心理学知识也出现在酒店前台、导游、医护、电梯维保、产品市场分析等岗位中。但是不同岗位对心理学知识需求的深度与广度不同。

对心理学知识产生普遍需求的原因，主要在于服务业的工作对象是人。无论是升级后的传统服务行业（如餐饮），还是新兴服务行业（如健康养老、康复护理），服务商品的质量直接体现在客户的主客观体验之中。如果能够找准用户痛点，明晰用户需求，并根据用户及用户群的特点为其量身定制服务项目，则会大大提升用户体验感和品牌认同感。这种认同感不仅带来单个稳定的客源，还有可能以该客源为中心形成更广泛的客源群体。在个性化定制风行的时代，服务业也将借助互联网、大数据的优势实现对特定客户群体乃至特定客户的服务项目定制，这些定制都需要借助对客户喜好、个性特征、社交群体等的深入分析。心理学知识将在其中扮演重要的角色，它将帮助服务供应商提升服务产品与客户需求的匹配度，尤其是一线服务人员与客户间互动的质量。

3. 岗位核心服务理论知识

除了法律和心理学两个较为普遍的原理知识以外，各个服务领域也形成了独特的服务理论知识体系。例如：（1）康复、护理等医学服务岗位所需要的医学知识；（2）电梯维保人员所需要的电梯结构与工作原理知识；（3）厨师所需要的关于食材、各类配料以及基本烹饪手法、营养学的知识；（4）导游所需要的关于景点的相关地理与人文知识等；（5）健身教练所需要的生理学与体育运动科学知识。这些知识聚焦于某一具体的服务项目，体现了这一服务的内容与功能特征，也是服务岗位的核心理论知识内容。这些知识占据了各个服务岗位理论知识体系中的主体，并以系统化的方式存在于从业人员的知识结构之中。

（三）基本特征

1. 社会建构理论在服务业中占有重要地位

服务业理论知识包括自然规律、原理，以及社会建构的内容，且社会建构理论知识在工作过程中有着重要的实践意义。法律条文、景点的文化信息等都属于人类社会长期建构出的内容。这些内容与单纯的概念符号有所差别。尽管概念符号也是人类社会建构的产物，是人类为便于生产生活而创造的具有指定含义的事物，但是它的本质特征是符号，基本功能是指代客观事物。但是像法律、文化信息等不仅仅具有指代功能，这些内容本身就是人类文化发展的产物和代表。一线从业人员不仅要了解这些内容所指代的客观事物，更要在人与人的联系之中理解和运用这些内容背后所蕴含的人类社会基本规律与特征。

2. 服务理论知识的价值体现在与具体服务行动的联系之中

理论知识的价值在于指导实践，并在实践中得到丰富与发展。服务理论知识的价值则体现在每一次具体的服务行动之中。因为理论知识往往是去情境化的，而服务业的服务对象是具有理智和情感的人，而且每个人也因为性格、年龄、性别等其他因素而各不相同。所以即使拥有大量自然规律与社会建构的原理性内容，也需要与所服务对象的特征相结合才可以发挥作用。

3. 服务理论知识是系统性、可传递的陈述性知识

服务理论知识是系统性的陈述性知识，是人类千百年实践所积累的、被科学和经验所验证的内容。所以它是可以通过文字、影像等显性方式进行传递的。例如，法律条文规定了服务者与消费者间的权责关系，为服务提供者提供了行为的指针和依据；众多食谱或菜品名册介绍了不同食材和香料的特性及加工方法，为厨师选择食材提供了可能；保险营销员利用心理学的相关知识对不同类型消费者的消费心理进行分析，为客户真实需求进行科学判断提供了依据；空调检修工利用空调工作的基本原理，结合故障特征对特定的部件进行检查和判断。这些不同类型的服务理论知识是从业人员走入工作岗位前的必备知识，因为这些知识允许他们以更有效率的方式进入行业，并完成所在岗位的基本任务。在后续的职业发展过程中，从业人员也将通过继续教育、在岗学习等方式扩充行业理论知识的数量，以适应服务行业日新月异的发展节奏。

二、关于区域性服务的知识

（一）内涵界定

"关于区域性服务的知识"（以下简称"区域性服务知识"）指的是与服务面向的区域有关的、且能够对提升服务质量有价值的知识。电梯维保服务商在设立维保点时需要考虑维保点附近的"电梯保有量"及电梯使用人群。电子商务运营服务提供者需要了解自己的主打产品主要销往哪些地区，以及这些地区内消费者的消费特征；护士要了解当地医疗保险的政策并将政策解释给患者，以尽告知义务，帮助病患减轻医疗负担。厨师要了解当地民众的基本口味偏好，并结合当地的食材供应情况进行菜品烹饪与创新。这些与服务品质相关的当地民情、风俗、政策、文化等知识构成服务人员知识结构的重要元素。

对区域性服务知识的要求来源于服务业消费群体的特征。生活性服务业主要面向服务者所在区域的消费群体，区位选择主要考虑到靠近消费者需求。服务商所提供的生活性服务需要满足辐射范围内主体消费者的消费倾向。生产性服务业以企业为服务对象，其自身或与制造业相互依托形成地理集聚和规模发展的特性[①]。这与制造业的运行模式有所不同。尽管制造业企业也有集聚现象，如围绕矿产、能源、劳动力等要素的集聚，但是这种集聚并没有改变产品的特征。因为制造业的主要产品均拥有严格的生产流程、工艺与品控，生产制造过程是在与消

---

① 周洁：《现代服务业的内涵及特征》，载于《品牌（理论月刊）》2010 年第 7 期，第 30～31 页。

费端相对隔绝的时空中进行的，所有生产设备与人员按照既定的客户需求、生产目标对原材料进行加工。这也正是中国能够成为"全球工厂"的重要原因。但服务业的"产品"——服务是直接面向当地消费群体的，其利润和规模主要基于这些消费群体的主观体验。即使是生产性服务业，其面对的消费群体也是具有内在运作机制的企业"有机体"，服务质量与制造业企业的利润直接关联。所以服务提供商必须要扎根所在地区以探求消费群体的真实、多样化需求。这一特征就自然产生了对区域性服务知识的需求。在拥有设计、生产、销售与售后服务四大环节的大型企业中，区域性服务知识将在设计、销售与售后服务环节广泛运用，并为生产环节提供直接指导。

需要指出的是，瞬息万变的市场需求和激烈竞争的复杂环境，要求制造业企业的制造系统表现出更高的灵活、敏捷和智能。"工业4.0"提出的"智能工厂"构建方案，将借助大数据、人工智能等实现个性化需求和小批量定制生产。这些举措将设计、销售与售后服务环节融入到生产环节之中，试图构建从"工厂"直接连接"消费终端"的现代生产模式。所以可以预见的是，区域性服务知识将随着服务的个性化、智能化等发展趋势而逐渐融入服务的上下游环节之中，成为制造企业与消费端直接对接的媒介。

（二）主要内容

1. 区域政策

区域政策指的是区域内行政部门制定的、与本服务行业相关的政策。这些政策会直接影响区域内本行业的发展方向、工作过程、从业标准等。例如，我国各地的药品报销制度不同，护士需要告诉病患及其家属如何报销，以及哪些药品是需要自费的。保险营销或客服需要在区域商业车险费的规定下向客户收取相应费用，或为客户指定更为划算的车险购买计划。

在所有类型的区域性服务知识中，区域政策属强制性内容，是区域内行业从业人员必须要了解和遵守的规范。它是社会性的公共权威，具有一定区域内的普遍效力。其中政府是各类公共政策的主体。从范围大小上看，区域政策包括中央、省（自治区、直辖市）、市、区县乃至乡一级行政部门制定的各类政策。政策可能是专门针对某一行业而制定并推行的，也有可能是以元政策和基本政策的形式间接影响行业的发展。

需要指出的是，区域政策与下面即将提到的国家或行业推出的、带有强制性意味的规范或标准不同。尽管两者都是行业从业人员必须要遵守的规范性内容，但前者具有鲜明的时效性，后者具有一定程度上的稳定性。区域政策与上面提到的法也有异同。虽然公共政策与法都具有共同的形式特征，都是国家意志的体现，也都是公共权力机关作为主体制定的，但政策中"未获法的形态"的部分文本不具有法的特质和规定性。

2. 区域基本情况

区域基本情况指的是服务者所在区域的一系列客观属性，如人口数量与成分、气候、收入水平、产业结构、自然生态等。对区域基本情况的了解有助于服务业者为服务辐射区域内的消费者提供针对性的、个性化的服务。例如，位于瓷器生产重镇景德镇的货运服务企业就设计了独特的瓷器运输方式，通过使用特制木框、稻草、报纸等材料尽可能地保障瓷器的运输安全。但由于景德镇当地及业内缺少一个对艺术品进行鉴定评估的权威机构，很难计算这些瓷器的真正价值。所以保险公司在综合评定瓷器运输与损坏赔偿风险后选择不开通此类业务①。这些区域基本情况是区域的客观属性，具有一定程度的稳定性，能够为服务业者提供重要的决策参考。对区域基本情况的了解既可以提升服务品质，又可以避免盲目销售带来的风险。

本书中诸多岗位的工作都涉及对区域基本情况知识的了解，且了解知识的类型也各有特色。（1）对人口分布及人口素质的了解。例如，电梯维保人员在设立维保点前需要了解"这里附近有多少个楼盘，楼盘里面有多少电梯，有多少量，我能接多少量，有多少人是愿意跟我们接的"。（2）了解当地气候。例如，在四季分明的城市，厨师在烹饪同样的菜时，"每年，在正月或者3月开始的时候会把盐降一点，因为一个正月过去了以后，春暖花开的时候，温度回升，人对盐的摄入量需求就会低一点"。（3）对收入水平和消费特征的了解。例如，电梯维保人员在选择服务群体与区域，考虑服务费率问题时会考虑服务对象的特点。电商从业人员会了解产品销售地区的总体消费水平与结构。（4）了解当地自然生态与动植物生长情况。例如，厨师的菜品创新会选择当地特产动植物作为原材料，因为这类原材料新鲜度高，且能够被当地居民接受。（5）产业结构。人力资源管理与培训公司会根据本地产业结构及层次，有针对性地对本地及周边辐射区域的潜在人力资源进行调查与招募，从而为本地企业提供更有效率的人力资源服务。除此之外，服务业者还会了解民族、学历、饮食特点等其他类型的区域知识。

3. 区域民俗与文化

除了区域基本情况外，区域的民俗与文化也是服务业者需要了解的区域性服务知识。与区域基本情况不同，区域的民俗与文化是区域的"主观属性"，它既受本地居民长期生产生活和交往互动的影响，也受更大范围的文化氛围的影响。

---

① 人民网·江西频道：景德镇市陶瓷市场"精品瓷"物流现状调查 . (2015 – 06) ［2017 – 10 – 03］. http://jx. people. com. cn/n/2015/0105/c359068 – 23446653. html.

区域的民俗与文化是一地的文化名片，是当地人民的精神财富与依归。对区域民俗与文化的挖掘和利用可以为无形的服务带来更大的附加值与民众认同感。例如，一位来自红色革命根据地——六安市的厨师创作了一道主食叫做"鞋底馍"。这道主食的灵感来源于六安地区的红色文化。该市曾诞生过108位将军。这些馍馍象征着将军走雪山、走草地的那些鞋底。由于它与当地文化具有相当大的契合性，所以备受食客青睐。

（三）基本特征

1. 具有鲜明的地方性特色

与其他类型的知识有所不同，区域性服务知识具有鲜明的地方性。这些知识以行政区划或地理要素为界，在自然与人文的长期作用下形成，具有浓厚的区域特色。所以对于服务者而言，区域服务知识的价值在于让无形的服务潜移默化地贴近区域消费群体的实际要求。在服务业从标准化向个性化过渡的今天，这种区域性服务知识将在服务项目开发与实施的过程中扮演着更为重要的角色。

2. 碎片化的存在与系统性的整合

在实际工作中，区域性服务知识的出现频率和应用情境不定且多元。它并非以知识体系的方式存在于社会之中，而是以显性与隐性的方式零碎地分布在自然世界与人文世界的每一个角落。在没有服务业者主观搜集和加工的前提下，这些知识没有任何利用价值。但当服务业者围绕某一服务考虑相关的区域要素——如人口特征、气候特征、政策、文化时，它们就以服务项目为主线被系统地整合在一起。每一个服务项目会形成自己独有的区域性服务知识体系，这个体系内部聚集着来自多个信息源的知识碎片，它们被整合的目的是提升服务质量。不同服务行业对区域性服务知识的需求量与范围各不相同。一般而言，业务种类、辐射区域、服务对象等因素决定了生活性服务业对区域性服务知识的需求更大。

三、关于软硬件操作与工单使用的知识

（一）内涵界定

服务业者在工作过程中使用的各类工具包括软件、硬件和工单。如何正确地使用这些工具构成了服务业从业人员"关于软硬件操作与工单使用的知识"（以下简称"软硬件与工单使用知识"）。例如，电梯维保人员需要使用相关仪器和

工具对电梯轿厢的平衡度进行检查，或取出梯门间的卡物。同时维保人员还要填写维修保养单，并根据维修保养单上的内容对电梯进行例行保养。康复理疗师不仅需要操作相关的理疗仪器，还要能够使用各类评估量表、病历单等工单对病患的康复情况进行记录和判断。

"正确地使用这些工具"包括两个方面的内容：一是工具的正确操作方式。例如，电梯维保过程中油压千斤顶、水平仪等工具的使用方式；《维护保养服务报告书》的正确填写方法等。二是各类工具使用情境的判断。例如，理疗人员要根据病患的身体状况和康复需求选择合适的理疗仪器。护士在病人遇到紧急情况时要判断使用何种急救工具进行急救。所以"软硬件与工单使用知识"包括"为何使用"（why）以及"如何使用"（how）这两个层面的知识。

（二）主要内容

1. 软件的使用知识

软件在服务业中具有较高的普及度。这些软件具有不同类型的功能，其目的是为了能够提升服务效率、减轻服务人员的劳动强度，并提高用户的服务体验。例如，保险营销人员使用"展E保""口袋E行销"等软件可以随时随地掌握营销业务情况，并调取公司业务和信息以供客户的咨询与维护；护士要学会使用医院的护理信息管理系统，通过数据的录入、接收、分析等合理安排病患的日常护理。网站制作人员要学会使用Dreamweaver。这些软件一般由所在企业自行开发或定制，或者来自市场上成熟的开发平台，体现企业业务及日常管理的特点。

就软件的功能来看，服务业中各岗位所使用的软件一般提供以下几类功能：（1）数据的记录与保存，如酒店前台所使用的客房登记系统、人力资源管理与服务提供商所使用的人力资源管理系统。（2）数据的分析与处理，如企业金融服务提供商所使用的各类行业数据的采集与分析软件。（3）信息的采集、过滤与调取，如保险营销员所使用的营销软件。（4）信息的沟通与人员协作，例如，电子商务从业人员所使用的各类即时通信软件和办公沟通平台等。（5）特定应用功能的实现。例如，网站制作人员通过特定的软件为某公司制作网站。（6）其他功能，如通过软件实现对硬件的控制等。有些软件会集成上述几种功能中的两种以上功能。

2. 硬件的使用知识

与制造业的"硬件使用知识"不同，服务业的硬件并不对物体进行加工，而是通过硬件为客户提供不同种类的服务。通过硬件所产生的增加值并不体现在对物体形态与内容的改变上，而是体现在对物体所处时间与空间的优化，以及对人的主观体验的优化之上。例如，快递从业人员需要通过"扫码枪"明确所投递物品的准确信息，并将其准时投递到正确的地址。"扫码枪"的使用是为了对包裹的投递时间与投递地址进行记录与提醒，以提升投递的准确性，避免影响投递时效。而护士则需要通过抽血工具为需要验血的病患提供抽血服务，这种抽血服务质量的高低（抽血过程是否顺利、抽血是否导致病患其他伤害、抽出的样本是否符合检验要求等）由病患直接体验。

3. 工单的使用知识

工单可以被理解为工作单据，它是在工作过程中使用的，用以记录工作任务各类信息的单据。工单是服务业从业人员所使用的工具中最具行业特征的一类工具。因为服务业提供的主要商品是无形的服务。这种服务意向的达成、内容的确认、质量的检验等都需要一种有形的方式进行记录和保存。所以各式各样的工单充斥着服务业中的诸多岗位。

工单一般具有以下几个功能：（1）信息记录、保存与传递。例如，护士使用的《病患生命体征记录单》主要用于动态记录病患在不同时间所测得的主要生命体征的情况。（2）信息分析与参考。例如，康复理疗师所使用的《Lindmark 平衡量表》主要用来供主治医师和康复理疗师分析确认病患的恢复情况。（3）信息与服务意向确认。如快递员所使用的快递单据主要用来向客户确认投递服务关系，并向收货方确认投递服务完成。确认的方式是在工单上签字（章）。有些工单同时具备上述多项功能。

可以看出，工单与部分软件的功能具有一定的重合。所以在一些行业，工单也逐渐地电子化，以电子工单系统的方式被整合到企业的业务管理系统之中。纸质工单的信息传递与分析等功能逐渐被淡化，服务信息及意向的确认功能被凸显。这种工单往往会扮演服务供需双方合同的角色，规范着双方的权利与义务。

（三）基本特征

1. 各类工单是无形服务"外显化"的中介

正如上述分析所言，服务业中的工单出现频率较高，且在很多场景下扮演着"服务合同"的角色。服务信息的登记、传递、分析以及确认都通过一张或数张工单完成，无形的服务也将通过一张张工单完成它在现实生活中的"外显化"。可以说，工单是服务过程重要的"见证者"与"中介者"。在倡导无纸化办公的今天，尽管纸质的工单逐渐被电子化所取代，甚至最重要的"确认"功能也开始被电子签名、生物识别等方式代替，但在数字化方式并未完全消除使用隐患、人们的行为模式并未发生根本性变革、数字化手段并未达到足够先进的前提下，工单仍旧是无形服务最重要的中介。

2. 软硬件设备与工单往往具有企业特性

制造业企业（尤其是中小企业）的很多软硬件设备是从某一厂家引进，这些设备有固定的型号，在诸多生产制造企业中通用。使用的工单也会受软硬件设备及国家相关标准的影响。但是在服务业企业中，从业人员所使用的软硬件设备与工单往往由企业定制，凸显企业的业务特征。例如，某保险公司为营销人员专门定制营销软件，这些软件按照企业的核心业务与工作流程进行设计，凸显企业的特色保险营销方案。企业员工必须凭借自己的工号和密码登入，且软件与每一个手机绑定。电梯维保人员所在企业定制特殊的电梯维保数据库与软件，供维保人员查看每一部电梯的运行状态及维保周期，方便实施"按需保养"。

服务业在软硬件设备与工单上的差异体现了服务业的"区域性"特征与"特色化"发展趋势。每一家服务业提供商若要赢得市场和客户的青睐，就必须注重差异化竞争与精准式服务。尤其是无形服务质量的好坏由客户的主观体验决定，客观上要求服务者要拥有独特、先进的服务及管理手段。

但是，这种企业工具的"个性化"特征会受到区域乃至全国范围内的强制性标准影响。如果所在行业在工作流程上存在强制性的标准要求，那么这种个性化成分将会有所降低。例如，医院使用的检测设备、治疗工具等主要由具备资质的供应商提供；空调检修工具也具有一定的行业标准；洗浴设施的安装也必然会用到行业内通用的钻具等工具；电梯维保公司的维保单所列项目受电梯维护保养规则（TSG T5002–2017）的规范。

四、关于操作技能的知识

（一）内涵界定

"关于操作技能的知识"（以下简称"操作技能知识"）指的是服务业一线从业人员在基本操作层面所具备的知识。这种知识的特点在于"操作性"。即知识是在操作的过程中运用的，并且其价值集中体现在指导操作行为之中。对于制造业从业人员而言，操作技能知识主要体现为身体的"觉知"，如通过各类工具对物体进行加工，身体相关部位的操作将依据工具对身体的反馈而不断调整。或者根据闻到的气味、听到的声音等作出相应的判断。但是服务业从业人员的操作性技能知识不仅包括这种"觉知"，还包括语言和文字表达。这是因为服务业从业人员主要面向顾客提供各类服务，且很多服务都是以语言和文字作为十分重要的媒介，故语言表达类的技能也是服务业者的重要操作技能。

操作技能知识强调从业人员是在长期工作中形成的，具有连贯性的动作技能。这一点与制造业从业人员的"技艺知识"相同。而且这种技能知识带有鲜明的个性化特征，需要靠长期的训练和运用才能获得，且不易传播。

（二）主要内容

1. 以工具为中介的操作

这类知识与制造业中的"以工具为中介的技艺知识"相同，其特点是个体通过工具与被操作对象接触，利用工具实施各类生产活动。工具在其中起到传递感觉的中介作用，肢体在接受到工具的反馈后调整相应的姿势。例如，厨师在使用各类刀具进行切削时，就是凭借刀具在食材上的运动及其反馈，而不断调整手部、腕部和胳膊的姿势，从而切出细丝、薄片等不同形状的食材。理疗师可以使用相应的理疗器械，根据病患的实时反馈，以及对病患相应部位的观察以调整器械的参数，确保理疗的效果。这类技艺的工作机制与制造业中的同类技艺相同，在此不做赘述。

2. 无工具为中介的操作

这类知识的特点在于不以工具为反馈中介，而是以人的直观感觉为中介直接获取反馈以调整行动。常见的直观感觉包括嗅觉、味觉、听觉、触觉等。这类知识与制造业从业人员"以直观感觉为中介的技艺知识"具有相同的性质和作用机制，在此不再赘述。

3. 以言语、文字为中介的沟通和表达

服务业从业人员不仅需要依靠肢体与感官上的感觉获取技能知识，还必须依靠言语和文字的恰当表达以形成必要的工作技能。在一些岗位中，言语和文字的沟通与表达占据了从业人员职业技能的绝大部分，决定了其工作质量的好坏。这一点与制造业从业人员有着很大的不同。导致这一现象的原因在于服务业特定的工作对象及工作模式。在生活性服务业中，服务业者需要直接面对消费者，每一位消费者有着不同的个性特征、消费理念、消费层次、年龄、阶层等基本属性。为了能够满足不同消费者的消费需求，服务业者必须通过语言或文字的形式与消费者保持沟通。语言和文字的作用在于确保需求方和供给方之间信息的互通，进而消除双方因为信息不对称所导致的误解等，提升服务的针对性和客户的满意度。在有些生活性服务行业中，语言文字甚至直接就是一种服务商品（如相声演出、文书服务），这些语言和文字直接构成了消费者消费的对象。在生产性服务业中，尽管服务业者所提供的服务并不直接面向终端消费者，但是由于服务的无形性，服务业者仍然需要依靠文字和语言的形式与中间消费者进行及时的沟通、协调。例如，电子商务公司为生产厂家提供在线商城的运营服务，从数据收集到展示设计再到正式运营，都包括大量主观性的细节，这些细节往往不像制造业那样具有明确的生产图纸或工艺文件，需要服务提供商和生产厂家间保持密切的沟通和协调。

此类知识包括两个部分：（1）以文字为中介。这类知识存在于文字表达操作

技能之中。从业人员凭借个人对文字的理解，通过对字词句的驾驭以向服务对象传达必要的信息。例如，护士需要根据病患的情况填写各类护理文书，这些文书向主治医生和病患本人传达了病患的近期状况，不同的书写质量会影响医生及患者的判断。（2）以语言为中介。这类知识存在于语言表达操作技能之中。从业人员凭借扎实的语言功底，与消费者保持有效地沟通，或直接通过语言提供服务商品。例如，护士需要在适当时候与家属配合对病患隐瞒病情，以降低病患的心理负担。导游在向游客讲解景点的时候要能够凭借语言的组织和感情的投入，让游客身临其境的同时获得相应的背景性知识。康复理疗师在向病患进行康复动作教学时，需要用鼓励性的话语配合清晰的指导性语言进行教学，语速适当和缓。除此之外，语言类节目表演、文艺晚会主持等直接以语言为商品，通过语言满足消费者的需求。可见，语言的沟通在服务业中广泛存在，甚至成为提升服务品质的重要元素。

（三）基本特征

1. 操作技能知识内容的个体性与社会性

与制造业从业人员"技艺知识"相同的是，服务业从业人员的操作性技能知识内容同样具有个体性。一方面，肢体操作或凭借工具进行的肢体操作的核心在于获取反馈。而这种反馈是难以用语言进行表述的。每个人的基准、感受等各不相同。同样，语言和文字的表达风格对于每个人而言也是各不相同的。所以，个体性首先是操作性技能知识的特征。这种个体性也决定了这一知识必须要通过个体在自身的实践方可获得。

然而，即使是个性化的技能知识也是在社会化的情境中使用。所以，技能知识不仅受个体的生理感觉、心理状态以及逻辑思维决定，还受诸多社会因素的决定。这些社会因素包括所在行业的工作守则、企业生产环境、客户需求等。

2. 操作技能知识往往是服务业者差异化竞争的关键要素

制造业中的技艺知识尽管十分重要，但很大一部分内容正逐渐被更为精密、先进的器械所代替。这些器械将逐渐代替人类的手工行为而达到更细微的精度、更光滑的表面。尽管在可预期的将来，技艺知识不会消失，尤其在某些领域还占据无可替代的地位，但在绝大多数生产制造领域，智能制造越来越成为企业竞争力的核心。而服务业则不然，服务业者和消费者往往直接接触，且消费者的个性化需求满足情况决定了服务质量的高低。所以，如何在消费需求多元化、个性化的今天，实现与同行业者的差异化竞争，是服务业企业实现可持续发展的重要策略。而这种差异化竞争在很大程度上体现在操作性技能知识之中。前面提到的服务理论知识、区域性服务知识、软硬件与工单使用知识，以及后面即将提到的行业知识、相关岗位知识等都是显性知识，知识传递的成本较低。但操作性技能知识难以被复制和传播，它深深地植根于服务者身上。而消费者主观的体验也决定了服务商品很难具有像制造业那样极其精确的质量标准。服务者必须要依靠自身积累的经验满足客户不断变化的需求。像按摩的手法、厨师的刀工与火工、护士的抽血技术、导游极具吸引力的景点介绍、快速准确地判断空调和车辆的故障点等都是服务业者长期工作所具备的技艺功底，它们是服务商品内容的核心，是服务业"人—人"或"人—物—人"互动模式的精髓，是无法被替代的。拥有这样一批员工将会为企业带来差异化利润来源，实现"人无我有、人有我优"竞争优势。当然，除了操作性技能以外，服务业者个性化、差异化的服务还需要依靠智力技能的参与。这就是下面将要介绍的"判断决策知识"。

五、关于判断决策的知识

（一）内涵界定

与制造业从业人员相同，"关于判断决策的知识"（以下简称"判断决策知识"）是服务业从业人员在工作过程中判断情境、权衡利弊、解决问题和自我调节的心智技能。某种程度上看，由于服务业的服务对象是人，且服务的过程和结果难以用十分明确的标准去衡量，所以，服务业从业人员在工作过程中遇到的情境更为多元，问题也较为复杂。但是也正因为如此，服务业中问题的解决、条件的权衡、情境的判断与决策也十分灵活。例如，快递员在送件过程中会根据临时出现的客户需求和不断变化的包裹情况调整送货与码货的顺序。在遇到客户抱怨甚至投诉时，快递员需要根据客户的重要程度、快递包裹的价值、客户的性格特征等各种要素安抚客户，并寻求可能解决的途径。即使是不与终端消费者直接接触的生产性服务业岗位，很多判断决策的地方也会受到"人"的因素的影响。例如，批发行业工作的直接对象是各类货物，但是由于这些货物最终由零售商销售给消费者，所以产品批发商必须要考虑这些货物转手后的预期销售情况、货物的保质期、货物运输、生产厂家资质、消费者市场行情等各类信息，并综合以上信息给出相应的商业决策。

综上所述，判断决策知识在服务业从业人员的各类知识中占据十分重要的地位。因为判断决策知识决定了从业人员是否能够"因地制宜""因人而异"地处理不同客户的个性化需求，应对不同情境的问题。

（二）主要内容

1. 条件权衡型

与制造业从业人员的"条件权衡型"知识相同，这里的条件权衡型知识同样指"协助主体根据已有条件,在全盘考虑各种情况下选择最优解的知识"。"条件权衡型"知识的应用场景是基于已有的信息从数个方案中优选出一个最佳的方案。"优选"是"条件权衡型"知识的核心价值。例如,一位快递员在派送快递时,会根据不同地点、不同类型客户、不同楼层等优选出一条最佳的快递路径。这条路径既省时省力,又能够不影响客户的体验。

在选择"最优解"的过程中,从业人员首先需要能够分析出是否存在诸多选项,然后在已有的选项中根据环境内的各要素做出判断和选择(见图4-3)。例如,快递员在安排某广场区域的送货顺序的时候,有"广场内→广场外"和"广场外→广场内"两条路径。当两条路径呈现的时候,快递员需要综合各类因素(如区域内的客户群体及其特点、路线长度等)分析这两条路径各自派送的特点及其影响。在权衡两条路径的结果后,快递员将选择其中一条最优方案执行。在各类因素中,最重要也是最难以预测的因素是人的因素,也就是客户。服务业从业人员中的"专家"能够更好地识别并权衡好这些因素,最终做出对于他(她)而言最佳的方案。

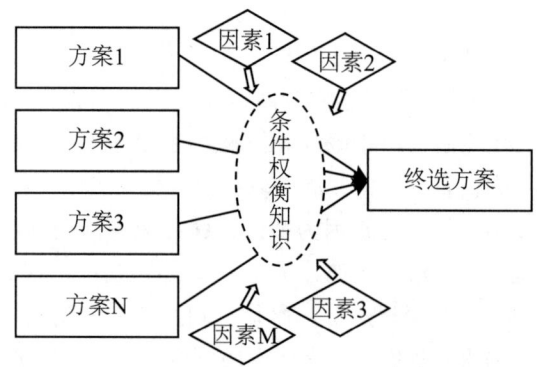

图4-3 服务业条件权衡型知识的作用机制

2. 问题处理型

"问题处理型"知识指的是在面对问题情境时,借助已有的条件和其他知识形成处理问题的方案的知识。它的应用场景是"问题情境",即一线从业人员在工作时遇到了"非可控情况"。这种"非可控情况"是相对于从业人员现有的工作水平与认知而言的。不同的人对同一问题情境有着不同的反应。有些问题情境在一些人中属于问题,但在另一些人中则不属于问题。所以"问题情境"是相对的,其取决于从业人员的能力"阈值"。当解决某个问题所需的能力超过某人的能力阈值时,该情境则成为问题情境。当问题得到解决后,问题情境将被纳入能力阈值之中,问题情境也将变为可控状态(图4-4)。

124 "问题处理型"知识的工作机制是将"问题情境"带向"目标情境"。"问情境"是由一个或一组具体的问题构成的状态，且解决这些问题的意图和目标十分明显。解决问题需要借助产生式，简单的解决问题的过程也许只有一个产生式，例如，汽车维修人员在排除发动机故障时会使用一个个产生式的形式回答"为什么发动机会出现这样的故障"这一问题，即"如果某零件满足……条件，则发动机运转正常"；或"如果某零件出现……，则发动机运转不正常"。在遇到不正常情况后，维修人员则需要进一步聚焦到新的问题情境中，借助更为复杂的、由产生式的嵌套所构成的产生式系统来解决问题。

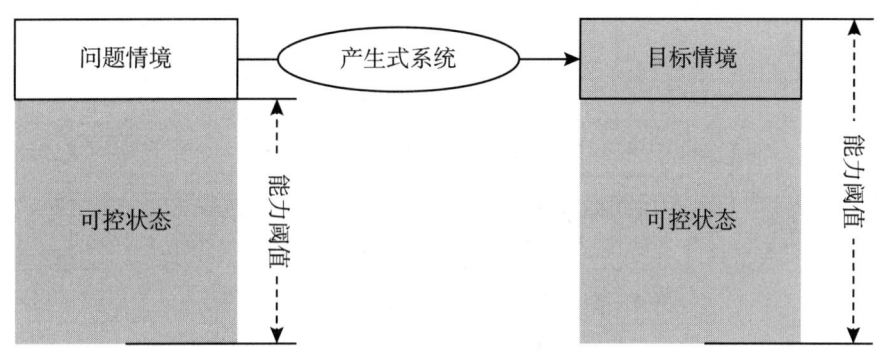

图 4-4　服务业问题处理型知识的作用机制

可以看出，服务业，尤其是生活性服务业从业人员在解决问题情境的过程中有着十分复杂的产生式系统。而这一复杂性来自服务对象——人的多样性。正是由于不同的客户有着不同的需求，从业人员需要在多次产生式的"迭代"后争取实现最终目标。

3. 情境判断型

在服务业从业人员面对多元情境的过程中，还有一种十分重要且体现服务业从业特色的判断决策知识——情境判断型知识。情境判断型知识的特点是从业人员在已有基本工作模式的基础上，对情境中各个元素（最主要的元素是服务的对象，如病患、宾客等）进行实时判断，并不断调整策略以赢得比既定目标更多价值的知识。可以说，情境判断型的价值在于"增加额外价值"，这种价值既可以是为服务业者增加利润，也可以是为消费者提升服务体验。但是实现这一"临时性"的增值必须要依靠服务业者对情境的即时判断（见图4-5）。以下呈现出酒店前台在遇到一对住店旅客时如何运用"情境判断型"知识进行"高售"的案例。在这个案例中，服务员就是通过对消费者的观察和判断，不断做出决策，进而成功将高价房推销出去：

我们酒店业里面有一个名词叫做"高售"，就是根据宾客的情况酌情推销更好的房间。以前有一对旅客（应该是情侣，一男一女）住酒店的时候，前厅的服务员可能就会跟他说："先生，您订的是这个 A 类房哈，我特别高兴，其实我今天可以给您做个 upgrade，可以给你升级到一个套房，其实只要加 100 块钱就够了"，他一定会买单的。如果你再告诉他，你没有定早餐，那你们早餐怎么办？难道你到门口去吃油条吗？"那可不行，我不可能吃油条的，我吃里面的自助餐"，后来高价房就售出去了。

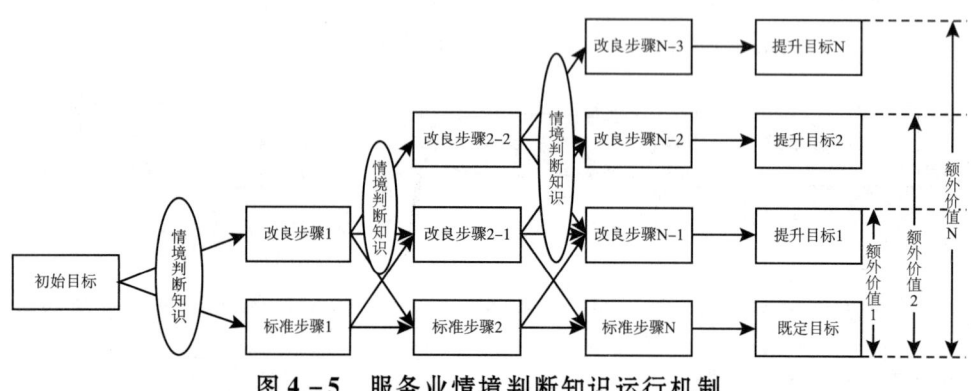

图 4-5 服务业情境判断知识运行机制

除了酒店前台的"高售"以外，护士要根据不断入住的病人情况协调病人的床位，争取做到以下几点：（1）让具有相同病症的病友住在一起相互鼓励，以有利于病情的发展；（2）尽量把同一天入院的，都是第二天手术的排在一起住，因为术后当天晚上是病人和家属都最难熬的时间，大家可以彼此互相照应，而且不关灯不会影响别的病人休息；（3）把重病患者床位尽量靠近护士站，以有利于及时提供急救等服务。导游也要根据散客团内不断增加的游客数量和类型，不断调整旅行团的成团方案，并联系调整住宿餐饮的预定情况等。可以说"情境判断型"知识在服务业中的使用频率较高。

与"问题处理型""条件权衡型"知识不同的是，"情境判断型"知识的应用场景是根据动态变化的工作情境，通过不断改变工作策略以试图达到不断完善的目标，其核心是实现"额外增值"。而"问题处理型"知识的应用场景是问题情境，是处理非可控状态的知识，其核心是实现"问题解决"和"正常运转"。"条件权衡型"知识的应用场景是已经存在多个不同的解决方案，所有解决方案所达到的目标是一致的，只是在实现这个目标的过程中所消耗的成本较低。从业人员需要从中平衡各种要素而选择一个方案。其价值是实现"最优化"。它不强调"即时性"和"额外性"，且强烈依赖于对服务对象或载体的判断。也正因为对"即时性""额外性"的重视，"情境判断型"知识主要出现在以人为服务对象的生活性服务业中。制造业由于具有十分明确的生产工艺、目标、对象和质量标准，较少面对需要即时处理的连续的情境，所以这一类型知识在制造业从业人员中很少出现。

4. 过程监控型

与制造业从业人员的"过程监控型"知识相同，它是一种元监控知识，属于元认知策略。它是对判断决策的过程进行监控的知识。服务业从业人员需要不断调整判断决策的速度、方向、方式，并根据前一阶段的判断结果迅速调整策略并制定下一阶段的判断决策方案。例如，保险营销人员在与客户进行交流的时候要不断根据客户的反应调整话术和交流方式，在发现一阶段交流即将出现障碍的时候要及时停止并更换新的交流方式。汽车修理工要不断监控检修仪器上的指标，以及汽车仪表盘上的各类信息，以判断故障的排除情况，所以判断与决策的过程本身就是一个需要不断监控和调整的过程。此外，从业人员需要根据情境和要实现的价值目标去判断究竟使用哪一种或哪几种判断决策知识。有些情境（如酒店前台服务）主要使用"情境判断型"知识，有些情境（如电梯维保）则需要同时使用"条件权衡型"与"问题处理型"知识。

（三）基本特征

服务业中的判断决策知识同样具有制造业中"判断决策知识"的几个特点，如"在各类知识中所占比例很大，且贯穿工作全过程""需要内在理性逻辑和其他类型知识的支撑"，并具有鲜明的层次性。除此之外，服务业"判断决策知识"的另外两个特点也十分地鲜明：

1. 判断决策知识的个性与共性特征并存

同样一条判断决策知识，在不同的服务者身上就会有不同的表现。甚至两个服务业者达到同一目标所使用的判断决策知识及其组合完全不同。尽管在服务业中从业人员判断决策知识的个性化风格十分明显，但是在长期的社会生存、互动的影响下，我们依然能够从诸多个性化风格中找到一些具有共性特征的"思维模式"。例如，不论是在国内的景点还是国外的景点，跟车导游都会在车上使用相同的判断决策策略，如下一个景点的天气情况如何，是否会影响行程；遇到紧急情况如何调整线路等。

2. 判断决策知识的使用与迁移强烈依赖情境元素

制造业从业人员的判断决策知识是建立在生产过程各要素的客观性、明确性和稳定性之上，很多判断决策知识是可以成为稳定乃至科学的决策参照，供其他类型问题或情境的使用。在服务业中，尽管很多行业也存在很多前人留下的"判断决策经验"，但由于服务过程各要素的偏主观性、社会性与多元性，很多经验难以直接调用。服务者必须通过具体的服务对象、服务情境、服务目的等使用判断决策知识，即使是前人传授的"经验之谈"乃至科学结论，也需要根据服务者本人的特点、服务对象的特点、服务时间、空间等不断调整和适应。例如，上文提到的护士分床的几个方法，在遇到特定病患的特定需求时就不适用了。同样一道"宫保鸡丁"，在东北、四川、海南、上海四个省份的做法会有所不同，这种不同体现在配料、调味料等方面。即使四川的烹饪手法和原料最为正宗，为了能够在当地生存，一些经典菜往往也要做口味上的改良。

六、关于工作情境的知识

（一）内涵界定

"关于工作情境的知识"（以下简称"工作情境知识"）与制造业中的"关于生产情境的知识"相同，指的是服务业从业人员工作场所中的人、事、物及其相互之间的关系。但是相较于制造业而言，服务业的工作情境有时会更加复杂和多元。因为一部分服务业工作者的工作场所不固定，每天打交道的人也有可能发生变化，每天或每次接受到的任务也有可能千差万别。

工作场所中的"人"主要指同事和客户两大群体，这两大群体构成了从业人员工作过程中的主要社会交际圈。从业人员不仅需要了解制度层面人与人之间的关系，如上下级关系及自己的直接领导；还要在社会层面了解和构建人际关系，如工作环境中的人际关系现状，自己与客户关系间的维持等。"事"指工作场所中发生的各类具体事件，主要指不断变化的客户需求。"事"是工作场所中最具动态性的成分。"物"指的是客观存在，且在一定时间内保持稳定性的有形物与无形物。它们构成了整个工作场所的基本形态，是工作情境的"框架性"元素。有形物包括工作场所的陈列、工作软硬件、工作环境等；无形物包括工作场所制度、企业运营理念、工作安排等。这三大元素中，"人"是具有主观能动性的主动性元素，"事"是具有不可预测性的被动性元素，"物"是具有客观性的被动性元素。这三者之间会产生诸多的互动效应，构成了成分复杂的服务业工作情境知识。

（二）主要内容

1."物"的知识

在服务业工作场所中，"物"指的是客观存在，且在一定时间内保持稳定性的有形物与无形物。

（1）有形"物"。包括工作场所各部门布局（办公室位置）、工位布局、工作软硬件的配置、工作场所湿度温度、工作照明、员工休息场所等。这些知识会间接影响从业人员的工作效率。例如，酒店前台接待人员需要了解所在酒店每个楼层房间的基本布局和配置，以方便为宾客提供咨询和分房服务；酒店厨师需要了解所在酒店厨房所使用的灶台情况，以方便在烹饪过程中掌握火候。不同的快递公司会拥有不同的扫码枪与快递面单，员工需要适应本公司各类快递工具的使用情境。

此外，不同的有形"物"会间接形塑不同岗位工作人员的工作模式与状态。尽管护士和理疗师同属医院系统员工，但他们的工作场所的整体布局完全不同。护士主要集中在每层楼的护士站。护士站根据护士长和自动呼叫系统等的指示到病房提供服务，服务强调及时和准确，且服务时间横跨 24 小时。提供服务的中介是电脑，以及其他各类护理工具。不同地点的护士站可能存在差别，如医院大厅一般使用"弧形"护士站、病房楼大厅则使用"U 形"护士站、二层楼以上或小型病房区偏向于"直线形"护士站。护士站的总体设计偏向"亲切优雅"，让护士及病患都要感到踏实，温暖。造型、色彩会根据环境及建筑进行专门设计。而理疗师主要与各类理疗器械打交道，通过操控理疗器械，或直接徒手实施理疗按摩等提供服务。服务场所一般位于理疗室，且每位理疗师拥有自己的办公室，服务强调对症与科学。理疗师会根据对病人理疗方案分配理疗时间，也会根据病人的呼叫服务情况随时调整服务时间与频率，服务时间主要集中在工作日，不设有急救服务。有的理疗室需要彻底黑暗的环境，而有的则需要明亮舒适的环境。理疗师会根据病患情况选择仪器理疗或手法理疗，不同形式的理疗会借助不同的环境与手段。

（2）无形"物"。包括工作场所制度、企业经营理念、工作安排等。这些会直接影响从业人员的工作进度、方式、效率等。例如，各个保险公司拥有自己的保险业务和客户经营理念（如体验式行销）；酒店需要定期更新菜单，且制定了一套更新菜单的工作制度；每家旅行社拥有自己的客户源与资源库，并通过定制化的方式建立与客户和供应商之间的关系等。在这些制度、理念、安排的影响下，不同企业的员工会形成一套独特的工作模式。

同一类型不同等级的企业会有不同的无形"物"知识，例如，五星级酒店与普通餐馆在员工制度、经营理念、员工工作时间安排上存在很大差异。即使是同一级别、同一类别的企业，也会因企业经营者的观念不同而显示出不同的无形"物"的特征。例如，受访的一家电梯维保公司，其发展理念是"朝着汽车 4S店模式经营"，且将运营模式逐渐从"定期维保"过渡到"按需维保"，以适应多元化的电梯使用与维保市场。但所在地区其他的电梯维保公司仍然维持定期维保和工作站的运营模式。

2."人"的知识

"人"主要指同事和客户两大群体。"人"的知识主要是如何维护与同事和客户的关系。在服务行业的工作过程中，"人"始终是贯穿始终的最重要元素。服务业从业人员所需要打交道的人的频率和类型往往更多，所以"人"的知识也更为复杂。

在维护与同事关系方面，很多服务业从业人员既有固定合作的同事，也有不断更新的合作同事。在维护与客户关系方面，不同行业、不同从业人员所采取的方法既有共性，也有特色。例如，空调维修人员会"给新客户打个折，让他们觉得我是有诚意来修空调的，而且家庭中央空调是需要定期保养的，打折能让他们下次还愿意找我（保养）"；有的保险营销员"建立新老客户群，每天去把一些健康养老养生方面的内容转发进去，而且每周公司都会推出相应的产品。只要客户抽空来听我们的讲座就有很实用的礼品，比如大米"。有的导游会通过电话回访、登门拜访的方式维护客户关系，等等。在一些行业，维护客户关系并不仅仅是一次服务结束后的行为，而是贯穿于服务前、中后各个环节。即使服务交易没有达成，也要抱着挖掘潜在客户的心态去经营客户关系。甚至在服务过程中出现瑕疵时"那种吵得很凶的客人。你只要给他处理好了，他也可能会成为你的忠实粉丝。"究其原因，在于服务业的质量与口碑受制于客户的主观体验，且这种体验是全程式的，任何一个环节的疏失都可能会造成客户乃至客户群的流失。

3."事"的知识

"事"指工作场所中发生的各类具体事件，主要指代客户需求。每个服务行业都有着固定的服务项目，但不同的客户需求对于同一服务项目却有着不同的体验和细节需求。制造业的客户需求较为客观，将相应的原材料加工到符合明确标准的物体即是满足客户需求。但在服务业中，完成了一般的服务行为并不意味着满足了客户的需求，因为客户需求寓于客户的主观体验之上，这种主观体验受客户的心情、个性、体质，甚至周围环境的影响，且包含很多细节（见图4-6）。从业人员需要正确地了解客户需求。在客户需求不明确的时候则需要借助判断决策知识、服务理论知识等帮助客人明确需求，以为后续服务行为的实施提供目标参照。

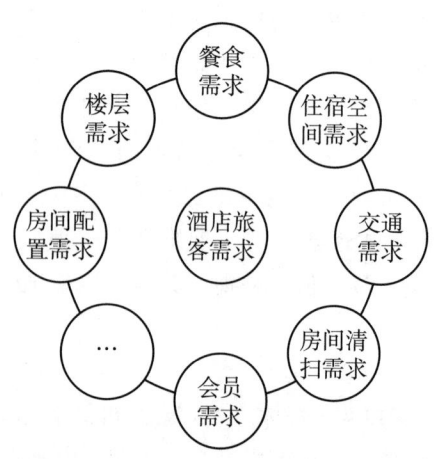

图4-6 酒店旅客的多元需求

除此之外，行业发展信息也是工作场所中的事件。企业员工的工作行为、态度、模式会受到整个行业发展的影响。例如，保险销售人员的话术、宣传材料就会受到保险业发展的影响。

（三）基本特征

与制造业的"生产情境知识"相同，服务业的"工作情境知识"也具有潜移默化的形塑作用，且"人"的知识是员工重要的社会资本。但相较于制造业而言，服务业的"工作情境知识"在以下两个方面具有更显著的倾向：

1. 工作情境知识的内容更为多元、复杂，更新频率更快

服务业从业人员需要面对更多数量和类型的同事群体与客户群体，且每一个客户带来的服务需求都在细节上不同。受商品性质、所面向的市场、客户群体等的影响，服务业企业比制造业企业更强调企业管理的开放性，同一个行业内的多家企业在组织架构、管理文化上可能存在显著不同。除此之外，为了能够更好地接近客户群体，满足不断变化的客户需求，很多企业的管理制度、软件系统、硬件设备、组织架构等会经常发生变化。有时这种变化可能是颠覆性的，这就导致从业人员的工作情境知识也应发生相应的变化。

2. 工作情境知识对工作过程的影响更为显著

在仔细分析一级编码后发现服务业中主要的工作情境知识都集中在工作现场的软件或便携式硬件、客户需求与工作安排三大块内容之上。在"软硬件"方面，与制造业不同的是，服务业企业往往都会开发具有企业特点的工作环境、设备、软件，例如，一些保险公司会有自己的营销软件、客户筛选软件，一些旅行社会有自己内部的财务系统和跨部门沟通平台，快递企业会有自己的数据录入硬件和工单，汽修公司会有自己的维修流程。"客户需求"方面，服务业从业人员的客户需求更为多元，且变化幅度大，难以有十分明确的标准参照。"工作安排"方面，服务业企业内部缺乏制造业企业较为标准、严谨的工作模式，在业务流程上更为灵活。所以，灵活的工作安排、主观的客户需求和个性化的软硬件使得从业人员需要花费更多的时间去研究和使用工作情境知识，进而也就导致工作情境知识对工作过程的影响更为显著。但是由于大型制造设备对于制造业企业的工作空间而言具有一定的限制，所以制造业中"人—大型设备"间的互动关系往往比服务业更为强烈。

七、关于相关岗位的基本知识

（一）内涵界定

服务业的"相关岗位基本知识"同样需要解构"相关岗位"与"基本"两个属性。制造业中的"相关岗位基本知识"指的是蕴含在以技术为特征、以产品为核心、以生产为主线的相关岗位中的知识。相关岗位与其他岗位之间的界限分明，且相关岗位之间以有关联的技术为线索而串联在一起。但是在服务业中，与所在岗位相关的岗位并不具有这种特征。相反，在服务业里，很多与所在岗位相关的岗位在工作内容、服务项目、工作方式等方面都有着较大的差别。例如，电子商务运营服务岗位需要与摄影、销售、网站制作、厂家、网络服务等多个岗位打交道，了解各个岗位的基本工作内容、职责及其与本岗位的联系，并在与岗位的沟通中完成自己核心岗位的任务（见表4-1）。这些相关岗位（财务、计调、地接导游、票务公司、酒店、客运）之间并没有显著的"技术性"联系，各个岗位都有着自己的工作内容特点。它们是在"提供旅客的服务需求"这一主线下被连接在一起。而且，这些岗位横跨企业内与企业外，不受企业边界的限制（见图4-7）。所以，服务业从业人员所要掌握的相关岗位知识更为庞杂。不同岗位会根据服务内容的特点，在知识的复杂性（相关岗位数量）和延伸性（企业内外）上表现出不同的特点。

表4-1　　　　部分服务业岗位对应的相关岗位或工作领域

（根据访谈资料编码得出）

服务业岗位	对应的相关岗位或工作领域
导游	财务、计调、地接导游、票务公司、酒店、客运
电子商务运营服务	摄影、销售、网站制作、厂家产品部门、网络服务
厨师	原材料供应商、营养学家、传菜员
酒店前台服务	客房清洁、餐饮部门、旅行社、快递公司
电梯维保	小区物业、小区电梯管理员、电梯制造商、地方安监部门
空调维修	空调部件和耗材销售、空调厂家技术人员
基本药物会计	药物销售商、药物仓储员、药物流通商

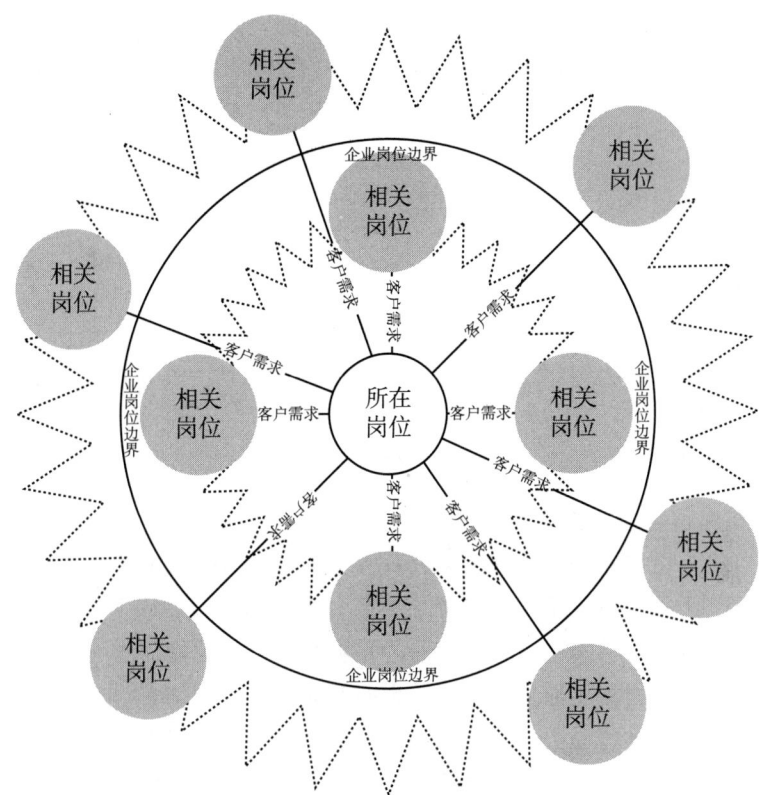

图 4 - 7　服务业相关岗位的范围及特点

那么如何去理解"基本知识"呢？我们可以以几个岗位中涉及的相关岗位内容为分析案例。（1）在宾馆前台服务岗位中，前台服务需要与客房服务部门协调，协调的目的是要根据客户需求协调客房部门对客房进行清洁，或在旅客退宿前协调客房服务员对客房进行检查等。在这个过程中，宾馆前台服务员需要了解以下几个知识才能完成这一协调行为：①客房部的基本职能；②企业内客房部工作人员的基本配置和分管范围；③客房服务员的基本工作任务和工作术语；④客房服务与前台服务间的对接方式与工作关系。（2）导游在接待旅客的过程中，需要在旅行社内与财务和计调协调旅客的出行事宜，他（她）需要了解的关于这两个岗位的知识包括：①财务和计调部门的基本职能；②导游与财务和计调部门间围绕业务的合作关系；③财务人员和计调人员的基本工作流程；④对财务人员与计调人员工作结果与术语的解读。（3）护士在为病患提供护理服务时，要与主治医生、药房等部门配合。她需要了解以下几方面知识：①门诊与药房的基本职能；②医生和药房配药师的工作任务；③正确理解并实施医生和药房配药师的工作结果和术语（如看懂医生书写的病历单，了解医生常用的专业术语，检查配药师的配药结果等）；④医生、配药师与护士工作的关系。从这三个岗位所要了解的相关岗位知识中可以看出，从业人员需要了解的并不是相关岗位的具体工作原理和机制，而是了解该岗位最为基本的工作内容、术语及其与本岗位之间的关系。了解这些知识的目的是为了能够协调该岗位的资源为本岗位服务。"基本"二字代表了该岗位框架性的、外显性的基础内容。从业人员将从这些基本知识中寻找到与本岗位的对接点，并以对接点为入口通过沟通协调以利用该岗位的资源为本岗位服务。

综上所述，服务业从业人员的相关岗位知识来源于与从业人员所在岗位核心服务相关的岗位，这些知识是这些相关岗位中的框架性、外显性的基础内容。

（二）主要内容

1. 所在岗位与相关岗位间的关系

包括所在岗位与相关岗位间的合作关系和前后顺序。合作关系指的是所在岗位和相关岗位间是平行关系，还是领导关系，抑或是建议参考关系等。例如，导游与财务和计调之间主要是平行关系，可能也有一定的建议参考关系。因为导游、财务和计调之间需要通力协作以确保行程可行。但是导游与经理之间则是领导关系。导游在出发前需要将行程安排交予经理或相应主管处申请批准，只有行程批准后方可带团出发。前后顺序指所在岗位是相关岗位的前序岗位，还是后序岗位，或同步进行岗位。护士需要拿到主治医生的处方后方可与药房联系取药，厨师烹饪完毕后方可让服务员传菜，但电商运营的工作可以和摄像、物流等的工作同时开展。

2. 相关岗位的工作任务

指的是相关岗位的基本工作内容。从业人员需要凭借对相关岗位工作内容的了解以找到岗位间合作的切入点，进而协调利用相关资源。例如，导游在面对"事先已订好房但当天酒店无房"的紧急情况时，需要了解计调、酒店预订平台和酒店在预定客房中的职责和任务，进而分析可能出现的原因以及需要联系的人。如果是预定的酒店和到达的酒店不一致，那么就是计调在安排行程时出现了问题，必须要联系计调工作人员更正信息；酒店预订平台负责酒店预定信息的中介和确认服务，如果导游已经收到预订成功的信息但酒店无法读取信息，那么主要问题出在预订平台之中，需要紧急联系预订平台工作人员在后台进行处理；酒店主要负责酒店预定信息的接收、确认和安排房间。如果酒店已经事先确认了预订信息但并没有预留房间，那么酒店必须要承担责任并解决问题。

3. 相关岗位的基本工作原理和术语

基本工作原理指的是岗位任务完成的基本方式和步骤，即相关岗位的工作人员是怎么工作的。了解这一部分知识有助于从业人员提升与相关岗位协调合作的效率。例如，快递公司的客服在获得客户关于水果在投递过程中腐烂的投诉后，应该分析客户投诉内容背后涉及的环节和责任人。如果投递时效远远小于水果腐败的时间，那么应追溯到水果的发货厂家以及收寄公司；如果投递时效远远大于水果腐败的时间，那么应追溯到发货过程中的相应环节，并根据每个快递点的视频、扫描枪等留下的信息判断快递在每一刻的状态。术语指的是相关岗位中常用的专业词语。了解这些专业词语可以有助于不同岗位间的从业人员顺利、便捷地沟通。例如，医生病例中常用的术语 Px 代表处方，C.C 代表主诉，化验单中的 lg 代表免疫球蛋白等。

（三）基本特征

与制造业相同的是，服务业从业人员的"相关岗位基本知识"所涉及的相关岗位也会根据实际情况有所伸缩。但服务业的知识同时具有以下两个独特之处：

1. 知识内容与类型跨度大

服务业"相关岗位基本知识"所涉及的岗位跨度较大，包括横跨企业内外，横跨同类企业，甚至横跨不同行业，由此导致"相关岗位基本知识"的内容和类型也出现跨度较大的现象。究其原因，主要是服务业的管理方式和业务特点所致。由于服务业营运管理对象（即服务）的无形性、营运能力的即时匹配性等特征，使得服务业的过程和结果管理相对更为开放和灵活。而为了能够满足客户主观上不断提升的需求，服务业者必须要整合各方资源做到差异化竞争，且在各环节做到无缝衔接，以提升用户的消费体验。所以更多内容与类型的相关岗位知识既可以维持基本工作的顺利开展，又有助于服务创新和业务开拓。

2. 贯穿工作的全过程

制造业"相关岗位基本知识"一般出现在主体工作之前和之后，其价值是"设计开端"与"核实结果"。但在服务业中，"相关岗位基本知识"不仅扮演这两种角色，更出现在主体工作过程之中，直接指导从业人员开展工作。"设计开端"指的是从业人员利用"相关岗位基本知识"来协助安排主体工作的实施细节。例如，导游对公司财务走账流程的了解有助于其安排总体行程和安排提款事项；"核实结果"指的是从业人员利用"相关岗位基本知识"来验证结果是否与目标相符合。例如，理疗师在阶段性理疗结束后会结合患者的主诉、客观测试结果以及对主治医师治疗建议的理解以评估治疗效果。"指导过程"指的是从业人员利用"相关岗位基本知识"指导主体工作的实施。例如，厨师会将艺术领域从业人员的创作成果移植到菜品创新的过程中，宾馆前台服务员会凭借对客房清洁员工的工作安排以协调何时安排何处的房间给旅客。

八、关于行业的知识

（一）内涵界定

在对服务业从业人员的访谈记录进行编码时，"行业"一词的出现频率很高。例如，厨师反复提及未来中国餐饮行业发展的趋势——绿色健康饮食，快递小哥会道出行业内一些潜在的惯例及其对工作的影响，电商从业人员会紧跟行业技术发展的潮流。这些知识以行业为载体，是从业人员在行业内工作中获得的，甚至经过长时间的工作后由个人生发而出，且对个人的工作行为产生短期乃至长期的影响。

行业一般是指按生产同类产品或具有相同工艺过程或提供同类劳动服务划分的经济活动类别，如饮食行业、服装行业、机械行业等。由于这些经济单位具有相同的产品、工艺过程或劳动服务，所以在生产和经营中具有一些共同的发展趋势、约定和要素。也正是这些趋势、约定和要素构成了行业知识的基本元素。一般而言，这种知识存在于包括制造业、服务业和文创业在内的任何一个产业之中，但是这种知识被一线从业人员使用的几率并不相同，其受制于一线从业人员与全行业发展距离的远近。服务业相对扁平式和自由化的管理模式、瞬息万变的市场风向、创新转化时效较短的更新周期、主观化的服务过程与服务结果使得服务业从业人员与行业发展的距离更近。也就是说，服务业一线从业人员更容易受全行业发展的直接影响。这些以行业为单位构成的认识更能够直接、快速地反映到服务业一线从业人员的工作当中。

综上所述，"关于行业的知识"（以下简称"行业知识"）可以被理解为影响服务业从业人员工作内容和工作方式的，与岗位所在行业整体相关的内容。

（二）主要内容

1. 行业发展趋势

行业发展趋势指的是某一行业在发展理念、技术手段、客户群体、服务产品等方面进行的前景预判。对前景进行预判的价值在于为企业占领市场赢得先机，通过领先的产品、技术、理念、模式等满足市场不断发展的需求。例如，对于电梯维保行业而言，国家目前的政策是"定期保养"，即所有电梯按照月度、季度和年度的方式定期进行保养和检修。但是某电梯维保企业决策层认为"按需保养"一定是未来的发展趋势，所以领先市场试点推出按需保养服务，通过前台App等客户终端和后台大数据系统的计算与分析，为区域内所有的电梯提供"按需保养"的定制化服务。因为行业发展趋势是对未来的预判，所以每个人或每个团体给出的预判可能有所差别。对行业发展趋势的判断会直接影响企业的产品特征与决策方向。

2. 行业惯例

行业内部往往会基于已有的工作习惯或从业经验，而约定一些通用的行为习惯，这被称为"行业惯例"。从组织理论的角度来看，惯例可以表述为多个行动者参与的、重复的、可识别的组织行为模式。将惯例比作为习惯、程序和基因，或者某种机制的抽象，隐含着惯例是相对固定、不发生变化的认识。但传统理论并不否认惯例的变化[①]。行业惯例的特点是"不成文"，即不由具有约束力的规章制度进行明文规定，而是由从业人员自觉遵守。例如，快递业中"先签字后验货"、未保价快递丢件的"低价赔偿"、客户投诉转交客服而非直接与投递员或公司交涉等。酒店服务业中有一个惯例称为"十无六净"，也是每个前台经理检查房间是否清扫合格的标准。

（三）基本特征

1. 行业知识形成的社会建构

无论是行业发展趋势，还是行业惯例，它们都是社会建构的，是处于特定文化历史中的人们互动和协商的结果。个别的主观知识经发表而转化为使他人有可能接受的客观知识，这一转化需要人际交往的社会过程。在这里，客观知识就是行业知识，而人际交往的社会过程就包括行业内外部的正式与非正式沟通（如约定、行政约束等）。

行业发展趋势则是由从业人员整合各类行业信息所做出的个性化的判断，但是趋势是一个主客观相互作用的过程，任何趋势一定是人类社会与自然社会共同作用的结果，且人的主观能动性能够发挥极其重要的影响。行业惯例是行业内从业人员在长期的工作过程中约定的对工作行为的外在约束，这种外在约束是经过经验检验的，有助于维护行业发展利益、促进行业发展的，且随着行业发展特征与客户需求而不断变化。但是由于没有明文的、制度化的规范，惯

---

① 高展军、李垣：《组织惯例及其演进研究》，载于《科研管理》2007年第3期，第142～147页。

例的内容更多的是从业人员间的不自觉约定与自觉遵守，它更是社会建构的产物。

2. 行业知识的全程指导作用

行业知识的价值体现在对工作过程的指导作用。行业发展趋势能够为从业人员提供职业生涯规划、工作重心、产品（服务）设计等方面的指导，合理且科学的趋势判断能够提升从业人员的工作效率。行业惯例能够为从业人员的工作过程提供直接的行为指导与规范，并为后期的结果判断提供依据。例如前台服务员需要"3分钟内完成入住手续办理"。所以，行业知识往往用在识别、设计、执行和核实四个环节。行业知识的指导作用遵循"个体认知—认同—同化—内化"的基本过程，从业人员需要首先接触并学习相关知识，并在实践过程中不断认同与内化知识，最后形成无意识的职业行为。

九、关于职业伦理规范的知识

（一）内涵界定

各行各业都需要职业伦理以规范从业人员的行为，协调不同主体的利益，提升行业生产与服务的品质。在以无形服务为主要商品的服务业，这种职业伦理规范的价值则显得更为直接。由于服务业主要向消费者提供各类无形服务，这些服务本身是主观性的实施过程，服务结果也是由消费者凭借主观性的感觉来判断。所以，为了避免主观过程可能出现的争议，行业内部需要形成一系列规范主观服务过程的约定，并通过不同的形式进行固定、传播和内化，以对全行业从业单位和个人形成一种约束。例如，电梯维修人员需要仔细、全面地排查电梯隐患、并做到维保过程不扰民；护士在提供护理服务的过程中应亲切和蔼，为病患营造良好的治疗环境；导游应时刻考虑旅客的出行感受，在遇到紧急情况时应注意安抚乘客的情绪；厨师应在食材选择与烹饪过程中做到新鲜、健康和安全，杜绝"地沟油""陈化粮"等食材的使用；会计则应该恪守"不做假账"的职业规范。

职业伦理规范知识属于社会规范，社会规范是社会规定的思维模式与行为模式，它可以调适人们的行为，整合社会秩序，并强调通过"社会化"的形式在个体中形成。它常用来禁止不可预见的行为、机会主义行为的出现，同时也倡导和奖赏合乎社会规范要求的行为，体现出社会规范对个体行为的选择与控制功能。职业伦理规范知识的价值就体现在选择和控制的过程中。服务的过程既包括"人—物"互动的过程，也包括"人—人"互动的过程。而人与人的互动更凸显了从业人员职业伦理的必要性。一旦从业行为不受伦理规范的约束，其后果可能会对消费者的身心造成不可弥补的伤害。职业伦理规范知识通过外在的强制性约束和内在的自觉性约束，帮助从业人员鉴别和选择职业行为，克服不良行为的诱惑。

（二）主要内容

1. 制度层面的职业伦理规范知识

制度层面的职业伦理规范知识是以制度的形式规范行业内从业人员工作过程的约束性、制度性内容。如果按照强制性和影响范围来划分，制度层面的职业伦理规范知识可以划分为以下四类（见图4-8）：国家强制规范、地方强制规范、全行业规范与地方行业规范。（1）国家强制规范是由国家行政机关制定的，对全国全行业具有约束力的规范和标准，一般指的是法律法规。例如，国务院颁布的《特种设备安全监察条例》。需要指出的是，制造业的知识分类中对"质量标准"和"行业规范"进行了区分，因为"质量标准"是围绕产品制定的，而"行业规范"是围绕生产过程制定的。但是由于在服务业中服务作为商品是与服务过程相统一和融合的，所以"质量标准"应该被认为是一种职业伦理规范知识。（2）地方强制规范是由地方行政机关制定的，对一定区域内的行业具有约束力的规范和标准。例如，上海市人大常委会通过的《上海市旅游条例》，它仅对上海市的旅游业者（酒店、旅行社、旅游景点、旅游管理主体等）具有强制性的约束作用。（3）全行业规范指的是由行业代表（通常为行业协会）制定的，对本行业内成员单位具有形式约束的规范。例如，中国电梯业协会发布的《电梯行业自律公约》。一般情况下，这种行业工作规范是非强制性的，由行业成员自觉遵守，由此带来的利益由全行业共享。（4）地方行业规范是由更小区域的行业代表制定的，对成员具有形式约束的规范。例如，安徽省餐饮行业协会发布的《安徽厨师自律公约》。

在执行过程中，部分行业工作规范可能会上升为行政命令，成为具有强制性的政策文本（如国家标准）。行业规范通常与行政部门的政策具有一致性，但在行业规范和行政部门的政策有冲突时，优先执行国家规范，在国家政策文本中未规范到的地方可以使用行业规范。例如，电梯维保的项目、保养时间、困人营救时间、人均梯量、维保安全等必须遵循国家与行业的通行规定；酒店前台与厨师的服务过程需要遵循《中国旅游饭店行业规范》以及地方协会公布的一系列自律公约。

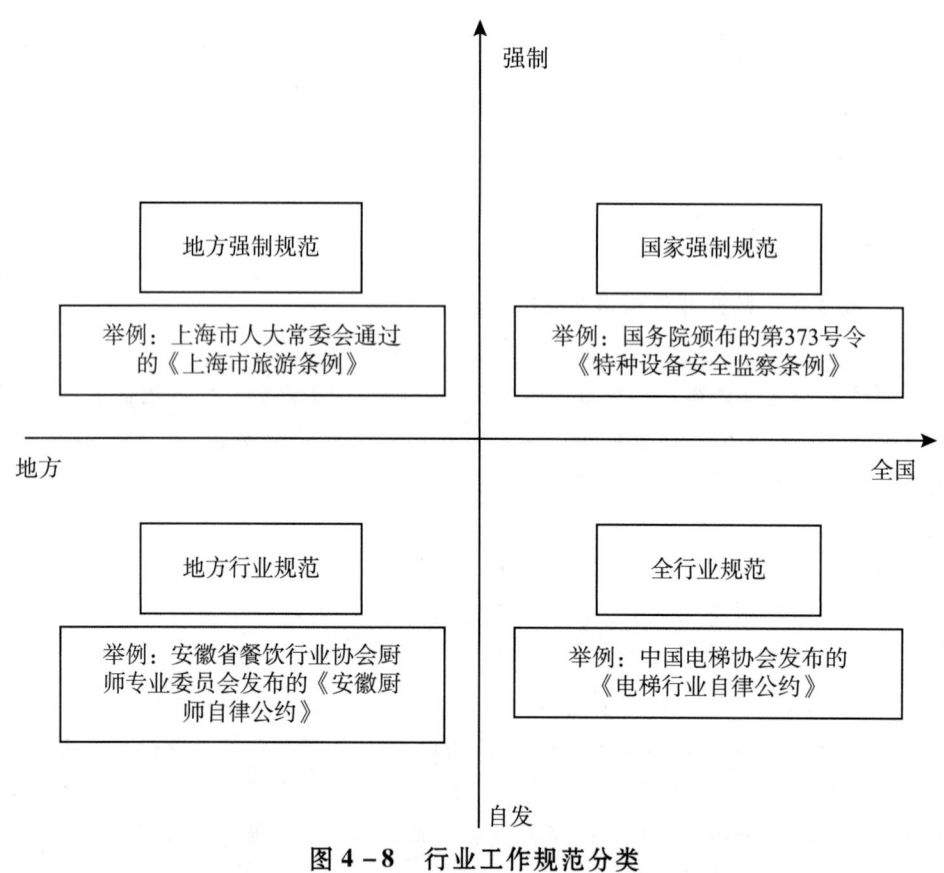

图 4-8　行业工作规范分类

2. 道德层面的职业伦理规范知识

服务业中道德层面的职业伦理规范知识涉及方方面面，它们存在于从业人员的主体意识中，在无形中规范着从业人员的职业行为和动机。通过对访谈内容进行编码发现，服务业中常见的道德层面的职业伦理规范知识包括以下几类：（1）客户第一。服务业从业人员需要时刻将满足客户需求作为指导一切工作的首要目标。例如，导游应该充分了解客户的旅游需求并安排旅游线路，康复师应在进行康复治疗的过程中不断询问患者的感觉，保险营销人员应以客户的需求作为与客户接触的开端。（2）周全细致。一线服务人员应在工作过程中做到周全考虑各种事项，细致处理日常和紧急事务。例如，保险营销员往往会亲自到医院协助病患处理出院事宜，因为这样可以接触到一手的病患各类单据资料，方便后期减少不必要的材料添补麻烦。电梯维保人员在进行电梯维保的过程中应全面检查所有部位，尤其是防止短接等可能导致严重事故的现象发生。（3）工作反思。服务业者应不断通过反思和总结去寻找服务质量可以进一步提升的地方，以满足多元化的客户需求。例如，厨师应通过留言板、直接询问等方式向客户征询菜品意见，水管工应注意定期回电客户询问洗浴设施的安装和使用情况。（4）耐心。服务业者在面对可能出现的紧急情况和不同类型的客户时应保持耐心，通过沟通等方式化解可能出现的问题。护士需要耐心对待每一位病患及家属的抱怨，理疗师需要耐心向病患解释康复的要领，并在病患屡次失败的情况下给予及时的鼓励。同样，诸如保险营销、快递员等生活性服务业者都需要用耐心去赢得客户的理解和配合。（5）团队合作。服务业者需要使用复杂多元的相关岗位基本知识以完成工作任务，同时一些复杂的服务项目往往需要多人配合完成。这就需要服务业者具备团队合作的精神。例如，网站策划的过程往往是客户、美工、营销、技术人员等多个岗位从业人员合作完成的过程。（6）创新意识。服务业者应不断突破已有的商业模式和产品特征，基于跨领域元素的融合、传统方式的颠覆式改革等途径，借助创造性思维形成全新的服务体验。营销人员的营销模式、厨师的菜品创新、理疗师的教学手法等都是服务人员创新意识的体现。

（三）基本特征

服务业的职业伦理规范知识同样扎根于具体的工作之中，以非抽象形式存在，并渗透到工作的每一个细节，体现于每一个行为。在日常生活中，我们也能够经常发现制度层面与道德层面"失配"的现象。除此之外，服务业职业伦理规范知识还具有以下两个特点：

1. 职业伦理规范知识处于不断变化的过程中

受人际互动、社会发展、技术进步、思想观念更新等因素的影响，职业伦理规范知识也是不断变化的。一种行为或标准可能只适用于某一个时代，而在另一个时代则被修改甚至替代。而随着社会分工的不断细化，服务业的职业伦理规范知识在共同伦理基础不断夯实的同时也在不断被细化，甚至可以细化到一个岗位、一项工作任务乃至一个动作。在强调个性、精准、智能服务的今天，当服务业逐渐从面向群体走向面向个人，从人工服务走向智能服务，职业伦理规范将会进一步拓展其内涵和范围，发挥其宏观和微观层面的选择与控制作用。

2. 职业伦理规范知识的价值体现在对人的关照之上

回顾制造业从业人员的职业伦理规范知识，可以发现无论是安全生产，还是细致沉稳，抑或是团队合作，它们指导行为的目的都是指向"物"的制造，希望通过对行为的管控实现更高精度、更高质量的产品生产。但是在服务业中，职业伦理规范知识的价值更多地体现在对人的关照之上。例如，同样的细致沉稳，在制造业中指秉持细致和沉稳的态度应对制造过程的每个环节，但在服务业中则指细致周全地考虑服务过程，尤其是消费者的主观感受。沉稳地处理紧急情况也更多

141

地强调通过沟通、交涉、变通等方式解决客户需求问题。也正因为如此，制造业从业人员与服务业从业人员在针对同一个职业伦理规范知识进行培养时应注重选择不同的内容、方式和目标。

第三节　各类知识的组织方式

以上两节详细阐述了现代服务业一线从业人员使用的各类知识及其属性。但正如上文所提到的，各类型知识之间并不是孤立存在的，而是围绕一定的目标组织起来，按照一定的方式相互作用并指向目标的完成。所以探求各部分知识间的组织关系可以让我们更清楚地了解各类知识功能发挥的过程和方法，为后续人才的培养提供更完善和充实的依据。本节将首先建立基本分析框架，然后以时空为维度分析不同类型的知识发挥作用的特点，最后在此基础上分析现代服务业一线从业人员各类知识的组织方式。

一、分析框架的建立

在第三章中，本书采用了多层次"初始状态—目标状态"的模型对制造业从业人员各类知识的组织方式进行分析。那么在服务业中，是否也有类似的从某一状态向另一状态过渡的基本模型呢？

我们以几个服务业岗位的工作过程为例进行深入分析。在"保险营销"岗位中（见图4-9），宏观上从业人员的工作按照"客户挖掘→客户接触→产品介

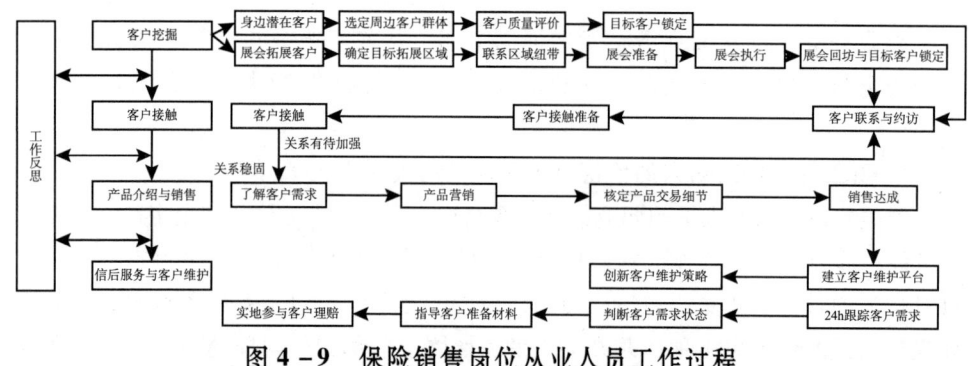

图4-9　保险销售岗位从业人员工作过程

资料来源：根据访谈结果制作。

绍与销售→售后服务与客户维护"四个步骤开展工作，表现出由"识别客户需求"为开端，到"满足客户需求"为目标的基本过程。而在每个工作步骤内部的微观部分，工作也都表现出有类似的特点。例如，"客户挖掘"环节中"潜在客户挖掘"就是一种探求客户与销售人员需求的行为，"目标客户锁定"就是对目标客户需求的识别和对销售人员阶段性需求的满足。"产品介绍与销售"和"售后服务与客户维护"环节更是如此。

在烹饪岗位"菜品创新"中（见图4-10），宏观上厨师需要按照"创意萌发→食材挑选→烹饪手法设计→菜品试制"这四个环节进行，大致遵循从"客户需求了解"到"客户需求满足"的逻辑，而每一个环节内部的微观程序也是一个从需求和明晰到实现的过程，例如，"创意萌发"环节中"大众饮食发展趋势判断"就是客户需求识别的步骤，而"讨论形成方案"就是这一需求实现阶段性满足的步骤。

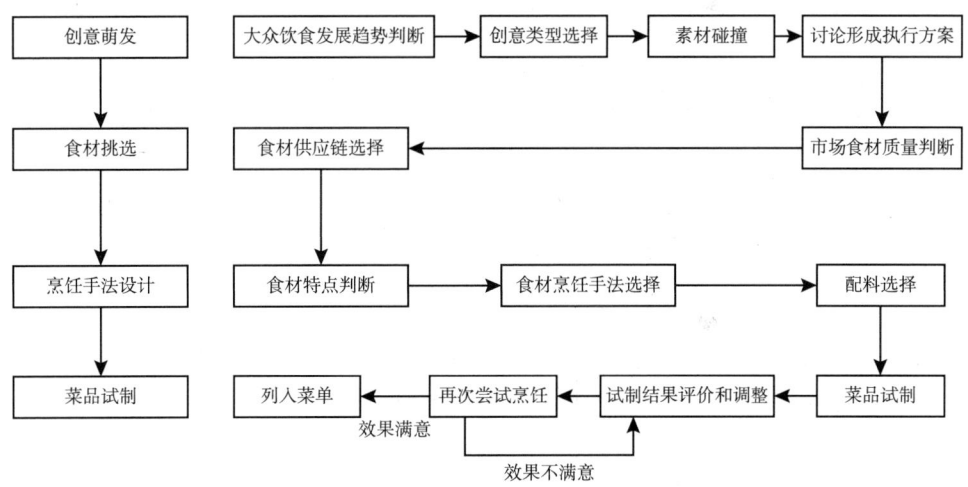

图4-10 烹饪岗位从业人员"菜品创新"工作过程（根据访谈结果制作）

导游的工作过程大致需要经过四个环节：客户需求匹配→部门与资源协调→带团成行→行程反馈与客户维护（见图4-11）。这四个环节遵循从"识别客户需求"到"满足客户需求"的过程，同时每个环节内部也有着类似的表现，例如"客户需求匹配"环节中"判断客户类型"属于识别客户需求的开端，而签订旅游合同则是客户需求与旅游业者需求满足的初步目标。除此之外，酒店前台服务、康复理疗、快递等岗位的从业人员工作过程都表现出了类似的特征（见图4-12~图4-14）。

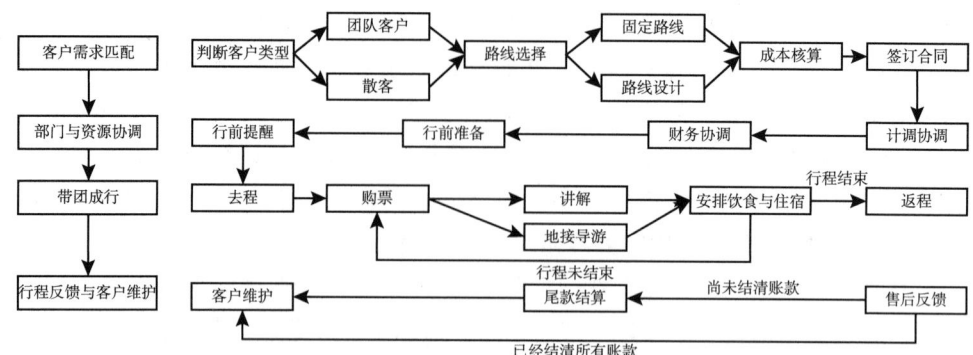

图 4-11　导游工作过程

资料来源：根据访谈结果制作。

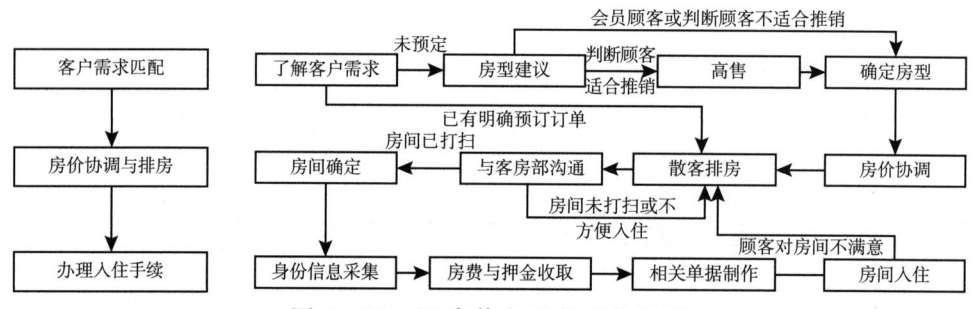

图 4-12　酒店前台服务工作过程

资料来源：根据访谈结果制作。

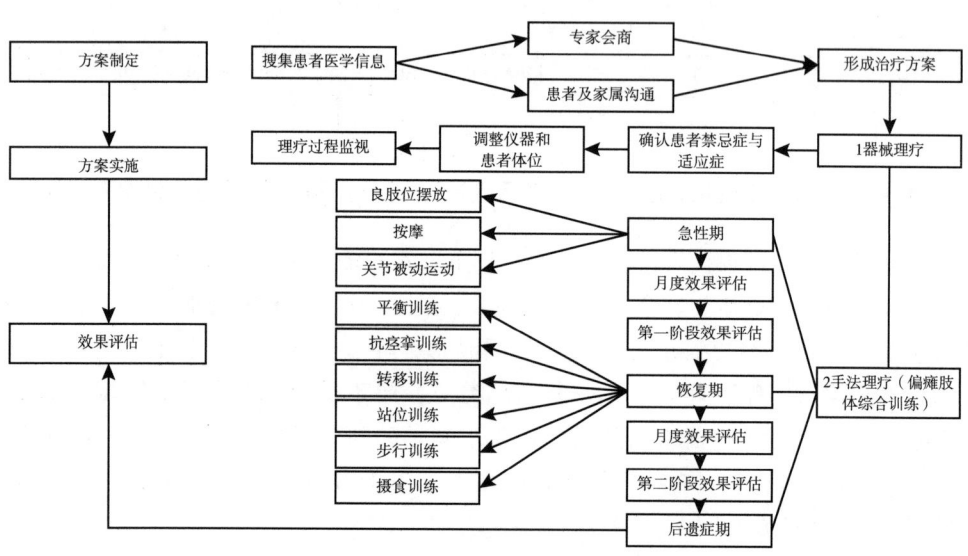

图 4-13　康复理疗工作过程

资料来源：根据访谈结果制作。

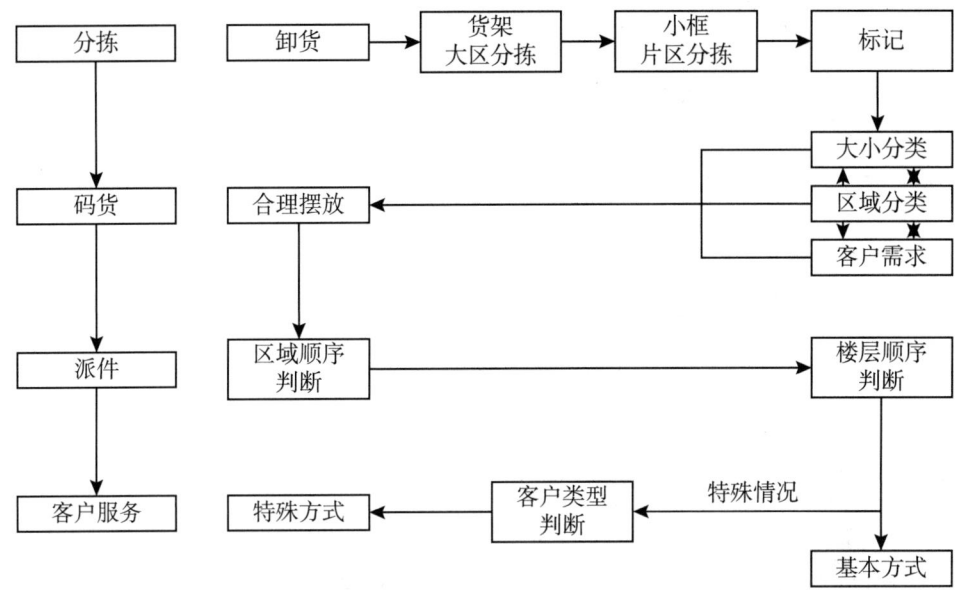

图4-14 快递工作过程

资料来源：根据访谈结果制作。

可以看出，与制造业类似的是，服务业的工作过程也存在一个从某一状态向另一状态过渡的过程，即"了解需求"到"满足需求"的过程。无论是宏观层面的整体工作过程，还是微观层面的每一个细微工作过程，都是围绕"需求"进行组织。这也就使得服务业的工作过程呈现出多层次"了解需求—满足需求"的模型。

结合图4-9~图4-14这六个岗位的工作过程，继续考察这一模型中的细微环节可以发现，"了解需求"到"满足需求"的过程可以被大致划分为四个步骤（见图4-15）：（1）需求识别。与制造业不同，服务业需要对客户的需求进行精准识别、判断。制造业的客户需求往往能够体现在明确的生产图纸之上，所以需求能够被准确直接地表达。而服务业面对的客户需求往往较为主观，且在很多场景中缺乏十分明确的衡量标准，故需要从业人员在客户的互动过程中让客户需求不断清晰化，最终形成一个可参照的目标。（2）方案设计。在明晰客户需求后，从业人员需要根据客户需求制定执行方案。这体现在服务业者的计划书、草案、标准作业流程等文件或制度上。从业人员可以根据客户需求选择已有的成熟方案执行，也可以在必要的时候重新设计方案。（3）方案执行。在初步方案制定完毕后，从业人员需要整合各方资源以执行方案。方案的执行也就是服务的过程。（4）执行结果的判断与决策。在产生初步或最终的执行结果后，从业人员需要判断结果是否与客户需求相一致，如果一致，那么就达到了阶段性或最终目标，如果不一致就需要返回到前序步骤进行检查。

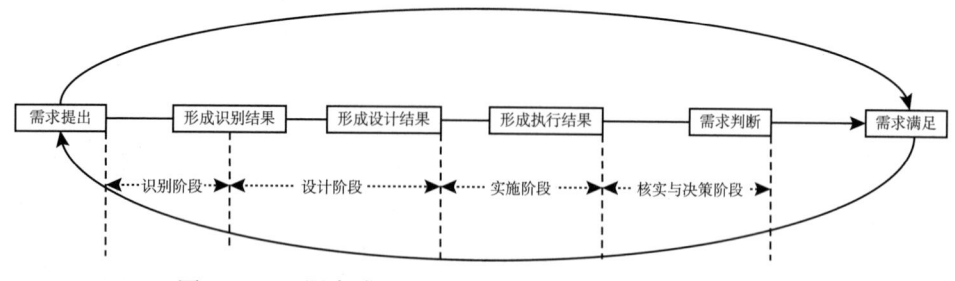

图 4-15　服务业从业人员工作过程的一个分析框架

上述分析模型反映了从宏观工作过程到微观工作过程的基本环节，这一模型为我们分析不同类型知识间的组织方式提供了框架和思路。

二、服务业从业人员各类知识的作用特性

服务业从业人员使用的各类知识同样在不同层面产生影响。按照先前的划分逻辑，这些知识可以被划分为背景性功能知识、中介性功能知识与执行性功能知识：

（一）背景性功能知识

背景性功能知识包括工作情境知识和职业伦理规范知识。即：（1）工作情境知识可以在人际关系、客户需求、工作制度等各个方面影响从业人员的行为，且这些因素贯穿整个工作过程，对工作的方向、模式等起到重要的引导作用。（2）职业伦理规范知识则通过各类制度性的规范和隐性的道德规范影响从业人员的工作行为、动机、思想等。

（二）中介性功能知识

中介性功能知识指的是在工作过程中支撑人与物体互动的知识。它并不直接指导从业人员实施服务行为，但是它能够为服务行为的实施提供科学的依据和设计的思路。它包括区域性服务知识、服务理论知识、行业知识和相关岗位基本知识。即：（1）区域性服务知识通过政策解读、文化理解和区情的分析，影响从业人员对服务方向、类型等的判断和决策；（2）服务理论知识能够为问题解决、服务创新、提升服务质量等提供根源性的知识支持；（3）相关岗位基本知识在整合服务资源、提升服务效率上起到支持作用。（4）行业知识则能够协助从业人员判

断行业发展趋势，并利用行业中的一系列潜在的惯例维护自身权益、提升服务效率和获得更多的收益。

（三）执行性功能知识

执行性功能知识包括操作性技能知识、软硬件与工单使用知识以及判断决策知识，即：（1）操作性技能知识用于从业人员直接实施服务行为的过程，例如，康复治疗中的各类手法、厨师的刀工等。（2）软硬件与工单使用知识用于从业人员使用相关软件、硬件和各类工单的过程中。例如，酒店前台服务员填写宾客信息登记表，并制作各类报销单据等。（3）判断决策知识在识别、设计、实施与核实决策阶段中扮演判断情境、权衡利弊、解决问题和自我调节的角色。这些心智技能无处不在，帮助从业人员面对每一个复杂的工作情境。

以上三类知识将根据功能范围的不同而在不同的时间发挥着不同的价值。这种分类为后续探索不同环节内知识间的组织方式提供了参考。

三、服务业从业人员各类知识的组织方式

结合上述分析，我们可以大致描绘出服务业从业人员各类知识的组织方式（见图4-16）。从这张图中，我们可以看出各类知识主要在何时发挥何种作用，不同知识之间如何互相作用并围绕需求的满足而被整合在一起。

在服务业岗位的工作过程中分为四个阶段：（1）识别阶段，从业人员的主要目标是识别客户及自身的主要需求。从业人员需要借助服务理论知识，对客户群体的特征进行分析，并准备服务所需要的核心知识。同时行业知识可以协助从业人员对市场发展趋势进行判断，以确保需求分析能够与发展趋势相匹配。区域性服务知识则能够为从业人员的需求识别提供更多的细节，确保需求分析能够与当地的政策、文化、民族等相匹配。这些知识需要被综合起来，并利用判断决策知识进行最终决策，形成客户与自身需求的判断结果。在这一环节中，客户表达的需求、工作制度等工作情境知识会影响从业人员的判断，职业伦理规范知识则能够督促从业人员仔细判断、耐心解释与科学决策。（2）设计阶段，从业人员的主要目标是根据已有的分析结果设计服务方案。服务理论知识能够确保服务方案的科学、有效。行业知识则能够让方案符合行业基本发展趋势和潜在规则。相关岗位基本知识能够帮助从业人员整合相关资源，并将其在方案中体现出来。区域服务知识则能够有助于从业人员利用区域内的各种条件制订方案，确保方案的可行性。在这一过程中，工作制度、工作安排、同事间的合作关系等均会影响从业人员方案的制定过程和结果，职业伦理规范知识能够督促服务人员科学、全面、

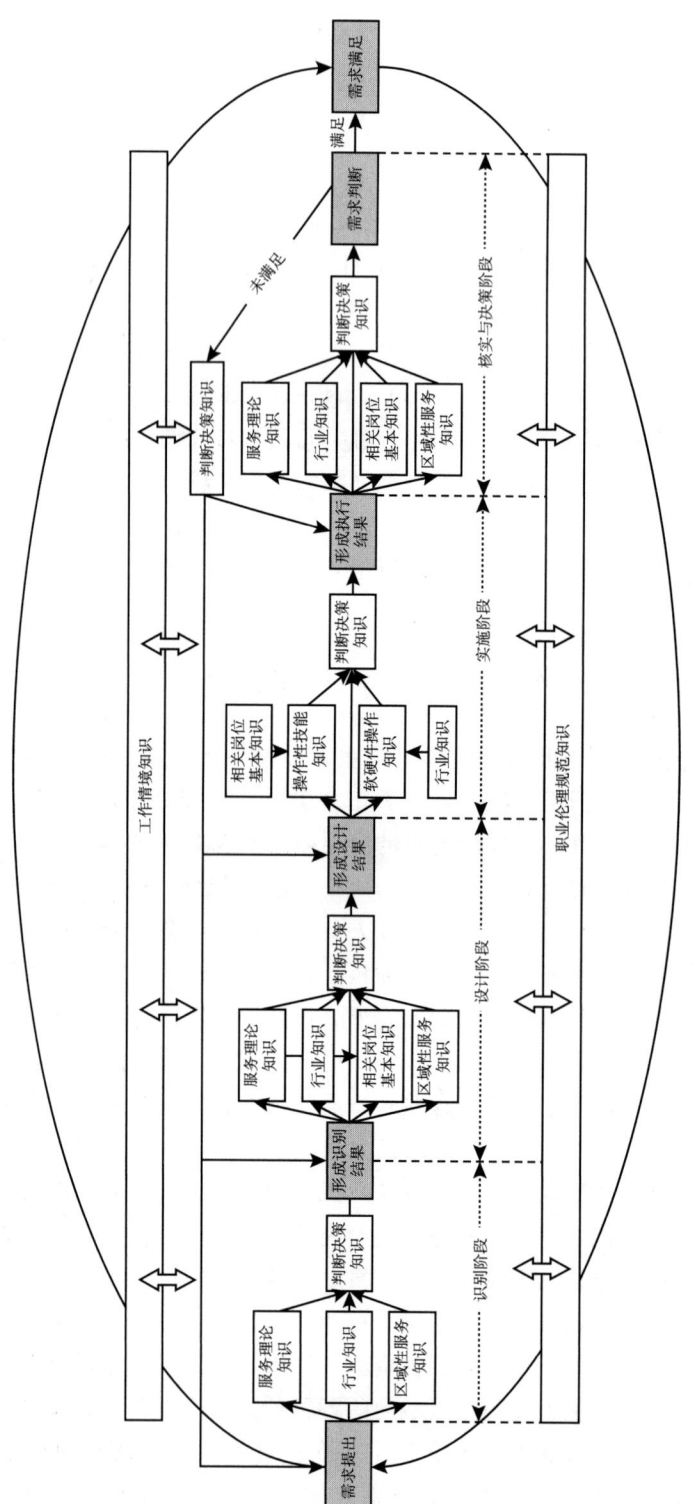

图4-16 服务业从业人员各类知识的组织方式

及时地制订相关方案。（3）在实施阶段，从业人员的目标是根据先前的方案实施服务。服务主要借助操作性技能知识以及软硬件与工单使用知识作为中介。此外，相关岗位知识与行业知识能够辅助两种操作性功能知识实施服务。相关岗位知识的价值在于提升服务实施的效率，行业知识能够确保服务行为符合行业惯例。每一步操作都需要借助判断决策知识以维持正确的操作步骤和方法。工作陈列、服务环境等工作情境知识会影响服务人员的服务效果。职业伦理规范知识能够督促服务人员保质保量地完成服务项目，并在服务的过程中确保自身与客户的人身和财物安全。（4）在核实与决策阶段，从业人员的目标是确认实施的结果是否符合客户的需求，是否达到了自身的业务需求。如果未达到，那么从业人员需要借助判断决策知识回溯到先前的环节进行检查，以确认哪一环节出现错误并进行更正。在这一环节中，服务理论知识能够协助从业人员检查问题出现的深层次原因。相关岗位基本知识、行业知识和区域性服务知识有助于从业人员更加准确地将目标与结果进行对比，并辅助分析问题的原因。

以导游为例，其需要在四个阶段做到：（1）在识别阶段，导游需要与客户进行密切沟通（职业伦理规范知识），详细了解客户的需求（工作情境知识）。在客户提出大致需求后，根据客户的特点（如年龄、收入、禁忌等）、客户拥有的时间、景点天气等情况设计若干条路线（服务理论知识、行业知识、区域服务知识、判断决策知识），并制作初步的预算和方案供客户选择。在与客户的多次耐心交流与沟通后确认某一条旅游线路（职业伦理规范知识）并签订旅游合同（工作情境知识、服务理论知识）。（2）在设计阶段，导游需要根据客户确认的方案设计具体的执行方案，如酒店、餐饮、景点、交通方式（行业知识、工作情境知识、相关岗位基本知识、判断决策知识）等，并与旅行社计调部门、财务部门合作（职业伦理规范知识、工作情境知识、相关岗位基本知识），领取预支经费、制作包帽、为客户制作详细的《旅行手册》。此外，导游还需要与客户确认和提醒行程（职业伦理规范知识），并与外地地接导游或旅行社、酒店、酒店预订平台等保持沟通，确保事先的各项预定都准确无误，并在遇到特殊情况时及时解决（相关岗位基本知识、判断决策知识）。导游需要在行前熟悉所游景点自然与人文情况，准备行中可能使用的导游词等（服务理论知识）。（3）在实施阶段，导游需要在行程中通过各种方式活跃车厢内旅客的气氛，在景点要能够为旅客提供必要的景点解说服务（操作性技能知识），导游要在行程中保留好各类单据，并每日填写《行程记录》（工单使用知识、工作情境知识）。遇到景点道路拥挤、景点临时关闭、酒店客房订满等突发情况时要能够冷静、及时、有效处理（职业伦理规范知识、相关岗位基本知识、行业知识）。与旅行社和合作方保持密切沟通（工作情境知识、职业伦理规范知识），确保旅客安全完成行程。（4）在核实与决策阶段。导游需要通过回访等方式向客户确认旅行的满意情况（职业伦理规范知识）。与财务部门、合作方等合作完成旅程后期的款项结算工作（工作情境知识、相关岗位基本知识、职业伦理规范知识）。对客户提出的问题和疑惑要及时解决（职业伦理规范知识、判断决策知识）。在与客户就一些问题无法达成一致时，需要根据行业惯例、相关法律、政策等进行确认、核实、沟通，并采取相应措施（判断决策知识、区域性服务知识、行业知识、服务理论知识）。如果是先前合同的问题，则需要回溯至第一个环节找到问题原因，如果是合同执行的问题，则需要回溯至行程之中寻找原因。

研究知识组织方式的核心价值是想传达出这样一个思想：即所有类型的知识都并非孤立存在，它们的价值是在与其他知识的配合中完成既定的目标。这些知识的价值有着不同的发挥空间、时间和方式，未来的职业教育需要将这些特征纳入课程与教学设计的过程中。

第五章

文化创意产业从业人员的知识特征研究

文创业是以创造力为核心的产业，是依靠个人（团队）通过技术、创意和产业化的方式开发、营销知识产权的行业。改革开放以来，文创业占国民生产总值的比重逐年上升，从事文创业的人口数量也不断扩大。党的十八大报告提出：到2020年要把文化创意产业发展成为国民经济的支柱性产业。那么对于这种以创造力为核心的产业，其从业人员的知识在内容与组织方式上有何特征？面对国内巨大的文创类产业从业人员的需求市场，我们应通过何种方式为产业发展提供合格的人才？本章将聚焦文创业从业人员的知识特征研究。

第一节 文化创意产业的基本特点

一、文化创意产业的内涵与发展

（一）文化与创意

文化的核心是人的思维方式、行为方式与价值观。人是文化的载体，文是基础和工具，化（教化）则是人类精神生活和物质生活的共同规范[1]。文创产业的

---

[1] 孙启明：《文化创意产业前沿希望：新媒体崛起》，中国传媒大学出版社2008年版。

核心之一——文化就是人类知识的积累、传递与教化的过程和结果。宏观层面，文化是人类社会历史实践过程中创造的物质财富与精神财富的总和，狭义上则可以被理解为一种社会的意识形态，是社会政治与历史的反映。从原始部落里的年轻人成年式，到现代社会中人们的社交用词，无不体现了人们基于主观世界和客观世界所建构的文化氛围。

在《辞源》中，"创意"被理解为"文章中提出新的见解，不师法古人的观点"。在现实生活中，"创意"则主要指代独特的点子、想法、灵感等。它是个体在已有的物质条件下结合智力元素所诞生的具有创造性价值的事物。相较于创造和创新而言，创意更多地体现为个体的想法，强调灵感生发的过程及其多元性。一个婚礼现场布置的方案、一种插花的风格、一段故事剧情都是人们利用物质世界和精神世界所生发出的个性化想法。原创性是它的生命。无论是文化还是创意，它们都是无形的、存在于人的大脑中，被人主观感受的事物。

（二）文化产业、创意产业、服务业与文化创意产业

"产业"一词的使用标志了第一股思潮，说明了一种文化产业思考方式的连续性，即以经济学术语对艺术和媒介进行思考[1]。文化早已相伴人类走过千年，但文化成为大规模消费商品是在资本主义兴起以后才具备的。20 世纪 40 年代，法兰克福学派的学者阿多诺、霍克海默敏锐地发现文化生产可以与科学技术紧密结合在一起，形成资本主义工业化体系，并能产生巨大的社会力量。该学派将其称为"文化工业"[2]。尽管法兰克福学派对文化的产业化提出了批评，认为文化的产业化是文化媚俗化、大众化的体现，最终将不利于资本主义体系的生存和发展。但是事实证明，这一判断最终并未出现。文化的产业化不仅没有摧毁资本主义体系，更为资本主义的发展提供了新的动力和方向。它不仅促进了大众文化的兴起和文化消费市场的勃兴，更促进了工业化和城市化的进程。英国大伦敦市议会在 20 世纪 80 年代给出了"文化产业"的定义：文化产业是那些没有稳定的公共财政支持，采用商业化运作的文化活动，是产生财富和就业的渠道。文化产业是所有与文化相关的商业活动的总称，其文化产品用于满足人们的消费需求[3]。这个定义被广泛接受，成为当代人们对文化产业认识的最广泛共识。从劳动密集型的印刷产业，到资本密集型的电影产业，再到技术密集型的动漫产业，它们以不同的文化产品和劳动方式，构成了现代社会文化产业的组成部分。

---

[1] 郑涵、金冠军、张莹：《文化创意产业读本》，上海交通大学出版社 2013 年版。
[2] 蒋三庚：《文化创意产业研究》，南开大学出版社 2006 年版。
[3] 孙启明：《文化创意产业前沿希望：新媒体崛起》，中国传媒大学出版社 2008 年版。

创意产业概念的正式提出可以追溯到 1997 年。由托尼·布莱尔领导的英国工党政府决定成立一个创意产业特遣队（CITF），作为其新文化、媒体和体育部（DCMS）的中心活动。CITF 于 1998 年提出了《英国创意产业发展路径》（*The Creative Industries Mapping Document*），将"创意产业"定义为"依靠个人的创造力、技能和才能的产业。这个产业通过对知识产权的开发以挖掘潜在的财富，并创造就业机会"[①]。"创意产业之父"约翰·霍金斯在其著作《创意经济》中将所有受知识产权保护法保护的产业都纳入了创意产业之中，包括专利、版权、商标和设计。书籍、电影、音乐都是创意产业的内容。值得注意的是，这个行业逐渐脱离原有的"个体化"的运作模式，集体互动与产业的地理聚集成为创意产业典型的生产模式，其核心在于"个人的灵感、想法和创造力"。

从字面上看，"文化创意产业"（以下简称"文创业"）兼具文化与创意两大产业的内容。在一些国家和场合，这一概念与文化产业、创意产业、内容产业等概念并没有十分清晰的界限。但是在内涵范畴上，这些概念存在一定的差异。文化产业是文化的产业化，但文创业的重点在于"创意"，是以个性化的创意为基础的产业。文创业可以被理解为相较于普通文化产业更为高端的发展形态，它是智能化、知识化的高附加值产业，强调知识产权保护，并实现对其他产业的整合发展。

由于除去农业和工业以外的产业都被划分为服务业，所以文创业也被认为是服务业的一部分。在国家发展改革委员会 2017 年发布的《服务业创新发展大纲（2017~2025 年）》中，文创业被归为其中的一部分，认为"发挥文化元素和价值理念对服务业创新发展的特殊作用，增强服务业发展的文化软实力"。[②] 可以看出，文创业是凭借"创意"这一商品为工业生产和群众生活提供服务。但是由于"创意"商品相较于其他服务商品在服务过程、商品属性等方面的特殊性，有必要将这一产业与服务业中其他的产业相区别。为了明确研究对象，本书将"文创业"的重点置于"创意产业"之上，重点研究与"创意"相关的产业从业人员工作过程及其知识特征。

二、文创业的基本特点

文创业诞生于知识经济时代，是高科技与信息革命的产物。它是生产力发展的结果，是人民物质生活水平发展到一定层次后呼唤更高质量精神文明生活的体

---

① Origins of Creative Industries Policy. (2011-04-19) [2018-02-26]. https://www.sagepub.com/sites/default/files/upm-binaries/42872_Flew.pdf.

② 国家发改委：《服务业创新发展大纲》，给文化产业什么机会. (2017-06-28) [2018-02-26]. http://www.sdwht.gov.cn/html/2017/gwy_0628/41333.html.

现。就产业形态、商品属性、服务过程等而言，它具有以下几个特点：

（一）服务过程的跨界性

文创业的核心是"创意"，而创意必然要求突破传统界限的禁锢寻找新的可能。跨界是实现这一突破的重要方式。跨界主要体现在两个方面：一方面，文创业可以或需要同时调动和整合第一、第二和第三产业的相关产业。以包装设计为例，设计者需要在现有工业生产水平的条件下深度了解客户群体对商品包装的基本需求和可能的发展趋势，并在此基础上结合自身的灵感与想法，将客户需求、包装生产与个性化的设计理念和想法集中体现在包装产品之中。目前，文创业也越来越呈现出网络化、智能化发展的趋势，将人工智能技术融入文化创意的产品开始盛行。另一方面，文创业需要从跨界中寻找灵感以实现想法的突破。以《舌尖上的中国》纪录片为例，为了能够全面地、深入地介绍中国美食及其背后的文化底蕴，剧本作家需要深入每一家企业、工坊、店面之中去了解美食的制作过程和工艺，甚至需要走进田野去探寻原材料的种植、生长、采摘过程，并挖掘美食诞生背后的冷暖人生。这是剧作家跨界寻求灵感的充分体现。

（二）创意商品的社会意识与社会存在的统一性

创意是社会意识的体现，但是由创意所诞生的产品和服务却是一种社会存在。社会意识是社会存在的反映，社会存在决定社会意识，但社会意识也会反作用于社会存在，甚至影响社会存在的形态和内容。例如，一部电影可能是对当下留守儿童生存现状的超现实反映，而电影的播出可能会唤起社会对这一群体的重视，从而影响政府和社会通过公共政策的制定，同时引起社会团体的关怀而解决这一问题。从创意到商品（服务）、再到创意，形成了一个寓居于物质与人文社会的创意循环。

（三）产业组织的集聚性

创意产业的不断发展，形成了集群发展的基本趋势。这种集聚性趋势来源于对降低发展成本、凸显比较竞争优势以及提升资本积累水平的需求。在全世界各地不断出现的创意园区正是产业组织集聚发展的充分体现。按照集群发展的原因分类，可以分为文化式集群和地域式集群。前者注重文化要素的辐射，后者注重消费者、供应链的相互影响。"少量的大企业和大量的小企业"成为创意产业最普遍的组织模式①。

---

① 卢涛：《文化创意产业基础》，武汉大学出版社 2014 年版。

（四）管理模式的扁平化

创意的萌发重在自由灵活的思考。突破传统科层制管理模式成为文创业发展的重要支撑。在文创业企业中，扁平、灵活地管理模式更有利于资源的调动、灵感的萌发、个体比较优势的发挥以及团队合作的实施。在这种灵活、扁平、小型化的组织结构中，管理团队往往就是执行团队，制度也往往是原则性的松散规范，其目的就是为员工提供尽可能宽松的创作环境。有些企业甚至只是几人或数十人组成的工作室。但是这些企业中最为宝贵的财富——创意师所创造的产值不可小觑。

我国文化创意和设计服务业呈现蓬勃发展势头，2015 年实现增加值 4 953 亿元，比 2013 年增加 1 237 亿元，年均增速为 15.4%；所占比重为 18.2%，比 2013 年提高 1.2 个百分点[①]。但不少学者认为，尽管中国的文创业在政府的扶持下有了长足的发展，但是整体的结果却是差强人意或者效果不彰（周光毅，2015；陈汉欣，2008；卫志民，2017）。《"十三五"国家战略性新兴产业发展规划》提出了"以数字技术和先进理念推动文化创意与创新设计等产业加快发展，促进文化科技深度融合、相关产业相互渗透。到 2020 年，形成文化引领、技术先进、链条完整的数字创意产业发展格局，相关行业产值规模达到 8 万亿元"。可见，未来文创业将在我国经济发展和产业升级的过程中扮演越来越重要的角色。

本书所选取的 12 个文创业岗位，无论是动漫创作，还是丝巾的纹样设计，抑或是广告设计，都凸显了"创意"在其中的核心地位。尽管创意产品客观存在且能够被描述，但创意的过程难以被充分言明。所以本书在对文创业者进行数据采集的过程中，侧重挖掘其创意诞生的因素，并结合其生活背景和个人意义建构去理解这些因素的特点，从而总结出相应的知识特征。

第二节　文化创意产业一线从业人员使用的各类知识及其属性

通过对 12 名文创业企业一线从业人员出声思维报告和访谈记录的编码与分析，本书认为文创业一线从业人员使用十类知识：关于创意理论的知识、关于个性化创意的知识、关于软硬件使用的知识、关于操作技能的知识、关于判断决策的知识、关于工作情境的知识、关于相关岗位的基本知识、关于行业的知识、关

---

① 《十八大以来中国文化产业十大数据分析》. (2017 - 08 - 08) ［2018 - 02 - 24］. http：//news. sina. com. cn/c/2017 - 08 - 08/doc-ifyiswpt6107657. shtml.

于职业伦理规范的知识与关于素材库的知识（见图 5 - 1）。以下将从"内涵界定""基本内容"和"基本特点"三个方面对每种知识进行详细阐述。

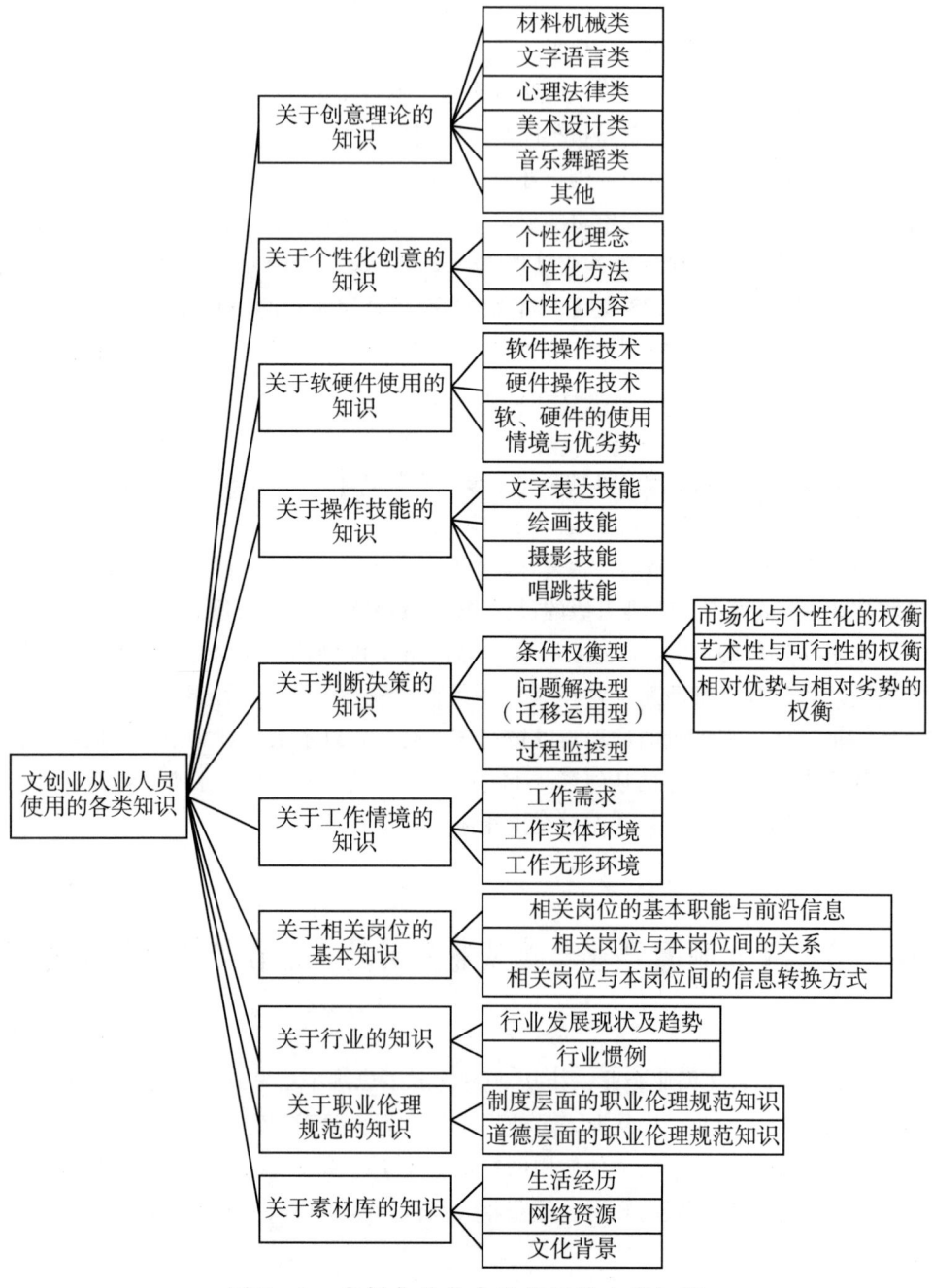

图 5 - 1　文创业从业人员使用的十类知识

一、关于创意理论的知识

（一）内涵界定

创意活动是个性化且具有创造性的，但这并不意味着创意的过程缺乏基本的规范或规律约束。由于创意活动服务的对象是人，创意实现的载体是物，创意生存与发展的环境是人文社会。所以创意活动必须要符合消费对象的基本诉求，符合物质世界的基本特性，符合社会发展的基本趋势。在此基础上，创意工作者以个性化的思维去改良乃至创造事物，以提升人类生活品质。所以一线员工使用"关于创意理论的知识"（以下简称"创意理论知识"）的目的不在于限制创意，而在于为创意提供判断环境、评估可行性和提升工作效率的工具。

与服务业类似的是，创意理论知识体系也凸显了由人构建的主观社会的系统性与多样性。影视编导在纪录片摄制过程中所使用的"故事叙述""素材串联""现场记录""影片剪辑"等理论知识都是基于人类社会长期形成的逻辑习惯、审美观念等，广告设计人员在广告页面设计过程中使用的"广告长度""语言风格""颜色搭配"等理论知识也都是在深入了解人类社会交互和审美规律的基础上总结出来的。所以"创意理论知识"中不仅包括由客观世界构成的物质运动基本规律和原理性知识（如工业设计中的各类材料特性），更包括由主观世界构成的人类社会运动的基本规律与习惯特性。

如前所述，创意产业是典型的"跨界"产业，所以创意活动需要借助"跨界"实现最终产品的输出以及创意思维的迸发。"跨界"必然需要借助其他领域的理论研究成果。例如，影视编导需要借助文学创作领域的知识，工业产品设计需要借助材料学、机械加工等领域的知识、舞蹈创编需要借助文学、民俗学等领域的知识。如果从业人员执掌独立工作室的运营工作，那么他（她）还需要具备管理学知识。所以文创业从业人员的理论知识体系往往较为复杂，从业人员不仅需要拥有行业领域内的核心理论知识，还需要具备其他领域的理论知识，以及一些更为基础的、跨领域的理论知识。

综上所述，创意理论知识是创意工作者用来判断环境、评估可行性和提升工作效率的主客观知识，这些知识具有规律性、稳定性、通用性特征，是可以由文字和语言进行记载、传递、保存与丰富的。

（二）主要内容

1. 心理法律类

心理法律类理论知识是与心理学和法律相关的理论知识。心理学知识在创意行为中广泛运用。创意者需要借助心理学知识分析客户需求、大众审美与消费观念等。例如，在为一款耳机设计网络广告时，设计人员会使用"参数列表"呈现本产品特点及其与同类型产品的比较。因为这种参数可以更好地说明"为什么这个产品能够更清晰地通话"。参数能够为消费者带来一种确定和信任感，从而提升客户对产品的信任度与关注度，扩大产品的卖点。而网络广告中的描述语也不能过多，因为消费者往往在浏览广告时"更会被图片和视频吸引"。过多的文字不仅不会起到宣传的效果，反而会引起消费者的反感。文案需要充分整合消费者的"情感因素"与"参与度"。

在创意活动中，法律知识的主要内容是知识产权知识。创意者在收集素材和引用素材的过程中需要时刻对标知识产权法律法规中的规定，以检查创意行为是否侵犯其他作者的知识产权。例如，在丝巾设计的过程中，设计者不能够直接将网络下载的图片印在丝巾上，因为图片的直接使用会导致知识产权的侵犯。网络资源必须要通过抽象、提取等方式进行改变。此外，著作权对于创意的思想不予保护，只对创意的表达（即创意产品）进行保护。但创意是可以被专利权法保护的。创意工作者需要具备这些法律知识以指导日常工作。

2. 美术设计类

美术设计类知识指的是与平面或空间可视艺术相关的知识，在工艺设计类岗位、影视类岗位、动漫、出版等领域应用广泛。美术设计类知识的价值在于将创意者的构想或计划通过一定的审美观念和表现手法使其视觉化和形象化。设计与美术是同一个领域的不同分支，虽然有着不同的目标，但是却也有着紧密的联系。设计以一定的目标为导向，重在通过设计解决实际问题。但美术作为一种纯精神层面上的创作，注重个人思想的表达和情感的宣泄。设计需要美术的基础，如线条、结构、光影关系等，设计在美术的基础上整合需求，发挥创意，达到把商业和美融合起来，在可控的环境下创造最大价值与目标最优解的目的。

常见的美术设计类知识包括：（1）色彩构成。创意者需要了解色彩体系及其搭配原理。例如，在为电子产品设计平面广告时，有的设计人员会使用类似于仿苹果式的设计：白底，尽量让它显得干净，并让产品的色彩较为丰富，以此突出产品的本身。（2）平面构成。创意者需要掌握如何将点、线、面等视觉元素，在二维平面上进行表达。例如，有的丝巾纹样设计师需要在丝巾的四个角进行元素的合适堆叠和布局，以确保一面丝巾能够表达出四种不同的花式，且丝巾整体纹样布局和谐。（3）立体构成。即如何将材料以立体三维空间的形式进行造型的设计。立体绿化花艺正是立体构成在装饰领域内的应用。（4）人体结构与人物造型。即人体的骨骼肌肉构成，以及人物整体形象的塑造。例如，漫画师会根据形象的性格特点和角色需求，将其骨骼、肌肉、表情、脸型等进行有目的的整合和塑造，以凸显角色特性，推动故事情节发展的目的。除此之外，光影关系、版式布局等也都是重要的美术设计类知识。

3. 音乐舞蹈类

音乐舞蹈类知识主要是与音乐创作与表演、舞蹈创编与表演相关的知识。音乐是人类使用人声和乐器表达现实生活情感的艺术。乐理知识、乐器演奏知识、舞台表演知识等是音乐人需要掌握的基本理论知识。舞蹈是身体以有节奏的动作为主要表现手段的艺术形式。文学、音乐、戏剧、舞台美术等知识是舞者在表演和创编过程中需要使用的理论知识。除此之外，在动漫、影视、音乐娱乐软件开发等创意领域中也会使用到音乐舞蹈类理论知识。

4. 文字语言类

文字语言类知识涉及与文字和语言相关的内容选择、内容编排、形式设计、情感表达。它的价值在于通过文字和语言传达创意人员的思想和情感，或作为影响的补充内容对影响进行说明。文字语言类知识在创意领域使用广泛，如影视编导中的台词设计、叙事逻辑；漫画设计中的台词设计、剧情设计、分页设计；广告设计中的广告语设计、文字造型设计、语言风格；软件设计中的使用说明、操作界面设计等。

5. 材料机械类

材料机械类知识主要用于工业设计、雕塑、环境艺术、装饰设计、服装设计、等依托具体材料实现设计目标的领域。材料学知识为创意人员提供了材料组成、结构、工艺、性质和使用性能之间相互关系的知识，这些知识能够为创意人员将创意思想变为创意产品提供参照。例如，服装设计师在设计服装款式时需要考虑目标服装的基本材质，这些材质信息决定了服装设计理念是否能够实现和如何实现。机械类知识在与机械相关的设计中发挥指导作用。如电梯内饰设计中设计人员需要考虑电梯的基本构造、工作原理以及各部件的功能，电梯内饰必须要考虑上述内容才能实现美观与功能的兼顾。有些材料虽然具有较好的美观性，但是由于与电梯其他结构在材料强度、工作环境等方面的不兼容而不得不放弃。

6. 其他

除了上述五种知识以外，创意理论知识还包括管理学、民俗学、生态学等领域的知识。这些知识与其他知识的功能相同，其目的都是为了协助创意人员围绕一定的目的将创意理念变为现实。需要指出的是，创意理论知识不仅仅指的是在创意领域内的理论知识，任何服务创意产生的、具有理论知识基本特性的知识体系都可以被称为创意理论知识。这些知识虽然有其自身的逻辑体系与分类体系，但是一旦被用于创意过程、围绕创意进行组织时就被赋予了创意的特色，进入了创意理论知识的范畴。

（三）基本特征

文创业产业是服务业的重要组成部分，其理论知识部分具有与服务理论知识相同的特征，如社会建构理论占有重要地位，且创意理论知识是系统性、可传递的陈述性知识。除此之外，创意理论知识还具有以下两个特点：

1. 创意理论知识是个性化创意的起点

创意强调个性化与原创性，创意产生的过程也往往是思绪的"天马行空"和"跨界"的突破传统的组合。但是这并不意味着创意是毫无章法的行为与结果。创意理论知识之所以有其不可替代的价值，原因就在于它能为创意提供入门的"先导"与创作的原料。无论是影视编导还是动漫创作，任何天马行空的人物角色都需要符合基本语言规范、社会交往和观众心理特征的剧本设计。电梯内饰设计、婚礼设计必须要在电梯的物理环境和结构，以及宴席环境与宾客特点中寻求突破点。创意理论知识为创意人员，尤其是新手提供了前人优秀的实践经验。在这些理论知识的基础上，创意人员可以根据客户需求、个人想法等进行再创造。

2. 创意理论知识体系具有层次性

创意因跨界而产生，创意理论知识也因跨界而更为复杂，复杂的创意理论知识体系进而表现出一定的层次性。这种层次是围绕知识横跨的领域及其功能而区分的。心理学、管理学、法律、材料学、文字语言等知识是跨领域的创意知识，这些知识直接或间接与创意相关，不具有显著的领域特性。它们甚至是一些特殊领域知识的原型或依据。例如，设计心理学、审美心理学、工业心理学、舞蹈心理学等都是心理学在不同领域的应用和延伸。金属材料学、生物材料学、纺织材料学等是材料学在不同创意领域的延伸与应用。而音乐舞蹈类知识、美术设计类知识专属于特定的创意领域，服务特定的创意需求。尽管这些知识可能会在其他领域有所涉及，但是它们并不是以主要知识的角色出现的，音乐知识主要出现在音乐表演与创作岗位中，舞蹈知识主要出现在舞蹈表演和创编岗位中。

二、关于软硬件使用的知识

（一）内涵界定

文创业从业人员所使用的"关于软硬件使用的知识"（以下简称"软硬件使用知识"）与服务业和制造业的相同，都是以软硬件操作方法和使用情境为主体内容的知识。软硬件使用知识能够帮助从业人员正确选择和使用与工作任务相关的软件与硬件。在文创业中，常见的软件包括各类绘画软件、设计软件、影音编辑软件、排版软件等，常见的硬件包括各类电子画板、乐器、摄影设备、材料加工设备等。有些软硬件在一定领域内被广泛使用，有的则专属于特定工作领域。

在文创业中，一系列软硬件都可以从原始的手工创作过程中找到原型。例如，早期的纸笔创作和如今的电子画板创作，早期的纸质乐谱和现代打谱软件等。这些软硬件被开发和使用的目的就是为了方便人工创作的过程，提升人工创作的质量。同时这些软硬件的开发和使用也同技术发展与市场需求相衔接，体现了创意发展的时代性、技术发展的先进性与市场需求的革命性。但是现代软硬件的发明并不完全替代其原有较为传统和原始的方法，在一些工作中，传统和原始的方法会保有其特定的支撑创意的功能。

（二）主要内容

1. 软件操作技术

软件操作技术指的是与岗位工作任务相关的软件使用基本方法。例如，如何使用 Photoshop 的滤镜技术，3dmax 的建模技术等。需要指出的是，这里的软件操作技术都是去情境化的技术，是软件具有的基本功能，是从业人员在从事真实工作任务之前需要掌握的技术。表 5－1 显示了部分文创业岗位常用的软件。可以看出，例如，PS 软件在广告设计、内饰设计、纹样设计、动漫创作、影视编导等岗位中被普遍使用，而 Guitar pro 等软件则被特定用于创作领域。所以不同类型的软件根据其功能而拥有不同的普及领域。

表 5－1　　　　　　部分文创业岗位常用的软件

岗位	常用软件
动漫创作	PS、Word、思维导图、Maya、3dmax、AE
平面广告设计	GIF 制作软件、PS、AI、ID、FL、CorelDraw
电梯内饰设计	Solidworks、3dmax、Cartier、Pano2VR、CAD、PS
音乐创作	Cakewalk、FL Studio、Guitar pro、Sibelius
丝巾纹样设计	PS、CorelDraw、AI、Painter、CAD
影视编导	Word、AE、Premiere、3dmax、PS
商业包装设计	TBS Cover Editor、PS、CorelDraw
书籍封面设计	PS、CorelDraw、Illustrator

2. 硬件操作技术

这里的硬件包括工具与设备两大类。工具是依靠手工精细操作的，不包含任何其他的动力来源，例如，服装设计中经常被使用到的皮尺，动漫创作过程中的定位尺和纸笔等。而设备则在结构和功能上更为复杂，且依靠其他动力运行，如动漫创作中的数位板、扫描仪，影视编导中的各类摄像器材和特技台。硬件操作技术指的是这些工具和设备的基本操作技巧，例如，如何使用某品牌照相机的人像摄影模式，如何使用灯光设备为特定场景调试光影。表5－2展示了部分文创业岗位常用的硬件设备。

表 5－2 部分文创业岗位常用的硬件

岗位	常用硬件
动漫创作	数位板、扫描仪、拷贝台、规格板、定位尺
平面广告设计	打印扫描设备、数位板、刻字机
电梯内饰设计	各类测量工具
音乐创作	各类乐器、节拍器、电容麦克风、MIDI 键盘
丝巾纹样设计	各类摄像设备、测量工具、缝纫机
影视编导	各类摄像器材、灯光设备、编辑工作站、特技台

3. 软、硬件的使用情境与优劣势

不同的软硬件有其特定的功能，有些软硬件的功能也可以在不同领域实现，针对同一领域可能会有多种软硬件可供选择。从业人员需要根据工作任务特点、客户需求等使用的情境，结合对应软、硬件的优劣势做出选择。也就是说，从业人员不仅需要掌握软硬件的使用方法，还要掌握这些软硬件的使用范围和特点，根据需求选择或将特定软件进行组合使用，以发挥软硬件辅助工作的最大价值。

（三）基本特征

1. 创意工具的电子化、智能化对软硬件使用知识产生了较大影响

从文本中可以看出，目前很多文创业领域广泛应用各类软件与硬件。很多工作甚至已经无法用传统的工具和方法完成，必须依赖先进的软件和硬件以将创意转化为产品和服务。可见，创意工具已经逐渐呈现出电子化和智能化的发展趋势。从纸笔到电子画板，从纸质五线谱到电子曲谱，从 1982 年的 Auto CAD 第一版到如今的 Auto CAD 2018，工具逐渐走向复杂化、电子化和先进化，新版本不断迭代，功能也越来越丰富。这种电子化、智能化的发展结果带来了对软硬件使用知识的巨大影响。一方面，软硬件使用知识逐渐显性化，各大软硬件厂商通过书籍、视频、操作指南等形式系统化地介绍复杂的软硬件操作方法，从业人员也需要通过不同形式系统学习和掌握软硬件的使用方可胜任工作；另一方面，软硬

件使用知识的数量和版本不断更新，且随着技术发展的不断深入，其难度、形式等也在不断发生变化。

电子化、智能化的发展趋势得益于技术本身和市场需求的不断发展。例如，1982年的AutoCAD出版受益于20世纪60年代交互式图形处理技术的出现和计算机图形学的发展，小型计算机成本的不断下降也为软件的开发和普及提供了重要的支持。而Photoshop的诞生则与电影后期制作领域对数码图像处理技术的新需求不无关系。而正如很多受访者所说的那样，电子化、智能化的创意工具能够为他们的工作带来诸多便利，不仅"提高了工作效率"，也能够在很大程度上"提升设计的质量和用户的体验感"。

2. 软硬件使用知识与创意之间是"支持与促进"的关系

软硬件使用知识是一种执行性知识，它主要扮演着将创意外显化的角色。所以软硬件使用知识是支撑创意过程的内容。但是这并不代表软硬件使用知识能够替代创意。因为创意是个性化的，其产生的过程是内隐的，是发生在大脑中的行为。而软硬件使用知识发挥作用的前提是这些创意已经在大脑中具有了雏形，或创意者试图利用这些知识（即操作工具或设备）去激发创意。软硬件操作设备发挥价值的前提是有"创意"这个原料，或激发创意的企图心，它扮演的是支持的角色。而对创意本身的不断挖掘，激发了人们去提升现有创意工具的欲望，并借助不断发展的科学技术成果而开发新的创意工具。所以人类创意成果的不断涌现可以促进软硬件使用知识的丰富与发展。这一特点也解释了一些研究对象所提到的"以学软件代替创作"的业界不良现象的原因。这为职业院校培养创意人才提供了反思点。

三、关于操作技能的知识

（一）内涵界定

在文创业中，很多岗位同样存在着以肢体和感官为基础的操作性技能知识。这种操作性技能知识的性质与服务业和制造业相似，都是在操作的过程中运用的，并且其价值集中体现在指导操作行为之中，可以被视为身体的"觉知"。有些操作性技能知识是直接以肢体和感官作为工具而使用的，例如，舞蹈家的舞姿，音乐家的嗓音。有些操作性技能知识则是借助相关道具使用的，例如，利用纸笔表现出的绘画技能，利用摄影机或相机所表现出的摄影技能。

与上述两个产业从业人员的操作性技能知识相同，文创业从业人员所具备的操作性技能知识强调从业人员在长期工作中形成的，具有连贯性的动作技能。这种技能是在一定的创意理论知识、软硬件使用知识等知识的指导下形成的，经历了"认知—分解—联系—自动化"四个阶段，具有个性化特征。从业人员所具备的操作性技能知识可以使他们能够在无意识的情形下完成特定动作，且动作的完成度高。有的操作性技能可能带有先天因素，例如，歌唱技能可能会受嗓音、声线等先天条件的影响，即使后天付出较大努力也无法达到一定高度。

（二）主要内容

以下是文创业从业人员具备的几种常见的操作性技能知识：

1. 绘画技能

绘画是操作性很强的艺术，其独特的表现方式、丰富的表现力和创造性充分体现在技能形成的过程中①。漫画师会将设定好的角色、剧情以及对话以绘画的形式呈现在白纸或电子画板上。这个绘画的过程就充分体现了个人的绘画功底。尤其对于设计师而言，当灵感出现的时候，具有绘画功底的人就可以立即通过绘画的形式将创意表达出来。在绘画过程中，一些对线条、构图等方面的要求会逐渐内化成绘画者手中的感觉，通过长期对画笔的驾驭，实现自然的呈现，而不需要去刻意的表达。除了漫画师以外，各个领域的设计师（平面设计、服装设计、婚宴设计、工业设计等）、影视编导，甚至舞蹈等领域从业人员也需要具备一定的绘画技能。

如果广义地理解绘画技能，那么绘画可以延伸至除了纸笔绘画以外的其他表达方式，如雕塑、铸造、瓷器陶器制作等。这其中涉及的塑造技能也可以被理解为一种绘画技能。塑造技能是用肢体将一定材料塑造为特定形状的能力，它的特点是肢体操作与心智技能的协调配合。这其中肢体操作可以被视为一种经过长期联系所获得的操作性技能知识。因为在塑造的过程中，肢体与制作材料间形成的质感、空间感、平滑感等可以有效地帮助创意者判断制作的效果。

2. 摄影技能

摄影技能指的是相关岗位中借助摄影机、照相机等摄录设备所表达的影像捕捉技能。文创类产业中的很多岗位都需要用到摄影技能，例如，一般的设计师都需要用专业相机捕捉周围的事物，为后期的创作积累素材；一些影视编导、摄像师等需要借助摄影技能实现特定的拍摄目的。每个人的拍摄技能都有差异，这种差异体现在整体构图、相关参数的调整、机位的选择等若干因素。导致这种差别产生的原因也有很多，如对若干拍摄场景的积累与深刻认识、对拍摄参数的联动性感知等。

---

① 张光荣：《谈谈绘画技能的教学探索》，载于《职业教育研究》2004年第9期，第102页。

3. 唱跳技能

唱跳技能是舞蹈、歌唱、戏曲、话剧等文创领域涉及的操作性技能知识。歌唱技能涉及气息、发声、咬字、共鸣等内容，尽管这些内容都有相应的理论基础，但每个人的声带等器官的发育存在一定的差异，每个乐种对歌唱技能的要求也各不相同，所以歌唱家必须要通过长期的训练形成专属于自己的乐感，从而应付不同乐种或不同情境下的表演。舞蹈同样如此，舞蹈的舞姿和技巧，需要人体各个部位的肌肉坚强有力，脊柱、髋关节、膝关节、踝关节以及肩关节等有高度的柔韧性与稳定性①。这就需要舞蹈表演者在长期的训练过程中形成身体平衡感、律动感、节奏感与协调感。尤其是与特定舞台相匹配的舞台感。这样，歌唱家、舞蹈家、话剧表演者、戏曲家等在表演的过程中将基于这些自然流露出的唱跳技能，在特定的主题和氛围下形成丰富多彩的表演。

4. 文字表达技能

在文创业中，文字技能常被用于情感表达、信息传递等情境。例如，在动漫或影视行业，文字技能主要指个体通过对文字的驾驭以表达角色情感的能力。尽管在剧本创作过程中有着很多理论的支撑，但是在字里行间中传达感情的技能往往体现了作者对文字、词语、句子的独特理解。

（三）基本特征

1. 操作性技能知识的功能是促进创意的外化

一切画种的技能都是为表现生活和艺术创作中的实际效果和审美价值服务的②。操作性技能知识的价值体现在它的"中介"功能。无论是文字表达技术，还是绘画技术，它们都只是创意人员借以表达创意、灵感、想法的工具。文化创意类产业的核心在"创意"，创意的表达需要操作性技能知识的参与。一个拥有成熟的操作性技能知识的创意者，可以游刃有余、潜移默化地运用文字、绘画或唱跳等技能表达出具有创新意味的灵感。可以说，操作性技能知识是创意实现的基本功。

2. 天赋与后天因素兼具

操作性技能知识可以通过训练的方式获得，但是有的内容可能并不能仅通过训练的方式就可以达到良好的效果。这个不同于制造业与服务业中的操作性技能知识。制造业中的技艺知识，服务业中的操作性技能知识较少地依靠先天条件获得，长时间的训练和感受可以培养和形成大部分操作性技能知识。但是在文创业

---

① 百度知道.（2016 – 06 – 03）［2018 – 02 – 17］. https：//zhidao. baidu. com/question/195265597. html.

② 顾森毅：《绘画技能的学习与心理学的关系》，载于《艺术·生活》2005 年第 2 期，第 77 页。

中，像歌唱、舞蹈等技能就十分依赖先天的基本条件，以及基于先天生理条件所形成的天赋。尽管经过专业的培训，任何人都可以掌握歌唱、舞蹈基本方法，但是天生具备的嗓音、声线、身高、各部位比例等很难通过后天的方式改变。甚至在摄影、绘画中需要的空间感、审美感也与个体的天赋有着紧密的联系。所以，文创业中的操作性技能知识兼具天赋与后天训练的内容。

四、关于工作情境的知识

（一）内涵界定

文创业从业人员的工作情境知识同样涉及工作环境中人、事、物各要素及其相互之间的关系。但是因为文创业从业人员的工作对象与工作过程和制造业与服务业相差较大，所以他们的工作情境知识在内容和影响方式上也有着自己的特点。因为文创业从业人员独立创作的时间较多，创意诞生的过程十分内隐，所以工作环境的选择与陈列等会更为个性化；客户关于某个创意的需求往往较为隐晦，需要创意人员不断地揣摩和实现；创意过程与人的接触不多，且大部分都是与客户和相关岗位工作人员接触，围绕作品的创作和完善与客户的接触次数可能远比服务业和制造业中的接触次数多。在工作情境要素的设置上，企业也会为创意人员提供尽可能多的自由安排的空间。

（二）主要内容

1. 客户需求

客户需求是文创业从业人员工作情境知识的主体。无论是基于某一目标群体进行的创作，还是基于某一特定客户进行的创作，都需要明确企业所面向客户的基本需求。在制造业中，客户需求属于工作无形环境中的要素，这是因为制造业的客户需求较为客观，能够十分准确地体现在图纸、数据之上，无需特殊的转化。此外，一线从业人员距离最终的客户需求较远，所以并没有单独阐述与分析的价值。但是文创业的客户需求往往十分抽象，且转化的过程也较为复杂，了解客户需求往往是所有工作环节中至关重要，甚至是决定工作质量的环节。

这里的客户需求主要分为两类：（1）企业目标客户。有的企业创意产品主要面向的是消费大众，并不做个性化的定制。所以创意人员需要明确企业创意产品面向的客户群体特征。例如，如果漫画的消费群体是 18~25 岁的年轻人，那么就需要分析这一群体的消费特征和审美特点。一位受访的漫画家认为"现在的年轻人很注重颜值。肯定对帅哥和美女感兴趣。基于这些原因，我肯定要把这些角色塑造成帅哥和美女的形象"。（2）企业特定客户。有的企业主要为特定厂商或个人做个性化的产品定制。所以创意人员需要针对这一特定客户做需求的了解和挖掘。当涉及十分具体的客户时，产品的要求将更为细化，创意的细节也将会有更多的限制，所以留给创意者的空间似乎并不比前者多。例如受访的设计师在给客户制订室内设计方案的时候，不像其他设计公司直接给客户一些模板让他们选，而是跟他们聊天，了解他们的生活方式、家庭人口数、收入情况、生活品位等内容，然后根据这些维度获得的信息，整体设计室内的装潢方案。

2. 工作实体环境

工作实体环境指的是创意工作者工作场所的布局、陈列、温度等显性的、可感知的要素。创意的迸发受工作环境中的温度、亮度、陈列、布局等的影响，但工作环境并没有固定和完美的设计，凡是能够有助于从业人员创作的工作环境都可以被应用。一些特殊的创意领域如音乐、舞蹈、雕塑等还必须建立更有领域特色的工作间。除此之外，有些创意工作者自建独立工作室，完全按照自己的想法对工作的实体环境进行布置，这也是文创业在工作情境知识中表现出的一个特点。在具体的工作情境中，每家企业都有着自己的工作实体环境，但大致都遵循所在行业的一些基本配置。例如，受访的几个设计公司在工作环境的布置上都有着几个共同的特征，例如，工作台的开放性（没有或很少有隔断）、工作空间中有很多属于员工 DIY 的区域、部门工作区域之间保持开放性等。

3. 工作无形环境

工作无形环境指的是除了实体层面的环境要素。它主要包括：（1）企业制度，如某漫画公司的《作者签约与管理制度》，某设计公司的《设计薪酬管理制度》。不同公司在员工管理上的制度差异较大，这取决于管理者的管理思想、企业规模以及企业产品的特征。（2）企业愿景。例如，某动漫公司的愿景是"致力于创作精品原创漫画，在将优秀原创漫画推广至国内各漫画杂志平台的同时，也将其推至国外漫画杂志平台，树立国产漫画品牌"。（3）企业组织管理结构。即企业内部上下级管理关系及相应的责权分配体系。（4）人际关系。尽管创意人员的创意过程是较为独立的，但是创意诞生的前后需要与同事和外界人员进行频繁的互动。一方面，创意者需要与特定的客户进行定期沟通，汇报产品和服务进展，并听取客户的意见以修改和完善。另一方面，创意者需要听取同事的建议与想法，并与相关岗位工作人员进行工作交接与配合。这些都需要良好的人际关系以及人际交往知识做支撑。

（三）基本特征

文创业从业人员的工作情境知识也具有潜移默化的形塑作用，且"人"的知识是员工重要的社会资本。但同时其还具备一个独特之处，那就是工作情境知识的公共性与个性化。

与服务业与制造业不同，文创业从业人员的工作情境知识兼具公共性与个性化特征。所谓公共性，指的是工作情境知识是客观存在且公共化的，尽管员工也是工作情境的塑造者，但是员工更多地受到工作情境的单向影响，很少具备改造工作情境的权力与意识。但是在文创业中，从业人员的工作情境知识可以在一定程度上具备个性化特征，即从业人员可以根据自己的偏好形塑自己的工作情境知识。这是由文创业的产业特征、工作过程特性等决定的。不同的创意者有着不同的环境喜好，灵感的迸发也需要不同的心境。为了能够为创意者提供最适宜的创作环境，企业可以在工作情境上做更弹性的处理。例如，某动漫公司可以为优秀的签约漫画家建立专属工作室，提供空间和基本的配置，内部布置也交由作者处理。甚至是身处异地的漫画家也可以为其在当地建立工作室，让他安心创作。

五、关于判断决策的知识

（一）内涵界定

创意产生与外化的过程同样充斥着各种类型的判断决策知识。例如，漫画设计师需要考虑漫画角色的外形、颜色搭配、性格等基本特点；专职摄影师需要考虑如何在特定拍摄情境下选择合适的构图；婚礼设计师需要结合婚礼现场与客户需求灵活设计婚礼现场的置景。判断决策知识可以帮助创意工作者在复杂的工作情境中权衡各类条件的利弊，按照合理的逻辑思考各类问题的解决办法，并调控创作过程中的思维逻辑与思考进程。

（二）主要内容

"条件权衡型"知识指的是协助从业人员从诸多条件中权衡出最佳选择或搭配的知识。创意的过程充满着相似条件、甚至冲突条件间的权衡，这种权衡往往是创意者在综合考虑各种因素下做出的决策，与服务业从业人员所使用的"条件权衡型"知识类似。一般而言，创意工作者需要从以下几个方面做出判断决策，以权衡出最有优势的方案。

（1）宏观层面的条件权衡——市场化与个性化的权衡。

任何一项创意都具有个性化的元素，它是个体智慧、思想与灵感的体现。但是在产业化发展的背景下，市场的力量使得创意不能仅仅考虑个性化的元素，还应考虑市场消费群体的消费特征。这就涉及创意的市场化与个性化间的权衡。例如有设计师表示"书籍封面的设计会考虑这本书的客户定位，一般情况下我们肯定是要融入美学的要素，但是如果这本书的受众是普通大众，那么封面就不应该太过于豪华，因为这样会提高书的印制成本"。这种权衡取决于创意工作者的创作目的、创作个性、市场或业界地位等多种因素。不同等级、不同目的的漫画家、摄影师、设计师等都会基于这些因素而做出不同的权衡决策。

（2）宏观层面的条件权衡——艺术性与可行性的权衡。

有很多有价值、有创意、有艺术感的想法可能会因现实条件的影响而不具有较强的可行性。这时创意工作者就需要在艺术性与可行性间进行平衡，在可行性的条件下调整艺术性成分的占比。例如，受访的一位影视编导在选择纪录片拍摄题材时就经历了两者间的权衡：

（背景：某影视编导需要选择一个题材以制作公司展示宣传样片，该编导从众多题材中甄选出了两个主题：公司所在地杭州的一个社会热点话题"杭州网红烧饼铺"以及社会大众关注度持续火热的"高考"）比如说那个时候我们打算拍一个纪录片，是关于杭州一个人靠卖烧饼买了三套房的故事。她也是一个很有意思的人，但是我们认为她没有代表性。因为它的故事在哪儿？你到底想干嘛？宣传他卖烧饼吗？宣传卖烧饼能赚钱吗？还是勤劳致富？我觉得这一个人是不足以说明这个问题的。而且一旦你想拍一个人的话，你得先去深入了解这个人的生活。就比如说如果哪天我突然拿着一台机器架在你身边，去了解你的生活，你愿意吗？你觉得你在镜头面前的表现和在真实生活中的表现一样吗？当然不一样……所以我当时选择高考题材，一方面是因为这个话题比较热门，也比较有意思。虽然每年高考的时候，毛坦厂中学必上热门、上头条。但是我的想法是：它本身是一个教育题材，只要教育不过时，这个题材就不会过时。只要高考制度每年都吸引眼球，那么毛坦厂中学每年都一定会吸引别人的眼球。

确定了选题以后，我和另外一个人去了毛坦厂好几次。我们一直在想，从哪几个方面去拍。我一开始想抓一个点，就是毛坦厂中学门口有一条算命街。从这个角度入手去讲高考，其实更好玩。而且那个时候我们已经联系上一个算命先生了。但是就像我刚才说的那样，如果你把焦点聚焦在一个算命先生上的话，他会比较拘束。最后他"放了我们鸽子"。因为你跟他不够熟，谁知道你来干嘛？

在这个案例中，影视编导需要在故事的艺术性与拍摄的可行性中进行权衡，有的题材在切入点上具有很强的艺术性，但当事人的不配合则会导致拍摄的失败；有的题材拍摄起来较为简单，但是在艺术性上有所缺失，"人云亦云"（见图 5 - 2）。所以编导需要在这些条件中找到一个各方都能接受的平衡点。

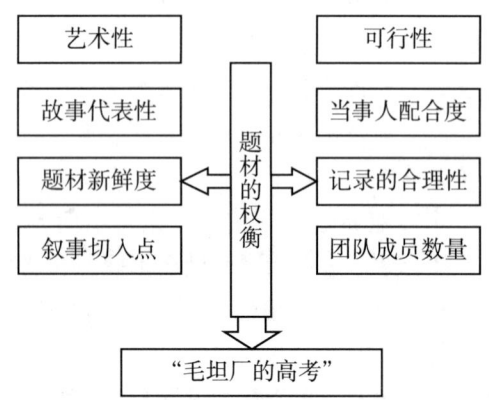

图 5 - 2　影视编导在选材上的权衡

（三）微观层面的条件权衡——相对优势与相对劣势的权衡

在考虑一项具体的设计方案或环节时，创意工作者需要考虑多个解决方案中各自的相对优势与劣势。例如，以下是电梯内饰设计师在考虑电梯内饰材料时权衡各类材料利弊的过程：

比如一开始我想考虑用真皮来包裹侧板。但是由于玻璃是三侧观光。这种轿厢在夏天的时候里面特别干燥。这个会对真皮造成两种影响：一个影响是色泽会变，因为有的地方照不到光而有的地方照得到光。时间一长，立马会变。而且真皮会卷起来。还有一个问题，就是由于它（指真皮）是可以接触到电的，会不会有可能导致火灾？因为弱电可能会产生静电火花。

后来我就考虑到是不是可以使用替代材料？第一个想到的就是微晶石。现在很多装修都用这种材料。微晶石其实就是一种瓷砖，上面贴了一层玻璃，看起来好看一点，因为它可以做到很薄。当然后面又出现了很多问题，也是考虑到重量的问题，因为如果电梯太重，主机拉的速度就会变慢，会严重影响乘客的体验。

当时还有一个方案，就是想把它做成大理石的侧板，因为大理石相对来说比较高端。越高端的东西，他的利润率就越高。大理石方案带来多种影响。首先，大理石比较厚，重量也比较重，这样就会对整个电梯的构造有非常大的影响。比如重量导致电梯失衡了，电梯停下来以后就会有抖动。还有就是你如何保持大理石的平整？不平整的话可能会导致电梯的强度不够。这些表面上来看都非常简单，但实际上非常麻烦，因为电梯是一种特种设备，国家是需要对这种特殊设备进行检查的，他说合格了你这个才能用。而且你这个还要送到检验单位进行验证，你验证过了以后才可以在市场上卖。这个强度够不够，他一算就知道了。

原来还有一种方案是用丝绸。当然丝绸这个方案我一开始就否定了，因为丝绸这个东西放在展厅里面几下一摸就脏了，丝绸也不好去清洗，而且也不可能卸下来。

所以我就把这些方案都否决掉了。我还想过直接把玻璃做磨砂处理。但是后面否决了这个方案，因为主机的功率可能达不到。因为玻璃比侧板更重。后面采用的方案就是镜面不锈钢蚀刻镀玫瑰金。因为你要把它做精致，所有的不锈钢都会有一层镀层。玫瑰金偏黄色，有点像苹果手机原来的土豪金颜色。这个是怎么镀的呢？它是在表面镀上一层钛，因为钛比较稳定，会呈现出各种各样的颜色，镀成黑钛，黄钛，金钛都可以。

可以看出，设计师基于运输、预算、安全、安装、客户品味、适用场合等各种因素，使用条件权衡型知识，从真皮、大理石、微晶石、丝绸和镜面不锈钢蚀刻镀玫瑰金六种材质中权衡出了"镜面不锈钢蚀刻镀玫瑰金"这一材质作为内饰材料（见图5-3）。这个权衡的过程存在于任何一个文创工作者的工作过程中。

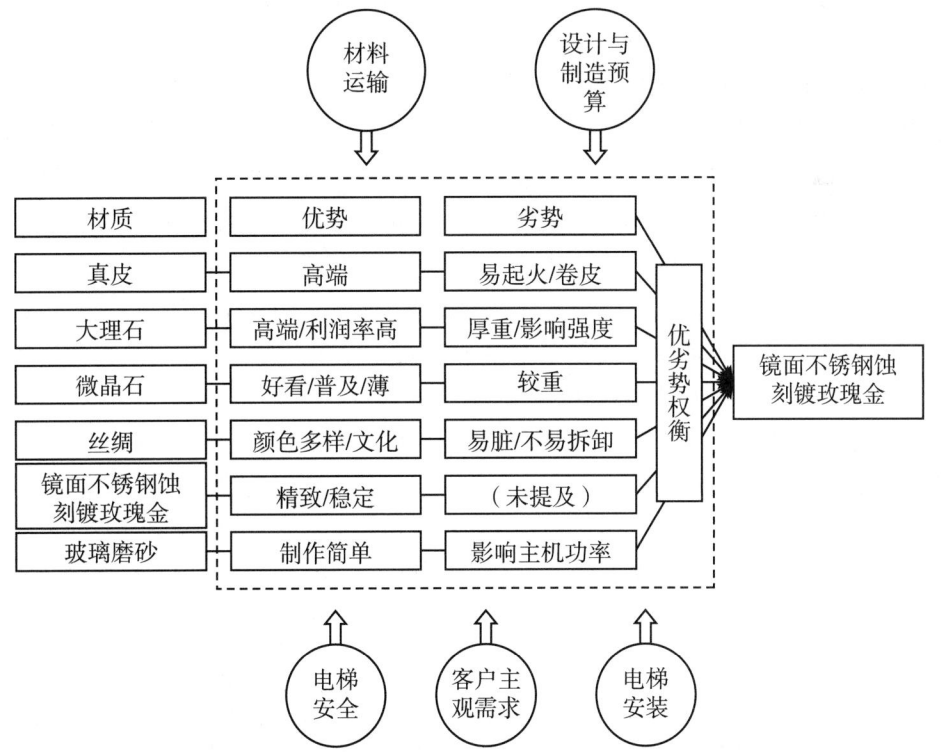

图5-3 电梯内饰材料选择的权衡过程

1. 问题处理型（迁移运用型）

问题处理型知识是帮助文创业从业人员在遇到陌生的问题情境时，思考如何解决问题的知识。有些问题情境较为简单，解决的过程以及问题处理型知识的成分、结构也就较为简单。但是有的问题则较为复杂，需要复杂的产生式系统以提供解决方案。

这里需要重点介绍一种特殊的问题处理型知识——迁移运用知识。之所以需要单独介绍这种知识，是因为这一知识在所调研的对象中使用频率较高。在文创业从业人员的工作过程中，工作人员往往需要借鉴和参考前人已有的创意思路、元素、方法等。这个过程可以被视为使用"迁移运用知识"以解决问题的过程。例如，受访的一位幼教老师想创编一个迎"六一"儿童节的开场舞蹈，这个舞蹈涉及很多小朋友，而且包含多个主题，要求要有层次感，让开场有热闹和震撼的效果。这位老师最终从 2011 年春节联欢晚会的开场舞中找到了灵感，"我之前看过这个开场舞，它把群舞、独舞、歌唱融合在了一起，既能够承载很多小朋友的共同演出，也能够让一些优秀的小朋友有突出表演的机会，还能够有十分丰富的表演形式。但它的主题始终是'过年回家'，始终没有偏离这个主题，而且一个节目分为好几幕，是有层次感的"。展览设计师在设计校史展览馆时，从西塘"中国酒文化博物馆"的设计中找到了灵感，他"充分借鉴了酒文化博物馆中'历史馆＋主题馆＋体验馆'的结构，以及内部弯曲对称的动线设计，这样可以包括更多的内容，以及充分利用有限的空间。毕竟学校可利用的空间比较小，但它是个百年老校，校史内容十分丰富"。一些业内优秀的漫画家所具有的优势往往也是因为其占有的大量的资讯优势。这种资讯优势可以以某种方式迁移到创作过程中，形成具有竞争优势的作品。可以看出，迁移所带来的优势是明显的，它可以为创意者带来新的创意，节省资源，提升效率。这种知识的作用机制就在于将已有成熟的元素、框架、方法、思想等运用到新的想法之中，通过拼接、融合、嫁接等形式形成新的创意。

"迁移运用知识"运用的对象主要是"素材库"知识。创意人员在其个性化的素材库中存储了大量的内容、元素、方法、框架、思路，这些知识将随时可能被用于新的创意过程中。但伴随着迁移知识应用而来的是对"抄袭"的隐忧。究竟是借鉴、迁移，还是抄袭，每一位创意人员的心中都有一个默会的"底线"。也就是说，对于两件可能存在相同元素的作品，不同的人有着不同的鉴定标准，自然也就会得出"是否抄袭"的不同结论。幼儿舞蹈老师在创编幼儿舞蹈时则会考虑"将一套老动作移植到新的歌曲里面，这样就变成另外一套好听好看的舞蹈了"。但是这并不代表不存在抄袭的想法或行为。例如，一位高级丝巾设计师对于他手下的新手设计师就有着十分明确的设计要求，"不能随便花几天就设计出一个东西出来，否则容易抄袭。因为他会不自觉地从网上下载然后复制"。这句话实际上也道出了抄袭的一个侧面标准——全盘复制。总之，虽然迁移运用知识的功能是帮助创意人员利用素材库中存储的内容，但是也正是由于这一功能使潜在的"抄袭"隐忧频现。这种隐忧也就伴随着接下来将提到的职业伦理规范知识的使用。

2. 过程监控型

过程监控型知识是一种元认知知识，它是用来监控、调整与完善文创业从业人员判断决策过程的知识。例如，受访的网页广告设计师在为一款产品寻找卖点时遇到了瓶颈，因为客户提供的产品信息有限，更多的卖点需要靠广告设计师进行提炼和表达。为了解决这一问题，该设计师选择了直接以用户的身份去感知。"广告设计之前（客户）并没有给我提供很多的台词和想法，我一开始觉得很棘手。结果整个做完以后才发现，产品的很多优点都需要在产品做出来以后提炼。因为她在做这个产品的时候，其实并没有想很多。很多这种产品都是在成品出来以后，才想出了很多优点和特点"。从"执着于客户提供的信息"，到"以客户的身份自己去体验和提炼"，反映了设计师在提炼产品优点与设计广告词过程中的思维转变。再例如婚礼典礼设计师在布展的过程中，要"随时根据实地布展的效果调整布展方案。因为有时候酒店提供的空间会临时变动，光源之间有时也会发生冲突，这时候我们要结合客户的需求，对之前的每一个行动和结果进行评估，随时调整方案以便能够最好地匹配典礼现场的硬件配置"。从"平行"到"线性"叙事逻辑的转变，是在对现有素材质量进行评估后进行的调整。即已有的判断与决策无法应对现有的素材，需要重新思考判断决策的方向。

（四）基本特征

文创业从业人员的判断决策知识具有"贯穿工作全过程""个性化风格十分明显""使用与迁移强烈依赖情境元素"等特征。这些特征在制造业和服务业的"判断决策"知识部分已有介绍，在此不做赘述。

六、关于职业伦理规范的知识

（一）内涵界定

"关于职业伦理规范的知识"（以下简称"职业伦理规范知识"）指的是规约文化创意工作者日常工作行为的知识。以广告设计师为例，广告设计师需要遵守

《中华人民共和国版权法》等相关法律的规定，既享受广告版权保护的权力，也需要履行保护他人广告创意版权的义务。此外，他（她）还需要具备与其他岗位人员相互协作的意识，并积极主动地与客户沟通产品特点，全面细致地了解和高质量地满足客户需求。这些制度与非制度层面的规范知识时刻影响着所有文创业工作者的日常工作。从内容上看，这种规范知识同样存在于制度和道德两个层面。

（二）主要内容

1. 制度层面的职业伦理规范知识

制度层面的职业伦理规范知识强调"制度规约"之含义，即规范行为来自外部组织的制度性力量。这一层面的职业伦理规范知识呈现出外显性、公共性，以及不同程度的外部约束性等特征。常见的制度层面的职业伦理规范知识包括：（1）国家机关制度规范。包括国家立法和行政部门制定和颁布的法律、法规、政策。如《中华人民共和国专利法》《中华人民共和国版权法》《中华人民共和国商业秘密法》《中华人民共和国电影产业促进法》，2014 年 3 月国务院发布的《关于推进文化创意和设计服务与相关产业融合发展的若干意见》、2017 年中共中央办公厅与国务院办公厅颁布的《关于实施中华优秀传统文化传承发展工程的意见》、2012 年文化部颁布的《文化部"十二五"时期文化改革发展规划》等。（2）地方机关制度规范。包括地方立法和行政部门制定和颁布的地方法规与制度。如上海市知识产权局在 2008 年开始实行的"创意信封备案登记制度"。（3）行业制度规范。如中国曲艺家协会发布的《中国曲艺工作者行为守则》。需要指出的是，这些制度性的规范知识对日常工作并不起到直接的规范作用，相较而言，道德层面的职业伦理规范知识对工作的细节更有影响。

2. 道德层面的职业伦理规范知识

文创产业从业人员在道德层面的职业伦理规范知识主要包括以下几类：（1）团队合作。从业人员应具有团队合作的意识，并与团队成员保持密切的沟通和协调，以发挥成员各自的优势。例如，影视编导认为"纪录片不是一个人完成的，而是一组人完成的"。在拍摄过程中，"我们有两个人负责拍远景，三个人负责拍特写。拍人物的具体面貌，这个是每个人会有分工，头一天晚上会设计好，第二天上午在固定的位置上负责自己的相关任务。我们其中一个团员，把机器藏起来，混进了学校里面，把每一个班级的学生的面貌都简单拍了一下"。而受访的设计师认为"设计并不像一种职业，而像是一个团体。这个团队里面要有懂不同行业和不同知识的人"。每一次设计"都要进行多次讨论，然后修改到生产出来"。（2）适度借鉴。即杜绝抄袭，并在法律和道德许可的范围内适当借鉴前人成果。"素材库知识"就是适度借鉴的"原料库"。（3）创新。创新是文创产业发展的原动力。每一位创意工作者都应将创新融入到创意诞生的灵魂之中。"个性化创意知识"就是创新的体现。（4）注重客户体验。例如，摄像师在拍摄个人艺术照时会"根据设计的动作拍摄一组照片，然后供客户反复挑选，不满意的可以随时重拍，哪怕过了预定的时间段也尽可能地满足客户的需要"。幼儿舞蹈的编排过程中要注意动作的设计"不能对幼儿造成损害，尤其是一些具有表演张力的动作，要注意保护学生的关节活动"。

（三）基本特征

文创业从业人员的职业伦理规范知识同样扎根于具体的工作之中，以非抽象形式存在，并渗透到工作的每一个细节，体现于每一个行为。而制度层面与道德层面的"失配"则主要体现在"版权保护"之上。即文创业从业人员的职业伦理规范知识体系中，围绕"版权保护"存在"规范"与"失范"间的"模糊地带"。

从创意产生的过程来看，越少的规约能够为创意的诞生提供更为宽松的环境，进而也就能够激发更有价值和创意的作品。所以在文创业中，"规约"的痕迹并不如制造业和服务业那么明显，主要的规约都是集中在版权保护之上。那么这就产生一个问题：深度产业化的文化创意在市场化的洪流中容易模糊"规范"与"失范"的清晰边界。这主要体现在对"创意"保护的界定之上。诸如"漫画圈内不存在抄袭""用别人成熟的框架去套自己的素材"这样的话语说明一部分从业人员认可"一定程度上的模仿或套用不应被视为侵权"的态度。这里的潜台词在于"我们模仿的是创意而非整个产品，模仿/套用的是一部分而非全部"。当然所有的受访者都认为"抄袭"行为不可取且会破坏产业的发展生态，触碰法律底线。实际上，受版权保护的创意与作品的联系与区别在于：作品与创意不同，创意体现在作品之中，创意是作品的内在表达，创意必须被表达或者记录下来形成作品才有可能受到版权的保护[1]。所以这就产生了一个"模糊地带"——模仿或套用的程度及其边界难以被清晰界定。这种模糊地带的存在，一方面说明我国保护文化创意产业的法律体系尚不健全，另一方面也说明围绕"版权保护"所形成的道德规约体系尚不成熟。这与我国文创产业起步晚、底子薄的现状有关。而这一"模糊地带"带来的负面影响是职业伦理规范知识体系内部的失调。当每个人心中都有一把衡量抄袭与否的尺子时，如果制度层面的规约无法跟进，那么可能会产生从业人员大规模认知层面冲突的可能。

---

① 张志伟：《创意的版权保护》，载于《法律科学（西北政法大学学报）》2014年第4期，第110～118页。

七、关于相关岗位的基本知识

（一）内涵界定

尽管文化创意工作具有一定程度的独立性和个体性，但是在文化创意深度产业化的今天，任何一个以创意为主要元素的岗位都需要其他岗位的支持。文创类产业中的相关岗位基本知识，指的是与内容创意岗位相关的岗位中的基本知识。这一知识有若干限定词主要有以下两个方面：（1）这些岗位是与内容创意岗位相关的岗位，它们既可以涉及内容创意，如服务于漫画主笔岗位的漫画画师岗位，也可以不涉及内容创意，如服务于婚礼设计师的摄影，花艺，甜品，司仪，灯光，音响等。它们与内容创意岗位间是支持、实现、完善内容创意等的关系（见图 5-4）。（2）这些知识是蕴藏在相关岗位中的基本知识。与服务业岗位类似，这些基本知识代表了该岗位框架性的、外显性的基础内容。从业人员凭借对这些岗位基本知识（如基本职能、前沿信息等）的了解，寻求创意与这些岗位的对接点，以此获取创意资源、完善创意成果、实现创意产品。例如，电梯内饰设计师会与诸多建材生产厂家中的相关人员对接，以寻求实现创意设计的最合适的板材，书籍设计者会事先与印刷厂的工作人员确认所使用的纸张类型，以及色彩在纸张类型上的印刷效果。

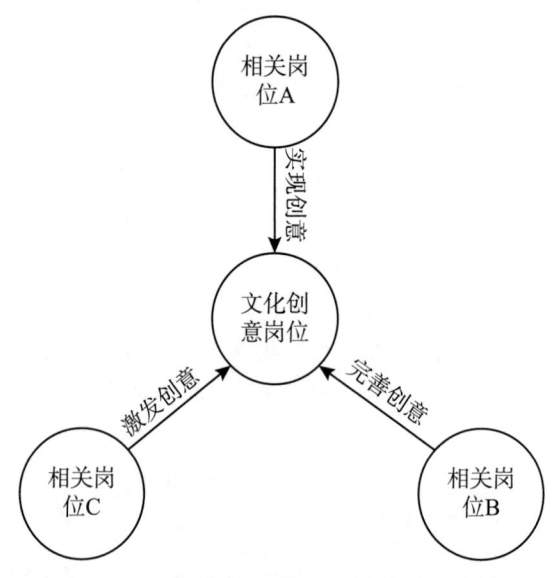

图 5-4 文化创意岗位与相关岗位间的关系

（二）主要内容

1. 相关岗位的基本职能与前沿信息

文创类产业从业人员需要了解相关岗位的基本职能，例如，丝巾纹样设计师需要了解丝巾制造厂商中负责丝巾织造的岗位情况。因为丝巾纹样的设计图样有时无法直接转化为生产图纸，织造岗位的工作人员需要根据颜料特性、丝巾特性、设计细节等，与设计师进行反复的沟通和修改。对织造岗位从业人员工作职能的了解有助于他们提升设计效率，减少织造过程中出现问题的风险。此外，文创类产业从业人员还需要了解相关岗位的前沿信息，对这一前沿信息的了解，有助于激发创意工作者的灵感，实现新技术、新理念与新灵感的对接与融合。

2. 相关岗位与本岗位间的关系

文创业从业人员需要了解本岗位与相关岗位间的合作关系。在文创业诸多岗位中存在着不同岗位间的协作关系。例如，漫画设计师需要与专职画师、策划等岗位合作，将漫画设计思想、角色、剧情等转化为漫画作品以及市场化的产品。影视剧导演需要与编剧、摄像、策划、剧务等不同岗位合作，将创意转化为实实在在的电影或电视剧。这种协作关系一般表现为：（1）平行关系，即本岗位与其他岗位共同服务于一个共同的目标，如画师与编剧、展览策划与布展工人。（2）领导关系，即本岗位领导其他岗位，或本岗位接受其他岗位的领导，以实现某一个目标。如漫画主笔与画师、产品总策划与美术编辑。（3）交集关系。即本岗位与其他岗位不存在隶属关系，也没有共同的目标，但是在目标实现过程中的某些环节存在业务交集。这种关系往往存在于两家企业的两个岗位之中。

3. 相关岗位与本岗位间的信息转换方式

与制造业和服务业从业人员不同，文创业从业人员间交流的"载体"或内容是较为抽象的创意。它不像制造业具有十分明确的产品或制造工艺，也不像服务业具有较为明确的服务目标和清晰的实现过程。文创业从业人员需要就某个模糊的目标进行思考、讨论，而讨论的内容主要是灵感、构思、想法。这些内容在形式上较为抽象，需要在不同岗位间进行转换，以便于工作的顺利开展。例如，室内设计方案设计师"需要将设计图纸上的信息转化为采购部门的采购清单，包括每项材料的型号、数量、大小、运输要求、品质控制要求等信息"。使用何种信息转换方式是从业人员在与相关岗位工作人员交流时需要掌握和使用的知识。

（三）基本特征

1. 知识内容与类型跨度大

与服务业从业人员类似的是，文创业从业人员相关岗位基本知识的内容与类型跨度较大。例如，一位电梯内饰设计师需要与电梯工程师、电梯制造一线工人、电梯销售员等多个岗位的工作人员交流打交道，相关岗位横跨工程、技术、销售等多个领域。创意人员需要明确每个岗位的基本职能，及其与本岗位工作的关系。在与不同岗位工作人员交流时，还需要根据工作需求切换交流模式，选择合适的交流载体与方法。除此之外，由于文创业的创意来源较为广泛，跨界合作能够带来更多意想不到的成果，且现在很多文创业者都选择独立创业，以独立工作室的方式参与市场竞争，表达独立创意思想，所以文创业者会根据工作需求拓展不同领域的岗位人脉，学习不同岗位的基本知识，这就需要进一步丰富其相关岗位基本知识的内容与类型。

2. 知识内容与类型围绕工作需求而不断变动

制造业与服务业从业人员所涉及的相关岗位具有相对稳定性。例如，数控铣工需要了解钳工划出的线所代表的意思，以及编程人员所编写的程序的正误，用户加工任何一个零件，在任何一家企业都会经历几乎相同的加工过程。无论哪家旅行社的导游，都需要与财务、计调、地接导游、票务公司、酒店、客运等岗位工作人员打交道，熟知这些岗位的基本工作知识。但是，文创业从业人员的相关岗位基本知识会随着工作需求的不同而表现出一定的差异。以平面设计师为例，一位平面设计师的设计内容既有可能是一个公司的标志，也有可能是广告。广告中既有可能是户外广告，也有可能是网页广告。尽管它们都用到几乎相同的设计工具、原理，借鉴类似的设计思路与创意，但在相关岗位的接触上，这些任务对从业人员有着不同的要求。当设计一个公司的户外广告时，设计师需要了解印刷领域岗位的相关知识。因为这些知识可以帮助他们明确色彩搭配在实际生产过程中的效果，以及广告幅面大小对制作时间的影响等；当设计一个产品的淘宝网页广告时，设计师需要了解电商宣传岗位的工作内容，因为这可以帮助他们了解广告的用途、使用环境、使用环节、更新需求，进而让广告在实际使用过程中发挥更好的效果。

八、关于行业的知识

（一）内涵界定

"关于行业的知识"（以下简称"行业知识"）是与文化创意产业中各个行业的发展与运作相关的知识。这种知识是以行业为单元组织和呈现的，既可以涉及客观的行业发展现状，也可以涉及较为主观的行业发展趋势判断；既可以涉及显性的行业从业准入需求，也可以涉及隐性的行业从业惯例。对于文创业从业人员而言，行业知识可以帮助他们提高工作效率，提升产品的市场接受度，因为行业知识是全行业从业人员多年形成的从业经验的体现，是行业广泛认可的代表性知识，它以行业为载体，脱离了这个行业的大背景将不具有可行性。

（二）主要内容

1. 行业发展现状及趋势

对行业发展现状与趋势的判断构成了文创业行业知识的一部分。行业发展现状是客观存在的，但不同的人可以对发展现状做出不同的解读。而行业发展趋势则更为多元，不同的人对行业未来的发展方向与重点也会有不同的预判。

2. 行业惯例

文创业的行业惯例同样来自行业从业人员长期形成的习惯性操作或设定。这种操作和设定虽然是不成文的规定，但是由于文创作品，尤其是有影响力的作品一代一代的影响，或者是基于特定时空环境的分析与约定，抑或是基于一定的创意理论知识并有所改良而得到了比较好的效果，使得一些习惯被保留下来，形成一定时期行业内创意人员共同的行动指南。

（三）基本特征

1. 行业知识的内容、形式和载体都处在不断变化的状态中

因为行业本身受众多因素的影响，所以行业知识的内容、形式等也都处于不断变化之中。影响的因素包括市场、技术水平、行业内具有爆发力的作品等。内容上，类似于角色脸型的设定（圆形代表可爱小巧、椭圆形代表理性成熟、方形代表固执、坚强、高大等）的行业知识是可以随着大众审美趋势的改变而变化的。在形式上，类似于"眼睛所看的方向代表前方"的约定性、隐性知识也可以随着行业理论、市场反应等的发展而转变为正式的、官方的、显性知识。载体上，类似于行业发展趋势的一些知识也可以由从业人员的长期从业获得转为由教育途径获得。

2. 文创业行业知识的价值因创意者的个人偏好而有高有低

创意工作者的创意会受到行业知识的影响，且这种影响可以是最基础层面的。但这并不意味着所有的创意工作者一定会遵循行业发展的基本传统或惯例。实际上，研究对象的一些陈述也从侧面揭示了行业知识发挥作用的基本机制。例如"拟人化更可能跟市场也有一定的关系"道出了角色的拟人化与大众对文创产品形象偏好的关系。受访的封面设计师表示"尽管方便携带的书本大小大约为25开的一半大小，14.8×10.5厘米，但是像艺术类读本包含大量高清图片，很难做成25开的一半，因为这样可能会丢失图片的质量。我们会首先考虑内容，

然后再决定大小"。可见，对市场的迎合度、对客户群体和内容的考量等都会影响创意者使用行业知识的意图和程度。因为行业本身是市场导向的，尽管行业知识的广泛运用在某些方面可以促进产品的市场接受度，但突破传统和固有的禁锢，实现个体对艺术的独特理解与追求也不失为开辟新市场的路径。

九、关于素材库的知识

（一）内涵界定

创意的产生并非是一蹴而就的，它是创意者在综合各种信息的基础上形成的。而这些信息中包括这样一类十分重要的内容：创意素材。很多创意者在谈到创意产生过程时都会将创意与其积累的丰富的创意素材相关联，这些素材为他们的创作提供了丰富的灵感，激发了他们创造出基于现实而又超越现实的创意作品。我们将那些来源于自然世界与人文世界中原始和粗糙的，个体建构且不系统的，服务于创意者创意活动的内容称为"关于素材的知识"（以下简称"素材库知识"）。

这里需要阐明素材库知识与创意理论知识的异同。两者都是支撑创意创作的重要"原材料"，但是两者的性质不同：创意理论知识具有规律性、稳定性、通用性特征，它是人类创意行业多年从业经验的体现，是经得起推敲、能够通过显性的方式传播的知识。但是素材库知识是十分个性化的知识，它缺乏系统组织，每个人的脑海中所建立的素材库形态、方式等都各不相同。它不具有规律性、稳定性和通用性，是创意者自发建立的素材体系。素材库知识往往是十分原始和粗糙的自然世界与人文世界的信息，是未经整理、提炼、实践过的原始资源。创意者通过对这些原始资源的"深加工"，提炼、分析或抽象出特定的意涵、特征与元素，从而将其运用到创意作品之中。

素材库知识发挥作用的方式是随机、隐性和积累的。素材库知识并不会时时刻刻都能够为创意者提供合适的素材，激发有价值的创意。素材库内容的匮乏、组织方式的不科学等都可能会导致素材库知识无法发挥价值。但大部分的创意活动都离不开素材库。因为素材库是为创意者提供创作方向与灵感的重要指引，素材库的价值就在于创意的激发，它能够通过对元素的抽象、重新组合、拆分、变形、借鉴等，实现普通元素基础上的再创新。素材库知识发挥作用的过程也十分隐性，例如，创意者在利用生活经历创编剧情、塑造情境时，会不由自主地受到自己内心中所经历和建构的世界观与经验的影响，这种影响难以被捕捉，但在最终的作品中却可以被创作者与消费者所感知。

（二）主要内容

1. 生活经历

创意人员的生活经历是创意素材的重要组成部分。这些生活经历能够为创意人员提供丰富的生活素材，例如，职业经历、个人兴趣、家庭故事、学习经历等。很多经历能够为创意产品提供独一无二的素材来源、凸显出产品重要的个性化设计特征。一位受访的漫画家曾描述过这样两位学徒"一位家住在西北的漫画家，他很少看漫画，或者说看到的漫画都是那种很老旧的漫画。所以他画出来的画面也是非常的老式"，但是"另一位漫画家经常往返于台北和上海这两个城市，而这两个城市都是资讯非常发达的城市。类似这样的情节，她可能会在无数的漫画中看到过。所以它可以顺利的迁移到作品当中"。

而在创作一套幼儿舞蹈时，幼儿的生活经历是十分重要的素材来源。受访的幼教老师认为"跳皮筋、踢键子、过家家等幼儿的生活情景都是舞蹈动作的来源"。"有些舞蹈中的动作在表演过程中可能会使孩子受伤，但是孩子在活动过程中自然表现出的保护性动作（指的是一条腿半跪地，另一条腿伸直所形成的三角支撑）能避免这种情况的发生，这就可以成为舞蹈中一些摔倒动作的来源"。

2. 网络资源

网络资源也是素材库知识的组成部分。这些网络资源以松散的形式存在于创意者的大脑中，以慢慢积累的形式发展和扩充。有的创意人员还会将这些网络资源用特定的方式存放于现实生活之中，如在电脑中建立专门的文件夹进行分类存放，将素材打印出来贴在工作台上等。由于网络的便捷性与资源的丰富性，使得诸多的创意人员更愿意通过网络的方式寻找和建立自己的素材库。网络资源有很多类型，常见的包括各类文字或图片、各类技术、各类主题。

3. 文化背景

文化背景会影响一个人的创意风格和路径。面对同样的纹样素材，汉族人和藏族人可能会有着不同的设计风格；中国设计师与法国设计师在设计思路、材料等方面肯定有着不同的选择。这些都是文化在背后发挥作用的体现。文化背景既有可能成为创意人员创意工作的优势，也有可能会限制创意人员的思维，难以突破固有文化元素的禁锢。例如，在设计丝巾纹样的过程中，中国的设计师会"讲究对称"，因为这些丝巾的主要消费者——中国人比较喜欢对称美。如果脱离创作者本身的文化背景，或者不注重文化在创意过程中的重要作用，是无法创作出符合现实、消费者需求乃至创意者本人满意的作品的。

（三）基本特征

1. 知识的形态较为原始和多元

素材库知识的核心特征体现在"素材"二字。"素材"是实际生活中未经总结提炼的形象，文学、艺术的原始材料。所以素材库知识的内容大多为从生活中获得的原始内容。无论是生活经历，还是网络资源，抑或是文化背景，他们都是以松散非系统的形式存在于创意者的脑海之中。它们会在需要的时候被提取，且提取的方式多元，如抽象、组合、拆分、变形等，通过特殊处理后的这些素材会被体现到最终的创意中。所以在被处理前，这些素材库知识的形态处于原始和粗放的状态。

也正是因为这种原始的形态，造就了素材库知识的多元性。一方面，这种多元性体现在素材的跨领域。创意者在进行创意活动时，往往会同时借助多个领域的素材，而这种跨界素材的获取和加工有利于创意的产生。例如，丝巾纹样的设计会借助植物形状、动物元素、建筑装饰雕刻纹饰、文化元素（如中国结）等多种素材进行综合或变形。另一方面，多元性还体现在素材作为载体的形式上。实物、感受、文字、颜色、排版等均可以作为素材库的知识表现形式。

2. 素材库知识的个性化特点体现在形式、内容、组织方式等方面

每个人都有着不同的素材库知识。这些知识在形式、内容、组织方式、获取方式等方面有着不同的表征。在形式上，有的人偏向于通过在电脑上建立分类文件夹、借助笔记软件建立资源分类库等方式积累素材，有的人则偏好通过记忆的方式在大脑中建立资源库。在内容上，有的人以图片为主，有的人以文字为主，有的人以剧情或镜头为主。在组织方式上，有的人是依靠线性思维整合各类素材，有的人是以大概念为线索进行整理。在获取方式上，有的人主要通过网络搜索的方式获得，有的人通过拍摄方式获得，有的人则通过生活观察和访谈等方式获得。同时在建立过程上还分为主动建立的素材库与被动建立的素材库。内容、形式、组织方式、获取方式等方面的多元性成就了创意人员资源库知识的多元性，这种多元性保障了创意的创新性与更多的可能性。

十、关于个性化创意的知识

（一）内涵界定

拥有同样的原材料，同样的创作环境，同样的创意理论，为什么有的人就可

以产生令人意想不到，且具有审美和市场价值的创意想法和创意产品，而有的人却无法实现对传统的突破？为什么不同的人给出了完全不同的设计方案，但是两种方案都可以同时出彩或同时失败？判断决策知识、职业伦理规范知识似乎为我们提供了解释第一个问题的答案，但是它并不能解释第二个问题，因为创造出完全不同但均出色的两个设计方案的设计者，都应该被认为具有良好的判断决策智慧和职业伦理规范知识，否则他们的作品不会被自己和他人认可。素材库知识虽然能够体现个体之间的差异性，但是素材库只是"原料"，它还需要个体的主动加工。而在这种情况下，已有的知识类别就无法为我们区分创意人员间的一些特点。那么是否还有另外一种知识尚未被挖掘？尚未凸显出创意人员的知识特征呢？

在访谈过程中，"我"这个字被不同领域的创意人员频繁提及。当被问及为什么会产生这样一种想法或创意时，他们给出的答案往往带有强烈的个人色彩，例如，一位漫画创作者呈现出了不同漫画家围绕某作品中"男女之间爱在心里口难开"的故事情节所给出的不同的内心活动设计方案。有的漫画家认为在这个时候应该给主角一种犹豫感，而有的漫画家则强调"直来直去"，强调画面的平铺感。这其中创意者对现象的解读，对素材的组合，对感情的理解，对手段的运用决定了漫画最终的呈现形态与效果。

针对同一个事物给出不同理解和处理方案的现象在创意界屡见不鲜。有学者认为，创意思维是从最初的内觉和意念开始的，经过意象这一中介形态，最后上升到表象和形象。它不在于强调新观点、新思想和新学说的提出，而在于强调包含、寓意、象征着一种思想、文化和价值的新意象和新表象的创立，创立新意象、新表象和新形象是创意思维的本质特征[1]。而要实现这种"新"，就必须要凭借极其个性化和内隐化的"内觉"与"意念"。可以说，表象和形象的价值在于其对已有文化、思想和价值的全新诠释与全新包装。在广告创意中，一个精心设计的广告需要经过"调查、策划、创意、表现、发布和评估"六个步骤（见图 5-5），这些步骤是整合科学与艺术、形象思维与感性思维的过程，且在这个过程中，以创意为原料的"转换"成为广告独具匠心的关键环节。如何实现从科学策划到艺术表现的转换，每个人给出的方案都各不相同。因为每个人的艺术感、审美观、素材库、理解力各不相同。尽管每个优秀的方案都使用了丰富的素材库知识、判断决策知识、创意理论知识，但这些知识如何组合、处理、理解，每个人都有个性化的内在关系模型。可以说，这种个性化的创意过程为上述提到的各类知识提供了作用发挥的空间，以试图实现更多、更好的可能。所以，我们

---

[1]　胡敏中：《论创意思维》，载于《江汉论坛》2008 年第 3 期，第 71~74 页。

将这种依托个体生态、极具个性特征，且服务于各类知识创造性组合和功能发挥的知识称为个性化创意知识。如果用更为通用和平实的词汇去表达个性化创意知识，也许"灵感""冲动""风格"比较适合。

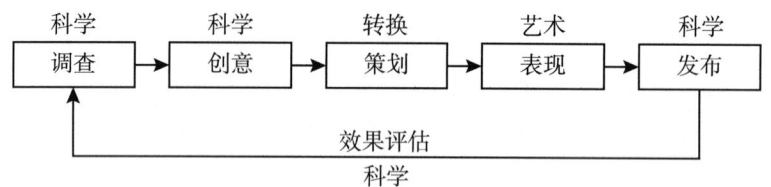

图 5 – 5　广告活动的模式

资料来源：程宇宁：《广告创意的本质特征研究》，载于《广告人》2004 年第 5 期，第 94 ~ 96 页。

（二）主要内容

1. 个性化理念

理念是人们针对某一现象或主题所归纳或总结的思想、观念、概念与法则。它的价值在于为创意者提供知识整合、手段选择、现象理解的基本方向，是创意者价值观的体现。任何一个创意者都具有自己的一套基于特定价值观的理念体系。这个体系将影响创意的风格、价值与思想。例如，一位包装设计师认为"商品包装虽然是平面设计。但大多数的时候也就像写文章一样。因为你要把你自己的感情融入进去，然后还要让别人看到之后会有一种共鸣，心灵的共振"。这样的设计理念将会使他在设计广告时充分考虑与包装面向群体之间的互动，力争要让包装的画面与文字能够引起潜在客户的共鸣。

2. 个性化方法

理念是创意的指针，而方法则是创意实现的路径，个性化方法是独具匠心和个性特点的创意路径。素材挖掘和组合、情感理解与表达、环境解构与重塑的方式有很多种，创意理论知识中包括了大量前人总结的有效的实现路径。但是为了能够凸显创造性和个性化的特征，创意者需要在这些理论的基础上融入个性化的理念与思想，并通过具体的、个性化的想法、方法、思路将其变为现实。

3. 个性化内容

在理念和方法的指导下，创意工作者还会根据创意需要选择相应的创意内容。尽管内容的选择会受到理念和方法的影响，但内容也同样是一个独立运作的系统。内容是创意者试图传达的主题和原料，是已有框架中的填充，更是创意工作的对象和载体。以电梯内饰设计为例，设计师在选择内饰材料时有多种选择，如金属材质、木质材料、玻璃以及石材。在综合评估用户需求、设计理念、工艺方法等因素后选择了玻璃材质。但是玻璃也有很多种类型，如何在最大限度上用玻璃发挥创意效应，凸显产品特色呢？以下展示了设计师在玻璃上发挥个性化内容的过程：

有一次我无意中看到一个厂商在做两个东西，一个是光电玻璃。光电玻璃就是在普通的玻璃上，可以进行彩色的显示。但是看不出来是一个屏幕，它就是透明的。还有一种玻璃是调光玻璃。调光玻璃主要是通过电脑进行调光，它有一层液晶膜。通电之后，它的液晶粒子会排列组合，所以它的透明度就会有所调整。然后我立马就想到了把这样的技术用到我的这款产品当中。这些技术有两个好处。（一是）我可以给它安装一个光电传感器。太阳越强，我的透明度就越低，这样就能起到遮阳的效果，因为它是漫反射。第二个就是隐私。我想让它透明，它就透明，就像窗帘一样；我想看风景，我就把窗帘拉开。我不想看风景，我就把它拉上，因为毕竟它是一个别墅电梯。同时我还有个想法，就是把它做成想要的花纹形状，通电以后可以形成一些我想要的花纹，而且这个图案是可以智能调整的。

技术是固定和成熟的，但是如何将技术的价值发挥到电梯内饰的设计中，就充分考验设计师的设计功底了。传感器的安装、花纹的设计都是设计师在理念、方法、现实条件之上的创新设计，是极其个性化的。这个过程也是"无意"的，默会的。

（三）基本特征

1. 个性化创意知识体现了文创业的核心特点和竞争力

文创业的核心元素——创意是产业发展的核心竞争力。尽管它与制造业和服务业中的创新元素在本质上相似，都是对传统的突破。但在内容、表现形式、产生过程和核心特征上，文创业的创意与其他产业的创新有所不同。制造业与服务业的创新举措往往受客观条件和客户需求的限制，每一次创新都必须按照技术生长的步骤和规律进行。尤其是制造业中创新元素和创新产品的个性化元素较少，客观性元素多。但是在文创业中，个性化创意知识是创意产品思想的主要来源。它的价值就在于不同的人凭借不同的想法、思路、理念、内容给出完全不同的可能性，每一种可能性都体现了个性化的世界观、价值观，散发着个体智慧的光芒与思想的光辉。文创业中的创意有时是完全翻转的、突破传统的，甚至会毫无继承性可言。尽管纵观历史，文创业发展有着大致的路径可循，但是从中观与微观层面观察每一个创意诞生的过程，我们会发现创意的产生、发展与再创新并不能体现出严谨的线性思路。在有些文创领域如雕塑、绘画中，主观性元素成为主导产品和创意的元素，扭曲的线条、错位的搭配看似不符合主流审美，但正是这种主观性的设计体现了创意产品的内在价值与社会价值。总之，个性化创意知识是文创业的创新源，它在其他知识的参与下，彰显了该产业的核心特点与内外价值。

2. 个性化创意知识源于理性的积累、分析与感性的冲动、顿悟

从创意人员的语言表述上看，个性化创意知识的诞生似乎是转瞬即逝的，是创意人员一念之间的行为。但深入分析后可以发现，个性化创意知识并非"空穴来风"，而是创意者丰富的积累、深入的分析以及感性层面的冲动、顿悟的产物。正所谓"巧妇难为无米之炊"，尽管个性化创意知识表现出了强烈的个性化、主观性特征，但是这种个性化并非毫无章法和天马行空，它一定是基于人生经历、知识基础、思维特征等形成的主观体验与客观评估的结果。电梯内饰设计者对内饰花纹的选择、电影编导对看似不和谐的背景音乐的选择，这些决策的背后都清晰地呈现出创意人员的主观思想与理性原因。同时，理性的积累与分析也需要有感性层面的助力，这种助力可能是外界的刺激，也可能是个体的内省，那一瞬间的顿悟激发了理性积累与分析的价值，成就了一个出色的创意。

3. 有些个性化创意知识可以被记载、传达、表述与学习

尽管个性化创意知识具有个性化和默会性特征，但是当个性化创意知识通过不同形式被尽可能地完整表达出来时，它就具备了记载、传达、表述与学习的可能性。创意者可以凭借记忆和分析，尽可能地将有助于个性化创意产生的根源、情境、方法等表述出来，新手可以从中归纳总结出影响个性化创意产生的若干因素，以指导其他从业人员的日常创意行为。例如，电梯内饰设计的案例中，在选择何种玻璃作为内饰装饰材料时，设计者提到了通过逛淘宝、阿里巴巴相关材料制造商的方式以获取材料行业最新的技术转化情况。丝巾纹样设计者在考虑丝巾可能的纹样元素时，会通过摄影采风的形式，到大自然和人文景观中寻找灵感。这种激发"灵光一现"的方法可以被其他类似的设计者学习和使用。

第三节　各类知识的组织方式

以上两节深入分析了文化创意产业一线从业人员使用的各类知识及其属性。这些不同类型的知识在工作任务和目标的指引下有着一定的内在关系。例如，上一节中提到的设计师在比较不同材料的优劣时，就使用了判断决策知识、创意理论知识、个性化创意知识等，每一种知识都有其发挥价值的情景与机制，不同知识之间必须相互配合才能协助从业人员完成一项任务。本节也将首先建立分析框架，并分析不同类型知识的作用特性，在此基础上构建文创业一线从业人员各类知识的组织方式。

一、分析框架的建立

在分析制造业和服务业从业人员各类知识的组织方式时，主要是从各岗位工作人员的工作步骤中抽离出"初始状态—目标状态"的分析框架，并借助此框架搭建分析模型，进而分析不同类型的知识是如何相互作用的。这其中的核心在于借助工作过程的程序性，实现对原来模糊工作过程的清晰分割，以利于后续的分析。但是创意行业是否存在划分工作过程的可能性呢？

一方面，由于问题非结构化和探索的未知性，导致创意产业不同于传统制造业，无法采取清晰、严谨的程序步骤，而更强调创意的全过程探索。另一方面，正因为创意有逻辑，设计可以也必须表现出程序性；创意逻辑是设计程序的内在和动力之源，设计程序是创意命题逻辑的外在和形式手段。在实务中有策略单或任务书等形式，即意图帮助创意人对创意的需要、可能、问题、验证有清晰而准确的认知，促进探索——生成①。所以尽管创意过程十分的内隐，但是基于创意的"逻辑性"，我们可以根据从业人员的描述，大致地描绘出其从创意萌发到产品诞生的全过程及各步骤。这些步骤的组合与顺序也许具有极强的个性化特征，但由于它具有内在的逻辑，且每个步骤的内部环节存在一定的共通性，所以可以被视为一个稳定的分析模型。

基于对电梯内饰设计、网页广告设计、漫画创作、纪录片编导、丝巾纹样设计、包装设计6个岗位从业人员的工作过程的分析（见图5-6~图5-10），我们可以将这些创意过程理解为由"创意需求分析"向"创意需求满足"发展的过程。从业人员首先要根据客户需求、市场发展趋势、自身的兴趣等分析出创作的基本需求、方向或主线。接下来，从业人员要将需求、方向或主线逐步细化为一个个分目标，并思考和制定达到这些分目标的基本方案和路线。在有了初步的执行方案后，从业人员应执行预案，并根据执行过程中不断出现的新情况进行调整。在得到执行的结果后，从业人员将与客户、同事进行反馈和交流，或通过自省的方式对结果进行质量判断、评价，如果仍存在改进之处，则要返回到其他步骤进行检查和完善。

---

① 钱磊：《试论创意的基本命题及其逻辑关系》，武汉理工大学博士学位论文，2009年。

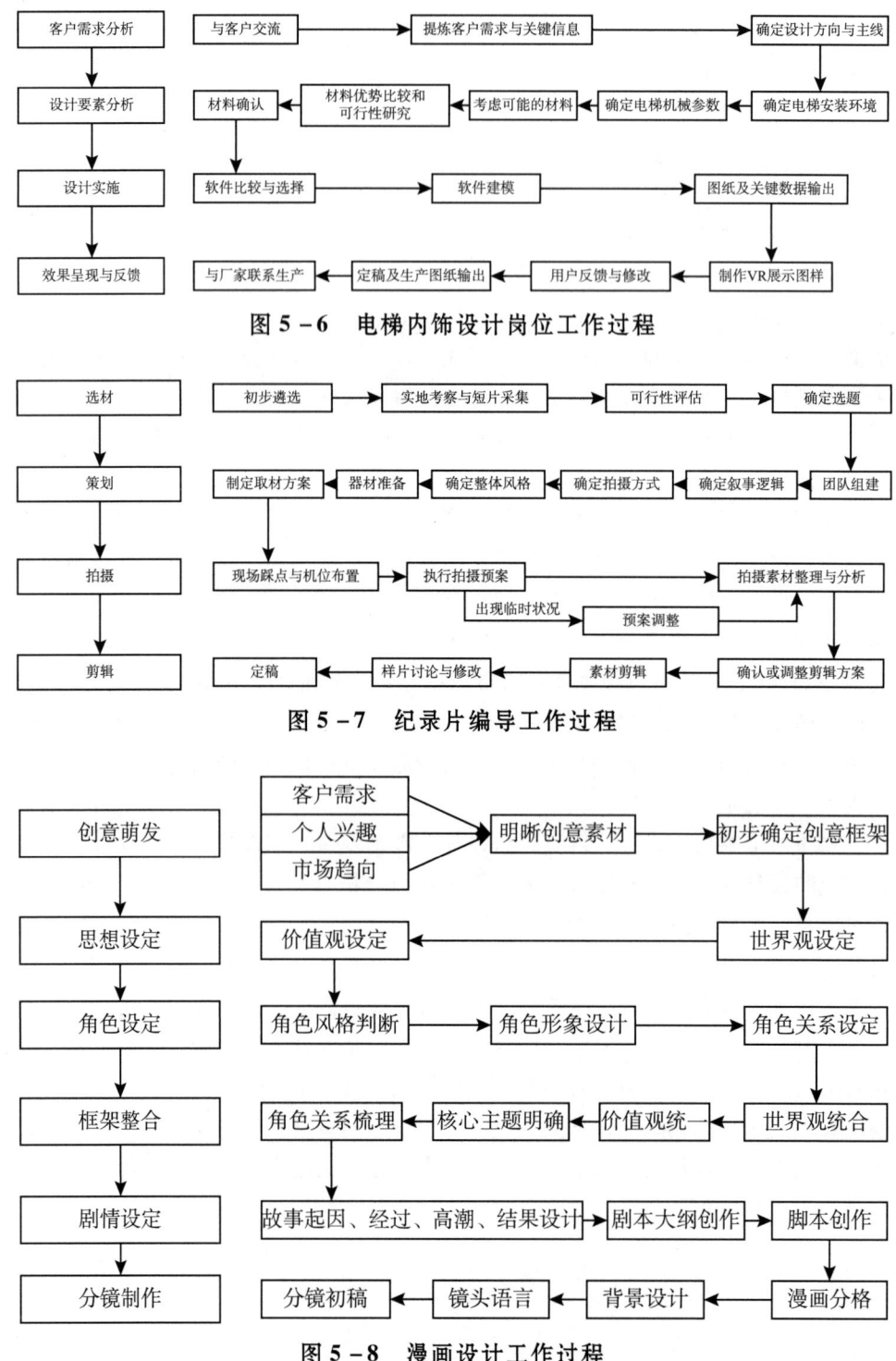

图 5-6　电梯内饰设计岗位工作过程

图 5-7　纪录片编导工作过程

图 5-8　漫画设计工作过程

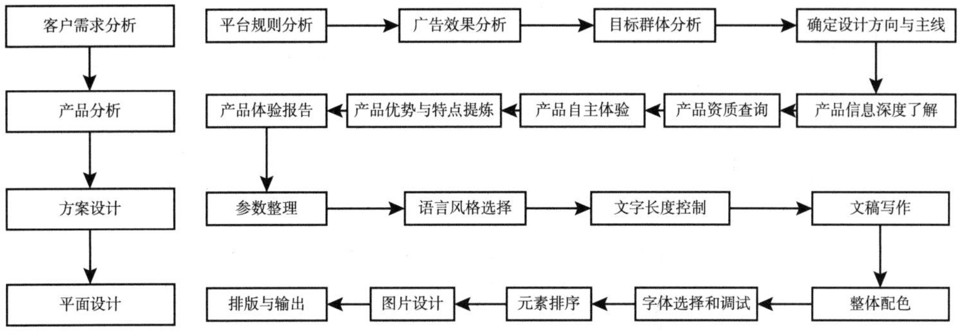

客户需求分析
平台规则分析
广告效果分析
目标群体分析
确定设计方向与主线
产品分析
产品体验报告
产品优势与特点提炼
产品自主体验
产品资质查询
产品信息深度了解
方案设计
参数整理
语言风格选择
文字长度控制
文稿写作
平面设计
排版与输出
图片设计
元素排序
字体选择和调试
整体配色

图 5-9　网页广告设计工作过程

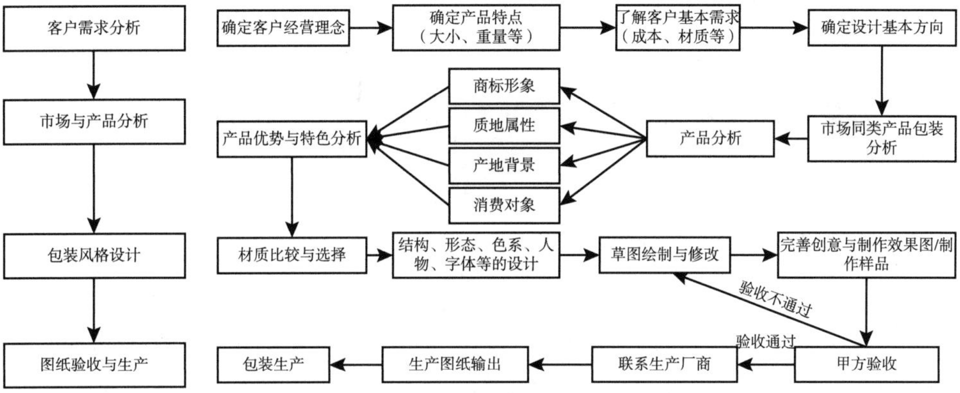

客户需求分析
确定客户经营理念
确定产品特点（大小、重量等）
了解客户基本需求（成本、材质等）
确定设计基本方向
市场与产品分析
商标形象
质地属性
产地背景
消费对象
产品优势与特色分析
产品分析
市场同类产品包装分析
包装风格设计
材质比较与选择
结构、形态、色系、人物、字体等的设计
草图绘制与修改
完善创意与制作效果图/制作样品
验收不通过
验收通过
图纸验收与生产
包装生产
生产图纸输出
联系生产厂商
甲方验收

图 5-10　产品包装设计工作过程

所以整个工作过程是一个由多个“创意需求分析”到“创意需求满足（目标）”的过程嵌套而成的框架（见图 5-11）。在这个框架中，无论是宏观层面，还是微观层面的“‘创意需求分析’——‘创意需求满足（目标）’”的过程，都包括了“创意需求分析”“创意设计”“创意实现”“创意检验”四个环节。这些环节构成了知识组织方式分析的基本模型（见图 5-12）。

创意需求分析
分支需求A
分支需求B
分支需求C
分支需求A-1
分支需求A-2
分支需求A-3
分支目标A-1
分支目标A-2
分支目标A-3
分支目标A
分支目标B
分支目标C
创意需求满足（创意产品）
电梯内饰设计需求
安排设计要素
内饰材质选择
内饰材质确认
确认设计要素
电梯内饰产品

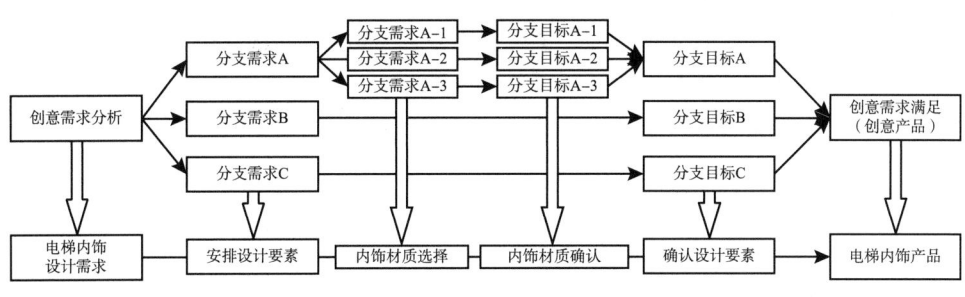

图 5-11　文创业从业人员工作过程解构框架

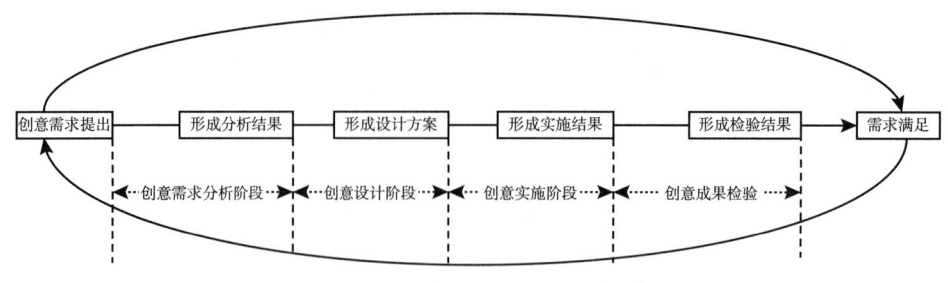

图 5 - 12   文创业从业人员知识组织方式的分析模型

二、文创业从业人员各类知识的作用特性

由于不同类型知识的功能、内容、使用情境各不相同，它们的作用特性也存在一定差异。就功能特点来看，这些知识同样可以被划分为背景性功能知识、中介性功能知识与执行性功能知识三个类型：

（一）背景性功能知识

背景性功能知识的作用是在工作过程中发挥全局性的、潜移默化的影响作用。它渗透到了工作过程的每个环节之中，影响从业人员的工作行为与思想，以及其他类型知识的功能发挥。它包括：（1）工作情境知识。从业人员在特定的工作情境（如特定的企业、人际关系环境、客户需求等）下工作，客户需求、工作场所的布局、陈列、温度、企业制度、企业组织管理人际关系等都无时不刻地影响从业人员的决策、工作状态等。这种影响是潜移默化的。（2）职业伦理规范知识。从业人员的工作过程将会受到其职业伦理规范知识的影响，这种影响体现在其工作态度、工作细节、工作品质等方面。每一个判断决策，每一次操作行为都体现了从业人员的非智力因素。（3）个性化创意知识。个性化创意知识是文创业从业人员工作价值的集中体现。它受到理论知识、素材库知识等的影响，同时还能够反作用于这些知识，最终构成个性化创意的核心竞争力。文创业从业人员需要依靠其不同类型的个性化创意知识激发创意行为，产生创意构思，将创意显性化为产品，并判断创意目标是否具有"个性化"特征，体现个体价值。

（二）中介性功能知识

中介性功能知识的作用是在全局性功能知识的协助下，在部分环节中发挥特定功能以推动各个环节主要任务的完成。"中介性"是这一类型知识的主要特点。它主要为任务的完成提供支撑素材。通过这些知识，从业人员将逐渐明晰问题，找到突破口。它包括：（1）创意理论知识。创意理论知识将凭借其稳定、科学、系统性的内容体系，协助从业人员从根源处判断问题的本质，思考问题解决的策略。（2）行业知识。行业知识将为从业人员提供来自行业内的从业信息，使得工作行为和结果能够符合行业惯习，融入行业已有体系，并在行业内提升产品或创意的竞争力。（3）素材库知识。素材库知识将为从业人员提供不同类型的素材，这些素材通过判断决策知识、个性化创意知识等发挥价值，成为新创意产生的重要基石。（4）相关岗位基本知识。相关岗位基本知识的作用是协助从业人员利用周围丰富的资源，提升岗位间协同合作的效率。从业人员将通过相关岗位基本知识与外界建立业务关系，明确自身在产业链中的价值。

（三）执行性功能知识

执行性功能知识用于指导从业人员利用中介性知识完成判断、决策和执行。它的核心特征是"执行"，是从业人员的心智技能与操作技能的体现。它包括：（1）判断决策知识。无论是分析创意需求，还是构思创意，抑或是实现创意与判断创意成果，它们都需要从业人员权衡各种条件，解决各类问题，并时刻调控判断决策的过程。判断决策的元素是推动问题解决和创意实现的关键要素。（2）软硬件使用知识。软硬件使用知识允许从业人员将一切构思成果通过软硬件的方式外显出可被感受和传播的成果。（3）操作性技能知识。操作性技能知识与软硬件使用知识的功能相同，但是由于操作性技能知识主要存在于人的身体部位之中，以人与工具间的直接互动为基础，所以它更能够体现"人"的要素。

三、文创业从业人员各类知识的组织方式

结合上述分析，我们可以大致描绘出文创业从业人员各类知识的组织方式（见图 5 - 13）。在这个模型中，不同阶段有着不同知识的组合，所有知识都扮演着各自的角色，发挥着独特的功能。

（1）创意需求分析阶段，创意理论知识、行业知识、个性化创意知识与判断决策知识共同发挥作用。创意理论知识的作用在于为解构和分析客户需求提供基本方向与框架；行业知识的作用在于了解行业发展的趋势，为提升工作效率、超越行业现有水平提供信息协助；个性化创意知识将为从业人员遴选可能的创意素材，激发多种创意路径。这些知识将通过判断决策知识形成分析结果。（2）创意设计阶段，创意理论知识将为从业人员打下具体创意设计的基石，确保创意细节符合科学认知与社会经验；个性化创意知识将为打造个性化的创意细节，形成创意的比较优势提供核心动力；行业知识将指导创意人员使用行业已有的成果，确

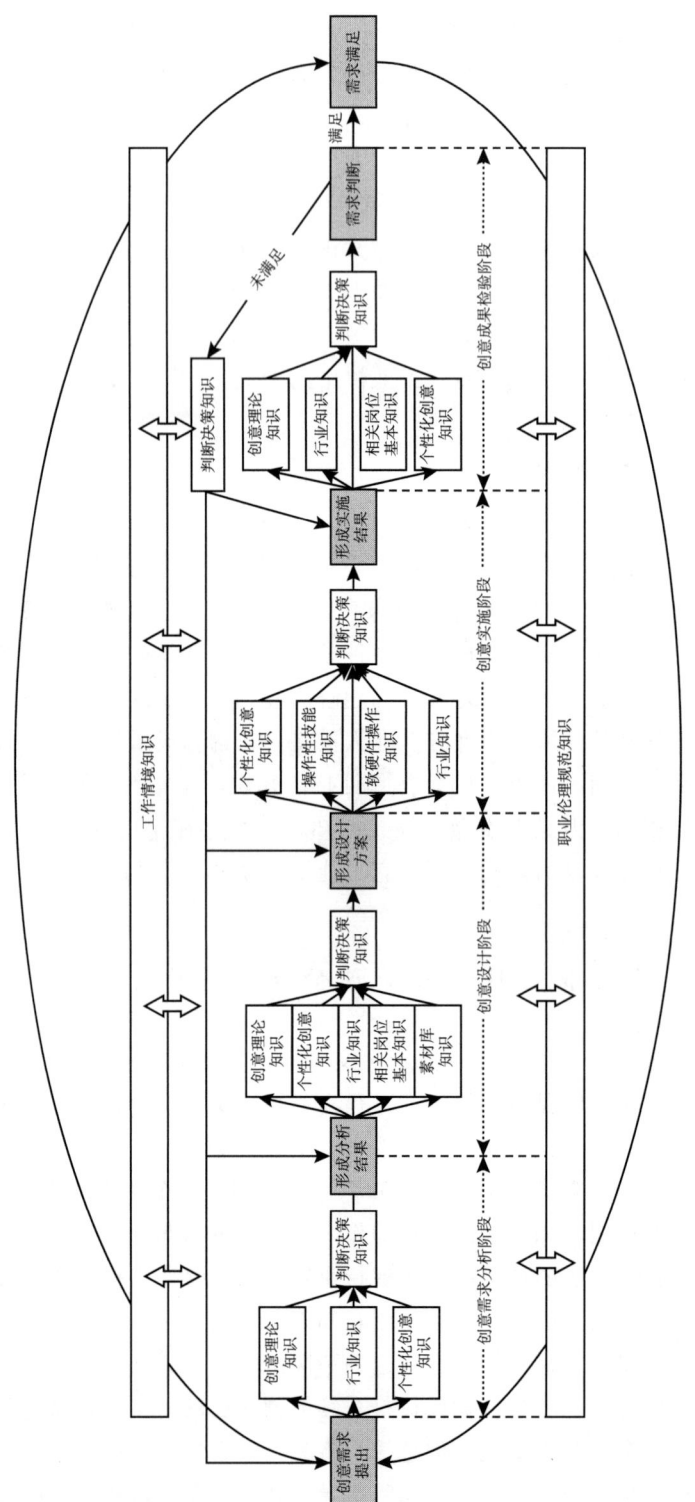

图5-13 文创业从业人员各类知识的组织方式

保创意细节与行业惯习间产生互动；相关岗位基本知识将帮助从业人员利用相关岗位已有资源，协调上游岗位的需求，对接下游岗位的工作。素材库知识将为创意的实现提供源源不断的灵感；这些知识将通过判断决策知识进行反复不断的权衡、判断，最终形成设计方案。（3）创意实施阶段，个性化创意知识将引导从业人员实施个性化的创作，在执行过程中贯彻个体对创意的独到理解；操作性技能知识与软硬件使用知识将帮助从业人员实现创意的外显化；行业知识，尤其是行业惯例将影响创作实施的细节；这些创作的具体实施行动将融合多次的判断与决策知识，形成实施结果。（4）创意成果检验阶段，创意理论知识将帮助从业人员检视创意阶段性成果是否科学合理；行业知识将协助检视创意成果是否符合行业基本发展趋势；个性化创意知识将协助检视成果是否具有独创性；相关岗位基本知识将协助从业人员与相关部门对接，检视成果可能的市场受欢迎程度、整体质量等。这些检视的行为和结果都将通过判断决策知识形成检验结论，即究竟是否满足创意需求，如果满足则视为完成阶段性或最终目标，如果没有，则需要借助判断决策知识返回至前面几个阶段检验可能存在的问题。工作情境知识可能会影响到从业人员的分析方向与风格，职业伦理规范知识将影响从业人员的分析态度、工作效率等。

以漫画创作为例：在创意需求分析阶段，漫画设计师一直期待将自己儿时印象深刻的故事——美国"双子星计划"失败——以漫画的形式表现出来，让更多的人关注宇航探索（个性化创意知识）。设计师根据历史事实，从主要设定，核心主题，角色设定和角色关系（创意理论知识）四个方面改编了部分剧情（个性化创意知识、判断决策知识），并按照行业内"拟人化"的流行做法，计划对航天器进行拟人化处理（行业知识、判断决策知识）。在创意设计阶段，设计师开始对世界观、价值观、角色（创意理论知识）等的细节进行具体设计，例如男主角应设计成时尚精干的角色，衣服配色应以蓝白色为主，因为他来自美国（个性化创意知识）。男主角的衣服上应镶嵌一些铆钉，因为这可以代表航天器的元素（素材库知识）。女主角应拥有一头长发，因为行业内的惯例认为长发有助于产生画面的动态效应（行业知识、判断决策知识）。剧本应按照基本规范撰写，因为要与画师协调后期的分镜绘制工作（相关岗位基本知识）。在创意实施阶段，设计师使用 Word 和思维导图软件撰写分镜头脚本，并用电子画板画出简约式的分镜头（软硬件使用知识、操作性技能知识）。脚本的撰写一定程度上融入了作者语言风格（个性化创意知识）。在创意成果检验阶段，设计师需要与市场部门、编辑部门等进行沟通（相关岗位基本知识），从漫画主题、人物、剧情等的创新性（个性化创意知识）、与行业发展趋势的契合度（行业知识）等角度判断漫画的市场推广可行性（判断决策知识）。在整个工作过程中，设计师始终受到公司漫画主笔工作室的管理制度的影响（工作情境知识），坚持团队合作和满足目标群体消费需求的基本宗旨（职业伦理规范知识）。

需要指出的是，以上列出的每个环节出现的知识因岗位不同而存在一定的差异，例如，上述漫画设计的案例中，创意实施阶段并未使用到行业知识；在网页广告设计这一岗位中，设计师更愿意使用 AI 而非 PS 进行排版处理，因为 AI 将允许广告幅面的无限扩大而不影响画质，这在行业中也形成了一种惯例。

第六章

产业从业人员各类知识的形成机制

从人力资源需求侧的角度，我们已经分析出了三大产业从业人员使用的各类知识及其组织方式。但是如果要用这一需求侧视角下的结果去审视现代学徒制作为人才培养模式的合理性，还需要深入研究这些知识的形成机制。所谓知识的形成机制，指的是各产业从业人员使用的各类知识是如何形成的。如果要培养具备这一知识特征的从业人员，我们应该怎么做。所以知识形成机制的研究，是由产业领域转向教育领域的研究，是人才培养模式的基础性研究（见图 6-1）。本章将在前三章研究成果的基础上，借助教育学、心理学、社会学、管理学等学科已有的研究成果，深入分析各产业从业人员使用的各类知识的形成机制，为后续分析现代学徒制在人才培养上的价值奠定基础。

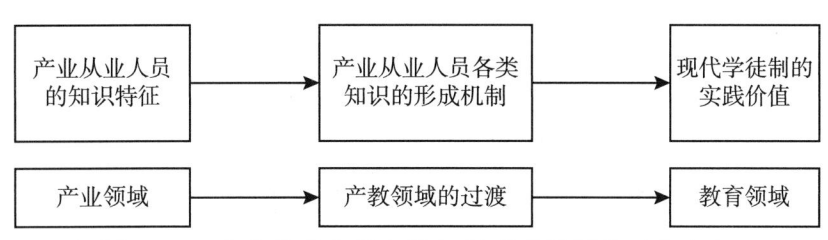

图 6-1　产业从业人员各类知识形成机制的研究意义

第一节　三大产业从业人员知识特征的比较

从研究结果中可以看出，三大产业从业人员的知识特征在内容及组织方式上存在诸多异同之处。这些异同既彰显了产业从业者在工作层面共有的属性，也体现了不同产业从业人员工作任务与工作过程的特点。对三大产业从业人员知识特征进行比较，有利于从更高层面把握产业从业人员各类知识及其组织方式的特点，为后续探索各类知识的形成机制提供参照。表6-1综合展示了三大产业从业人员各类知识及其组织方式（即第三章、第四章、第五章的研究结果），比较的过程将充分依据这些研究结果进行。

表6-1　　　　三大产业从业人员各类知识及其组织方式汇总表

项目	制造业	服务业	文创业
按照功能特点分类与比较			
背景性功能知识	生产情境知识	工作情境知识	工作情境知识
	职业伦理规范知识	职业伦理规范知识	职业伦理规范知识
	—	—	个性化创意知识
中介性功能知识	技术原理知识	服务理论知识	创意理论知识
	相关岗位基本知识	相关岗位基本知识	相关岗位基本知识
	工艺技术知识	行业知识	行业知识
	—	区域性服务知识	素材库知识
执行性功能知识	判断决策知识	判断决策知识	判断决策知识
	软硬件使用知识	软硬件与工单使用知识	软硬件使用知识
	技艺知识	操作性技能知识	操作性技能知识
按照相似工作环节统计与比较			
分析/识别阶段	工作情境知识、职业伦理规范知识、判断决策知识		
		服务理论知识	创意理论知识
		行业知识	行业知识
		区域性服务知识	个性化创意知识
设计阶段	工作情境知识、职业伦理规范知识、判断决策知识		
		服务理论知识	创意理论知识
		行业知识	相关岗位基本知识
		相关岗位基本知识	素材库知识
		区域性服务知识	个性化创意知识
		—	行业知识
实施阶段	工作情境知识、职业伦理规范知识、判断决策知识		
	软硬件使用知识	软硬件使用知识	软硬件使用知识

续表

项目	制造业	服务业	文创业
实施阶段	技艺知识	操作性技能知识	操作性技能知识
	工艺技术知识	相关岗位基本知识	行业知识
	—	行业知识	个性化创意知识
核实与决策阶段	工作情境知识、职业伦理规范知识、判断决策知识		
	工艺技术知识	服务理论知识	相关岗位基本知识
	判断决策知识	行业知识	创意理论知识
	相关岗位基本知识	相关岗位基本知识	行业知识
	—	区域性服务知识	个性化创意知识

一、三大产业从业人员知识特征的相同之处

(一) 各产业均拥有部分性质与功能相似的知识类型

从知识的类型来看，三大产业从业人员均具有一些性质与功能相似的知识类型分为以下几个方面：（1）以具身认知为基础的技能、技艺性知识。无论是制造业从业人员的技艺知识，还是服务业与文创业从业人员的操作性技能知识，它们都是动作技能，具有情境性、个体性、默会性的特点。（2）以权衡、判断和决策为目的的判断决策知识。（3）以科学、稳定经验体系为内容的理论知识。（4）以岗位关系、岗位工作任务等为主要内容的相关岗位基本知识。（5）以"人""事""物"为主要内容的工作情境知识。（6）包含制度层面和道德层面两类内容的职业伦理规范知识。（7）软硬件使用知识。这些知识的性质与功能相同或相似，这也使得它们在工作过程中所扮演的角色、作用的方式等基本相同。例如，工作情境知识在三大产业从业人员的工作过程中都起到了潜移默化的形塑作用，它会影响从业人员的工作决策、工作进度等。

(二) 所有知识都存在并运用于具体的工作情境之中

所有的知识都并不以抽象的形式存在于工作过程中。相反，从业人员将其运用于十分具体的工作情境，将各种知识与现有的工作任务、工作环境结合起来，形成一个个具有情境性、目的性的状态。所以单纯地学习营养学知识和练习刀工并不一定能够胜任五星级酒店的烹饪工作。厨师需要将营养学知识、熟练的刀工与酒店具体的菜品类别、后厨设备、经营理念等相结合，才能形成胜任岗位的、

卓越的职业能力。

（三） 知识间围绕具体的工作任务和目标加以组织与发挥作用

从业人员决定何时用何种类型的知识，主要取决于他（她）当前所需要完成的工作任务。例如，在需求分析阶段，为了能够更好地明晰客户或自身的需求，从业人员可能需要借助相关的理论知识去剖析这一需求完成的可行性，借助行业知识判断实现这一目标可能的方向和着力点，使用工艺技术知识、区域性服务知识、个性化创意知识等中介性知识来确认客户需求的细节。所以不同类型的问题可能会产生对不同类型知识的调用，具体的工作任务是这些知识凝聚起来并发挥功能的"附着物"，知识的价值也主要体现在完成不同难度和复杂度的工作任务之上。

二、三大产业从业人员知识特征的不同之处

（一） 各产业均存在独有的知识类型

由于不同产业的工作过程、工作设备、管理模式、市场环境等存在较大差别，所以这些产业从业人员的知识特征在内容上存在差异，集中体现在每个产业都拥有其独有的知识类型分为以下几个方面：（1）制造业独有的"工艺技术知识"。工艺技术知识是理论构想到生产制造的承接环节，实现了从理论到实践的跨越，是制造业生产对象、工作过程所独有的知识类型。（2）服务业独有的"工单使用知识"与"区域性服务知识"。各类工单是无形服务"外显化"的中介，对区域性服务知识的要求来源于服务业消费群体的特征。所以这两类知识对于服务业而言具有特殊功能和意义。（3）服务业与文创业独有的"行业知识"。相较于制造业从业人员而言，服务业与文创业一线从业人员更容易受全行业发展的直接影响。这些以行业为单位构成的认识更能够直接、快速地反映到服务业一线从业人员的工作当中。（4）文创业独有的"个性化创意知识"与"素材库知识"。这两类知识是以创意为核心生产要素的文创业所依赖的知识类型。

（二） 部分知识类型的内容与特点有所差异

尽管有些知识在各个产业从业人员中均有存在，但在这些知识的内容和特点上存在差异。以判断决策知识为例：制造业与文创业从业人员所使用的判断决策知识包括条件权衡型、问题处理型、过程监控型三个类型。但服务业从业人员所

使用的判断决策知识包括条件权衡型、问题处理型、情境判断型以及过程监控型四个类型。文创业从业人员所使用的"条件权衡型"知识主要包括"市场化与个性化的权衡""艺术性与可行性的权衡""相对优势与相对劣势的权衡"三大内容，在"问题处理型"知识中还以"迁移运用型"知识为重。这种差异也存在于其他知识类型中，影响这些知识在具体工作任务中的内在关系。所以当我们在谈到所谓的"核心素养""关键能力"等概念时，必须要将这一能力与具体的工作情境、工作任务、教育背景等结合起来看，单纯地将"关键能力"迁移到不同的岗位之中是不合适的。

（三）在相似的工作环节中有着不同类型知识的参与

由于具体工作任务、工作载体、工作对象等的区别，即使是在相似的工作环节中，不同产业的从业人员也使用着不同类型知识。例如，在需求设计阶段，制造业从业人员使用技术原理知识、相关岗位知识与工艺技术知识；服务业从业人员使用服务理论知识、行业知识、相关岗位基本知识和区域性服务知识；文创业从业人员使用创意理论知识、相关岗位基本知识、素材库知识、个性化创意知识与行业知识。而且这些知识在完成任务中的次序、所占比重等也因人、因任务而异。

第二节　不同类型知识的形成机制

根据上文对三大产业从业人员知识特征的比较研究结果得出，本节按照知识的性质与特点，将三大产业从业人员使用的各类型知识划分为十二个类型：以各行业理论知识为主体的"服务、创意理论知识和技术原理知识""软硬件操作与工单知识"、以操作技能为主体的"操作技能知识/技艺知识""工作情境知识""判断决策知识""职业伦理规范知识""相关岗位基本知识""行业知识""素材库知识""个性化创意知识""工艺技术知识""区域性服务知识"。以下将对这十二种类型知识的形成机制进行分析。

一、服务/创意理论知识和技术原理知识的形成：从 know（了解）到 know＋

"在投入实际工作之前，他们也有机会接受一些一般性的教育过程，也就是说，已经准备好了一个框架，可以把他们迅速观察到的东西储存进去，而且它能够利用自己在空闲时间得到的各种各样的技能，逐渐把自己充实成一个全面而健康的人"。①

这是勒庞在《乌合之众》中描述应试教育对群体运动影响的一段文字。勒庞希望通过这段文字，反证应试教育中脱离实践的理论学习的弊端。而勒庞在这段文字中所表达出的观点，也反映了理论知识对于职业发展乃至人的成长的重要作用。在他看来，通过教育过程所习得的知识可以为实践经验的积累提供一个"框架"。而这种理论知识也同样广泛存在于现代岗位从业人员的工作过程之中。

根据前三章编码与分析的结果，"技术原理知识"，指的是制造业从业人员在工作过程中使用到的科学、技术事实及由科学、技术事实推导、概括、提炼出来的基本概念、命题、原理、公式、符号等。它包括技术符号、技术概念、理化性质、内部机理以及运算知识。"服务理论知识"指的是公认的、稳定的、由科学或经验证明的知识，包括法律知识、心理学知识以及其他岗位核心服务理论知识。"创意理论知识"是创意工作者用来判断环境、评估可行性和提升工作效率的主客观知识，这些知识具有规律性、稳定性、通用性特征，是可以由文字和语言进行记载、传递、保存与丰富的。它包括心理法律类、美术设计类、音乐舞蹈类、文字语言类、材料机械类以及其他类型的理论知识。

可以看出，尽管这三种知识的名称有所差别，但它们在特性、内容及功能上有着相同和相似的地方。在特性上，如果从陈述性和程序性的角度来看，它们属于陈述性知识（Declarative Knowledge）。陈述性知识是知道"是什么"的知识。这类知识在使用时会有意识地提取线索，能直接被陈述，以命题和命题网络表征。其最为重要的特征是静态性②，即它在一定时间内的性质与内容是稳定的，能够被借鉴和参考。例如，服务业从业人员所使用的法律知识、心理学知识。如果从理论性知识与实践性知识的角度来看，它们属于理论性知识。理论性知识可以被看作是概括性强、抽象度高、已经被概念化、被编码的知识体系③。例如，制造业从业人员所使用的理化知识。

在内容上，它们均包括事实性知识与概念性知识。事实性知识是学习者在掌握某一学科或解决问题时必须要知道的基本要素，主要包括术语知识、具体细节和要素的知识。例如，制造业从业人员所使用的各种技术符号。概念性知识指的

---

① 古斯塔夫·勒庞著、戴光年译：《乌合之众》，新世界出版社 2010 年版，第 185 页。

② 齐红霞：《论陈述性知识与教学——兼谈教师知识观的更新》，载于《教育探索》2003 年第 3 期，第 68～70 页。

③ 江淑玲、李梦瑶：《理论性知识向实践性知识的转化——实习教师专业能力发展的一个重要视角》，载于《教育学术月刊》2016 年第 6 期。

是一个整体结构中基本要素之间的关系，表明某一学科领域的知识是如何组织、内在联系以及体现出系统一致方式的。它包括类别与分类知识、原理与概括知识、理论、模式与结构的知识①。例如，制造业从业人员使用的化学反应原理、设计师使用的投影原理等。我们常用"理论知识"一词概括这类知识。这些知识也是学校作为正式教育机构所发挥作用的主要载体。

那么从业人员应如何学习和具备这种知识呢？布鲁纳的"知识结构"、奥苏贝尔的"有意义的接受学习"、加涅的"言语信息"以及史蒂文森的"knowl-edge-with"为我们解决这个问题提供了多元理论视角。

（一）布鲁纳的"知识结构"

布鲁纳认为，学习的实质是一个人把同类事物联系起来，并把它们组织成赋予它们意义的结构。学习或教学的终极目的就是要使学生能够在某种程度上获得一套概括了的基本思想或原理。这些基本思想或原理构成了一种最佳的知识结构。这种知识结构由学科知识中的基本概念、基本思想或原理组成。而它的形式则是由人通过自己的编码系统构成②。所以教师就应该教会学生采用一定的编码知识以获取知识结构。学习基本思想或原理就是构建知识结构的最有效方式。按照布鲁纳的观点，各个行业从业人员的"理论知识"应该通过学习各个职业背后的概括化的专业知识体系来获得。

（二）奥苏贝尔的"有意义的接受学习"

奥苏贝尔则认为学科知识的内容反映到学习者的脑中就是"认知结构"。它是由有组织的、稳定的概念组成。这些概念按照抽象化、概括化程度构成了一个"金字塔"结构，越往下概念的概括化程度就越低。新知识的学习应基于已有的知识结构。而学生的知识学习主要是通过对语言文字所表述的概念、原理和事实信息的意义理解来获得知识的。知识学习的真正目的在于理解语言文字或符号所代表的知识的实质性内容。这些实质性内容包括具体的事实、概念和原理③。依据这一分析，奥苏贝尔将学习从两个维度进行了划分，第一个维度是"意义学习"与"机械学习"。意义学习指的是语言和文字或符号所表述的新知识能够与学习者的认知结构中已有的知识建立一种实质的和非人为的关系。相反，建立逐

---

① 盛群力、褚献华：《布卢姆认知目标分类修订的二维框架》，载于《课程·教材·教法》2004 年第 9 期，第 90~96 页。

② 张奇：《学习理论》，湖北教育出版社 1999 年版，第 164~165 页。

③ 张奇：《学习理论》，湖北教育出版社 1999 年版，第 189 页。

字逐句的非意义联系就是机械学习。第二个维度是"接受学习"与"发现学习"。这是知识获得形式上的区别。尽管形式上的区别并不能说明学习的意义程度，但是奥苏贝尔更加强调"接受的意义学习"，课堂教学应该以"有意义的接受学习"为主要形式。有意义的学习包括三个类型：代表性学习、概念学习和命题学习。根据奥苏贝尔的观点，这些理论知识是各个职业专业性的核心与实质。若要实现有意义学习，这些理论知识应与学生已有的知识结构之间建立实质的非人为的联系。例如，销售人员在学习销售心理学方面的知识时，不应该将背诵心理学知识视为学习目标，而应该让心理学知识与已有的客户和销售间的经历与认知联系起来，体会心理学知识在销售过程中的应用场景与价值。基于提升课堂教学效率的需求，学生通过"接受学习"的方式学习这些知识，例如，直接吸收教材的内容，以教师教授为主导。这里，奥苏贝尔为"讲授法"做了积极的辩护，他认为接受学习的心理基础是比发现学习更高级的认知水平，这种学习是自觉的，是通过语言并且脱离具体的对象和情境进行的活动①。

（三）加涅的"言语信息"

加涅继承了奥苏贝尔关于认知结构的相关理论，他认为学习首先获得的是关于事物的各种信息，即有关知识。这些知识在头脑中是有组织的，这种组织便于以后对这些知识的恢复和寻找。加涅的"五大学习结果"中的"言语信息"可被视为理论知识。其学习的内部条件是已有的有组织的知识和编码策略；外部条件是提供有意义的情境、增加线索的区别性，以及重复训练。学生掌握言语信息的行为表现是能回答"是什么"的问题②。理论知识的学习应该是要帮助学习者在大脑中建构起关于某一领域知识的结构，这一结构的价值在于帮助从业人员在工作过程中能够顺利地读取和使用这些知识。

（四）史蒂文森的"knowledge-with"

约翰·史蒂文森（John Stevenson）使用普通知识（General Knowledge）一词阐释了这种知识的特点及习得。史蒂文森认为，目前的认知理论中普通知识一般被视为高度抽象的、陈述性的概念命题，是一种更高层次的概念（如物质守恒定律）。不同抽象水平的概念之间存在着广泛的联系。这样，学习者应该学习和开发更多的抽象概念以适用于各种细节，开发更为基本的问题解决路径以解决各式

---

① 丛立新：《讲授法的合理与合法》，载于《教育研究》2008 年第 7 期，第 64~72 页。
② 吴红耘：《修订的布卢姆目标分类与加涅和安德森学习结果分类的比较》，载于《心理科学》2009 年第 4 期，第 994~996 页。

各样的问题。也有学者将这种过程称为"远端迁移"（far transfer）①。但问题在于这种知识也许可以由这种方式使用（实际上这种迁移的难度很大），但它并不是由这种方式获得。相反，学习者更多的是在有意义的环境中获得知识，例如这个环境包括明确的目的和功能。

史蒂文森并不认为我们无法，或没有必要获得高层次的概念。他指出了高层次概念获得的两条途径：一是通过多元经历获得概念，例如，探索多元经历的相似性和差异性，以及出现这些异同的原因，探讨为什么不同的程序适合不同种情况；二是直接传递（direct transmission），例如，我们会被直接告知有效沟通的基本原则。但是即使我们获得了这些高度抽象的概念与程序，它们的迁移过程也十分复杂和艰难。理论知识，或任何从实践或现象中抽象出来的命题，与具体的实践之间的确存在一定的距离。但是这种距离并不决定理论知识一定会是一种"普遍知识"。它更多地局限于一种现象的单一方面②。史蒂文森和其他学者关于工作场所的相关研究显示，一些国家制定的"共同能力""核心能力"只能为课程开发提供有效的标签，它们并不是工作知识，即它们与实际工作相差很远③。所以史蒂文森认为，我们学习理论知识的过程并不是学习一大堆抽象概念的过程，而应该在有意义的环境中理解概念的意义。这些概念的内涵和价值应该从有意义的经验中抽象出来，进而形成属于自己的"理论知识"。这种"有意义的抽象"与奥苏贝尔"有意义的学习"有着异曲同工之妙。"有意义的抽象"强调的并非是概念本身，而是概念与具体的、局部的、特殊情境或事物之间的联系（connection）④。当这种联系被深刻理解之后，我们才能说"现象可以藉由这一理论去理解"。但是当我们不能理解这一联系时，理论对于我们而言也可以被理解，但是是脱离现象的理解。同样，现象也可以被理解，但却是脱离理论的理解。理论与实践之间并未被架起一座沟通的桥梁。因为学习者可以针对同一现象有着不同的内部心理表征，而且他们会选择最符合他们目的的表征方式⑤。

总而言之，史蒂文森认为，我们不应将理论知识视为直接应用的材料，不应

---

① Royer J. M. Theories of the Transfer of Learning [J]. *Educational Psychologist*, 1979 (14): 53–69.

② J. Stevenson. The Implications of Learning Theory for the Idea of General Knowledge [J]. *Journal of Vocational Education and Training*, 2003 (2): 241–256.

③ Stevenson J. Concepts of Workplace Knowledge [J]. *International Journal of Educational Research*, 2002, 37 (1): 1–15.

④ Stevenson J. The Implications of Learning Theory for the Idea of General Knowledge [J]. *Journal of Vocational Education and Training*, 2003 (2): 241–256.

⑤ Nunes T. Systems of Signs and Conceptual Change [M]//W. Schnotz, S. Vosniadou & M. Carrereto (Eds). New Perspectives on Conceptual Change. Amsterdam: Pergamon, 1999.

将其视为一种"普遍性的知识",而是要将其视为受情境影响的、在情境中迁移和应用的知识,是一种与情境相连的知识(knowledge-with)。学习理论知识的过程也不是一个简单的记忆过程,而是要将理论与现象结合起来,在"联系"中理解理论的价值。学习理论知识的目标就是要让理论与现象间的框架更具体、更实用,并在这个框架中建立广泛的联系。

综上所述,存在于各个产业从业人员脑中的"理论知识",是建构概念体系与知识结构的起点和关键。它既包括理论知识,也包括理论知识的适用情境判断,依靠其抽象、概括的内容及其在整个知识体系中的"统帅"地位,指导从业人员对工作的认识与实践。学校教育的方式对于提升理论知识学习的效率而言具有重要意义。因为这种学习方式是基于更高级的认知水平,这种学习是自觉的,是通过语言并且脱离具体的对象和情境进行的活动,并非是学生被动接受的过程,其中充满了丰富且高级的认知过程。在课堂环境中,理论的关键命题和逻辑结构可以清晰地阐述和掌握。更重要的是,学生有足够的连续时间投入到职业知识的理论要素中,使之能够系统地学习和评估,而不是零碎地进行评估①。但是,单纯的概念记忆,或脱离实践的理论学习是孤立的、没有意义的。因为理论知识的价值在于与现象、实践间的"联系"。这种联系彰显了理论的意义、角色与价值。在与经验、现象的联系中学习理论,能够让学习者的认知结构内容更丰富、作用更有效。

二、软硬件与工单使用知识的形成:操作性与认知性的共变

"现在,我们对工具和拐杖的附带觉知可以被视为把它们变成我们自己身体的一部分的行为了。事实上,我们运用锤子和盲人使用拐杖的方式都表明,在这两个例子中,我们都把我们与被我们视为处于自己之外的物体相接触的点向外延伸。当我们依赖于一件工具或拐杖时,它们都不被当作外部物体来处理。我们可以测试工具的有效性或检查拐杖的适用度……但这一工具和拐杖绝不可能存在于这些操作的场域之中。它们必然存在于这一场域的我们这一边,成了我们自己即操作人的一部分。我们在存在上寄居于它们之中并给它们以认可。"②

这是波兰尼在其著作《个人知识》中对工具的独到理解。无论是软件,硬

---

① Clarke, L. & Winch, C. Apprenticeship and Applied Theoretical Knowledge [J]. *Educational Philosophy and Theory*, 2004(5): 509-522.

② 波兰尼:《个人知识:迈向后批判哲学》,贵州人民出版社2000年版,第88~89页。

件，还是工单，其本质都是人类发明出来用以改造自然的工具。而且这种工具成为人类寄居的对象，成为人类基本功能的延伸。可见，工具的学习和利用并非简单的基于人体部位的训练，而是具有认知与技能两个层面的过程。马克思把生产工具看成"人类意志驾驭自然的器官……，是人类的手创造出来的人类头脑的器官；是物化的知识力量"。① 生产工具是社会生产力构成中的重要组成部分，是人类利用与改造自然界、进行能量交换的必要手段。生产工具属于人，是人的能力的一部分。人类对自然界的利用和改造，能越过自身肉体的限制条件，就是因为人类具有利用和改造自身以外的物质环境能力。无论是简单的锤子、还是稍微复杂的量具，抑或是更为复杂的电钻、手动机床乃至数控机床，它们都是人类发明出来以解决实际问题的工具。所以软硬件操作与工单知识的形成，本质上是学习如何使用工具的过程。

有两个关于"工具"的广义定义：一种观点认为，工具是"一种手持的人工制品，它可以作为用户基本功能的扩展，被用来执行任务"②。这种定义与波兰尼以及佳丽斯（Drillis，1963）对"工具"的认识类似，都是将工具视为"手等部位的功能的扩展，其价值在于改变环境的某些方面"。所以塞缪尔·巴特勒（Samuel Butler，1912）认为单独的锤子并不能被视为工具。只有当锤子在使用过程中发挥其作为工具的价值时，才能被视为工具。工具的本质并不在工具的物质本身，而是在于工具之外的"使用过程"之中③。那么一个物体要成为工具，至少要经过两个步骤：首先人们要发现该物体作为工具的特性；其次这种特性要被人类加以利用以改造自然，对世界施加影响。另一种观点认为工具是"对人类而言的任何形式的支持。这种支持是我们能够扩展所拥有的有限的手工与认知技能"④。这种观点认为工具内在地包含着我们对这个世界的理解。它代表着一个给定问题的"标准化"解决方案，以及如何影响世界以实现这个解决方案的知识。所以工具并不仅仅是物质层面的工具，它同时代表着陈述性知识与程序性知识，这些知识内在地蕴含着我们应如何与这个世界互动。普勒斯顿给出了一个具体的例子："勺子的形状内在地包含着我们对液体物理特性的理解。所以，当这种知识被人类认识且发挥作用时，勺子就是个体和世界之间相互作用的最佳中介。⑤"这种对工具的认识的观点为我们探索工具的学习提供了一个非常重要的线索，即工具的学习不仅仅是工具物质层面的操作训练的过程，更是对工具的功

---

① 中共中央马克思恩格斯列宁斯大林著作编译局译：《马克思恩格斯全集（第46卷下）》，人民出版社1980年版，第219页。

②④ Baber C. Cognitive Aspects of Tool Use [J]. *Applied Economics*，2006（37）：3 – 15.

③ Butler S.，On tools [M]//Keynes G.，Hill B.（Eds.），Samuel Butler's Notebooks [M]. Jonathan Cape，London，1912.

⑤ Preston B. Cognition and tool use [J]. *Mind Language*，1998（13）：513 – 547.

能特性认知的过程。也正如克里斯多夫所一直坚持的那样，"工具的使用是身体行动与认知层面共同作用的结果"。

如果工具的使用是身体行动与认知层面共同作用的结果，作为一线从业人员应该如何培养工具使用的能力，学习软硬件与工单使用的知识呢？在探讨这个问题之前，这里需要明确"软硬件与工单使用知识"与"操作技能知识"中"以工具为中介的操作"的区别。"软硬件与工单使用知识"指的是软硬件与工单的基本使用知识，重心是"工具"，其目的是"使用"；而"以工具为中介的操作"指的是通过工具实现个性化的操作模式，重心是"操作"，其目的是"精进"。在工具使用知识的形成上，图式理论、"特定任务装置"理论与"功能可见性"理论为我们提供了不同视角的解读。

（一）图式理论

图式是人脑中已有的知识经验的网络[①]。所以，当一个反应与图式中已有的反应相似时，则更容易被激活。这种反应不是对已有图式的全盘复制，也不是创造出一个全新的反应，而是基于人们脑中已经积累的知识所产生的反应，是个体根据之前的反应和期望的积累而产生的特定行动模式的倾向。诺曼和沙莉丝（Norman and Shallice，1980）在巴特利特提出图式理论的50年后提出了解释人类日常行为表现的全新模型——SAS（Supervisory Attentional System），也就是注意监督系统[②]。这一系统将当前情境与已有的一组行动模式联系起来。当某个模式被激活时，相应的响应也就被选中，并直接影响这个人的行为表现。如果这个"情境—模式—响应"的关系得到反复的练习，那么情境与模式间的耦合度便得到提升，行为也将自动化。有经验的司机在驾驶手动挡汽车时切换档位的一连串动作会比新手司机更为流畅，实际上正是 SAS 发挥作用的例证。当动作序列变得更为流畅时，司机可以更多地将注意力集中在路况上，而不需要关注档位切换的过程。尚克（Schank，1982）根据图式理论提出了 Memory Organisation Packets（MOPs）理论，也称为"记忆组织包"理论。MOPs 被定义成"场景"，是一个由情境特征所激活的网络中的知识区域[③]。总而言之，图式代表着以知识为主体的事物。如果这种知识被认为存在于一个层次网络之中，那么图式就可以被视为这个网络中相关节点的特定集合的激活器。如果从巴特利特的角度去理解图式，

---

① Bartlett, F. C. *Remembering: A Study in Experimental and Social Psychology* [M]. Cambridge University Press, Cambridge, 1932.

② Norman, D. A. & Shallice, T. *Attention to Action: Willed and Automatic Control of Behavior* (CHIP Report 99) [M]. University of California, San Diego, CA. 1980.

③ Schank, R. C. *Dynamic Memory* [M]. Cambridge University Press, Cambridge, 1982.

那么图式就是情境特征与脑中已有模式间的匹配，这种匹配由记忆加以推动和组织。如果从 SAS 理论的视角理解图式，那么个体在选择行为表现时，就需要通过激活大脑中特定的模式加以实现。

图式理论的核心是"联结"和"激活"。那么对于"工具使用知识"的学习而言，图式理论的价值在于：（1）人类持有一种将物体外观与特定目标联系起来的模式。例如，在学习如何使用锤子以后，遇到与锤子类似外观的工具，就会产生类似的使用预期，并帮助从业人员探索新工具的使用方式，节省学习成本。（2）人类持有将某工具的功能与先前类似工具的经验联系起来的模式。例如，学习了某种机床的操作，那么在学习操作另一种机床时，至少可以了解该机床的基本功能和配置，实现部分迁移。（3）人类持有的图式会受到我们的文化，以及工具所处环境的影响。在美国与中国用餐时使用刀叉与筷子都是"同等的自然"，一旦留学到另一国，就需要修改已有的就餐工具的图式，甚至开发新的图式。

（二）"特定任务装置"与"功能可见性"理论

俄罗斯生理学家伯恩斯坦（Bernstein，1967）提出，人们通过发展协调结构（coordinative structures）来适应重复的活动[1]。协调结构是一种高度谐调的肌肉触发和肢体运动的序列，它允许一组动作无缝地执行。这种行为（或程序）被练习的次数越多，行为（或程序）就越显得轻松和熟练。这并不意味着行为之间是被强制性地连接在一起。熟练表现的一个重要特点是"能够修改常规以考虑需求的变化"。也就是说，这个过程并不需要图式的帮助，它的特点在于"权变"，是一种"特定任务装置"（task specific devices）。这与吉普森（Gibson，1966）提出的"功能可见性"（Affordance）理论颇有相似之处。吉普森认为，生物体和环境作为独立存在的实体，二者之间是以相互作用的形式存在的。在这种情况下，一个人表现出的反应是知觉与动作耦合的结果，知觉导致了行为的产生[2]。一些神经科学实验的结果（Chao and Martin，2000）也证明了工具的出现可以导致大脑皮质层相应区域被激活，一个具备抓取外观的工具的出现，可以引发对抓取动作的准备[3]。

这两个理论的启发在于：（1）机器的操作、工具的学习并非我们通常认为的那样是一劳永逸的。熟练的工具操作的目的并不仅仅是形成符合"刻板印象"式

① Bernstein，N. *The Coordination and Regulation of Movements* ［M］. Pergamon Press，Oxford，1967.

② Gibson，J. J. *The Senses Considered as Perceptual Systems* ［M］. Houghton Mifflin，Boston，1966.

③ Chao，L. L. & Martin，A. Representation of Manipulable Manmade Objects in the Dorsal Stream ［J］. *NeuroImage*，2000（12）：484－487.

的行动序列，更是形成基于个体和情境的、个性化学习经验。所以软硬件与工单使用知识的学习应注重个体性、情境性。（2）人类具备行动协调的知识，且能够对行动进行适当的排序。所以一组行动经过反复的练习，就可以成为一组"高度调谐的肌肉触发和肢体运动的序列"，执行这一序列的过程并不简单的是"运行一个程序"，而是在执行的过程中根据任务需求对其进行必要的调整和修改。例如，我们在即将抓取一个把柄时，会根据把柄的材质、宽度等时刻调整抓取的力度与姿势，而并不是将原有的抓取姿势原封不动地移植过来。此外，序列本身也并非是严格定义的。例如，在泡咖啡这个任务中，"拿到杯子"与"拿到匙子"的前后顺序并不是那么重要。当然，"将咖啡倒入杯子"与"倒入开水"是有明显先后顺序的。

（三）其他理论

还有一些理论也对人类学习使用工具的过程进行了剖析。相较于动物而言，人类天生具备通过观察的方式学习工具使用的能力[1]。还有研究证明，动物（黑猩猩）在观察人类演示的过程中关注的是任务中的一般功能关系，以及演示者获得的结果，而不是实际的工具使用方法。人类（儿童）关注的是演示者实际使用工具的方法。这两个物种所使用的不同的社会学习过程对它们不同形式的社会组织有影响[2]。对失用症（Apraxia）群体的研究显示，工具的物理特性及其使用模式有着不同的表征方式[3]。工具的独特之处在于，它们结合了可操作对象的属性和管理灵巧动作序列的需要。此外，由于工具的发明本身是服务于人类活动的。所以学习如何使用工具也是学习工具背后的任务知识及社会意义。工具的集合和它们的布局代表了对手头任务认知的一个方面。

至此，对于"软硬件与工单使用知识"的学习，我们可以有如下结论：

（1）必要的操作性练习有助于从业人员形成一组"高度调谐的肌肉触发和肢体运动的序列"。这个序列能够提升工作的效率，将工作注意力集中于更重要的工作任务之上。

（2）以工具的特性为主要内容的"陈述性知识"，和以工具的操作程序为主要内容的"程序性知识"是"软硬件与工单使用知识"的两大主要内容。两部

---

[1] Fattori, P., Breveglieri, R., Bosco. A., Marzocchi, N., Esseily, R. & Fagard J. Observational Learning of Tool-use in Human Infants and Macaques [J]. *Human Evolution*, 1987 (2): 175 – 183.

[2] Nagell, K. Processes of Social Learning in the Tool Use of Chimpanzeesand Human Children [J]. J *Comp Psychol*, 1993 (2): 174 – 86.

[3] Johnson, F. S. The Neural Bases of Complex Tool Use in Humans [J]. *Trends Cognitive Sci*, 2004 (8): 71 – 78.

分内容有着不同的学习方式。前者可以按照理论知识的学习方式学习，后者可以按照操作技能的学习方式学习。学校或企业应注重让学习者形成对某类工具使用的"图式"，从而方便学习者日后的迁移。所以，在教学过程中，典型工具的挑选十分重要。工具的典型程度很大程度上影响了学习者认识的广度。

（3）学习工具使用知识的目的，一方面，是使工具操作者具有使用工具的基本能力；另一方面，是使工具操作者形成根据情境调节工具使用细节的能力。所以工具的学习应在一定的工作情境中进行。这种带有情境元素的工具学习有利于学习者掌握工具蕴含的"对世界的理解"，例如，工具产生的背景、功能的起源。还有利于学习者掌握丰富情境中工具的特征与使用特性，帮助学习者构建丰富的工具使用图式，形成具有个性化特征的操作模式。

（4）观察法可以被用来作为工具学习的重要手段。学习者可以通过观察工具使用演示的方式，习得工具的使用方法。然后学习者可以在独立操作和联系的过程中，在教师或师傅的帮助下逐步细化操作细节，形成具有个性化特征的操作模式。这种方式类似于传统师徒制中技能学习的方式。

从现有的职业院校教学模式来看，我们似乎更重视操作层面的工具使用知识，即教会学生基本的操作和使用方法，而忽视了工作层面的工具使用知识，也就是在工作情境、民族文化中形成学生对工具乃至工作的理解。这种强调工具的"操作性"而忽视工具"认知性"的结果就是学习者对工具的"盲目崇拜"。文创业中"以学软件代替创作"的业界不良现象正是典型案例。所以对于工具的学习而言，我们的改革应侧重于对工具"认知元素"的加强。情境化的工具教育、工具特性与进化史的教育等都是可行的对策。

三、操作技能知识/技艺知识的形成：从行为主义到具身认知

"技艺知识是从业人员长期形成的对工作的自信"[1]。

像技能一样，行家绝技也只能通过示范而不能通过技术规则来交流。要成为酒类品尝专家，要习得品尝茶叶的无数种不同混合的味道之知识，要把自己培养成为医疗诊治医生，你就得在师傅的指导下经过长期的实践。除非一位医生能辨认出某些症状，如肺动脉的二次重音，否则，他阅读关于涉及这一症状的症候群的描述就毫无用处。他必须亲自识知这种症状[2]。

---

[1] Rose, M. *The Mind at Work: Valuing the Intelligence of the American Worker* [M]. London: Penguin Books, 2005: 78.

[2] 波兰尼：《个人知识：迈向后批判哲学》，贵州人民出版社2000年版，第81页。

以上两段文字分别选自迈克·罗斯的著作《工作中的思维（*The mind at work*）》，以及波兰尼的《个人知识：迈向后批判哲学》。罗斯通过对发型设计师、水管工、餐厅服务员、木匠四个岗位的从业人员的观察与访谈后得出了关于技艺知识的一个结论。而波兰尼则在这段话中道出了技能知识习得的基本特性。这两个观点不仅体现了技艺知识在从业过程中的重要性，还从侧面映衬出它的具身性、默会性与情境性。无论是操作技能知识，还是技艺知识，他们都代表着从业人员使用身体部位，借助或不借助工具改造世界的能力。操作技能知识或技艺知识的本质都在于操作技能。而操作技能的形成在心理学领域已有十分丰富的研究成果。此外，人类学、社会学等领域对操作技能的形成也有独到的见解。

（一）行为主义与认知学派对操作性技能知识习得的基本观点

行为主义心理学认为操作技能的形成本质上是"刺激——反应"的相互联结。操作动作学习的结果就是形成稳定、连贯、准确的动作序列和动作习惯，动作技能的提高就是动作序列和动作联结不断延长，技能形成后用于完成新的任务，就是动作行为习惯的泛化[①]。行为主义心理学对操作技能的这种认识固然道出了练习与强化在技能学习中的重要性，但是由于缺乏对操作技能学习过程中认知元素、情境要素的关注，所以后续的操作技能形成理论开始从认知层面入手，试图弥合认知与操作层面的鸿沟。认知心理学派认为动作技能的学习必须有记忆、想象、感知、思维等认知层面的要素参与。且动作水平越高，对认知的需求也就越高。维尔福德（A. T. Welford, 1968）提出了"感觉接受—知觉运动转换—效应器阶段"的运动技能形成模型，这个模型的核心是通过知觉对信息的注意、加工与反应，最终形成一个反应环路。施密特（Schmidt, 1975, 1988）的图式理论认为每一次的运动经历会形成由四组信息所构成的图式。这些图式是一个个的运动程序，每次重新调用这一图式时，操作者会根据反馈信息对已有图式进行调整。也有很多学者提出了操作技能形成的阶段理论。例如，费茨与波斯纳的"认知—联合—自动化"三阶段理论、金泰尔的"最初—后期"两阶段理论、德雷福斯兄弟的技能获得七阶段理论（新手、高级初学者、胜任、精通、专长、驾驭、实践智慧）。这些阶段理论的价值在于，操作技能的形成并非是一蹴而就的行为，它是一个从不成熟到成熟的长期的过程，是认知与操作不断互动的过程。

[①] 丁俊武：《动作技能学习理论的演变及发展展望》，载于《北京体育大学学报》2007 年第 3 期，第 420~422 页。

（二）影响操作性技能知识习得的其他因素

除了基于各心理学派别所提出的操作技能形成理论以外，还有一些心理学研究从不同角度研究了操作技能形成的影响因素[1]：（1）认知媒介理论与示范的原动力观点，以及斯特·玛莉（Ste Marie，2000），史密斯和潘德腾（Smyth and Pendleton，1990）等的研究都证明示范是可以提升操作技能水平的。（2）根据"动作效果假说"（action effect hypothesis）理论，由于动作的执行者主要是根据动作的效果去计划和控制动作的执行，所以当使用讲授法对动作进行讲解时，应该将讲解的重点放在动作的效果而非步骤。（3）著名的"水下打靶"实验证明，将操作技能的原理和规则告知学习者，且原理和规则不超越练习者的注意容量，则有助于其掌握技能。（4）反馈对技能学习的影响较大。合理的内在反馈与外在反馈能够促进技能的获得。但过多的反馈容易造成技能练习者的认知超载与过分的外在依赖，进而反作用于操作技能的学习。（5）情境干扰（contextual interference）是指在技能练习中练习的形式变化对操作产生的干扰。"加工合成假说"与"动作计划重建假说"证明了"情境干扰效应"使得变换练习法能获得比固定练习法更好的成效。（6）技能间的迁移只发生在这些技能有相同的抽象知识要素时。大量有目的的练习对发展专业技能十分必要。在有目的的练习中，学习者不是机械地操作，他们有学习的动力；他们得到关于自身操作的反馈；他们仔细观察自己的操作和正确的操作相比哪些做对了，哪些做错了，并集中注意消除差距[2]。此外，还有研究人员通过实验发现成就动机类型与学习情境类型对双手协调技能形成的影响效应显著，技能教学过程中在给予新颖且有一定难度的任务的同时还应引入竞争模式，有意识地创设问题情境[3]。

（三）"具身认知"与操作性技能知识的习得

"具身认知"开启了研究操作技能学习的新视角。简而言之，认知的具身性即人们是通过自己的身体感受来认识周围世界的。这是对传统认知科学中"身心二元论"的根本挑战。操作技能知识的形成并非仅仅是动作输入和大脑建立动作关联的"二元"割裂的过程，也并非是大脑的心智技能先于操作技能的过程。操作者在使用工具，或者徒手进行操作学习的过程，实际上是学习者身体

---

① 武任恒、杨国柱、万树巍：《西方操作技能理论研究的新进展》，载于《教育学术月刊》2010年第8期，第90~94页。

② 约翰·安德森：《认知心理学及其启示》，人民邮电出版社2012年版，第281页。

③ 潘赛、咸桂彩：《学习情境与成就动机对大学生操作技能形成的影响研究》，载于《天津工程师范学院学报》2009年第2期，第55~58页。

与外界环境事物相互作用的过程。而我们的认知、我们对世界的观点来自身体与外界环境中事物相互作用所造成身体状态的改变①。某种程度上讲，是身体的操作引起了认知的改变。操作技能的学习也不仅仅是一种动作的学习和重复，它实际上是由身体通过与外界的互动，在人的判断、鉴赏、领悟等能力和直觉的参与下形成的身心一致的过程。这与杜威的"从做中学"有着异曲同工之妙。

从这个角度来审视职业教育里的技能教学，我们不得不对"机械训练式"的技能学习过程进行批判。如果从具身认知的视角去理解技能训练，那么技能训练将被赋予更重要的角色。因为技能训练是学习者接触职业、感知工具的环节。通过肢体与职业环境中各要素的接触，使得身心达到对职业认知的一致性。这样看来，技能训练的目的可不仅仅是形成动作图式那么简单，而是个体通过技能训练形成对职业世界的"认同"。但是目前职业院校的技能训练内容与方式并没有关注到其对学习者的整体影响。技能训练与职业观念、教师与学生、教室与工作场所之间被人为地阻隔。真正优秀的技能大师，其技能是与人格、观念合二为一的。当然，在德雷福斯的技能模型中，学习者在技能形成的初步阶段也很难达到这样一种境界。德雷福斯认为，在前三个阶段，能动者对技能的掌握是与语境无关的，他只知道根据规则与程序行事，谈不上获得了技能性知识，也不会处理特殊情况，更不会"见机行事"。在后四个阶段，技能本身内化到能动者的言行中，成为一种语境敏感的自觉行为，对不确定情况作出本能的及时反映。从阶段四到阶段七，语境敏感度越来越高，达到人与环境融为一体，直至形成新的习惯或创造出新的规范甚至文化的高度②。从第一阶段到第七阶段，认知方式从开始时的"慎重考虑"的主客二分状态转变为"直觉应对"的身心一体化状态。这种"直觉"不同于天生的生物学意义上的"本能"，而是指在长期的实践过程中通过身体的内化而养成的后天的"直觉"，因而既是因人而异的，也是可培养的。这种后天的直觉的发挥是由所处的情境唤醒的，是学习者能动地嵌入语境的结果。

尽管德雷福斯认为"身心合一""直觉应对"的状态无法在一开始就能实现，但这并不意味着在职业技能形成的初始阶段我们就不应重视身体的认知功能。相反，学校可以通过引入职业情境，帮助学生更快地认识和适应职业的本质与魅力。技能教育应该跳脱出单纯的人重复不断地操作工具的环境之中，走入丰富多元的职业情境内部，通过肢体、五官等与器材、工具、客户、工作氛围的亲

---

① 殷明、刘电芝：《身心融合学习：具身认知及其教育意蕴》，载于《课程·教材·教法》2015年第7期，第57~65页。
② 成素梅：《技能性知识与体知合一的认识论》，载于《哲学研究》2011年第6期，第108~114页。

密接触，以体验建构脑中对职业的整体感知，在技能不断成熟的道路上成为一名"身心统一"的专家型从业人员。

除此之外，也有学者从社会学的视角审视操作技能知识的习得。例如，技能的形成会受到制度变迁的影响，每个时代会因为不同利益主体的行为和信念而塑造出不同性质与结构的技能形成机制。从身体社会学的视角看，技能形成系统的最重要的问题在于：身体由谁支配？技能习得的过程中受到哪些社会参与者的影响？他们争夺身体支配权的博弈的规则是什么？其背后的权力关系是怎样[①]。

综上所述，我们可以得出关于操作性技能知识习得的一些结论：

（1）操作性技能知识是个性化的、默会性的知识。它的习得需要靠个体与工具、个体与工作对象、个体与职业情境间的反复接触和练习才能获得。所以有目的的训练对于获取操作性技能知识而言是必要的。有目的的训练强调技能训练的情境性。教师应该为学习者创设带有问题情境的技能训练氛围，让学习者能够在技能训练的过程中找到技能的价值，获得技能训练的动力。

（2）技能的训练应发生于多种情境之中。单一情境的技能训练难以为学习者提供技能使用的丰富的情境要素。这种多元情境主要指的是技能的使用情境。不同的职业情境能够形塑出不同意义的操作技能，帮助学习者提升技能使用的社会性。

（3）强化熟练者（通常为教师或师傅）的示范作用和反馈作用。学习者应在熟练者的示范下习得操作技能。此外，在学习者模仿和练习的过程中，教师或师傅应给予必要的反馈。

（4）技能的训练需要一定的理论知识的配合。理论知识的作用是帮助学习者在脑中建构技能操作的规则和流程，提升学习者操作过程的流畅性和准确性。

（5）操作技能知识的习得是有阶段的。不同阶段学习者的习得任务、达到的境界、认知的水平、身体的表现各不相同。但这并不意味着阶段间的界限十分分明。实际上有些阶段之间是重叠，而且我们可以通过适当的介入使学习者能够提前达到相应的阶段。

四、工作情境知识的形成：员工"组织社会化"的过程

工作情境知识是在真实的工作情境中员工所接受、内化乃至改造的实体、制

---

① 李俊：《技能形成的身体社会学分析——一个初步的框架》，载于《职教通讯》2016年第28期，第28~33页。

度、氛围等环境要素的知识。这些知识对员工工作的效率产生不可忽视的影响。从知识的源头来看，工作情境知识出现在工作场所，是客观存在的物质环境、制度环境、氛围等。但由于从业人员需要在与工作情境的互动中获取工作情境知识，所以工作情境知识还带有个性化的特点。这种个性化的特点来自个体的个性特征、人格特质、生活经历与物质、制度环境间的交互影响。在管理学中，工作情境知识形成的过程被视为是从业人员"组织社会化"的过程。

组织社会化是个体通过调整自己的工作态度、工作行为和价值观念来适应新组织的价值体系、认同组织目标和行为规范并有效融入组织的过程[①]。这个过程并不仅针对新入职员工，只要员工的工作环境、工作要求和职位发生变化，组织社会化的需求便会随之产生。人力资源管理领域的个体—环境匹配（person-environment fit，即"P – E"匹配）、个体—组织匹配（person-organization fit，即"P – O"匹配）等也都强调个体和环境、组织、上级、工作的动态匹配。

不同研究者对组织社会化的结构要素的认识不尽相同（见表 6 – 2），但可以看出，本书中涉及的非物质层面的工作情境要素都囊括在了这些结构要素中，如组织目标、组织价值观、任务需求、与上司和同事的人际关系、对未来的期望、组织文化等[②]。

表 6 – 2　　　　　　　　　　组织社会化结构研究概览

研究者及年份	结构要素
Feldman（1976）	投入工作、定义角色、评估契合性、加入群体
Louis（1980）和 Jones（1986）	人员融洽程度、组织政治知觉、对组织目标与价值观的理解与改变
Feldman（1989）	工作角色行为、组织目标、组织价值观
Ostroff 等（1992）	任务需求、角色归因、工作群体规范、组织气氛和文化
Gardner 等（1993）	组织政策、组织目标、与上司和同事的人际关系、绩效或预期、文化语言
Morrison（1993）	胜任工作、角色清晰、文化调适、社会整合
Chao 等（1994）	工作技巧、人员、组织政治状况、语言、目标、价值观、历史
Taormina（2000）	接受训练的程度、了解组织的程度、对同事的支持、对未来的期望
钱颖（2004）	工作胜任度、组织政治、组织文化、组织人际关系

①② 王雁飞、朱瑜：《组织社会化理论及其研究评介》，载于《外国经济与管理》2006 年第 5 期，第 31 ~ 38 页。

循着"组织社会化"这条路径，我们可以从诸多研究中发现增强个体组织社会化的路径，也就是个体工作情境知识的形成路径。这些路径按照组织与个体的主导程度可划分为两类：组织主导型和个体主导型。组织主导型社会化策略可以分为制度性社会化与个体性社会化，见图6-2。根据安德莉亚等（Andrea et al.，2000）的研究结果①，个体主导型社会化策略主要包括八个方面：（1）员工主动搜集信息与寻求反馈。（2）在组织内部建立同事关系、上下级关系和师徒关系等社会化关系。（3）与组织内部部分人员建立非正式师徒关系；尚（Chan，S.，2017）的研究证明了学徒制的价值为新进员工提供了一个社会文化平台，将新员工引入了一个实践社区。这个平台或社区能够促进员工的组织社会化进程②。（4）工作变动的协商（Job change negotiation），即员工通过评估和协商以改变工作职责。（5）积极进取。（6）参加与工作有关的活动。（7）自我行为管理。（8）观察与模仿。例如，尚（Chan，S.，2014）等的研究证明模仿有利于员工学习工作场所特定的交流术语③。班杜拉的观察学习理论也支持这一策略。在班杜拉看来，观察学习的对象——榜样反映了社会规范的要求。社会规范通过榜样的行为而对观察者产生影响④。

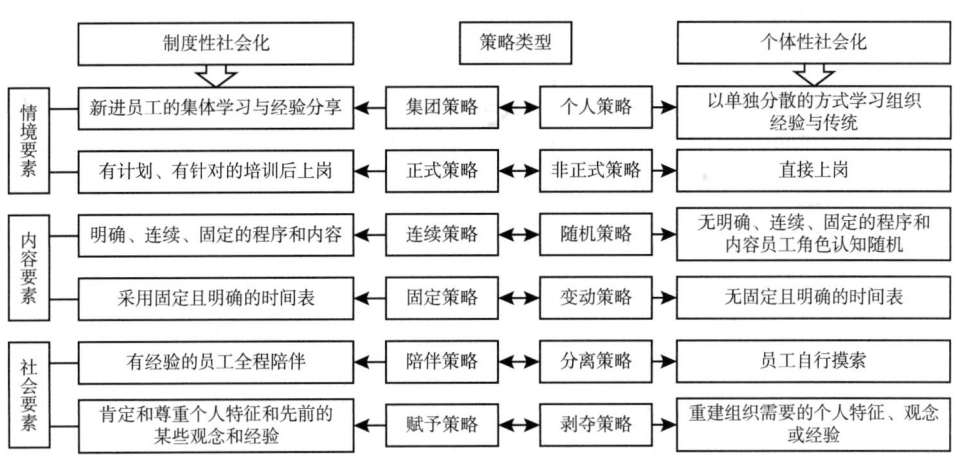

图 6-2　组织主导型社会化的两种策略类型

①　Andrea E. C.，Griffin，A. C. & Srikanth，G. Newcomer and Organizational Socialization Tactics：an Interactionist Perspective ［J］. *Human Resource Management Review*，2000（4）：453-474.

②　Chan，S. The Reciprocity of "Imitative Learning" through Apprenticeship ［J］. *Vocations and Learning*，2017，（10）：325-342.

③　Chan，S. Crafting an Occupational Identity：Learning the Precepts of Craftsmanship through Apprenticeship ［J］. *Vocations and Learning*，2014（3）：313-330.

④　叶浩生：《论班图拉观察学习理论的特征及其历史地位》，载于《心理学报》1994年第2期，第201~207页。

　　除了"组织社会化"理论以外，具身认知、人体工效学、环境心理学、语言学等领域的研究成果也与工作情境知识的形成相关。例如，某些持激进具身观的学者认为与认知过程相关的信息部分存储于大脑和身体结构之中，更多的信息则直接存储在外部世界，环境也是身体的一部分。钟和莱奥纳尔代利（Zhong and Leonardelli）的实验就从态度的冷暖与食物选择冷暖之间的关系证明了这一观点①。此外，很多研究显示，工作满意度与工作的物理环境有着显著的相关。工作场所的设计、噪音等因素都会影响工作人员的工作效率②，包括提升员工的工作动机和做出卓越表现③。麦克罗斯（Mike Rose，2005）对护士间工作交流的观察研究显示：护士间的日常工作对话强化、检验与完善了他们已知的事物，并激励他们去学习新知识，感受自己所具备的能力④。

　　总而言之，学习工作情境知识的本质是员工在进入企业以后的组织社会化过程。这些知识在学校教育中无法获得，因为知识的产出、使用、调整与发展均在企业，其价值也体现在员工与企业的互动之上。但是在校企双主体育人不断深入发展的情况下，企业对学生职业能力培养的深度介入使得工作情境知识也开始在不同层面渗透进传统的职业学校教育体系之中。一些学校开始强调"企业文化进校园"，将企业的管理制度全套引进学生的日常管理中等。这种引入的最大目的是为学生创设"类企业环境"，将企业中的关键要素如"客户""制度""岗位关系""人事关系""企业文化"等渗透到学生的日常学习过程中。如果从"组织社会化"的角度去理解，这种渗透并不一定能起到很好的效果。因为这种渗透最大的问题在于"机械植入"而非"社会化过程"。如果真的靠元素的植入就能实现学生在工作岗位中的社会化，那么社会化的核心要素——"社会"未免太简单了。更何况，真实企业工作环境中的"员工竞争""客户复杂性""上下级关系"等并不能完整地体现在校园里的仿真环境之中。"教室里按照企业的环境进行布置""墙上挂上几张制度文字""用仿真系统设计几个订单"只能是营造一种企业的氛围，但绝不能作为学生未来社会化过程的替代品。所以，学习工作情境知识的最佳场所还是企业，且学生要能够真实地处于企业的管理团队之中，接触真实的生产任务，付出合理的劳动并接受相应的薪资，受制度的规约。而且，由于

---

　　① 殷明、刘电芝：《身心融合学习：具身认知及其教育意蕴》，载于《课程·教材·教法》2015年第7期，第57~65页。

　　② 王青兰：《环境心理研究——工作环境的设计》，载于《心理科学》1998年第1期，第71~73页。

　　③ 武欣：《工作环境的激励作用：知识型员工中的初步研究》，中国优选法统筹法与经济数学研究会.中国优选法统筹法与经济数学研究会第七届全国会员代表大会暨第七届中国管理科学学术年会论文集［C］.中国优选法统筹法与经济数学研究会，2005：4.

　　④ Mike Rose. *The Mind at Work：Valuing the Intelligence of the American Worker* ［M］. London：Penguin Books，2005：203.

组织社会化过程本身就是一个不断发展的过程，即使是实习期间表现出较好的社会化进程，一旦转换身份成为正式员工，或被调入新的工作岗位，那么组织社会化的进程就需要重新启动，进行新一轮的 P－E、P－O、P－J 的过程，工作情境知识也需要重新学习。

五、判断决策知识的形成：非良构问题解决的过程

从业人员使用判断与决策知识的过程，无论是条件权衡或问题处理，抑或是情境判断或元认知过程，它们的本质都是在工作过程中解决各类问题的过程。因为判断决策知识使用的情境是问题情境，在问题情境中，从业人员需要通过权衡、判断等过程寻找问题解决的方案，并给出合理的决策，朝向问题解决的目标迈进。判断与决策知识的多寡与结构代表从业人员解决问题、权衡条件与监控过程的能力。心理学中关于判断决策知识的相关研究主要集中在问题解决、迁移、元认知等领域之中。这些领域的一般性研究结论对于探讨从业人员判断决策知识的形成具有重要意义。但是由于从业人员所面对的问题是具有不良结构的、复杂的工作问题，这些问题的解决、条件的权衡并不像课堂中设计的问题那样拥有显著的问题表征与良好的结构。所以这里还应该重点讨论工作场所中的问题解决能力，也就是基于工作场所真实问题的判断与决策知识的形成。

（一）问题解决

一般情况下，问题可以根据结构上的不同划分为良构问题与非良构问题。两种不同类型的问题在解决过程及形成机制上存在一定差异。

1. 良构问题的解决

良构问题的组成成分包括清晰的起始状态、已知的目标状态、限制的问题空间和制约参数条件。由于良构问题的这一特点，其解决有一定的套路，一般以"信息加工过程"进行解释。良构问题的解决需要两个部分：认知与元认知部分。认知部分包括具体领域知识与结构知识。具体领域知识指的是问题领域中已有的，能够为问题解决提供支撑的陈述性与程序性知识。而结构性知识指的是有关某一领域内概念之间是如何相互联系的知识（Diekhoff，1983）。它与本书中提到的知识组织方式类似，表示的都是知识间连接的方式，其意义在于帮助问题解决者回忆已解决问题的原型，从而快速搜寻出问题的解决方案。在正式教育环境内，很多问题都被设计为良构问题供学生解答。例如，某机床的某个部位出现了异响，通常是有哪些问题；使用血压计测量病人血压时的不同得数如何解释等。这些问题的特点在于"去情境性"和"结构完整"。学生只需要按照特定的步

骤，根据已有的原理性知识进行解答即可。

2. 非良构问题的解决

与良构问题相比，非良构问题具有以下几个特点：（1）和具体情境相联系；（2）问题的描述比较模糊；（3）问题给定信息不全；（4）目标不确定性；（5）已有的概念、原理等不知如何在问题解决的过程中应用。非良构问题的解决过程一般需要经过"问题表征""问题解决""监控与评估"三个过程①。这个过程一般需要认知、元认知与非认知三个成分的参与（见图6-3）。认知部分同样包括"具体领域知识"与"结构性知识"两个部分。具体领域的知识可以帮助解决者从众多的解决方案中选择更为一般的算法，最终找到合适的解决方案（Roberts，1991）。而结构性知识则可以帮助问题解决者从记忆中提取与问题相关的信息。元认知部分则包括认知知识（论证策略、分解策略、元认知策略）与认知调节（监控、评估、计划）两部分内容。元认知成分的作用是帮助问题解决者选择多元角度、监控评估问题解决的过程，以逐渐厘清问题，提升问题解决的效率与准确性。

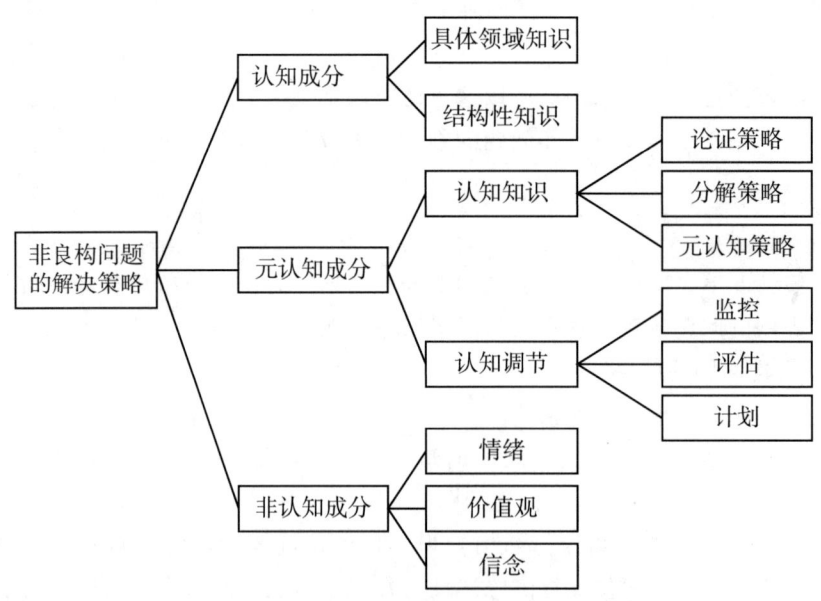

图 6-3 解决非良构问题的必要成分

综上所述，结构不良问题的解决不是一个单纯的认知过程，需要个体经验和外部环境因素的多方位、多角度相互作用，将认知、元认知、情感等因素融为一

---

① Hong，N. S.，杜娟、盛群力：《解决良构问题与非良构问题的研究综述》，载于《远程教育杂志》2008年第6期，第23～31页。

体①。问题解决，尤其是非良构问题的解决，必须要置于有意义的问题情境中，通过让学习者合作解决真实的问题来学习问题背后的科学知识，并形成解决问题的能力②。所以若要促进学生形成非良构问题的解决能力，形成判断决策知识，就应该从问题情境的创设、认知结构的丰富（具体领域知识的教授、重视结构性知识、帮助学生形成丰富的问题图式）、元认知能力的培养（问题分析的一般策略教学，以及解题过程的内在调控。其中元认知策略的培养途径包括"唤醒学生的元认知意识""讲授元认知知识""丰富元认知体验"③）等方面入手。

（二）学习迁移

在文创业从业人员中，"迁移"被视为问题解决的重要途径。实际上，我们也一直希望学生在校园里学习到的知识与能力能够迁移到工作场所之中。它与前面的问题解决有着紧密的联系。在心理学关于"学习迁移"方面的研究中，奥苏贝尔的认知结构迁移理论、迁移的"图式理论"、迁移的"共同要素理论"以及认知策略的迁移理论具有较大影响。"奥苏贝尔的认知结构迁移理论认为学习是基于学习者已有知识结构的学习，在学习过程中，人必须使新旧观念之间发生相互作用，从而产生"同化"效果。这种同化将导致三种学习：上位学习、下位学习和并列学习。而那些概括水平高、囊括范围大的知识有助于新知识的同化，即有助于迁移。认知结构的稳定性也有利于知识的同化④。"图式理论"是基于奥苏贝尔迁移理论而提出的。这一理论认为，专家的问题解决技能并不取决于它的一般能力，而是取决于他在长期实践过程中积累起来的大量"问题图式"⑤。问题图式是一种"条件——动作"的产生式。如果两个问题之间的结构特征相同，那么个体就可以在两个问题之间建立起映射关系，形成"类比"迁移。"迁移的共同要素理论"则认为，两种技能之间发生迁移的条件是它们之间必须具有相同的程序性知识。这一理论是基于安德森的 ACT 理论所提出，它强调一旦问题被解决，学习者就会将问题情境与一定的操作进行主动关联，形成"问题情境—解

---

① 鲁志鲲、申继亮：《结构不良问题解决及其教学涵义》，载于《中国教育学刊》2004 年第 1 期，第 47～50 页。

② 袁维新、吴庆麟：《问题解决：涵义、过程与教学模式》，载于《心理科学》2010 年第 1 期，第 151～154 页。

③ 石晓辉：《元认知迁移理论及其对教学的启示》，载于《沈阳教育学院学报》2003 年第 3 期，第 18～20 页。

④ 朱燕：《现代知识分类思想下的学习迁移理论述评》，载于《心理科学》1999 年第 3 期，第 229～232 页。

⑤ 李亦菲、朱新明：《对三种认知迁移理论的述评》，载于《心理发展与教育》2001 年第 1 期，第 58～62 页。

决行为"的产生式。这种产生式就可以被视为一种程序性知识。这个知识将在随后的时间里得到修正和完善，进而为后续的问题解决服务。认知策略的迁移理论。认知策略的迁移理论强调个体如何调节和控制认知过程的策略，也可以被称为元认知策略的迁移。这种认知策略的发展比较缓慢，但是并非自然成熟的结果。研究表明，经验和清晰的教学对这种能力的发展至关重要。教学中需要指导学生何时何地使用何种认知策略。学习者应该掌握一般或特殊的知识，同时他们要学会在何种情境应用这些知识。如此看来，若要推动学习者认知结构的迁移，就应该注重问题的设计和元认知策略的教学。尤其是要注意设计问题与真实问题间在诸多要素中的相似性，因为两种学习、经验、机能之间具有共同因素、要素、成分是迁移的最基本的前提条件，这是桑代克在迁移理论上的最伟大的贡献[①]。

（三）工作场所中的判断与决策

实际上，工作场所中的判断与决策基本都是围绕结构不良问题而进行的决策。而且，由于工作情境的复杂性，对问题的认识、以及问题解决的过程可能会受到更多复杂因素的影响。所以我们还应该探索基于工作场所这一特殊场景下判断与决策知识的使用和形成。

斯蒂文森（Stevenson，2003）认为，在学校环境中学习到的问题解决方法仅涉及一个特殊的背景，在工作场所学习到的问题解决方法是一个与学校完全不同的背景。如果这么理解，那么学校里学到的问题解决方法就不能被视为一个可以应用于任何情况下的问题的一般方法。在教学过程中应当做到以下几个方面：（1）应该重视学习者过去的问题解决经验和能力；（2）应该在真实的问题情境中实施问题解决教育；（3）应该凸显合作学习的重要性，因为问题解决是一个共享活动。（4）要让学生了解问题内部各元素之间的关系，以及问题与问题之间的关系[②]。

霍华德·米德尔顿（Howard Middleton，2002）通过对旅游与住宿业企业的调查发现，即使是相同业务的企业，同样一个类别的问题在不同企业中的表现形式及重要程度也各不相同。试误是所有企业在遇到问题时都会采取的解决策略。但是试误策略的本质是问题的情境性，也就是说每个问题在每个企业中的存在方式都是不同的，问题需要依靠情境要素来解决。那么试图找到解决某个行业内部公共问题的通用方法似乎是无效的。因为即使是公共问题，在各个企业内部也有

---

① 白晋荣：《关于迁移理论的几点思考》，载于《心理科学》2007 年第 6 期，第 1442～1444 页。

② Stevenson，J. C.（Eds.）. *Developing Vocational Expertise：Principles and Issues in Vocational Education* [M]. Crows Nest，NSW：Allen & Unwin，2003：148－149.

着不同的表现与内容。据此，研究人员认为，学习者应该清晰地明白，行业从业过程中遇到的问题与业务运作的特定环境密切相关。学习者应该参与那些包含有关行业知识的学习互动；此外，学习者需要在行业中体验真实的、情境化的解决问题的经验[①]。

在工程教育领域，有大量的研究关注学生学校里的问题解决能力与工作场所问题解决能力间的迁移问题。工作场所让工程问题变得更为复杂、模糊不清且结构不良。雷格夫、高斯、魏格曼（Regev，Gause and Wegmann，2008）的研究展示了工作场所问题（Workplace Problems）与教室问题（Classroom Problems）的区别（见表6-3）。

表6-3　　　　　　　　工作场所问题与教室问题的区别[②]

项目	教室问题	工作场所问题
问题结构	结构良好	结构不良
问题路径	课堂材料中明显表示着问题的解决方法，且有固定的解决套路	解决问题的线索很少，可能需要寻找过去解决问题的经验与方法，甚至探索新的方法
问题解决	教授和教科书都知道答案	当问题的解决方案被管理层接受时，问题才真正得到解决
问题域	有明显的边界	无明显的边界，需要多人合作
社会环境	个体工作，且竞争不显著	团队合作
信息层级	准确、清晰定义、显性陈述	隐晦
解决方案	由权威人物给出，不存在准确性与效力的问题	可能需要一个新方法，即使是权威人物给出的方案也只是诸多方案中的一种
设计团队	同一个团队经历从开头到结尾的全过程	团队成员有出有进
问题陈述的稳定性	稳定	当新信息进入后，问题的陈述将会改变
信息渠道	大量使用记录下的知识	较多使用权宜性的知识以及非正式接触下的信息
冲突	不建议与权威人士发生冲突	鼓励与权威争论

① Middleton，H. Complex Problem Solving in a Workplace Setting [J]. *International Journal of Educational Research*，2002（1）：67-84.

② Regev，G.，Gause，D. C. & Wegmann，A. *Requirements Engineering Education in the 21st Century，an Experiential Learning Approach* [M]. 16th IEEE International Requirements Engineering Conference，Barcelona，Catalunya，Spain，2008：85-94.

正是因为两大场所问题的巨大差异，布鲁姆、海勒曼和米克尔森（Brumm，Hanneman and Mickelson，2005）认为，若要培养学生解决工作场所问题的能力，最好的方法是体验式教育。他们认为在体验式教育中，教师带着目的与学习者进行交流，交流的内容以直接经验和集中式的反馈为主。常见的工程领域的体验式教育项目包括合作教育（学校与企业的合作）以及实习制（internship）①。加拉文和墨菲（Garavan and Murphy，2001）通过文献研究的方式总结了合作教育的五大优势：增强学生的自信并提高了社交技能；加强实践知识和技能；增加就业机会；获得必要的技能以补充理论教育；更顺利地过渡到劳动力市场②。潘瑞（Rui Pan，2014）总结了在工程领域中，工程师解决工作场所问题的六个特点：（1）工作场所问题解决是遵循命令并执行计划；（2）工作场所解决问题是实现客户的想法和满足客户的需求；（3）工作场所问题解决方法是利用数学、技术知识、技能解决技术问题；（4）工作场所问题的解决是咨询不同的人；（5）工作场所问题解决方法是利用多种资源得出结论和作出决定；（6）工作场所问题的解决是探索和自由的过程③。乔纳森（Jonassen，2006）认为，工作场所问题通常有着相互冲突的目标、多样化的解决方法、非工程成功性标准、非工程性限制、无法预期的困难、分散的知识以及需要依赖团队合作。培养学生解决工作场所工程问题的能力，需要重视基于问题的学习（PBL），让真实、复杂的结构不良问题成为课程的重要内容，同时要提升问题的多样性，鼓励学生团队合作④。

从上述分析中，我们可以得出关于判断决策知识形成的几点结论：

（1）学校应加强具体领域知识的教授，让学生在解决问题前具有相关领域丰富的知识。此外，由于判断决策的过程是多元知识整合的过程，所以要注重形成学生的结构性知识。也就是让学生了解不同类型知识之间的联系，及其在解决问题时发挥作用的可能性。

（2）注重传授学生元认知策略。针对非良构问题的判断决策过程是一个十分复杂的过程，学习者应该了解如何去计划和调控整个判断决策的进程，"讲授元认知知识""丰富元认知体验"等都是可以尝试的方法。

---

① Brumm，T. J.，Hanneman，L. F. & Mickelson，S. K. The Data are in：Student Workplace Competencies in the Experiential Workplace ［C］// Proceedings of the American Society for Engineering Education Annual Conference，Portland，Oregon，2005.

② Garavan，T. N. & Murphy，C. The Co – Operative Education Process and Organisational Socialisation：A Qualitative Study of Student Perceptions of its Effectiveness ［J］. *Education &Training*，2001（6）：281 – 302.

③ Jonassen，D.，Strobel，J. & Lee，C. B. Everyday Problem Solving in Engineering：Lessons for Engineering Educators ［J］. *Journal of Engineering Education*，2006（2）：139 – 151.

④ Jonassen，D.，Strobel，J.，Lee，C. B. Everyday. Problem Solving in Engineering：Lessons for Engineering Educators ［J］. *JEE*，2006（2）：139 – 151.

（3）教育者应注重问题的设计，尽可能地让学校问题与真实问题间拥有诸多相似的要素，以便于问题解决能力的迁移。这就需要学校从企业、工厂中获取典型的工作任务，通过对工作任务的加工与讲解，帮助学生形成仿真问题的解决能力。

（4）尝试推广和实施合作教育。学校与企业之间应围绕学生判断决策知识的学习，建立制度化的合作机制，如实习、师徒教学、师傅进校园等，让学生有机会进入真实的工作情境、接触真实的工作任务、感受真实的工作环境和问题场景，以及在观察、模仿、感悟的过程中学习到师傅判断决策的隐性过程。

六、职业伦理规范知识的形成：社会规范与工作场所规范的互动

职业伦理规范知识涉及一线从业人员对外在规范与内在道德的感知、内化与行动。职业伦理属于主观层面的道德，而主观层面的道德涉及社会、工作场所与个体三大要素间的互动。以下将从宏观（社会）与微观（工作场所）两个层面审视个体职业伦理规范知识的形成。

（一）宏观（社会）层面：社会规范的形成

就功能和性质来看，我们可以将职业伦理规范知识视为一种社会规范。社会规范是历史形成或规定的行为与活动的标准。广义上说，社会规范指整个社会和各个社会团体及其成员应有的行为准则、规章制度、风俗习惯、道德法律和价值标准。它的形成是以社会文化为基础[1]。法律、准则、公约等都属于社会规范，只是其约束能力、形成机制各不相同。社会规范可以划分为三种形式：道德性规范、契约性规范与行政性规范[2]。各行业从业人员道德层面的"职业伦理规范知识"即属于一种道德性规范。而制度层面的"职业伦理规范知识"则属于契约性规范（如行业公约）与行政性规范（法律法规）。

社会规范实质上是一种品德结构与机能。个体社会规范的学习过程，实质是品德的形成过程[3]。"职业道德"一词指的是一套管理专业团体行为的职业价值观和道德原则，如医生、警察和心理学家。在职业行为中，道德被比喻为指导专

---

① 郑晓明、方俐洛、凌文辁：《社会规范研究综述》，载于《心理学动态》1997 年第 4 期，第 17 ~ 22 页。

② 童星、罗军：《社会规范的三种形式及其相互关系》，载于《江海学刊》2001 年第 3 期，第 50 ~ 55 页。

③ 王健敏：《社会规范学习认同心理过程研究》，载于《教育研究》1998 年第 1 期，第 36 ~ 41 页。

业人员穿越复杂地形的指南针①。许多专业机构已经为其成员制定了行为准则和道德规范，其主要目的是保护公众利益。如果专业人员违反了这些规定，需要被禁止执业。这些守则旨在为该职业的成员提供行为指导。目前，国内外诸多研究成果已经将职业道德具体到了各个职业领域，去探索专业化工作背景下职业道德的内容与形成机制。但是一些研究和理论也揭示了社会规范内化为个人品质的一般性结论。

图6-4显示了社会规范学习的三个阶段。社会规范的学习主要经历了从依从到认同，再到内化的三个阶段。每个阶段的任务和规范内化的程度不同，受到的影响因素也不尽相同。(1)"依从阶段"分为"从众"和"服从"两种状态，"从众"状态会受到群体一致性与个体性特征的影响，而"服从"状态则受到直接与间接的外在压力的影响。(2)在"认同"阶段，个体开始自愿遵守相关规范，具有自觉、主动和稳定三个特点。在认同阶段应从三个角度进行社会规范的学习：规范的必要性认知（晓之以理）、榜样崇拜（动之以情）以及行为引导。这一阶段应重视榜样的吸引作用，通过示范、观察和强化以增强榜样对个体的影响。此外还应消除个体原有经验中的认知障碍与情感障碍。(3)在内化阶段，

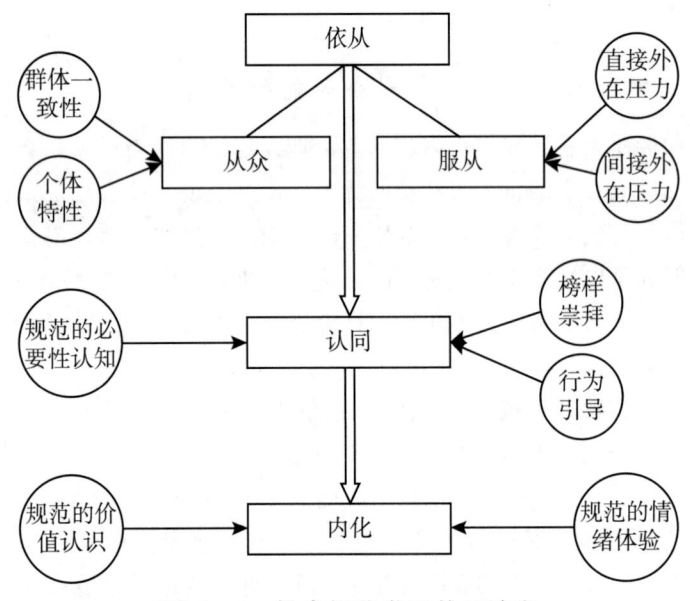

图6-4　社会规范学习的三阶段

① Webster, A. & Lunt, I. Ethics, Professionalization and the Future Landscape of Educational Psychology [J]. *Educational and Child Psychology*, 2002 (1): 97-107.

规范行为由社会规范的价值信念所驱动，具有高度自觉性、主动性与行为坚定性。这一阶段的学习应注重对规范价值的认识，以及社会规范的情绪体验。

班杜拉的社会学习理论详细阐述了个体通过观察进行学习的全过程。班杜拉认为观察学习的全过程由四个阶段构成：注意过程、保持过程、动作再现过程和动机过程。四阶段的逻辑过程表现为：（榜样示范）→注意过程→保持过程→动作再现过程→动机过程→（产生与之匹配的个体行为）。观察学习过程也被称为"替代性学习过程"。基于此，班杜拉十分强调榜样的作用。

（二）微观（工作）层面：工作场所规范的历史性与情境性

当我们将目光聚焦到具体的工作场所时，这一"微缩"的社会规范又会表现出工作特性。约翰·斯蒂文森（John Stevenson）[①] 认为工作可以被视为是一种活动。根据活动理论（Engestrom，1987，1993，1999；Leont'ev，1981），主体参加到活动之中，被活动系统中的工具（instrument）所调节。这个活动由一个目标（动机）所引导，并相应地产生一个结果。而拥有相同目标的社区、劳动力的分工，以及情境中显性或隐性的规范都调节着整个活动。这些元素间是相互关联的，且每个元素都有着规范性的内容。工作情境中的不同主体也有着不同的规范性信念（normative beliefs），即价值与态度。这些价值与态度来自主体在其他活动中形成的经验。活动以及活动所处的系统都具有历史性。也就是说，活动中的所有要素都正在经历着不断的变化（例如，技术变革、生产组织方式变革等）。此外，活动系统由其对象所定义。那些为了同一目标工作的人被认为是在同一个活动系统中工作。一个活动系统不断地处于紧张（tension）与转换（transformation）状态，转换的目的是解决工作场所内的各种"紧张"关系。"紧张"关系存在于元素内部（主要矛盾）、元素之间（次要矛盾）以及活动系统之间。例如，一个人在追求集体结果的过程中可能需要压制有价值的个人目标；从业人员与工具之间可能也会因为不适应而存在"紧张"关系。而且即使一个"紧张"得到解决，新的"紧张"也会出现。

斯蒂文森利用活动理论分析了四家不同汽车旅馆前台接待区的活动。研究发现：活动（即工作）是规范性的。但是这种规范并不是主体对价值认知的直接应用。也就是说，工作场所中的规范并不是抽象的概念，而是活动本身所内在的。活动系统本身是个体规范行动与集体规范行动的主要来源。在活动中，解决各个要素之间紧张关系的行为，都并不能发展出一套普遍的工作场所价值观。相反，

---

① Stevenson，J. Normative Nature of Workplace Activity and Knowledge [J]. *International Journal of Educational Research*，2002，37（1）：85－106.

工作场所的规范活动需要从工作对象及其历史、情境的角度去理解。在某一特定环境下的工作价值在这一刻没有得到重视，在下一刻可能就成为重点，因为"紧张"关系也是不断变化的。职场规范的历史性是一个十分重要的特性。据此，斯蒂文森认为，人们通常的观念（工作过程中所使用的知识与技能都是价值中立的）是错误的，工作能力并非价值中立的认知结构，相反，如果个体要想提升工作效率，就必须要深刻了解工作场所的多元化规范。所以，传统职业学校设计的一套通用的工作场所价值观是不合适的。价值观的含义应该来自具体的工作场所，它们在针对对象和目标的操作中被实例化，并且由工作场所中的设备、工具等元素所调节。例如，在不同的场所，彬彬有礼会表现出不同的形式。在不同的场合，友善和高效工作可能会有不同的分量。职业教育应该利用活动理论去解决学生的工作场所价值观教育问题，这样学生就可以了解工作场所规范的可能来源。此外，通过活动理论，学生还可以了解这些规范是如何体现在具体的工作情境之中，个体的价值观、集体的价值观以及工作环境中的各种"紧张"关系也可以被深度了解与比较。职业教育还应该给学生个人提供机会，让他们体验活动系统中的各种规范行为，并思考这些行为的来源。

从社会与工作场所两个层面来理解"职业伦理规范知识"的形成，我们可以得出以下几点结论：

（1）职业伦理规范知识的形成具有阶段性。而由于这些知识主要存在于工作场所之中，且与具体的工作任务、工作设备、工具、同伴等相关，所以职业伦理规范知识的形成应明确在不同学习阶段的重点，尤其是学生毕业后进入企业的在岗阶段，更应该注重职业伦理规范知识的学习。

（2）职业伦理规范知识的形成应注重发挥榜样的作用。这些榜样可能来自身边的同学和老师，但是最有效、最直接的榜样应该是企业的一线优秀从业人员。这些从业人员的日常表现代表着在工作场所生存与发展的标准，对于学生而言最具有吸引力和影响。

（3）职业伦理规范知识具有岗位情境性和历史性。所以学生应在具体的企业岗位实践中感知职业伦理规范知识的存在方式、内容及其影响。采用"实践"和"参与"的方式，能够让学生在贴近职业现实的情境中，了解、讨论、争辩，从而确立起正确的职业道德观，获得一种真实的内心体验，增强对职业道德规范的认同度，提升对道德冲突的处理能力[①]。

（4）学校也应重视职业伦理规范的必要性与价值教育。这类教育是推动学生

---

① 匡瑛：《论职业道德教育低效的原因及对策》，载于《中国职业技术教育》2009年第3期，第18～20页。

由依从到认同再到内化的动力之一，是规范内化的认知基础。但是这些知识的传授应基于特定的岗位、行业，让学生能够在具体的情境设定中了解职业伦理规范知识的意义。

七、相关岗位基本知识的形成：岗位群职业教育与企业情境学习

（一）"相关岗位基本知识"产生的产业背景及学校教育的因应之策

生产组织方式的变革，必然要求从业人员掌握一定的相关岗位基本知识。以福特制为代表的生产组织方式强调生产机械化、自动化和标准化的流水作业。岗位间分工细致，且岗位间的联系并不紧密。从业人员只需要在本岗位中完成基本的操作即可，不需要或很少需要了解前后岗位的工作原理。即使需要转岗，也只需要简单的操作性培训即可上岗。福特制配合着泰勒制的管理模式，形成了左右割裂、上下分级的生产组织与管理特征。而随着以丰田制为代表的生产组织方式的变革，岗位间的关系不断紧密，岗位从业人员需要与相关岗位围绕工作任务进行对接，以节省工作成本，提升工作效率。此外，随着智能制造的不断普及，简单操作性岗位已经开始由机器人代替，剩下的岗位在认知与操作的复杂度上更高，专业性更强，这就使得从业人员转岗的成本更大。

为了实现从业人员的灵活就业、宽松兼业和方便转业，社会产生了在职业技能准备教育时期进行"宽基础"教育的需求。这里可以将学校里的"岗位群能力培养""专业群设置"等改革举措视为"相关岗位基本知识"在学校教育中的体现。专业群内部的本质联系是相近或相似的工作要素（如工作的设备、对象、关系），也就是通过专业群内部的联系实现"职业联系"[1]。学生在学习这些相互联系的工作要素后，既能够在更宽泛的岗位中进行选择和就业，也能够更好地适应不断变换的职业情境，以应对更复杂的客户需求。可见，基于学校职业教育的"宽基础能力"培养有其必要性和价值，学校能够在原理性知识等方面让学生形成一定的相关岗位基本知识。

（二）"相关岗位知识"内容的抽象与情境之分

但"相关岗位知识"的内容决定了学校不可能承担全部内容的教学工作。综

---

[1] 沈建根、石伟平：《高职教育专业群建设：概念、内涵与机制》，载于《中国高教研究》2011年第11期，第78~80页。

合三个行业岗位所涉及的"相关岗位知识",这些知识总共可以被归纳成四种:(1)所在岗位与相关岗位间的关系;(2)相关岗位的工作任务、基本职能、前沿信息;(3)相关岗位的基本工作原理和术语;(4)相关岗位与本岗位间的信息转换方式。这四类知识既有抽象层面的内容,也有情境层面的内容。对于"所在岗位与相关岗位间的关系",在一个行业里会有着比较基本的岗位关系,例如,机床生产中从粗加工岗位到精加工岗位,从生产到检验岗位,从零件加工岗位到装配岗位等。但是在特定的企业中,由于业务范围、生产能力等的不同,岗位间的关系可能也会存在些许差别。例如,在不同的酒店里前台部与客房部岗位的关系、前台部与后厨的关系会有所不同。有的漫画公司专设画师岗位,并附属于漫画主笔,但有的漫画公司却要求漫画主笔兼职画师岗位的职责。其他三项内容同样存在基本层面的相同和企业间的差别。那么对于情境部分的内容,就必须要等学生毕业进入企业后方可获得。因为这些内容与"工作情境知识"的性质相似,是企业所独有的隐性知识,是企业员工在特定的企业架构、文化、管理模式下形成的工作风格和模式。

综上所述,"相关岗位基本知识"的形成需要借助两大场所来实现:一部分基础性、通用性的知识可交由职业学校等正式教育机构,通过岗位群职业教育的方式进行。另一部分特殊性、情境性的知识则应由从业人员进入工作情境获得。获得的方式包括观察、在岗教育、自学、师徒制等。

八、行业知识的形成:内生与外生知识的互动

行业知识主要存在于服务业和文化创意类产业的从业人员知识结构中,包括两大部分内容:行业发展趋势与行业惯例。行业发展趋势是对一个行业发展现状的分析与未来的预测,它以两种形态存在:一种是外生性的行业发展趋势。即通过外在信息(如行业年产值、行业从业人员平均年薪、行业从业人员晋升路径、行业得到的政府资源、行家给出的基本判断等)得到的趋势判断结论。这种信息是显性的、外在于个人经验的,可以通过不同渠道获得。在缺乏行业从业经历的人群中,外在信息是判断行业发展趋势的主要渠道。另一种是内生性的行业发展趋势。内生性行业发展趋势是在吸收外在信息的基础上,以就业、交易等形式深度参与行业运作,深耕行业基层而做出的对行业发展趋势的判断。这种趋势与第一种的区别在于个人经验的加入。当个体以当事人的身份参与到行业发展过程中时,他会获得最真实、最前沿的行业发展信息,这些信息可能与外在信息相同,也有可能与外在信息相异。每个人都有可能基于相同的信息而获得不同的感受。内生性行业发展趋势具有更多的隐性特征,它融入了个人对行业独特的见解,体

现了个体诸多的人格特质（如期望、性格、看问题视角等）。内生性的行业发展趋势可以通过言说的方式转化为别人的外生性行业发展趋势，也就是"行家给出的基本判断"（见图 6 - 5）。

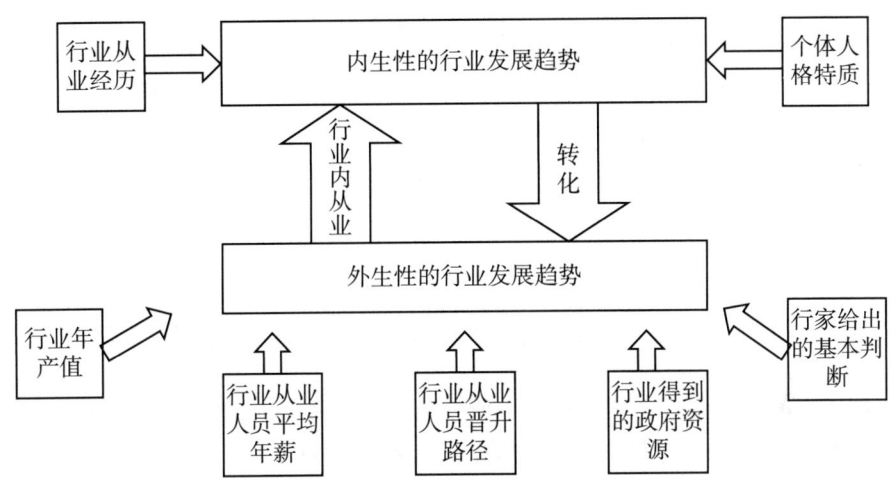

图 6 - 5　两种行业发展趋势知识的关系

　　两种不同的行业发展趋势也有着不同的形成机制。外生性的行业发展趋势主要以陈述性知识为主，通过一系列数据、信息、政策文本等的呈现即可获得。而内生性的行业发展趋势则需要依靠一定的行业从业经历。从业人员需要在行业的相关岗位中接触大量的人员、信息，并结合自身获得的薪资、社会地位等感觉而获得个性化的行业发展趋势知识。尽管这种知识是可以被言说和传播的，但是这种知识蕴藏着个人对行业发展的独到见解，是个人价值观、世界观、性格等的体现，所以知识的细节很难被完全复制，具有较强的个人色彩。

　　行业惯例同样具有两种形式，一种是成文的行业惯例，即在法律或双方合同中予以确认的行业通用习惯。另一种则是行业内不成文的惯例，有时也被称为"行业潜规则"。"潜规则"是一种在某一领域内存在实际约束力的非正式制度。行业潜规则呈现出非正式、隐性的特点，是产业内的共同知识，隐匿于产业外部[1]。有些行业潜规则仅限于行业内部的工作需求，与正式制度不构成相互抵触的效果。但部分行业的潜规则具有显著的负外部性，与正式制度互不相容。例如，快递行业内的"先签字后拆包"与《邮政法》中"先验货后签收，签收时用正楷书写清晰"的规定相抵触。

────────────

　　[1]　刘曼琴、于达：《行业潜规则的形成与规制：基于演化博弈的分析》，载于《产经评论》2014 年第 6 期，第 104～112 页。

　　了解行业惯例的方式也会因惯例存在形式的不同而有所不同。如果是成文的行业惯例，则可以通过文字、言语等方式直接传递。但如果是不成文的行业惯例或潜规则，则必须要通过在岗位情境中获得。因为这种惯例是非正式、隐性的，尽管在某种程度上可以通过言语或文字的形式获得，但是由于可能存在与现行正式制度相抵触的情形，所以只有在从业人员进入行业内的核心圈，成为行业利益相关者后方可获得。此外，对这些惯例的深层次感受与评价也必须要结合真实的工作过程进行，惯例的使用也必须要根据情境进行判断。在一些领域，约定俗成的规定由于缺乏成文规定的公共效力，而可能会面临被挑战的境地。故行业惯例的习得必须要结合工作情境。

九、素材库知识的形成：知识的个性编码与长时记忆的形成

　　创意产业从业人员在工作过程中所使用的"素材库知识"，本质上是一个按照一定方式对生活经验进行编码而形成的编码库。在这个编码库中，每个人按照自己的方式将日常学习和生活中得到的各类经验进行筛选、编码，而后进入长时记忆，形成具有个性化特征的编码库，以方便日后的使用。所以素材库知识的形成可以被看成是信息从感觉记忆到短时记忆，再到长时记忆的一般过程。而素材库知识的使用也可以被视为是一种记忆提取的过程（见图6-6）。

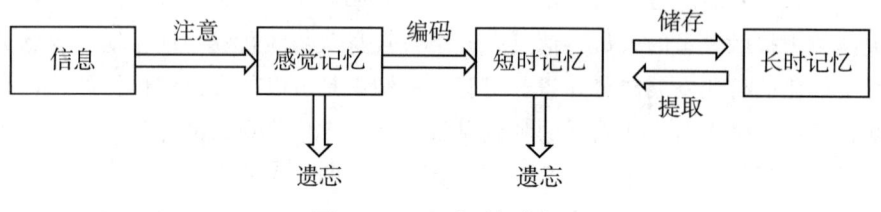

图6-6　记忆的过程

　　如果从这个角度来理解素材库知识的话，那么素材库知识的形成可以遵循以下几点建议：（1）复述有利于有价值素材进入长时记忆。当记忆得到练习时，它的强度以幂函数形式增加。对于那些个体认为有价值的素材，无论是生活经历、图片、语音、文字等，都可以通过复述的形式予以强化。（2）有价值素材的复述应该注重意义而非细节。因为决定短时记忆进入长时记忆的重点在于加工材料的深度[1]。（3）对材料进行有意义的精细加工可以改善记忆质量，那么对于有价值的素材而言，如果能够将一些关于该素材的补充信息一并加工和记忆，则有利于

---

[1]　约翰·安德森：《认知心理学及其启示》，人民邮电出版社2012年版，第164页。

该素材的保存。（4）认知心理学关于记忆的实验还发现，包含提出问题和解答问题的学习技术能够改善对教材的记忆①。这也为素材库知识的学习提供了一个新的启示：素材的搜索与保存可以围绕问题的解决来进行。如果我们能够对个体提出一个线索，或者问题，那么这就相当于给个体一个"锚"。这个锚将使学生围绕解决问题来搜集素材，这样某些素材间的联系，以及学生对一些素材的理解将更为深刻，从而更有利于个体形成稳定、丰富的素材库知识。

但是，素材库知识的形成并不仅仅是从感觉记忆到长时记忆的一般过程。素材库知识还涉及个体对知识的编码方式、个体对信息的发现与捕捉等（见图6-7）。因为每个人的生活经历各不相同，同样的事物在不同的人眼中具有不同的价值，它存在于记忆里的形式和数量也各不相同。所以从某种程度上讲，素材库知识的形成比较强地依赖于个体的兴趣爱好、世界观、价值观、人生经历、逻辑思维以及一定程度的生理基础。但也正是如此，后天教育对个体素材库知识的建立也会产生十分重要的影响。可以说，个体素材库知识在很大程度上受到个体周遭环境的形塑。所以为学习者提供丰富多元的环境体验，鼓励学生在生活与特定情境中发现素材就显得格外重要。

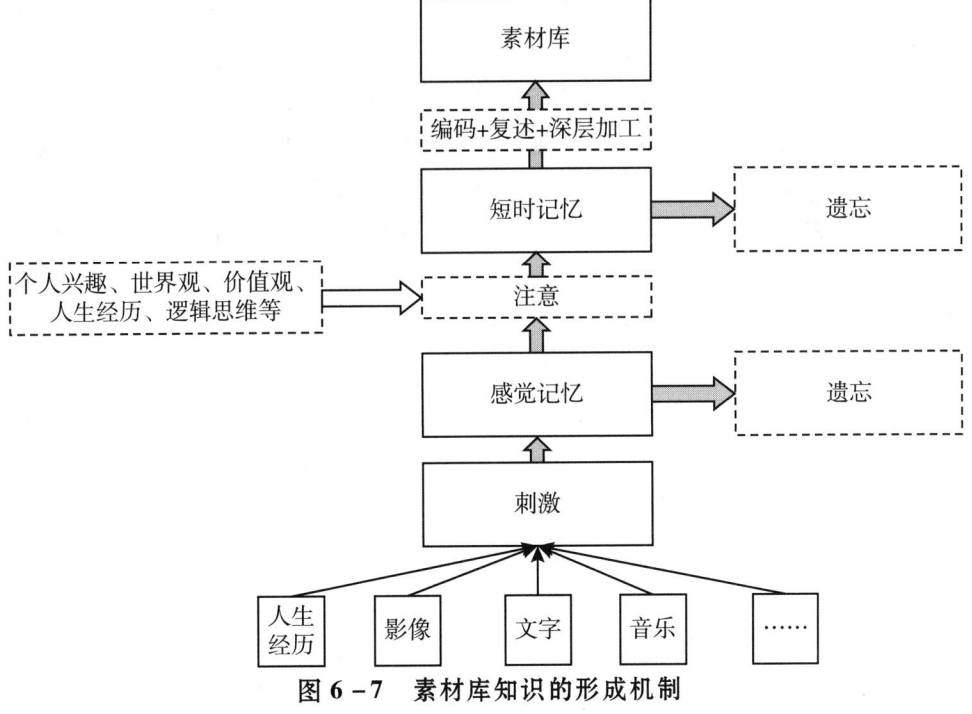

图6-7 素材库知识的形成机制

---

① 约翰·安德森：《认知心理学及其启示》，人民邮电出版社2012年版，第181页。

十、个性化创意知识的形成：个体、环境与文化的多因素作用

能力观下的个性化创意知识即为创造力。而关于创造力的培养，尽管心理学、美学、神经科学、教育学等领域对创造力培养的讨论由来已久，但至今并未形成业界统一的结论。这是因为个性化创意知识主要是内隐的认知而非外显的行为①。即使已有的关于创造力的测评量表也只能对创造力的一小部分认知性内容进行测量。而创造力的培养仍然缺乏丰富且有力的实证证据。但这并不妨碍我们从其他角度审视个性化创意知识的形成。实际上，斯滕伯格、皮亚杰、维果茨基、陶行知、钱学森等中外学者都提出过关于创造力培养的相关理论。一些理论与实验的研究结果为我们促进个体个性化创意知识的形成提供了有价值的建议。

（一）斯滕伯格的创意形成"六因素论"

斯滕伯格在其著作《创意心理学》中列出了六个影响创意运作的因素：智力、知识、思维风格、人格特质、动机与环境变量②。其中：智力是创意的基础，智力的作用体现在顿悟（选择性编码顿悟、选择性整合顿悟、选择性比较顿悟）、问题解决等方面。知识是创意的翅膀。斯滕伯格区分了正式知识与非正式知识。正式知识（学科知识）的作用体现在推陈出新、逆向思考、完善创意、集中精力与捕捉偶发事件。阿玛比利（Amabilie）③；与基尔古尔（Kilgour）④ 的研究也证明了领域知识对于创造力的重要性。非正式知识来自人们生活、工作、人际关系以及观察他人对外界环境的反应过程，它会影响日常生活、工作以及学习中的创新表现。思维风格决定创意方式。思维风格具有极强的个性化特点，但是它也是社会化的结果。思维风格是不断变化的，也是可以通过学习获得的。创意产生需要一些基本的人格特质，如面临困难坚持不懈、愿意承担风险、愿意成长、容忍不确定性等。动机是创意的驱动力。还有一些影响创意的环境变量，如工作环境（充满创意线索的工作环境有利于创意）、任务约束（适当约束的任务有利于创

---

① John，F. F.、周林：《创造性思维与创造力培养的概念》，载于《心理学动态》1993 年第 3 期，第 34 ~ 40 页。

② 斯滕伯格：《创意心理学》，中国人民大学出版社 2009 年版。

③ Amabile，T. M. Attributions of Creativity：What are the Consequences？［J］ *Creativity Research Journal*，1995（4）：423 – 426.

④ Kilgour，A. M. The Creative Process：the Effects of Domain Specific Knowledge and Creative Thinking Techniques on Creativity［D］. Unpublished Doctoral Dissertation，University of Waikato，2006.

意）、评价（为人所知的评价有利于创意）、竞争（一定限度压力的竞争有利于创意）、合作（合作往往会限制创意的迸发）、家庭氛围（拥有智力性刺激的家庭有利于创意能力的培养）、角色榜样（观察和仿效具有创造力的榜样有利于创造力的培养）、学校氛围（开放的教育环境有利于创造力的培养）、组织氛围（公司强大的等级制度与创造力呈负相关）、社会氛围。此外斯滕伯格认为创造力是个体与社会的一种交互作用，创造力的质的飞跃并不是某一种特质的突出，而是各种资源的协同合作。

（二）维果茨基的"文化—历史"理论

根据维果斯基的文化历史理论，创造力是人类固有的天性，它是最重要的活动，因为它是意识、思想和语言的表达。作为人类生存条件的内在因素，创造力需要在其社会历史维度中加以理解。换句话说，从维果斯基的观点来看，所有的精神活动都发生在与人类社会历史的调解中。正是这种调解，促成了创造力、主体性和精神世界本身的内在的融合，揭示了它的所有历史和社会潜能。创造力是主观的最高表达。所有的天才、发明家都是时代与环境的产物。它们的创造力来源于之前的社会发展需求，并依赖于社会和文化环境中存在的可能性[1]。意识和主体性，以及概念的发展，是内化过程的结果，最终以创造性的生活情感体验而告终。在维果茨基看来，创新想象是一种毕生发展的能力，只有到成人期才达到成熟水平。丰富学生经验、鼓励学生想象、积累想象素材、注重兴趣培养、尊重发展水平可以被视为维果茨基培养创新能力的几点建议[2]。教育的意义在于通过创立最近发展区，让学生与成年人或更有经验的人的互动交往，促进社会和个人、环境和经验之间跨越彼此的界限而实现融合。

（三）多元文化与经验理论

一些学者考虑多元文化与个体经验的因素，以探索文化与经验的多元性对创造力的影响。而很多研究也的确证明了多元文化与经验对创造力有正面影响。文化是一把"双刃剑"。一方面，它由一套常规的学习惯例组成，帮助社会中的个人协调他们的社会行为[3]。另一方面，当一个人沉浸在一种文化中，这种文化的习得惯例和传统知识可能会限制他创造性概念的扩展。先前的知识和高不可及的

---

① Piske, F. H. R. & Stoltz, T. O. Desenvolvimento Afetivo de alunos Superdotados: Uma contribuição a partir de Piaget [J]. Schème: Revista Eletrönica de Psicologia e Epistemologia Genéticas, 2012 (4): 149 – 166.

② 庞维国：《维果茨基的创新观述评》，载于《全球教育展望》2010 年第 4 期，第 21～26 页。

③ Chiu, C. Y. & Hong, Y. The Social Psychology of Culture [M]. New York: Psychology Press, 2006.

榜样是想象力和创造性扩展的一个主要制约因素。多元文化的经历也是一把"双刃剑"。当个体遇到外来环境时，他们可能会经历文化冲击，在缺乏熟悉的语言、食物和行为规范的情况下，感到焦虑和迷失方向。[①]。虽然文化冲击有其阴暗的一面，但一旦最初的困难适应阶段过去了，它也可以提供一个很好的机会来获得新的视角，进而处理各种各样的生活任务和学习新的思维方式。文化可能限制创造力，而多元文化的体验可能会促进创意的扩展。梁（Leung，2008）发现多元文化体验的广泛性与创造性的表现（顿悟学习、远程联想和创意生成）、创造性支持的认知过程（对非传统知识的检索，从不熟悉的文化中寻找创意的想法）有着积极的联系[②]。陈（Cheng，2012）则指出了多元文化影响创意的内在机制：即感知到两个平行文化间的距离，并启动比较思维模式。他通过实证研究证明：当个体被曝光于较高层次感知文化距离之中时，他们在具有创造性的洞察力任务中表现得更为出色。当足够的文化距离与不同的处理思维方式结合在一起时，就能捕捉到更好的创造性结果[③]。多元文化与经验理论对个性化创意知识形成的启示在于，我们应该为学习者提供多样的文化氛围与学习环境。这种环境既可以是学习者个体的日常生活环境，也可以是由学校或社会塑造出的特定文化环境。单一的教育氛围并不有利于学生个性化创意知识的形成。

很多国内学者也针对学生创造力的培养从教育的角度提出了建议，例如，林崇德认为培养创造性人才的关键在教育，而教育应从以下三个方面入手：环境、师资队伍与学习习惯[④]。在职业教育领域，也有学者认为学校与校企的合作行为对参与校企合作的学生的创造力有显著影响[⑤]。此外，双语能力（Hangeun Lee，2011）[⑥]、压力（Domínguez and Elena Sanandrés，2013）[⑦]、运动（Tomas Kačerauskas，2015）、全球化（Frauke Sabine Sande，2016）[⑧] 等因素也被认为与创造

① Ward，C.，Bochner，S. & Furnham，A. *The Psychology of Culture Shock*［M］. London：Routledge. 2001.

② Leung，A. K.，Maddux W. W.，Galinsky，A. D.，& Chiu，C. Multicultural Experience Enhances Creativity：The When and How［J］. *American Psychologist*，2007（3）：169 – 181.

③ Cheng，C & Angela，K. Revisiting the Multicultural Experience – Creativity Link：The Effects of Perceived Cultural Distance and Comparison Mind – Set［J］. *Social Psychological and Personality Science*，2013（4）：475 – 482.

④ 林崇德：《培养和造就高素质的创造性人才》，载于《北京师范大学学报》1999 年第 1 期，第 5 ~ 13 页。

⑤ 徐小英：《校企合作教育对技能型人才创造力的影响研究》，武汉大学博士学位论文，2011 年。

⑥ Lee，H. & Kim，K. Can Speaking More Languages Enhance Your Creativity? Relationship between Bilingualism and Creative Potential among Korean American Students with Multicultural Link［J］. *Personality and Individual Differences*，2011（8）：1186 – 1190.

⑦ Domínguez，E. S. Work Stressors and Creativity［J］. *Management*，2013（4）：479 – 503.

⑧ Sande，F. S. Globalization as a Risk Factor for Creativity and Innovativeness［J］. *Ekonomski Vjesnik*，2016（1）：177 – 192.

力之间呈现正或负相关。① 至此，我们可以围绕个性化创意知识的形成提出以下几点结论：

（1）个性化创意知识是极具个性特点的知识，它的形成是一个长期的过程，伴随着年龄的增长而不断成熟。所以个性化创意知识的培养不是一个静态的过程，应将其置于动态的、贯穿教育与工作的全过程之中。

（2）个性化创意知识的培养部分取决于先天因素，如智力，但后天因素对个性化创意知识的形成具有更大的影响。这种影响包括环境、性格、思维方式等。尤其是环境因素内容复杂，影响深远。

（3）知识，尤其是正式知识（或称学科知识）对于创造力的培养而言至关重要。此外，我们还应该重视非正式知识的习得，例如，鼓励学生多交流、研讨、观察等。学校教育过程中应通过不同方式激发学生创意知识的形成，如变换刺激、抽象编码、形象编码、逆向法等。

（4）应为学习者提供多样化的文化情境。

（5）通过具有较为明确目的的任务以提升学生创造力的表现。

（6）为学生提供拥有个性化创意知识的优秀榜样。企业师傅、学校教师、出色或知名的从业人员都可以作为榜样发挥效应。教师、企业导师等应在学习者的最近发展区中扮演关键角色，帮助学生在最近发展区中实现个人、环境和经验的融合。

十一、工艺技术知识的形成：经验体系的默会传递与理论体系的编码扩散

制造业从业人员所使用的"工艺技术知识"是将想法、理念、设计转化为实物、产品的过程，是理论与实践的过渡步骤，是"表征产品形成过程中技术系统诸要素和各子系统之间结合方式及运作状态的质和量的规定性"②。它是对元素及其结合方式的规范，是一种方法型知识。那么它的生产、表达与传输必定会受到所规范要素的影响。由于生产技术、消费市场、产业形态等因素的影响，不同时代工艺技术知识的表达、生产与学习是各不相同的。

（一）经验体系下的工艺技术知识的传播

中国的知识体系，一类是以文字为媒介的知识体系；一类是通过行为方式或

---

① Kačerauskas, T., Tamošauskas, P. Sport as Factor of Creativity [J]. *Filosofija. Sociologija*, 2015 (1): 64 – 71.

② 杨丽娟：《试论工艺的本质》，载于《自然辩证法研究》1994 年第 8 期，第 44~49 页。

其他非文字记录方式传播和传授的知识①。手工业生产时期的工艺技术知识主要是通过心口相传的师徒制进行。工艺技术知识的内容主要包括手工艺产品制作过程中的材料、工艺和形态等方面的专门知识，器物的选择、使用、维护、保存等社会生活常识，以及与之有关的品质、规格、配置和传说故事等方面的内容。杰克博（Jacob，2010）研究了中国古代与近代的造纸工业，认为当时的中国工匠中有经济价值的知识都是口头和默会的，并没有诉诸文字。这些知识被物理地储存在从业者的手中和思想中，只有通过学徒的形式才能被转移到另一个人身上。学徒学习的过程是在经验丰富实践者的指导下的漫长过程，掌握一门手艺与学习社会角色是无法分开的。那个时期造纸技术的传播，要么通过技术工人的迁移，要么通过对商人提供的样本产品的逆向工程②。彼时工艺知识的再生产内嵌于特殊的自然、社会和象征环境，很难并且没有必要转化为书写知识，记载工艺知识的文本更关注道德价值的宣传而非技术传递。这种工艺技术知识传播的方式实际上仍然在现代工业中得到使用。使用的情境包括两种：一是一些手工艺产品制作领域。如遂宁青堤菜刀的手工制作工艺就是企业或个人长期积累下来的生产经验。二是现代制造业中工艺理论知识的应用领域。例如一些工艺理论知识在直接应用到实践过程中时可能会因为操作环境、材质、生产机器等原因而出现误差，那么就需要操作者根据经验对原有的操作工艺进行适当的调整。这两种工艺知识是体现在员工头脑中的，其生产和传递是隐性的、默会的。

（二）理论体系下的工艺技术知识的传播

随着制造业生产理念、生产组织方式、工具、对象、设备、技术的不断发展，尤其是对精密制造、高端制造、大规模个性化定制等需求的不断提升，工艺技术知识也由过去的经验体系逐渐过渡到理论体系。其传播的介质也由过去的行为等非文字转译至文字形式。产生这种转变的一个关键因素在于科学知识对技术的影响。19世纪中叶后的第二次工业革命使得科学走在了技术发展的前面并成为技术发展的先导，开启了从近代工业技术向以科学为基础的现代技术的根本转变③。究其原因，是由于当时工业领域所面临的技术课题已经十分广泛和复杂，单凭娴熟的工艺，对于解决这些课题来说也已无济于事。因此，为了实现一系列

---

① 徐艺乙：《手工艺的传统——对传统手工艺相关的知识体系的再认识》，载于《装饰》2011年第8期，第54~59页。

② Eyferth, J. Craft Knowledge at the Interface of Written and Oral Cultures [J]. *East Asian Science, Technology and Society: an International Journal*, 2010 (2): 185–205.

③ 李政：《职业教育现代学徒制的价值审视——基于技术技能人才知识结构变迁的分析》，载于《华东师范大学学报（教育科学版）》2017年第1期，第54~62页。

技术上的突破，便只能求助于近代科学理论，只能让各种掌握了专门知识的科学家、工程师来充当主要角色①。工艺知识中的材料、工具、流程等知识都已经通过工艺文件、电子文档等形式保存下来，并在一定范围内以显性的方式进行传播。现如今，由于工艺知识越来越成为企业核心竞争力的重要组成部分，企业更加注重工艺知识的管理，基于面向对象等理念，通过开发管理系统以对企业的工艺知识进行管理、保存和调用。这种管理一般都是通过对工艺知识进行编码、分类的方式，将工艺知识以合理的架构存储起来，并通过一定的规则实现快速调用。图6-8显示了一种工艺知识表达的模型。这些模型应用了一阶谓词、产生式规则、框架、语义网络、本体等方式表达工艺知识，使得工艺知识被充分编码成可以被检索的"显性知识"。

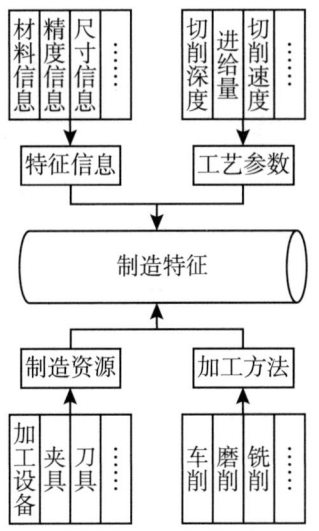

图6-8 一种工艺知识表达的模型

资料来源：吴涛、张振明、耿俊浩：《基于制造特征的工艺知识管理技术研究》，载于《中国制造业信息化》2011年第7期，第5~7页。

所以，工艺技术知识的形成方式取决于知识的类型。对于那些可以由文字与语言直接表征的工艺理论知识，是可以通过文本理解与传授的方式获得的。例如，各种材料的特性、工具的特点、工艺基本流程、各种加工方法等。这些知识以技术原理知识作为支撑，具有较强的结构性、科学性。在工作过程中，这些知识能够直接影响工人的操作。例如，工件加工过程中需要达到的精度和

---

① 周友光：《"第二次工业革命"浅论》，载于《武汉大学学报（社会科学版）》1985年第5期，第103~108页。

粗糙度，就受刀具刃磨、装夹角度的影响。如何确定切削用量也需要依靠主轴转速、进给速度、切削深度等参数①。这些都是工艺理论知识的内容。但是对于经验体系下的工艺技术而言，如何根据实际情况调整已有工艺，如何在纯手工制造的环境下习得工艺，这些都不能通过知识教学的方式获得，而应该在实际操作当中获得。而且，这种习得的过程是十分漫长的，在职业技能准备阶段无法完成，需要延长至职业技能的发展与成熟阶段，甚至贯穿从业人员从业的全过程。

实际上，理论体系与经验体系下的工艺技术知识是"一体两面"之关系（见图6－9）。任何一种工艺技术知识都可以以显性的知识进行表述。但是显性化的过程中可能会丢失隐性的内容，或者显性、稳定的知识在不同的情境中得到的效果会有所差别。这时就需要经验体系下的工艺技术知识的参与。尤其是对于那些精密加工企业而言，经验体系下的工艺技术知识有时会决定产品的成败。这种知识高度集成和寓居于从业人员的身体和大脑之中，从而决定了高技能人才在制造业转型过程中的社会与经济价值。

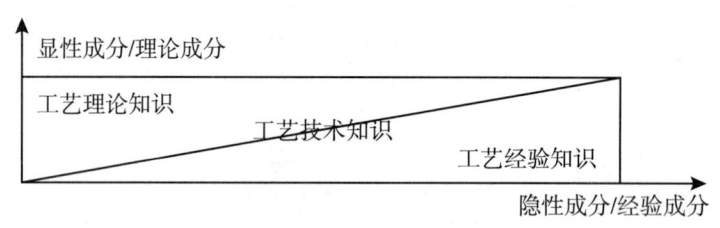

图6－9 工艺技术知识的"一体两面"结构

十二、区域性服务知识的形成：地方知识的"双边缘"获取

区域性服务知识的本质是地方知识（Local Knowledge）。② 地方知识就是得到当地检验、能够解决当地问题、且得到当地认可的知识。例如，区域政策就是基于区域内遇到的实际问题，在一定的法律框架内制定的地方知识。这种知识的目的是解决当地问题，并通过问题的解决而得到地方认可。巴战龙（2009）根据对某乡村社区中地方知识的研究，认为乡村知识可以分为类官方知识、大众知识与传

---

① 黄永娜：《论职业技术教育中工艺理论学习的重要性》，载于《广西轻工业》2010年第3期，第146～147页。

② 注：Local Knowledge本身有多种翻译，如地方知识、地方性知识、本土知识、在地知识、当地知识等。本书取"地方知识"译法。这种译法强调了知识的源头与使用情境——地方，比较符合本书中"区域性服务知识"的本质属性。

统知识。类官方知识主要由国家利益的代理机构和代理人在乡村社会持有、传播、解释和实践的知识。大众知识是主要由活跃在乡村社会舞台上的大众等持有、传播、解释和实践的，有明显的追求主流文化价值的倾向，但是有时又掺杂了社区传统的解释和道德判断。传统知识是主要由社区的年长一代持有、传播、解释和实践的，涉及社区的历史与族群、生计方式、风俗习惯等的传统解释和实践过程①。基于这种划分方法，区域基本情况属于类官方知识，区域民俗与文化可视流行与接收范围归属于大众知识或传统知识。至于区域政策，就政策文本而言属于类官方知识。但是由于政策制定与实施的过程均会受到区域内人、事、物的多方面影响，所以可能会出现公共政策执行与制定间出现偏差的结果。它主要体现在以下两点：（1）公共政策的目标与实施的真实效果可能存在差距，出现"上有政策、下有对策"的现象。（2）区域上级制定的政策，在落实到区域时进行了调整。有学者将这种现象称为"政策再制定"。以教育政策为例，一个地区教育在发展过程中形成的内部规则和作为国家制定的行政性法令式外部规则往往产生冲突。基层官员有着政府官员和群众利益代表的双重身份，在执行政策过程中必然要处理这种冲突，从而对政策价值、政策目标、政策标准等进行解释、调整或修改②。上述两种现象及其导致的结果并不能作为类官方知识的形式予以解读，而应该被理解为是一种"大众知识"，因为政策执行的偏差，或对政策进行适当修改，实际上是反映了大众的"主流声音"。

　　理解区域政策、区域基本情况与区域民俗文化知识的性质十分重要。因为这决定了个体形成这些知识的基本机制。可以看出，区域政策（制定与执行层面）与区域民俗文化知识深深地扎根于地方实践，这些知识很难通过文字的形式直接传达，因为它是"一种非语言的认知，它从与某人、某个地方或某一事物的互动中演变而来"③。它的产生与运行体现了当地人的"文化信念"④。而文化信念是难以言明的，需要用经验与时间去感知。即使是具有类官方性质的区域基本情况，也是处于不断变动和发展的过程之中，深受区域经济、政治、文化、社会发展的影响。所以总的来看，三种区域性服务知识的最大特点就是"扎根性"。

　　但是"扎根性"并不意味着地方知识就是缺乏科学性与专业性的知识。格林伍德和莱文（Greenwood and Levin，1998）将地方知识划分为"日常知识"（eve-

---

①④　巴战龙：《地方知识的本质与构造——基于乡村社区民族志研究的阐释》，载于《西北民族研究》2009 年第 1 期，第 160～165 页。

②　江凤娟：《基层官员政策再制定：规则的冲突——以中小学布局调整政策执行为例》，载于《教育学术月刊》2013 年第 2 期，第 78～83 页。

③　Hafner，K. In Real Life's Shadow，Virtual Life Can Pale［J］. *The New York Times*，1999：10.

ryday knowledge）与"学术知识"（scholarly knowledge），后者是在学院里建立的科学知识，而前者是源于对特定情境事件的实际推理。但是，正如格林伍德和莱文指出的那样，当地的知识系统也是复杂的、差异化的和动态的。换句话说，地方知识是情境性的，但这并不意味着它必然缺乏专业性。地方知识的价值在于其体验语境，也正是这种语境，使其与学术知识具有了同等的专业化特征①。地方知识与普遍知识之间的区别无非是经验证据的多寡、解题能力的大小、认可程度的高低。普遍知识在本质上就是地方知识的自我超越②。所以当我们审视区域性服务知识时，我们会看到很多一线从业人员大量地利用区域性服务知识来提升服务品质。因为这些服务知识扎根区域内的人、事、物，内部充满着地域特色与人情世故，是上文所提到的"文化信念"。服务是心灵契合的活动，那么服务的过程也必须要遵循"文化信念"的基本特质。它的科学性体现在与情境的契合性，是一种"在地的"科学。

那么这种兼具"扎根性"与"专业性"的知识究竟应该如何形成呢？德沃拉·亚诺（Dvora Yanow，2004）③ 提供了一个地方知识获取与分享的模型。他研究了复印机修理商和社区合作组织这两个案例，在"复印机修理案例"中，研究人员发现复印机的技术人员在维修机器时，必须要首先了解机器的主要使用人是谁。因为这样可以让技术人员从过去的使用经历中了解机器的使用情况，并循着这条主线摸索机器可能存在的问题。这些经验后来无意识地成为公司宝贵的技术乃至战略财富。在"社区合作组织"案例中，研究人员研究了一个通过在当地提供非正规教育、社会与娱乐服务来实现社区发展的以色列政府级组织。他们发现这个组织的工作人员中有一个由本地居民组成的小团队。这个团队被安置在每个社区内部，目的是了解所在社区及居民。他们的作用是建立组织与民众间的沟通桥梁关系。这些成员每天都会在大街上与居民互动，了解社区内部每天发生的事情。从这两个案例中，研究人员认为他们的共同之处在于组织本地知识。这些知识是由组织内成员在组织内的科层结构与地理位置上的平行结构中习得的。这些成员超越了组织的边界，来到当地实践环境中与客户或社区内其他成员互动。有学者将这些在组织内与地域间穿梭交叉的成员称为"街道级官僚"④。他们在组织制定和支持的约束下与客户进行互动，构成了组织面向公众的"脸面"。而且这些人通常是组织中最低级别的工人，他们所执行的任务也通常是直接提供产品

---

① Greenwood，D. J. & M. Levin. *Introduction to Action Research* [M]. Sage，Thousand Oaks，CA，1998.

② 安维复、郭荣茂：《科学知识的合理重建：在地方知识和普遍知识之间》，载于《社会科学》2010年第9期，第99~109页。

③ Yanow D. Translating Local Knowledge at Organizational Peripheries [J]. *British Journal of management*，2004（S1）：9-25.

④ Lipsky M. *Street - Level Bureaucracy* [M]. Russell Sage，New York，1980.

或服务的任务。基于此，德沃拉·亚诺（Dvora Yanow）开发了一个"双边缘"（the double periphery）的模型用来描述当地知识的习得与使用（见图6-10）。

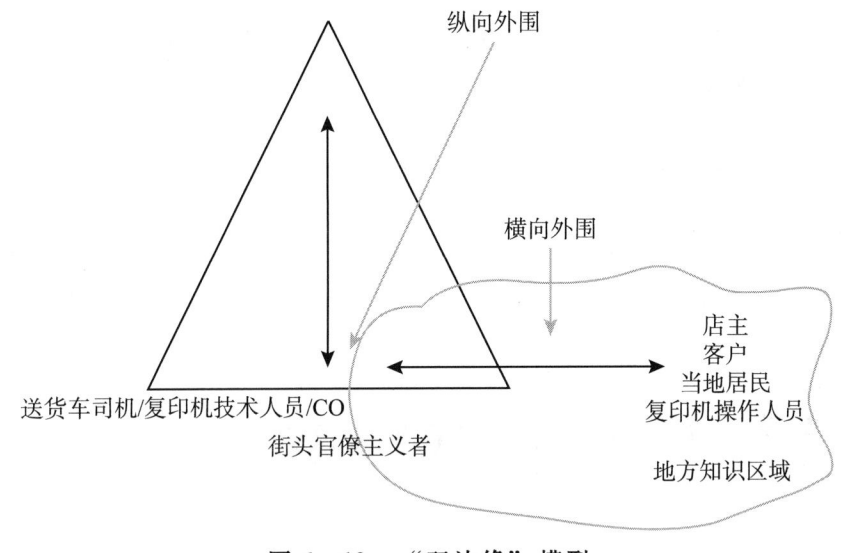

纵向外围

横向外围

店主
客户
当地居民
复印机操作人员

地方知识区域

送货车司机/复印机技术人员/CO
街头官僚主义者

图6-10　"双边缘"模型

　　在这个模型中，一线从业人员在组织边缘的两个维度上移动，游走于两个组织的交界处。在垂直方向中，它们位于组织的底层，远离组织的权力中心（因为这些组织架构主要按照官僚价值分配）。在水平方向，他们跨越组织边界向组织外部移动，他们与非组织成员（如客户）在地理边界相交。这些人员在水平方向上获得了地方知识后，将其"翻译"（translate）成组织内语言，向组织内的官僚体制上方传递。相反，他们也会接受权力中心下达的指示，并将其"翻译"成组织外的语言向外界传递。这种"翻译"实际上也是一种实践技能，是两种文化间的传递技能。这种翻译涉及"专家"知识与"本土"知识间的转化，而这种翻译的重点并不在于直接转化，而是要在特定文化的目标语言中找到正确的词，以合适的方式在特定的情境中表达出准确的含义。

　　这个模型从侧面揭示了"地方知识"的习得与使用机制主要表现在以下两个方面：（1）由于"地方知识"具有与普通知识（或称为专业知识）不同的表达方式与使用情境，所以地方知识的学习必须要扎根到"地理环境"，也就是实际区域之中。在与区域内的要素（如客户、事物、环境）等的互动中，从业人员能够深入了解地方知识的生产、传递、表达与运作逻辑，建构出一套专属于区域的文化体系。区域政策的制定与实施、区域的民俗与文化，以及区域基本情况都属于这类文化体系的重要组成部分。这其中区域民俗与文化最能代表地域文化信念。（2）当提取出这种地方知识以后，从业人员从中选取最有价值的部分加以利用。这样，地方知识就从"地理边缘"跨入了"组织边缘"，进入到具有科层制体系的组织决策过程之中。

从后现代知识观的视角审视"地方知识"，可以得出这样一个结论：地方知识是指在具体地方情境中产生、理解和应用的知识，离开特定的地方情境，知识就不具有可理解的意义和价值。可以说，地方知识在当地情境下是适用的、容易理解的显性知识；而在当地以外的其他地方情境来说则是不适用的、难以理解的隐性知识①。因此作为组织内的、地域外的一线从业人员，必须要深入到地方情境当中，以成员的身份感知、捕捉和理解地方知识。地方知识的"相对显性"和"相对隐性"构成了地方知识学习的天然"屏障"。唯有扎根地方，方能获得；唯有在情境中感知，才能理解。

第三节　各类知识形成机制的特点

纵观三大产业从业人员使用的这十二种知识的形成机制，我们可以很清楚地认识到这样一个基本事实，那就是：这些知识的形成远不是一个时间段、一个学习场景、一个学习者、一位老师、一种途径就可以实现的。而且这些知识的形成并非各自孤立，而是相互嵌套的，一种知识的形成过程需要其他知识的参与，而且一种知识的形成也会促进另一种知识的形成。我们可以按照如下几个维度，深入探讨这些知识形成机制的特点。

一、发生空间：正规教育场所、非正规教育场所与非正式教育场所

（一）三个知识形成的空间及其"嵌套式"的关系

教育形态可以分为正式教育与非正式教育两类，其中正式教育又包含正规教育与非正规教育两种②。相应地，知识的形成主要存在于三个空间：（1）正规教育场所。正规教育是"分学科、分年级进行的有组织的'教育系统'，包括从小

---

①　舒钰、成良斌：《论新知识类型与传统知识类型的关系》，载于《哲学动态》2013 年第 1 期，第 94～101 页。

②　樊星星：《当代教育的三种形态及比较研究》，上海师范大学出版社 2016 年版，第 4 页。

学教育到大学教育。此外除了一般的学术学习，它还包括多种专门教学计划及机构，以进行全日制的职业性培训和技能培训"[1]。但无论是学术学习还是职业培训，它们都是以学历教育为根本特征的。我国现行的正规教育体系包括初等教育、中等教育和高等教育三个部分，相对应的场所就包括如小学、初等中学、普通高中、中等专业学校、职业高中、综合高中、技校、普通高校、职业高校等。所以，正规教育场所指的是开展系统性教育与职业培训的场所，主要是学校。学校作为正规教育场所的价值在于提供系统性的理论知识学习，以及仿真、模拟性的实习实训条件。（2）非正规教育场所。"非正规教育"指的是某类特定的受教育者在正规教育系统以外，以提高个人某种能力为目的，开展的有计划、有组织、形式多样的教育活动[2]。非正规教育的特点是有计划、有形和有组织的，但在时间上缺乏严格的系统设计。如职工技能培训、消防演习、卫生保健讲座等。非正规教育场所可以发生在校内，也可以发生在校外。但如果我们将学校视为一个整体的正规教育场所的话，那么对于一线从业人员而言，非正规教育场所可以被视为是提供非系统性教育与职业培训的组织、部门或单位。例如企业大学、短期培训机构、工作场所师徒式学习、社区大学等。（3）非正式教育场所。非正式教育是无组织无系统的，甚至有时是无意识的，它来源于我们的日常生活与工作经历。一场电影、一首歌、一段对话、一个网页、一种家庭氛围等都可以作为非正式教育发生的中介。所以非正式教育是一种时时发生的隐性教育过程，它缺乏一个固定的形态。在非正式教育环境中，人拥有时刻学习的资源、平台与机会。对于一线从业人员而言，由朋辈、教师、管理人员等组成的特殊的"学校人际环境"、家庭氛围、企业内部社会交际网络、企业外部环境、社会发展氛围、网络空间等都是有效的非正式教育场所。

可以看出，正规教育场所、非正规教育场所与非正式教育场所构成了一个同心圆的"嵌套"关系。如图 6 - 11 所示，最内侧的空间是以学校为代表的"正规教育机构"，学校的主要任务是以系统性教育的方式传授知识、授予学位，并承载育人功能。中间的圆形代表"非正规教育机构"。对于一线从业人员而言，非正规教育机构的职能在于提升技能水平、更新知识储备、践行终身学习。最外侧的圆形代表"非正式教育机构"。这个教育机构囊括了包括学校、培训机构、网络空间等在内的所有实体与虚拟场所。

---

① 胡森：《国际教育百科全书（第 6 卷）》，贵州教育出版社 1990 年版。
② 樊星星：《当代教育的三种形态及比较研究》，上海师范大学 2016 年版，第 6 页。

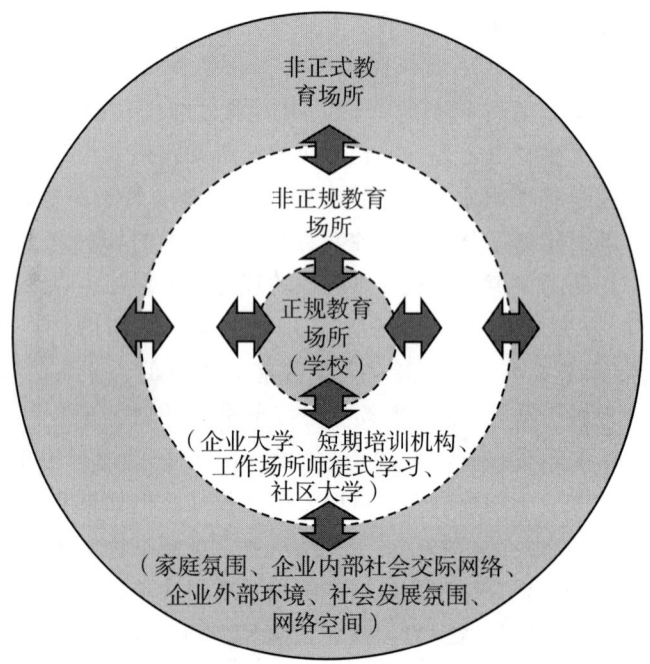

图 6-11　知识形成的三个空间及其嵌套式关系

（二）知识形成的多重空间参与及其启示

这种嵌套式的关系表明，知识的学习是一个多重空间参与的过程。例如：
（1）课堂中理论知识的学习主要是正规教育场所中的学习，但实际上也是非正式教育场所的学习，因为理论知识是人类知识积淀的精华部分，代表着人类智力活动的高级成果。学习理论知识实际上接受的是一种思考问题的模式和方向，以及对某一领域发展现状的感知。（2）学校除了拥有学历教育体系以外，还有众多的非正规教育活动，如讲座、实习、课外活动与培训等。这些伴随着正规教育一起发生，且对正规教育的进度和质量产生重要影响。（3）和一线员工进行师徒式的学习主要发生在非正规教育场所的工作场所，但是它同时伴随着非正式学习的过程，因为与师傅的互动过程包含着对工作态度、工作环境、人际关系的感知，因此，他们对工作过程更为信任，产生了对工作价值的感悟①。这个过程是非技能层面的学习，是更广层面的隐性学习，是工作场所作为社会环境的一部分所提供的社会性学习。

更重要的是，随着互联网的普及及对全民终身教育、终身职业技能培训制度

---

① Halpern. The Means to Grow up：Reinventing Apprenticeship as a Developmental Support in Adolescence [M]. NY：Routledge，2009：148-149.

建立的重视，每个圈之间的分隔也更为弱化。一些场所中会同时发生多种知识的学习（例如，非正规教育场所可以存在行业知识、工艺技术知识、操作技能知识的学习等），而且一种知识的学习也将同时贯穿多个场所（例如，素材库知识的形成包括正规教育场所、非正规教育场所以及非正式教育场所）。嵌套式的关系，以及不同学习场所间区别的弱化，有利于我们重新审视当前职业教育与技能培训中"场所分隔"所导致的学习割裂。当我们刻意强调学校、工作场所与社会间的区别，并在此基础上谈合作时，这种"合作"本身就已经违背了学习过程的基本规律。培养合格的一线从业人员，必须要实现三大场所间的联动与融合，破除过去人为设定的场域壁垒，形成互联互通的学习共同体。

二、发展阶段：前职业教育阶段、正规职业教育阶段、在岗工作阶段

所有知识的形成都经历了一个由浅入深、由表及里、由无到有、由少到多、由旧到新、由矛盾到调和的过程。一些研究成果也揭示了这个过程发展的步骤。如"职业入门教育、关联性教育、功能性教育和知识系统化的关联教育"四阶段理论[1]；"新手、高级入门者、胜任者、精通者、专家"五阶段理论；"高级新手、合格技术工人、熟练技术工人、高级技术工人"四阶段理论[2]。从知识形成的角度来看亦是如此。不同的知识进入学习者视野中的时间均不相同，同一知识在不同时间段也会有着不同的表征及内涵，而且很多知识一旦进入学习者视野后往往长期伴随其从业的生涯。我们以接受职业教育和就业为两个分割点，将知识的形成过程划分为三个阶段：前职业教育阶段、正规职业教育阶段、在岗工作阶段（见图6-12）。

（一）前职业教育阶段

这一阶段是学生接受学前教育和普通教育的阶段。由于尚未进入职业教育体系中学习，学生无法形成特定行业、职业或专业的知识体系。但是这一时期学生已经开始有意识地去探索职业生涯的概念，并开始尝试学习知识和技能以为未来的职业做准备。这一阶段大致相当于加里·德斯勒提出的职业生涯五阶段模型中的成长阶段（0~14岁）、金兹伯格的三阶段模型中的幻想期（11岁以前）。从知

---

① 赵志群、庄榕霞：《职业院校学生职业能力测评研究》，载于《职教论坛》2013年第3期。
② 庄西真：《技能人才成长的二维时空交融理论》，载于《职教论坛》2017年第34期，第20~25页。

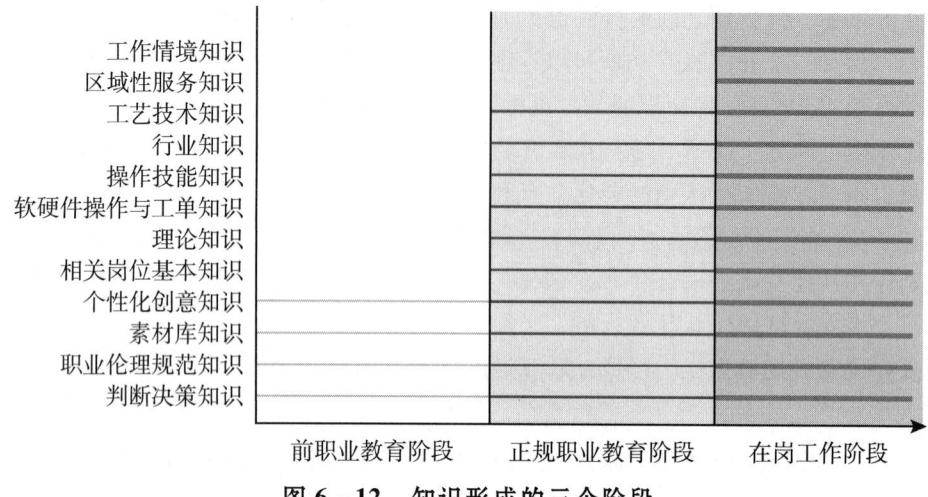

图 6 - 12　知识形成的三个阶段

识形成的角度来看，这一阶段有部分知识已经以特殊形式进入学习者的视野之中，如个性化创意知识、素材库知识、职业伦理规范知识等。但是这些知识并不是按照职业的逻辑（如工作任务）进行组织的，而是以碎片化的形式被关注和储存，且一些知识的表征缺乏准确性。但这些知识的重要性在于为后续进入职业教育系统内部提供知识学习的"抓手"，以便于后期认知结构"同化"与"顺应"的发生。

（二）正规职业教育阶段

这一阶段是学生接受学校职业教育，取得学历和学位的阶段，包括中等职业教育和高等职业教育（本科层次与专科层次）。在这一阶段，各类知识将在学校和工作场所两大空间，以理论学习和实践学习的形式进入学习者的学习范围。例如，学校提供理论知识、软硬件使用知识、相关岗位基本知识、工艺技术知识等的教学，并通过校内实训基地，或联合企业为学生提供实习实训环境。这一时期的知识尽管已经开始围绕职业的逻辑进行组织，但是由于缺乏真实工作情境，知识的验证、应用、完善等仍无法很好地达到应对复杂工作任务的标准。知识间缺乏良好的组织关系，基于良构问题所形成的知识特征使得学生只能以新手的身份胜任简单的工作任务。一些知识如工艺技术知识、行业知识等的内容与形式仍较为单一，无法有效地为岗位工作提供理论支撑。但这一阶段的价值在于帮助学生找到知识形成的逻辑主线，并通过 3~5 年的学习达到建构知识的基础，实现职业入门的目标。

（三）在岗工作阶段

这一阶段学生将以从业人员的身份进入真实工作岗位，应对更为复杂和多元的职业情境。而在学校教育阶段形成的知识特征将在这一阶段中得到进一步完善与发展。一些知识（如行业知识、职业伦理规范知识等）将以更生动和有效的形式进入学习者的视野；一些知识（如软硬件操作与工单知识、相关岗位基本知识、判断决策知识、操作技能知识）将在新的职业情境中展现出独特的价值与功能；一些知识（如素材库知识、个性化创意知识）将围绕更为明确的目标而获得和组织；还有一些知识（如区域性服务知识、工作情境知识）将以新知识的身份进入从业人员的知识结构之中；知识间的关系也将由过去松散的专业性联系转为紧密的职业联系，并围绕每一次的工作任务进行调用。知识将在内容和形式上不断丰富与完善，围绕更为复杂的工作任务所建构的知识特征也将更为复杂，最终将体现为具有个性化特征的"专家知识"。

三、形成途径：理论学习、实践操作、情境感知、要素模仿、项目实施

从业人员的各类知识主要通过五条途径获得和完善：（1）理论学习。通过理论学习，学习者可以高效率地获得所在领域长期形成的科学与经验知识，获得实践所必需的指导材料。各行业理论知识、工艺技术知识、操作技能知识等都需要通过理论学习的方式获得基础性知识。（2）实践操作。实践操作是从业人员获取实践知识的主要途径。理论习得的知识必须要通过实践操作的方式转化为工作行为。软硬件操作与工单知识、操作技能知识等都需要通过实践操作的方式获得。因为这些知识是个体借助工具，或凭借身体直接与对象接触，这种"具身性"的知识客观上要求实践性操作。（3）情境感知。情境感知将允许学习者通过与情境各要素间的互动而获得直观感受和隐性知识。这些知识是无法通过理论学习和实践操作直接获得的，因为情境的要素十分复杂，情境对人的工作所产生的影响也十分内隐。不同企业里的客户需求、设备布局、人际关系、工作制度等各不相同，这些要素将在无形中形塑员工的工作方式、心态、情绪、思维、习惯等。此外，实践操作所习得的知识也必须要结合具体的工作情境才能更好地得到应用。（4）要素模仿。模仿是人类学习的开端。它不仅是人类广泛和持续地进行的，而且也是与其他物种的环境接触和反应的最常见和持久的形式①。模仿学习不仅能够帮助学习者在大脑中迅速建构起行动、习惯、道德等的模式，还能够通过榜样的作用提升学习的动力。传统观点经常将"模仿"这个词与一个低阶的学习过程

---

① Byrne R. W. Imitation as Behaviour Parsing [J]. *Philosophical Transactions of the Royal Society B: Biological Sciences*, 2003 (1431): 529-536.

联系在一起①——在不知道如何或为什么的情况下复制活动，而不是通过高阶过程进行思维活动。然而，恰恰相反，模仿需要具备理解行为环境的能力，个体会将自己置于观察到的行动者的位置，并通过自己的身体产生和再现这些行为和实践②。因此，模仿不仅需要，而且可以促进更高阶的能力，模仿的要素有很多，如行为模仿、言语模仿、态度模仿、道德伦理模仿。有研究表明，在工作场所中，工作人员在报告学习职业技能的情况时，通常使用的都是与其他过程相互比较后的描述，如观察与倾听的机会（如"就这么做""就在那"等）③。这说明模仿无时无刻地存在于工作情境之中，发生于系统性教学活动之外。（5）知识间的整合是通过完成一个完整的项目实现的。当从头至尾完整地实施了一个项目以后，所有零散习得的知识将会按照项目完成的过程有机地组织在一起。因为一个完整的项目包括了"明确目标、设计、实施、验证"这些步骤，所有不同类型的知识将在这些步骤的各个环节中得到应用。知识间的关系，以及知识围绕工作任务所形成的组织逻辑也将通过项目的完成而明晰。项目实施是以上四条知识学习途径所习得结果的整合途径。

四、基本介质：文本、言语、行为、影音、氛围

各类知识的习得需要借助五种介质：（1）文本。文本信息充斥着从业人员学习与工作的始终。从学校教育阶段的课本到工作阶段的产品说明书、客户需求分析表，这些都是从业人员获取知识的重要信息。文本信息大量存在于理论知识、软硬件操作与工单知识、工艺技术知识之中，也部分存在于行业知识、素材库知识、区域性服务知识、工作情境知识等类型的知识中。但是在操作技能知识、职业伦理规范知识、个性化创意知识等类型中并不典型。因为文本传递信息的效果主要体现在显性知识之中。（2）言语。言语信息也是学习者获得知识的主要途径。教师的讲授、师傅的言传、与客户或同事间的日常互动等都是以言语作为介质的活动。言语既有可能单独发挥效果（如理论讲解），还可能和文本、行为等同时呈现并以整体的形式产生影响（如师傅讲解某个动作的要领并示范）。（3）行为。行为所传递的信息更为生动、形象与直接。因为行为往往伴随着结

---

① Byrne R. W. & Russon A. Learning by Imitation: A Hierarchical Approach [J]. *Behavioral & Brain Sciences*, 1988 (21): 667 – 721.

② Reber A. S. An Evolutionary Context for the Cognitive Unconscious [J]. *Philosophical Psychology*, 1992 (5): 33 – 51.

③ Billett S. *Learning in the Workplace: Strategies for Effective Practice* [M]. Sydney, Australia: Allen & Unwin, 2001.

果，结果会对行为产生正向的鼓励作用或负向的压制作用。所以根据行为主义和班杜拉观察学习理论的观点，人们可以通过内外因素作为刺激物，鼓励某种行为的重复出现，或压制某种行为的再次出现。此外，行为所包含的信息往往比语言和文本更多，因为行为是发生在特定情境下的行为，一个行为往往是态度、品质、智力等的综合体现。操作技能知识是通过行为这一介质习得的典型代表。此外，部分工作情境知识、软硬件操作与工单知识等也会通过行为习得。（4）影音。影音是各类影像、音乐等现代媒体的统称。MOOC 正是以影音作为学习介质的典型表现。影音作为学习介质的特点是数字化，它将一系列真实世界中的事物通过数字化的方式转化为可以由听觉与视觉感知的材料。它可以成为素材库知识的来源，也可以作为理论知识、工艺技术知识等学习与理解的中介。当影音技术与互联网、物联网、大数据、云计算、移动通信技术、高清显示技术、交互技术、智能技术、多维技术、可穿戴技术[①]等相结合时，它能为教育的内容与形式提供更多可能。（5）氛围。氛围包括硬件层面的环境，也包括无法触摸、需要凭借内心感知的气氛。工作情境知识、职业伦理规范知识、行业知识、个性化创意知识、判断决策知识等需要用到元认知和非认知元素的知识往往会借助氛围这一介质进行体验和学习。

五、行动主体：学校、企业、行业、地方、家庭、社会、政府

各类知识的形成是一个多主体参与的过程。除了学习者本身以外，还有很多其他主体以显性或隐性的角色和方式参与到个体知识特征的形塑之中。（1）学校。学校，或正规教育场所能够为学习者提供长时间、稳定的学习环境。这个学习环境是由教育管理部门、管理人员和教师创设的，并在保障学习者基本安全的前提下以去情境化的方式传授知识与技能的场所。它的优势在于连续性、稳定性、系统性与安全性。学校是理论知识学习的重要场所，因为这里有师资队伍、情报资源与学术平台。此外它还可以作为软硬件操作与工单知识、操作技能知识、判断决策知识、职业伦理规范知识等知识的入门学习场所。学校以去情境化的基本设定，通过讲授、情境模拟、良构问题解决等方式，为学生积累必要的问题解决的知识基础，为在工作场所的实习、实训乃至未来的真实岗位工作提供必要的理论知识支撑、操作自信心与规范流程指导。（2）企业。企业作为从业人员最主要的工作场所，能够为从业人员的知识提供验证、升华、创新与整合。所有

---

① 陈耀华、陈琳：《互联网 + 教育智慧路向研究》，载于《中国电化教育》2016 年第 9 期，第 80 ~ 84 页。

十二种知识都可以从企业这一工作现场中获得。传统的师徒制就是凭借师徒间围绕真实工作任务、在真实工作情境中进行知识传递。企业的优势之一在于存在大量非良构问题。这些非良构问题无法用学校习得的良构问题解决策略直接解决，它需要灵活地使用习得的策略，甚至需要创造出新的策略以解决问题。企业的另外一大优势是真实场景。企业拥有学校内无法模拟出的工作环境、人际关系、制度环境、客户需求等，这些对于从业人员的工作过程也会产生不可小觑的影响。除此之外，企业还拥有大量有经验的一线技术专家、行业内较为先进的设备等，这些都是从业人员获取知识、提升知识质量的重要媒介。(3) 行业。行业内部集合了大量同性质的生产或其他经济社会的经营单位或者个体，能够反映行业发展的基本趋势。此外行业内部存在大量的成文或不成文的惯例性知识。这些知识显性或隐性地存在于真实的工作环境之中。行业风气、行业在区域内的发展特点等也都是行业能够提供给从业人员的重要信息，构成了知识结构的组成部分。(4) 地方（社区）。工作场所所在地也是促进知识形成的重要主体。但这一主体往往被忽略。地方知识是完成工作任务的信息来源之一。如何经营在地客户、如何根据社区或地方的特色改进服务、如何看待企业与社区间的良性互动，这些都是从业人员扎根地方、通过长时间的接触与思考才能获得的知识。而且随着大规模个性化定制等新兴生产方式的发展，一线从业人员知识中的地方知识将会越来越多。地方知识也会与其他类型的知识相互融合，形成解决问题的创新与本土化策略。(5) 家庭对各类知识的作用时间长，且实施的是潜移默化的影响。家庭的成长环境、父母的学历、教育方式等都会影响学生部分知识的形成过程。例如，对于创作灵感与风格而言，家庭经济条件较好、父母学历较高或家庭教养氛围比较开放的学生将会接触到更多元的信息源，其设计风格也会更加前卫与时尚。(6) 社会。整个社会也是从业人员的各类知识形成的动力之一。而且社会对于知识特征的形塑早于其他所有主体。因为从业人员在接受职业教育之前就已经生活在真实的社会环境之中。社会大众的舆论环境、媒体、风俗习惯、文化等都已经深深地影响着从业人员的思想与行为。这种影响同样涉及对诸如个性化创意知识、工作情境知识、职业伦理规范知识等的影响。例如，中国人讲究的对称设计文化可能会影响到从业人员在进行设计时的思考方向；日常习得的人际交往策略也可能直接被代入到与同事、领导、师傅间的交际之中。(7) 政府对个体知识的形成有着间接的影响。这种影响体现在区域经济与产业发展政策、教育管理等方面。

六、依托载体：身体、大脑（思维）与态度

从业人员建构知识主要通过三大载体：身体、思维与态度。(1) 身体。身体

是从业人员接触世界的主要媒介。而且在"具身认知"学派看来，人们是通过自己的身体感受来认识周围世界的。在知识的形成过程中，包括五官、皮肤、四肢等与工具、产品、人、工作场所之间的互动，不仅帮助我们完成了复杂的工作任务，并构成了我们对工作的认知基础，尤其体现在软硬件操作与工单知识、操作技能知识、工艺技术知识、工作情境知识等的形成过程之中。（2）思维。思维最初是人脑借助于语言对客观事物的概括和间接的反应过程。它探索与发现事物的内部本质联系和规律性，是认识过程的高级阶段①。所有的知识都需要依靠思维的介入才能得到正确的认识、保存与运用。尤其是围绕任务的完成而形成的知识间的关系更是个体思维特性的体现。（3）态度。态度是人对特定事物所持有的一种稳定的心理倾向，包括信念、情感、行为倾向等。态度代表了众多的非认知因素。任何一种知识的学习都或多或少地需要非认知因素的参与，如成就动机、求知欲望、学习热情、自信心、自尊心、好胜心。部分知识如职业伦理规范知识更是形成于个体对某种伦理道德的心理认同。

实际上，这三大载体间并非相互割裂的，它既可以围绕特定目的而同时"启动"和工作，又可以按照一定的顺序形成一个连续的过程。例如，"操作技能"与"心智技能"的学习不是相互独立的，技能的掌握依赖于操作技能和心智技能的协同发展。操作技能的学习需要反复操练，但绝不是简单的机械操练，其中蕴涵着心智技能的调控②。神经学家弗兰克·威尔森生动地表达出对动作技能的看法："头脑并不单独存在于头部之中，它延伸至我们身体的每一个部分，并借助身体延伸至这个世界。头脑就是手，手就是头脑。"③

此外，职业伦理规范知识的形成是从身体层面的接触，到思维层面的认知再到态度层面的认同的过渡。任何一个将三者割裂的育人模式都必将导致知识的残缺或阻碍知识形成的过程。

七、角色扮演：学生、学徒、从业人员、社会大众、独立个体

从业人员在形成各类知识的过程中，经历了多重角色的转变：（1）学生。学生特指在正规教育机构中的身份。这里的学生是接受学历教育的学生。在这一阶段，学生接受知识教育、技能教育、道德教育、体育等于一体的综合教育，并在

---

① 刘颖、苏巧玲：《医学心理学》，中国华侨出版社1997年版，第28页。

② 邓泽民、姚梅林、王泽荣：《职业技能教学原则探究》，载于《教育研究》2012年第5期，第74~78页。

③ Rose，M. *The Mind at Work*：*Valuing the Intelligence of the American Worker*［M］. London：Penguin Books，2005：199.

各方面达标后获得毕业或学位证书。学生身份的意义在于其处于一个被特别设置的学习情境中，以全日制学习的方式，借助家庭、学校乃至全社会的力量传承人类文明、培养生存能力、发展身心健康。学生身份是个体由家庭走向社会的一个"缓冲器"，知识的学习将从这里起步，以良构问题、模拟情境、朋辈环境、师生关系等为基础开展学习活动。以学生身份参与全日制职业教育的个体通常处于15~25岁之间，他们正处于身心发展的关键期，智力、身体、思维、价值观等都具有很强的可塑性和发展潜力。学生身份既是他们在关键期发展自我的"保护"，也是全社会提升成员学习效率、加快区域人力资源更新的手段。（2）学徒。学徒是相对于"师傅"的角色。这种角色过去大多在工作场所之中才会出现。但目前全世界诸多国家也开始将这种关系引入学校职业教育阶段。因为学徒身份赋予了学习者以"观察学习""模仿学习""情境学习"的合法性与可能性。当学习者被赋予学徒身份时，它就拥有了合法参与的机会，获得与专家和朋辈互动的机会。学徒将拥有更多机会获取专家知识（professional knowledge），并获得一个模仿与对标的榜样。更有经验的工人实际上扮演着工作程序和价值观的"建模者（modellers）"。[①] 更重要的是，师傅能够给予学徒超出知识学习范畴的事物，如人脉。所以学徒身份已经超越了"学习"本身，成为个体社会化的一个重要手段。（3）从业人员。知识的形成还会发生在个体已经成为从业人员之时。当个体成为企业的一线从业人员时，他们会在新的真实工作情境、工作任务中调整、完善乃至改变过去形成的各类知识。知识与知识间的关系也将围绕任务变得更为复杂，一些新的知识将进入原有的知识结构。而且从业人员的身份意味着个体将拥有一份正式的职业，这种"职业人"的身份将赋予知识学习以新的形式、内容与特征。（4）社会大众。除了上述几个社会角色以外，个体还会以更为普遍意义的"社会大众"的角色建构知识。"社会大众"角色意味着个体将自己视为社会普通成员，有选择地关注社会、针对社会议题发出个人意见、并将社会元素吸收到个体的知识结构之中。例如，对职业道德伦理、区域性服务知识、个性化创意知识等的认识，都会夹杂着个体以社会大众身份所获得的见解。（5）独立个体。当然，个体也可以完全抛弃任何社会化的角色，以一个"自然人"的身份审视周围的环境，并以此建构个性化的知识特征。这种角色较多地体现在服务业与创意产业之中。当个体试图摒除社会角色所带来的影响时，它将拥有更多体现个体最初欲望和冲动的想法。而这些想法能够帮助他们廓清知识形成过程中的疑惑，或帮助他们形成具有个性特征的知识元素。

---

① Chan, S. The Reciprocity of 'Imitative Learning' through Apprenticeship [J]. *Vocations and Learning*, 2017 (10): 325 – 342.

　　可见，知识的形成是一个复杂、多元、多维、长时的过程。它横跨从业人员从新手到专家的每个时段。学习者接受来自从宏观社会到微观教师的多主体信息，穿梭于学校、工作场所、社区等多个空间，以五种途径，凭借五种介质和三大载体学习知识，并在学习的过程中不断切换和更新自我身份。而且不同类型知识的形成不是割裂开的，它们往往在同样的情境中同时接受，知识之间也往往会发生碰撞，围绕某个工作任务加以组织。所以重点是要找到一个横向上可持续发展，纵向上空间、途径、介质、主体、载体、身份交叉的人才培养模式，让这些知识的形成处于一个有机统一体之中。

第七章

职业教育现代学徒制的育人价值及其拓展

现代学徒制的内涵具有多个层面：它可以被视作是一种技术实践能力学习方式，也可以被视为新型师徒学习方式与学校职业教育相结合的人才培养模式，更可以被视为一种基于现代职业教育的技术技能人才培养制度①。如果从人才培养模式这个层次去审视职业教育现代学徒制的价值，那么我们就需要关注现代学徒制是否能够满足现代产业一线从业人员培养的基本需求。本章将以第三章到第六章所分析出的三大产业从业人员知识特征，以及这些知识的形成机制为基础，将其与现代学徒制的要素和运行机制进行比较分析，以判断该人才培养模式是否具备，或具备多大程度的育人价值。同时，本章还将探讨我国职业教育现代学徒制在试点过程中的"价值遮蔽"现象，以及如何基于人才培养的基本规律与国情，对未来职业教育现代学徒制的实施提出改进对策。

第一节　职业教育现代学徒制育人模式的特点

现代学徒制逐渐成为西方国家较为一致的职业教育改革战略。然而，相同的改革战略并不意味着各国发展制度的趋同。事实上，西方国家在现代学徒制的开

---

① 徐国庆：《我国职业教育现代学徒制构建中的关键问题》，载于《华东师范大学学报（教育科学版）》2017 年第 1 期，第 30～38 页。

展过程中，呈现出的恰恰是制度结构的多样性①。但制度的多样性并不能否定这一改革战略背后所蕴藏的统一的人才培养模式转型思想。职业教育现代学徒制是一种适应经济与社会的现代性要求、以校企合作为基础、纳入国家人力资源开发战略的学徒制形态②。本书将其界定为"以学校理论学习和工作场所学习交替安排为特点，基于制度化、特殊化的学习计划与稳定师徒关系的现代技术技能人才培养模式"。这是对现代学徒制作为一种育人模式的本质的界定。包括德国的"双元制"、英国的"现代学徒制"、美国的"注册学徒制"、南非的"学徒制"等都可被视为不同制度设计下相对统一的人才培养模式设计。这一模式有以下几个基本特点：

一、多元主体参与

各国的现代学徒制都有着多元主体的参与（见表7-1）。可以看出，参与现代学徒制人才培养的直接主体主要是行业、企业、学校（培训机构）、各级行政部门。部分国家还会引入一些专业组织、服务中心等部门间接参与人才的培养。其中企业和学校是最主要的两大主体，学校主要负责专业理论知识和普通文化知识的教学工作，根据情况还会附带一些操作技能技巧的教学。企业则主要负责学徒的工作场所学习。这种学习主要围绕企业真实的工作环境、任务、过程进行。除此之外，一些跨企业培训中心、职教中心等部门则为学徒提供接近真实工作场所的现场教学。

表7-1   **部分国家现代学徒制的育人主体**

国别	主体	主要职能
瑞士	职业学校	理论性知识教学
	企业	习得具有操作指导的专业技能性知识与操作技能技巧
	职教中心	跨企业的核心技能的训练
	专业组织	新职业培训的培养目标与培养内容的制定、现有职业培训规章的改革与更新、非职业学校课程的实施
	政府	制定宏观政策、经费拨付、质量管理

---

① 关晶：《英国和德国现代学徒制的比较研究——基于制度互补性的视角》，载于《华东师范大学学报（教育科学版）》2017年第1期，第39~46页。

② 关晶、石伟平：《西方现代学徒制的特征及启示》，载于《职业技术教育》2011年第31期，第77~83页。

续表

国别	主体	主要职能
英国	培训机构	包括公立或私立的培训提供机构、继续教育学院以及一些慈善组织机构，负责普通文化知识和基本理论知识的教学
	雇主	在岗培训和督导
	政府	制定宏观政策、经费拨付、质量管理
	中介	制定国家职业标准、质量培训标准
	服务机构	如国家学徒制服务中心、国家雇主服务中心、国家职业服务中心。主要负责为学徒、雇主提供各类服务
澳大利亚	行业	开发培训包、制定培训标准
	企业	在岗技能培训
	政府	制定宏观政策、经费拨付、质量管理
	TAFE 学院	负责知识培训和少量的技能培训
	服务中心	为学徒提供培训的系列附属服务
德国	联邦与州政府	宏观政策制定与执行、标准制定、决策研究
	行业协会	实施考试、监督运转、确定企业资格等
	企业	基于工作过程的行动导向的职业实践的学习
	培训中心	为中小企业提供在岗技能培训
	学校	传授与职业实践相关的专业知识和普通文化知识（社会、法律、外语、体育等）
美国	雇主	为学徒制定培养方案、指定师傅进行现场教学、指导社区学院开展理论教学等
	社区学院	包括四年制普通大学、技术学院、私立学校以及社会团体或劳动管理培训中心，以理论知识教学为主
	州立学徒制事务局	协调劳工部与本州注册学徒制培训的开展、组织与指导企业单位与社区学院开发学徒制课程方案
	一站式就业指导中心	提供个体就业指导和单位招聘服务的信息

资料来源：①陈利：《瑞士学徒制职业教育模式研究》，西南大学硕士学位论文，2007 年。②赵鹤：《传承与重塑：英国现代学徒制研究》，华中师范大学硕士学位论文，2017 年。③祝伟：《澳大利亚新学徒制研究》，华中师范大学硕士学位论文，2008 年。④姜大源：《德国"双元制"职业教育再解读》，载于《中国职业技术教育》2013 年第 33 期，第 5～14 页。⑤陈鹏：《美国注册学徒制：演进过程与内部机理》，载于《职业技术教育》2011 年第 21 期，第 43～45 页。

二、多种情境过渡

多元主体的参与必然会带来学生学习情境的多元化。（1）学校主要为学生提供理论学习的场所与技能联系的模拟情境。如澳大利亚的 TAFE 学院以及中国的各级各类职业院校。此外，新加坡还吸收德国"双元制"的优势，开发出了"教学工厂"模式。这是一种将先进的教学设备、真实的企业环境引入学校，与教学有效融合，形成学校、实训中心、企业三位一体的综合性教学模式①。（2）企业主要基于实训工场、工作岗位、跨企业训练工场等提供技能训练，其中实训工场和跨企业训练工场（或称为"跨企业训练中心"）的情境更接近真实工作场景。它汇集了企业对从业人员技能的各种需求，能够体现更多企业乃至行业内普遍的知识。但由于跨企业训练中心的目的是为不同类型的中小企业提供技能培训服务，所以培训内容以通用性技能为主。即使是企业定制性的培训项目，中心的培训也主要实施去情境化的模拟实训，缺少真实的产品需求、生产线等元素。而工作岗位则是完全真实的学习情境。学生将在一线从业人员的带领下，与真实的工作场所、工作设备、工作任务、工作过程接触。学生不仅能够学习到"如何操作"的知识，还能够学习到"在何种情境下应如何更好地操作"的知识。所以学校、跨企业训练中心与工作岗位在情境的真实程度和设计程度方面是有所差别的（见图 7-1）。在杜威看来，"实验室的优点在于容易对问题所暗示的任何理

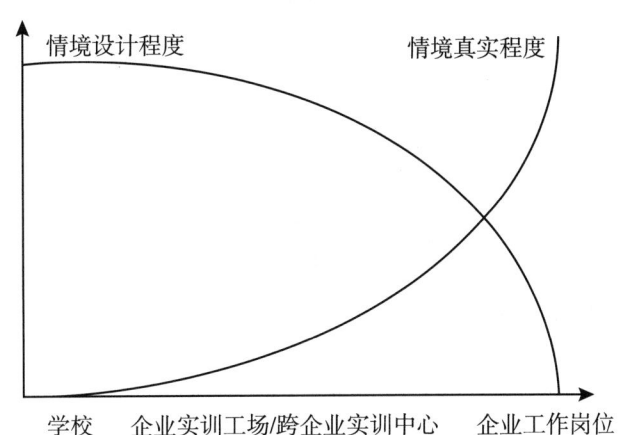

图 7-1　三种情境的真实程度与设计程度

---

① 冯帆：《发达国家职业教育实训基地建设典型模式及其启示》，载于《中国职协 2014 年度优秀科研成果获奖论文集（上册）》，2014 年，第 13 页。

智的兴趣探究到底，工厂车间的优点在于重视科学原理的社会意义，有许多学生还可以因此激发更为活跃的兴趣"[1]。以培养学徒使用立式带锯床为例（brand-saw），职业学校向学生传授有关立式带锯床结构与功能的介绍，企业内培训需教会学生如何控制与操作一个立式带锯床，行业培训中心则需要让学生学会处理与解决立式带锯床的各种可能出现的问题[2]。

三、双身份多导师

在现代学徒制中，学习者一般具有两种身份：学校里的学生，以及工作场所里的学徒。在德国，德文 Auszubildende（Azubi），是德国专门为既非传统企业里的"学徒"，又非学校里的学生创造的一个词，可译为"被教育者"或"受教育者"。尽管称呼多样，但这两种身份代表着两种教育关系：学生是学习者在学校这一特定的环境中，相对于教师而言所特有的身份[3]。与"学生"相关联的学习方式主要以理论学习和模拟情境实习为主。学徒是学习者在工作场所中与具有正式岗位工作的从业人员（师傅）建立起的"合作关系"。在这种关系中，学徒以师傅为原型，通过观察学习、模仿学习，建立起学习者与教育者之间独特的交流方式。而且，这种关系中或多或少地会牵涉到情感、态度与价值观层面的影响。学徒身份的出现，源于职业技能中的"隐性"成分和"情境"成分。操作技能中的隐性部分，以及在真实工作场所中培养出解决非良构问题的能力，都必须要借助长期、稳定、细致、全面的观察、模仿、试误、体会的过程。这是学校教育中"学生"与"教师"间比较缺少的。

而对于学习者而言，教师或师傅群体还包括很多细分群体。例如，职业学校的教师可以分为普通课教师、专业理论课教师、专业实践课教师；有培训中心的国家和企业还需要拥有培训中心指导教师；企业则需要从一线员工中遴选出合格的师傅团队。除此之外，一些国家如瑞士还设有职业技能考试辅导教师，实践考试专家、职业生涯指导教师等类型的教师。所以对于学生或学徒而言，他们的学习过程需要经历多类导师群体。每一类老师的指导方式、教学内容、教学场合、功能定位都不同。

---

[1] 杜威著、王承绪译：《民主主义与教育》，人民教育出版社 2001 年版，第 331 页。
[2] 田英玲：《瑞士现代学徒制"三方协作"研究》，沈阳师范大学硕士学位论文，2014 年。
[3] 姜大源：《德国"双元制"职业教育再解读》，载于《中国职业技术教育》2013 年第 33 期，第 5~14 页。

四、工学交替运作

现代学徒制在实施过程中都贯彻了"工学交替"的基本设计理念，即学校理论学习与工作场所学习交叉安排，且工作场所学习的时间占据总学习时间的70%～80%（见表7-2）。工学交替运作背后的基本逻辑是企业在人才培养中占据主导位置。现代学徒制是以工作本位学习为主的人才培养模式。职业学校或培训机构所起的作用是为企业技能培训提供理论基础教育，并补充具有较大可迁移性的普通技能和素养的教学①。这样，企业就成为人才培养的主要场所，学生大部分的学习时间都将处于真实的工作情境，和师傅与其他学徒一道进行现场学习。这种学习模式的特点是理论围绕实践展开，问题来源于工作场所的非良构问题，这些问题的解决需要大量的理论知识、实践技能以及默会性的专家知识。以解决非良构问题的过程为主线，学生将把知识与技能的学习串联起来，形成一个个完整的问题解决图式，进而丰富工作场所实践的经验。

表7-2　　　　　各国现代学徒制工学交替的基本情况

国别	学校/培训机构	企业/职教中心/跨企业培训中心
瑞士	每周1～2天	每周3～4天
英国	每周1～2天，占学习总量的20%～30%	每周3～5天，占学习总量的70%～80%
德国	每周1～2天	每周3～4天
美国	总共至少144小时	总共至少2000小时
南非	共24～26周	共80周
土耳其	每周1～2天（不少于8小时）	3～4天

五、周期灵活设计

周期设计灵活包含四层意思：（1）现代学徒制在学制的周期上有着灵活的设计。在瑞士，学生的学徒期限根据专业要求的不同一般为2～4年（多为3～4年），其中2年制毕业生可获得职业教育与培训证书，3～4年制的毕业生则可获得联邦职业教育与培训文凭，直接升入高等专业学校继续进行学习。澳大利亚的新学徒制也逐渐形成1年期、1～2年期和2～3年期的多种培训周期。在德国，

---

① 关晶、石伟平：《西方现代学徒制的特征及启示》，载于《职业技术教育》2011年第31期，第77～83页。

双元制的学习年限依据职业的不同分为 2 年、3 年或 3.5 年三种。美国的注册学徒制也会因岗位和行业要求标准的不同而有所差别，最短为 1 年，最长为 5 年①。可见，学制上的调整可以具有充分的灵活性，这种灵活性来自岗位与行业要求，也来自学生生涯发展的需求。（2）一些国家的现代学徒制具有"阶梯式"的设计特点。"阶梯式"的设计表明现代学徒制已经自成体系，英国的学徒制与国家资格体系（NVQ）相联系，学徒制体系中的"前学徒制、学徒制、高级学徒制、高等学徒制"分别对应 NVQ 的 2 ~ 5 级。荷兰、法国同样具有类似的等级制设计结构。澳大利亚的学徒制则与国家学历资格框架（AQF）中的 AQF1 ~ 4 级相吻合。（3）一些国家的现代学徒制与普通教育间具有贯通机制，形成了学徒制融入正式学制的教育体系。瑞士的学徒在学徒期结束后，可以通过全日制 1 个学年以及半日制三个学期的学习直接进入高等学校深造。瑞士还有与普通教育相当的职业教育研究生层次学历与学位设计。澳大利亚学徒制系统与普通教育间通过学历资格框架相联系，在学徒制系统中获得"文凭"与"高级文凭"资格的学徒可以由中等教育转入高等教育和普通教育。在美国的注册学徒制中，社区学院也会为部分学生提供副学士学位以及转入四年制大学的机会。（4）学徒的年龄下限与上限也逐渐放宽。大多数西方国家的学徒制面向 16 ~ 20 岁的青年，也有一些国家的学徒年龄限制比较宽泛，如法国学徒制的年龄上限为 25 岁，英国和澳大利亚则不设年龄上限。

六、教学评结构化

与传统学徒制相比，现代学徒制的最大特点在于教师（师傅）的教学、学生的学习、教学质量的评价都具有结构化的特征。所谓"结构化"，就是它们按照规范的程序、科学的设计、严格的标准执行人才培养的每个过程。这与传统学徒制中较为松散和非结构化教学的过程不同。"教、学、评结构化"是由教学场所、教学师资的多元性以及教学质量的高质量要求所决定的②。它体现在各类准入与评价标准的建立、执行过程的规定、课程框架的建立等。如瑞士开发了企业资质标准、职教师资标准，规范参与学徒制培养的企业与师资的基本标准。同时将现代学徒制培训内容与职业资格证书标准对接。英国现代学徒制的课程体系则包括 NVQ 课程、技术证书课程与关键技能课程。德国的"职业培训条例"、澳大利亚

---

① 陈鹏：《美国注册学徒制：演进过程与内部机理》，载于《职业技术教育》2011 年第 21 期，第 43 ~ 45 页。

② 关晶、石伟平：《现代学徒制之"现代性"辨析》，载于《教育研究》2014 年第 10 期，第 97 ~ 102 页。

的"培训包"等也都是全国统一课程框架的典型案例。

以美国国家荒地消防员学徒制培训标准为例。这份标准规定：学徒至少为18岁，具有普通高中学历，具有听说读写的基本能力，拥有驾照。学生需要学习13项基本学术科目（见表7-3）和8个工作过程能力。例如"荒地火灾安全"能力包括如下几个工作任务：（1）理解工作手册和安全政策的能力；（2）复述地区安全计划；（3）复述、开发或更新一个合适的风险评估；（4）筹备区域火灾安全会议；（5）参与区域消防器材安全检查；（6）审查使用 SAFENET 和 SAFE-COM 的标准。（7）利用从野外火灾扑救中吸取的经验教训，做一场报告[①]。可以看出，这种培训标准将参与的企业、学徒、学习时长、学习时间、学习评价、合同范本等都给予了十分详细的规定，呈现出极其结构化的形态。

表7-3 　　　　美国国家荒地消防员学徒制基本学术科目

基本学术科目	学习时长（小时）
入学教育	1~4
人为绩效	16~24
经验课程	1~32
消防和航空管理业务	32~56
火灾生态/土地和燃料管理	0~40
实际的医疗技术	0~24
工商管理	0~16
职业发展	2~12
体能训练	20~35
高级消防队员的技能发展	36~48
风险管理与安全	0~16
领导	0~48
荒地防火、教育和外部关系	6~16
总计	114~371

结合以上六个特点，我们可以得出现代学徒制的基本范型（见图7-2）。在这个范型中，学习者以学生和学徒的身份，在工作场所、模拟场所与学校三个情境中进行"工学交替"（有些国家只存在工作场所与学校，或模拟场所与学校之

①　National Standards of Apprenticeship for Wildland Fire Fighter［EB/OL］.（2016-2-12）［2018-05-08］. https：//www. nafri. gov/wfap/docs/2016/1National Standards With Signatures. pdf.

间的交替）。这三个情境分别由企业、培训中心/学校/行业、学校提供。而学习者主要通过这三个主体中的教师或师傅群体学习。政府和行业作为公共管理性质的部门，主要在标准制定、内容框架设计等方面对整个育人机制发挥直接或间接影响。

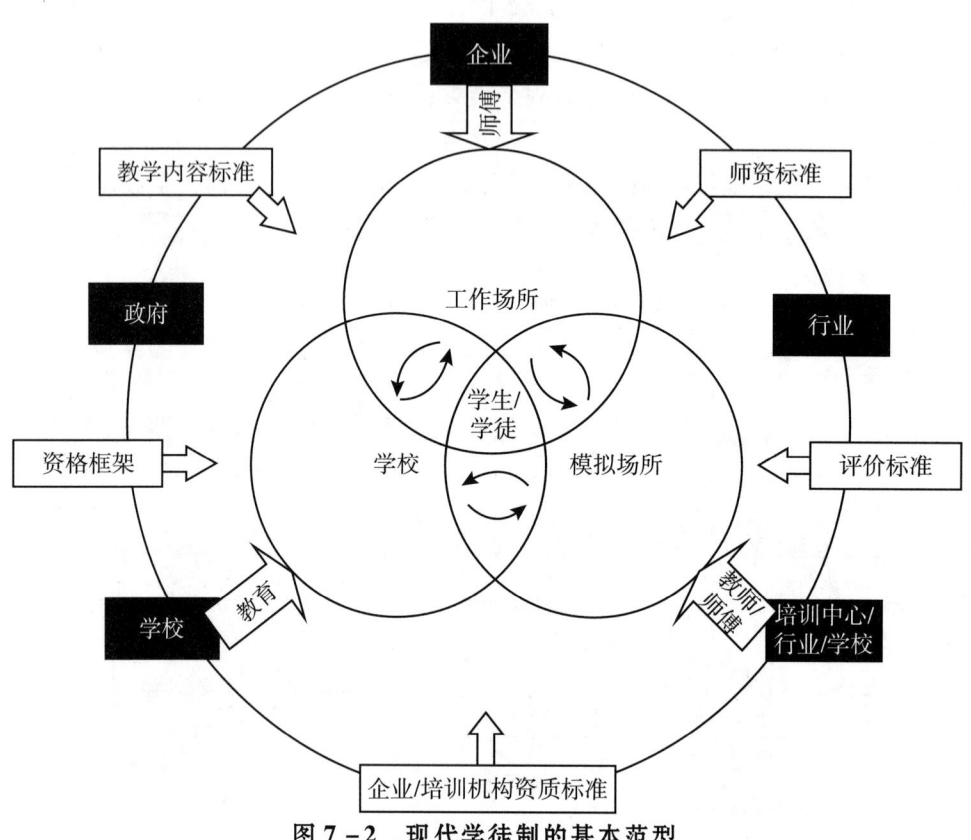

图 7－2　现代学徒制的基本范型

第二节　知识论视角下职业教育现代学徒制育人价值的表征

　　职业教育现代学徒制的这些特点及其构成的基本范型，在培育从业人员各类知识的过程中究竟表现出哪些价值呢？结合上述对三大产业从业人员知识特征及其形成机制的分析，我们可以在知识的学习、意义建构、迁移、创新、联系、更新与学习的兴趣激发等几个方面得出结论。

一、知识的学习

知识的学习，指的是学习者获取知识的行为①。现代学徒制的首要价值就是能够帮助学生获取到从业所需的各种知识。这一价值体现在以下几个方面：

（一）现代学徒制提供了不同类型知识的获取情境

三大产业从业人员的知识特征中，存在一部分知识只能在一个场所获得的情况。例如，制造业和文创业中的生产情境知识必须要在工作现场才能获得的知识；服务业中的区域性服务知识是必须要扎根在工作岗位所在区域中才能获得，而工作情境知识也只能在真实的工作场所中获得。现代学徒制提供了获取生产情境知识与区域性服务知识的平台。当学习者进入真实的工作场所后，他们将受到真实的工作制度的约束、操作真实的工作器械、接触真实的一线从业人员、感受真实的工作环境、处理真实的工作问题。这些元素都将促进员工的组织社会化。即使学习者在学习结束后不在实习企业工作，他也在学习过程中获得了适应环境、捕捉环境信息、处理新环境各类问题的重要性与方法。例如，学生通过与师傅间的互动了解了一线从业人员的工作心态，通过了解企业的制度规范明白未来可能在行为上需要进行调整的地方，通过操作企业的各类工具和器械了解了目前类似规模企业的技术水平等。区域性服务知识同样如此。

（二）现代学徒制提供了高效率获取部分类型知识的情境

有些知识可以从学校、企业、培训中心、社区乃至社会中获得，但是现代学徒制提供了能够高效获取这些知识的场所——学校与企业。近代学校的出现是生产力发展的必然结果，它体现了人类知识领域爆炸式增长的成果，体现了科学对技术影响的不断提升，也体现了人类追求对未知世界探索的野心。中国近代技术学校诞生于19世纪60年代的洋务运动时期。它突破了古代职业技术教育以家传世袭、师徒相传为主的形式。有国家监督厂矿企业举办专门培养技术人才的技术学校，使职业教育从劳作场所转入学校，以正规的学校教育的形式出现，促进了近代实业教育制度的确立。学校以具有标准形态的教室为基本教学场所，以教师的言语讲授为主要教学方式。这种教学方式将人类知识的精华以更加高效率且系统化的方式传递给学生，使学生能够在较短时间内建立起专业领域的知识体系，以更短的时间进入某一职业或专业中的核心领域。而企业作为传统学徒制中工作

---

① 注：学习是一种有计划、有组织的行为，它与具有无意识含义的"习得"不同。吕必松（1992）把学习看作是一种行为，把习得看成是一种过程。

场所的"替代品"，以特定的价值观、行为模式、工作流程、规则规范等构成一定的学习情境，继续发挥其现场教学的功能。但是与传统学徒制中工作场所学习的过程不同的是，现代学徒制中的企业现场学习本身具有一定的结构，包括学习者的学习计划和指导者的教学方案①。这是比利特"情境—活动结构嵌套模式"对工作场所学习的认识。基于此，学校和企业就构成了学习者结构化的学习情境。

这一结构化的学习情境可以从以下几个方面帮助学习者高效率地获取知识：

（1）对于理论知识而言，尽管非正规学习、非正式学习也可以获取，但是这种学习比较缺乏有目标和系统性的设计。由于理论知识数量大、关系复杂，通过专业的梳理、编码和有目的、有节奏、有监督、"支架式"的传授，可以使学习者循序渐进地、更有效率地接触到知识系统中最核心、最基础与相对于初学者而言最有价值的部分。例如，制造业从业人员在学习各类加工材料的特性时，可以按照"金属的性能—晶体结构与结晶—金属的塑性变形和再结晶—铁碳合金—碳素钢—钢的热处理—合金钢—铸铁—有色金属和硬质合金—非金属材料"的顺序进行②。这种顺序遵循了从"金属整体特性及处理"到"常见金属的特性与处理"，再到"非金属材料"的基本顺序，是"整体到部分"和"一般到特殊"的设计逻辑。这样的逻辑，以及按照这样的逻辑所编制的教材与开展的理论教学，能够帮助学习者初步建构起材料特性与加工的系统知识，且这些知识是经过精选加工的，与生产实际更为符合。学校里的理论教学主要发挥的正是这样一个功能。

（2）软硬件操作与工单知识、操作技能知识、判断决策知识、工艺技术知识都包括"陈述性知识"和"程序性知识""抽象知识"与"情境知识"两部分。学校可以承担其中陈述性知识与部分"程序性知识"的教学部分，而企业所代表的工作场所则可以承担"程序性知识"中情境化内容的教学部分。在企业中，师傅的存在可以更好地传递技能中默会的部分。甘布勒（Gamble，2001）认为，操作过程中的辅助"细节"之间的关系是无法用言语解释的，但这些细节在空间和时间上存在着一种关系，那么解释就可以通过对这种关系的发现来实现。因此，视觉化就代表了一种非明确的排序原则，并通过补偿清晰的语法来传递规范一致性。在观察学习过程中，师傅基于工艺对手和眼之间的相互判断进行了建模（modeling），然后演示操作的每一个步骤，而学徒则观察师傅的每一个判断以及

---

① Billetts, S. R. & Barker, M. Understanding Work, Learning and the Remaking of Cultural Practices [J]. *Studies in Continuing Education*, 2005 (3): 19 - 237.

② 劳动和社会保障部教材办公室组织编写：《金属材料与热处理：第四版》，中国劳动保障出版社2001年版。

导致的结果，学徒们将这个过程描述为"用眼睛偷东西"①。长久下来，学生就学会了判断他们自己的工作。例如，学校通过理论教学、实训中心的实训教学帮助学生建立起"刮研"的基本动作规范与顺序。企业则让学生围绕真实的工件、工具与操作需求，进一步学习情境化的"刮研"操作。师傅则通过模仿和指导的方式将"刮研"操作的一些个性化的诀窍传授给学生。学生则需要通过观察的方式，加上"具身"练习才能习得。

（3）职业伦理规范知识、相关岗位基本知识、行业知识均与工作情境紧密相连。但是这些知识也可以通过学校教育期间实现第一阶段的获取，企业则提供更为具体化或更深层次的知识获取渠道。例如，学生可以通过学校教育获得关于一个行业发展的基本数据与信息，在进入企业后可以通过观察、与人交谈等方式获取关于行业的一些惯例、潜规则等更深层次的信息。

（4）个性化创意知识与素材库知识同样会在学校教育和工作场所学习中受益，学校教育可以通过基本理论的教学，为个性化创意知识提供理论基础（如广告设计师利用"五点透视"解决客户需要更多信息呈现的需求）；同时也可以提供经典案例的分析、总结、类比。企业则可以提供基于真实工作任务的目标导向式的创意知识，以及更多鲜活的创意案例。但是由于这两类知识也与个性特征、思维特征、个人经历等有关，所以包括家庭、社区在内的社会环境也可以成为获取这两类知识的重要渠道。

二、知识的意义建构

学习者在学习到知识后，还要有一个意义建构的过程。"意义建构"是指主体（间）对事物间联系的深刻理解。在课堂学习中表征为师生对当前学习内容与原认知结构内容间的内在联系达到较深刻或独特的理解。知识来源于认识主体对认识客体的能动反映。单纯的对客体的认识不能称为知识，只有个体赋予客体以意义才能生发出知识②。知识的意义建构分为三个层次（见图7-3）：客观知识的学习属于基础层面，也就是本节所提到的第一个价值——知识的学习。但是这只是知识进入学生大脑中的第一步。学生需要通过接收式建构的方式达到"表层意义建构"的结果。然后经过"师生的探究式建构"，最终达到新知识的生成。

---

① Gamble, J. Modelling the Invisible: The Pedagogy of Craft Apprenticeship [J]. *Studies in Continuing Education*, 2001 (2): 185-200.

② 李素敏、纪德奎、成莉霞：《知识的意义建构与基本条件》，载于《课程·教材·教法》2015年第3期，第40~47页。

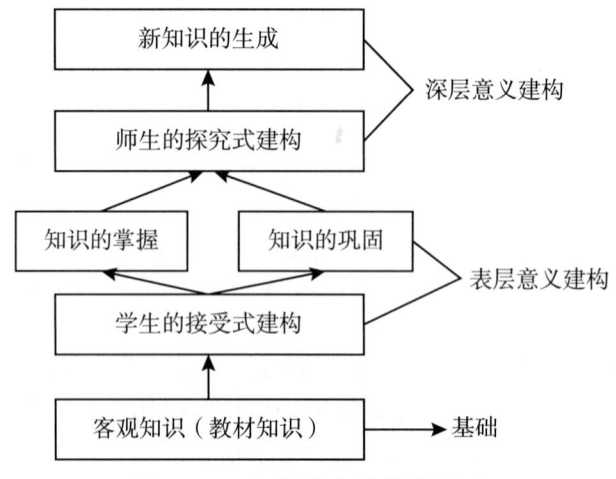

图 7 – 3   知识意义建构的层次

现代学徒制就提供了一个让学生拥有表层与深层意义建构的机制。一般而言，学校提供了学生学习客观知识与进行表层意义建构的空间。学校的课程安排、教学进度设计，以及教学评价都是学生学习、掌握与巩固知识的手段。知识的来源主要以教材和教师的搜集整理为主，经过精心遴选过的知识将以条理化、系统化的方式成为学生进行表层意义建构的原始素材。但是这一步学生只完成了对知识的接受，而并非赋予这些客观知识以"意义"。也就是说，这些知识还是属于学生认识以外的知识，还未被内化为学生自己的知识。那么，学生带着这些客观知识进入工作场所，就可以被视为是一种深层次意义建构的过程。在师徒式学习的过程中，学徒能够接触大量非良构问题，并在这些问题的解决过程中了解到所学知识的意义和价值。师傅的行为操作和语言指导能够帮助学生深化对客观知识的认识，帮助其建构客观知识存在与应用的合理性。加德纳（1991）将这个过程称为"学徒获得不言自明（self evident）的意义"的过程①。也就是说，学徒在工作场所学习的过程中，将自觉地运用所学知识以解决实际问题，并在解决问题的过程中检验知识的学习是否有缺漏、学习的内容是否有错误、对内容的解释是否不恰当等，相反，在工作场所中获得的经验性知识以及非良构问题的解决需求，也会激发学习者将问题带回到理论之中以寻求答案。正是这种不断的"应用—试误—检验—反思"的过程，使得知识的意义逐渐"不言自明"。也正是这样的意义建构过程，使得相对于"学校学习和上岗工作"的割裂式教育而言，学徒制能够帮助学习者更快

---

① Gadner, H. *The Unschooled Mind* ［M］. NewYork：Basic books. 1991.

地建构专家知识（见图 7 - 4）①。

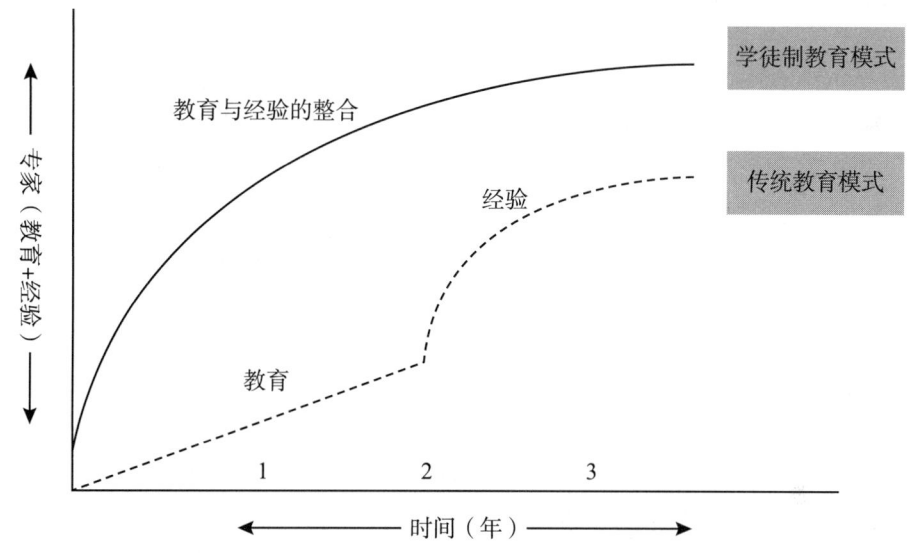

图 7 - 4　学徒制与传统职业教育开发专家知识的概念模型

以金属加工为例，在学校中学生会学习到不同种类的数控机床的基本参数
（如转速、加工范围等）、不同材料的性质（如硬度、密度等），以及加工这些材
料的基本配置（如机床转速范围、刀具类型）。但是金属的实际加工过程会受到
机床精度、工况温度、材料杂质、刀具磨损度等的影响。那么书本中的客观知识
就无法原封不动地应用到现场工作过程中，必须要结合具体的工作任务、工作环
境、设备情况等进行调整。在这个过程中，学徒将更清楚为什么机床参数的设置
需要维持在某个范围之中，为什么这种材料需要使用特定的加工方式与刀具，以
及如何对原有的参数进行适当调整以获得更完美的加工结果。客观的参数设置已
经被学习者赋予了工作层面的意义与价值，客观知识已经转变为学习者的个人知
识。反过来，当一位学徒发现师傅在进行"刮研"操作时采用腹部发力且轻微跳
动的姿势，那么他就可能会模仿师傅的这一动作。在模仿的过程中学徒可能会发
现这一动作的优势，也可能会发现自己在操作这一动作时的不便。那么学徒就会
产生对"合理的刮研动作"的学习需求，进而返回到理论和案例中寻求帮助。

除了上述提到的理论知识、操作技能知识以外，职业伦理规范知识同样也能
够实现在学校与工作场所间的建构。学校中的道德理论教育是推动学生由依从到

　　① Apprenticeship and Economic Advantage：A Blueprint for. American Industry and Public Policy in the 21st
Century ［EB/OL］ ［2018 - 05 - 19］. http：//milestoneplanning. net/whitepapers/Apprenticeship% 20Article%
20Final. pdf.

认同再到内化的动力之一，是规范内化的认知基础。但是这些知识的传授应基于特定的岗位、行业，让学生能够在具体的情境设定中了解职业伦理规范知识的意义。对于区域性服务知识而言，学习者在扎根地方获得客观知识后，会将其转换并带入组织（企业或学校）。这种转换的过程实际上是赋予这些客观知识以意义，并用其指导工作的开展。由于理论体系与经验体系下的工艺技术知识是"一体两面"之关系，所以经验体系与理论体系是可以互为意义建构的材料。学校所提供的显性的工艺知识可依靠企业内隐性的工艺知识进行补充，而隐性的工艺知识可以依靠显性知识提供大部分的解释。素材库知识的内容大部分来源于对周围环境的提取、抽象、改变或组合。这个过程就是将普通的素材与理论加工成具有特定价值的创意的过程，是赋予普通素材以全新意义的过程。它体现了个体对知识的个性化编码。学校与社会可以提供大量的素材，但企业则为学生提供了素材处理和赋予素材意义的抓手；行业知识是内生与外生知识的互动，学校和社会所提供的外生性行业知识将通过企业内实践所形成的内生性行业知识而获得意义。"相关岗位基本知识"的形成需要借助学校和企业两大场所获得。学校中获得的抽象层面的基本知识，将在企业中得到检验、修正与情境化。学校中基于良构问题所形成的判断决策知识将在工作现场中得到进一步完善、修改，并最终形成基于非良构问题解决的新的判断决策知识。学习工具使用知识的目的，一方面是使工具操作者具有使用工具的基本能力；另一方面，是使工具操作者形成根据情境调节工具使用细节的能力。在工作场所中调节工具使用细节，实际上正是赋予基本操作能力以意义的表现。学习者通过在情境当中的灵活调节，了解了操作能力的实践价值。

三、知识的迁移

现代学徒制同样具备促进学习者知识迁移的价值。有研究显示，职业教育中学生在工作场所与学校之间进行的知识迁移包括四种：（1）基本知识的迁移；（2）原则和技能的迁移；（3）书面材料和现实生活的迁移；（4）经验的迁移。而影响这四种迁移的因素包括沟通、财政资源与反思[①]。本书在上述研究结果的基础上进行了拓展。实际上，知识迁移可以按照学习情境分为三种：从学校到工作场所的迁移、从工作场所到工作场所的迁移、从工作场所到学校的迁移。

---

① Kilbrink，N. & Bjurulf，V. Transfer of Knowledge in Technical Vocational Education：a Narrative Study in Swedish upper Secondary School. 2013. 23（3）：519–535.

（一）从学校到工作场所的迁移

从学校到工作场所，也就是我们常说的"从理论到实践"，强调理论知识对实践的指导作用。而这一"指导作用"的本质是希望我们能够将学校中学到的理论知识顺利地迁移到工作场所之中以解决实际问题。但正如以上分析所述，工作场所中存在着大量的非良构问题，且工作场所的各种要素与学校环境有着很大差异。但是现代学徒制中的"多种情境过渡"为学习者提供了理论到实践的"缓冲地"。现代学徒制中的"工作场所学习"是有支持、有指导、有反馈、受保护的学习。在这样的环境中，虽然学徒面临的是真实的工作场景，但他可以在较小压力的前提下主动去验证理论知识的真实性。由于现代学徒制中的教学、学习与评价都是结构化的安排①，学校教学与工作场所教学间的要素实现了较高程度的匹配与衔接，那么这种验证也就更有效率和目的性，更能够促进学生知识的迁移。师傅在其中起到十分重要的作用。师傅的每一个行为、每一个问题、每一处思考、每一次提醒都是学生调用知识的"锚"。长期的迁移，能够使学生形成大量问题解决的图式以及理论向实践迁移的方向和着重点。当学徒完成学业进入新的工作场所后，他（她）就可以更好地利用这些图式与迁移经验解决实际问题。所以学校到工作场所（就业）的迁移，实际上是依赖于学校到工作场所（实习实训）而实现的（见图 7-5 中的 XA-XB）。实习实训背景下的工作场所为这种迁移提供了一种"设计、保护与缓冲装置"。

（二）从工作场所到工作场所的迁移

这种迁移指的是从业人员从一个工作场所到另一个工作场所中的知识迁移，可以被理解为"已有的实践经验对新的实践的指导"。一线从业人员的知识结构中包含大量从工作场所实践过程中获得的知识，如工作情境知识、判断决策知识、区域性服务知识、操作技能知识等，几乎每一种知识都在工作情境的参与下呈现出了新的内容与特点。这些知识具有天然的"实践性"，是存在并流动于工作场所之中的知识。这些知识的获得与传播也必须要依托于工作场所，以及工作场所中的"人"，尤其是有着指导关系的师傅。古代师徒制中师徒间技能、价值观、行事风格、人脉关系等的"打包式"传授正是这种基于工作场所的默会知识传授的体现。现代学徒制为学生或学徒提供了工作场所之间知识的迁移机制。在

---

① 注：这种"结构化的安排"并非指的是用良构问题替代非良构问题。而是学校围绕工作场所大量的非良构问题而准备必要的理论知识。理论知识也许无法完全涵盖问题解决的需要，但缺少的知识可以从"实践到理论"的循环中继续补充．

现代学徒制人才培养模式中，政府、行业、企业以制度（如教学内容标准、资格框架、企业员工管理制度等）规范了学徒在企业内的言行举止；以设备与工作环境影响着学徒对生产过程的印象和对某个行业的基本判断；以师傅的个人魅力形塑着学徒对岗位的态度以及企业内为人处世的基本守则；以丰富多样的客户需求影响着学徒对职业，尤其是对"服务他人"的伦理认识。这些内容难以从以学校为主的正规教育中获得，也难以在以社会生活为代表的非正式教育中高效率获得。只有学徒在企业的生产或服务环境中，在与师傅或同事间的接触与交往中才能真正了解和领悟这些知识背后的价值与意义，并将其迁移到未来的任何一项工作当中（见图 7 – 5 中的 AB 以及 AB – BC）。

比较典型的是工作情境知识的迁移。工作情境知识的形成是员工"组织社会化"的过程，这些知识在学校教育中无法获得，因为知识的产出、使用、调整与发展均在企业，其价值也体现在员工与企业的互动之上。而将企业引进学徒学习的过程中，通过真实企业的实践获取工作情境知识，形成个体化的对工作情境知识的体悟，则可以帮助学生减少未来入职期间可能出现的"组织社会化"障碍。

（三）从工作场所到学校的迁移

这种迁移是实践经验上升为理论的过程。它的价值在于拓展经验指导未来实践的广度与深度。现代学徒制中的工学交替与周期性、阶梯化的设计则能够促进学徒将实践经验提升为理论层面的思考。

从工作场所到学校的迁移需要依靠个体的反思与总结。一方面，现代学徒制的"工学交替"设计，给了学习者以"理论视角"思考实践问题的机会。当学徒通过实践操作解决了若干个问题以后，他（她）将通过反思性技能对问题解决的过程进行深度思考、总结、凝练，并从中得出一些关键性结论，而后回到理论世界中寻求支撑与解释，最终形成一个具有理论依据与实践智慧的解决方案。另一方面，现代学徒制的阶梯化设计，能够帮助学习者在学习和从业的不同阶段找到理论的不同价值。例如，普通从业人员在解决实际问题的过程中遇到问题，在实践知识无法应对的前提下便会寻求理论的帮助。而即使是实践经验能够解决新问题，这种"不确定性"依然促使着一些从业人员通过继续学习以消除"不确定性"（见图 7 – 5 中的 AX – CX）。

行业知识、个性化创意知识、素材库知识、工艺技术知识、操作技能知识等都蕴含着从工作场所到学校的迁移痕迹。实际上，一些出现在课堂中的理论知识本就是在工作过程中总结出的优秀经验。例如，第六章中提到的"创意理论知识"，有很多都来源于业界实践的经验总结和不断修正。而"个性化创意知识""素材库知识"则更具有"实践智慧"的特点，它们是个体实践经验形成的"个性化创意理论"，指导着个体创意活动的开展。

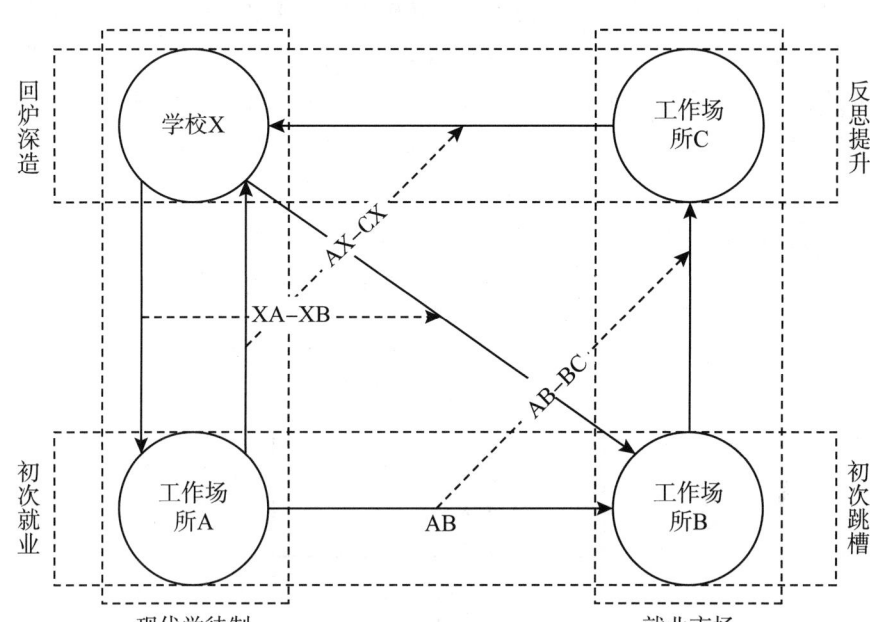

图 7 – 5　现代学徒制促进知识迁移的机制

四、知识的创新

已有研究表明，学校校企合作行为、企业校企合作行为对创新型人才创造力有显著影响[①]，且企业校企合作行为各维度对创造力的影响力超过学校校企合作行为[②]。所以可以预见的是，校企合作的确有助于个体知识的创新。但是以现代学徒制人才培养模式为基础的校企合作是否能够发挥出同样的知识创新的效果呢？野中郁次郎和竹内弘高提出的 SECI 模型可以回答这个问题。

SECI 模型是知识创造过程的抽象表征。野中郁次郎和竹内弘高认为，知识创造的过程是一个充满辩证的过程，这其中涉及暗默知识与形式知识、身体与精神、个体与组织等多重对立事物间的辩证统一。企业组织可以通过暗默知识与形式知识之间的转换来创造和利用知识。知识的创造主要由四个阶段构成：第一个阶段是共同化（socialization），指的是从暗默知识到暗默知识的过渡，在操作层

[①]　覃庆华：《校企合作教育对创新型人才创造力的影响研究——组织创新鼓励的中介作用》，载于《技术经济与管理研究》2018 年第 4 期，第 43 ~ 48 页。

[②]　徐小英：《校企合作教育对技能型人才创造力的影响研究》，武汉大学博士学位论文，2011 年。

面即通过直接体验分享和创造暗默知识；第二个阶段是表出化（externalization），指的是从暗默知识到形式知识的转化，在操作层面即通过对话和反思将暗默知识表述出来；第三个阶段是联结化（combination），指的是从形式知识到形式知识的过渡，在操作层面即对形式知识及信息进行系统化并且加以利用；第四个阶段是内在化（internalization），指的是从形式知识到暗默知识的转化，在操作层面即实践中学习和获取新的暗默知识①。知识的创造始于共同化，在经过表出化、联结化和内在化的过程后实现形式知识与暗默知识的融合吸收以及在"质"与"量"上的扩大（即创造新知识的过程），并开启新一轮的知识螺旋（见图7-6）。

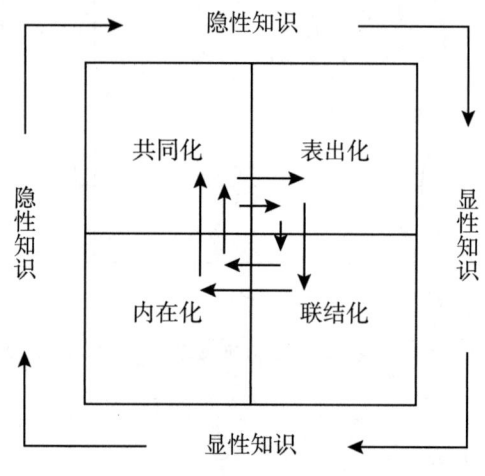

图 7-6 SECI 模型

SECI 模型的价值在于它反映了知识的类型、学习的情境、互动的方式等如何影响创新要素的迸发。总的来看，SECI 模型在知识创新上体现出了如下三个特点：（1）知识创新是形式知识与暗默知识融合的过程。暗默知识与形式知识是两种极端的情形，但是二者之间可以相互补充、互相依存，二者之间还彼此相互渗透。新知识则是通过暗默知识与形式知识之间的相互作用而被创造出来。（2）知识创新是二元情境融合的过程。SECI 模型所描述的知识创造"二元情境"包括两个层面的内涵：一是个体与组织的"二元情境"。二是行动情境与反思情境的"二元情境"。（3）知识创新是实践行动与学习反思融合的过程。四个阶段大致呈现出"理实交叉"的状态，在每个阶段中也融合着理论与实践的互动过程②。

---

① 竹内弘高、野中郁次郎著，李萌译：《知识创造的螺旋：知识管理理论与案例研究》，知识产权出版社 2006 年版，第 8~9 页。

② 李政、徐国庆：《现代学徒制：应用型创新人才培养的有效范式》，载于《江苏高教》2016 年第 4 期，第 137~142 页。

在现代学徒制"理实一体化"与"理实交叉式"安排中，学生在企业里由经验丰富的师傅主导对暗默知识的学习，并与师傅就生产实践问题做深入交流，形成暗默知识之间的过渡；接着学生进入学校由教师传授基本理论知识，并将企业中遇到的部分困惑带到课堂里进行讨论和沉淀，形成形式知识与暗默知识的第一次碰撞；讨论的过程综合运用融合多要素的工程知识，其结果指向知识的学习和问题的解决，形成一套完整的知识理论体系与问题解决方案，导致形式知识与形式知识间的过渡；然后学生继续进入企业，将问题的理论解决方案和课堂的所学代入生产实践的情境之中，形成形式知识与暗默知识的第二次碰撞，并最终导致知识创造的第一层螺旋的完成。这便是现代学徒制促进知识创新的内在机制（见图7-7）。

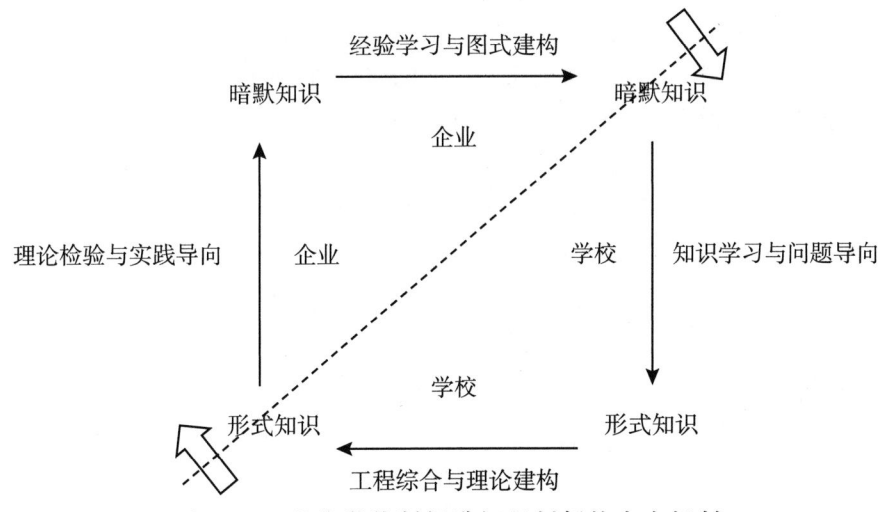

图7-7　现代学徒制促进知识创新的内在机制

五、知识间的联系

无论是制造业、服务业还是文创业，这些产业从业人员的各类知识中存在着错综复杂的联系。"一种合乎理想的完备的知识就代表这样一个相互联系的网络"[1]。这个网络可以被视为教育社会学家迈克·杨（Michael Y.）口中"职业知识概念化"的载体。迈克·杨认为，职业知识的获得需要搭建理论知识和工作知识之间的桥梁，而这一桥梁便是"再情境化"——通过一定的课程模式、教学策略将理论知识融入工作实践，让学习者在学习过程中不仅能够掌握工作实践需要

---

① 杜威著，王承绪译：《民主主义与教育》，人民教育出版社2001年版，第356页。

的工作知识，更能够获得"情境化"的理论知识，从而实现理论知识与工作知识在学习者头脑中的有机整合，而整合之后所形成的便是职业知识，这一过程便可称之为职业知识的概念化。这个过程能够使学生的认知超越当前的岗位实践经验，当工作场景发生了变化时，依然能够从容应对①。知识间的关系能够让学生将理论知识与工作知识以一定的方式，在一定的情境中灵活运用和组合。而且知识间的联系实际上也正是知识"再情境化"的路径。因为当学习者在关系网体会到了某类知识的价值与功能后，他（她）就能凭借这一基本认识在不同情境中合理安排知识的位置与出现的时间，也就是我们所说的"学会学习"。

对于一线从业人员而言，这些联系具有以下几个特点：（1）这些知识并不是按照传统的学科逻辑进行组织的，而是围绕工作任务加以组织的。工作任务及工作目标是从业人员学习与利用知识的出发点。从业人员是基于"如何完成这个任务"或"如何达成这个目标"而调取知识，并非学问环境中的基于"如何构建系统性的知识体系"。正如杜威所言："职业是信息和观念的组织原则，是知识和智力发展的组织原则。职业给我们一个轴心，它把大量变化多样的细节贯穿起来，它使种种经验、事实和信息的细目并彼此井井有条"。在杜威眼里，职业"好像磁铁一样吸收资料，又好像胶水一样保存资料。这样组织知识的方法是有生命力的，因为它是和需要联系的"②。（2）知识间的联系是发生在职业情境下的联系。那么职业情境中的元素（如岗位性质、工作场所人际关系等）会对个体知识的组织产生影响。而且这种影响在每个人中的作用方式和效果会有所不同。（3）知识间的联系主要发生在工作过程之中。工作过程是从业人员使用知识的基本逻辑，只有在工作过程中才能凸显知识间最真实的协作关系。（4）知识特征兼具普遍性与个性化的特征。有些联系发生在跨职业乃至跨行业的工作过程之中，但是有些联系则更多地凸显个人对知识理解的结果。

知识间的联系包含两种类别：一种是空间层面的联系，即各类别知识之间的关系；另外一种是时间层面的联系，即现有知识与以前知识以及未来知识间的联系。这也是杜威口中的"知识"，因为他认为知识就是认识一个事物和各方面的联系。体现在知识特征中就是过去的知识、现在的知识以及未来可能的知识。这样，知识就具有了时空两个维度。这两个维度分别代表着两类不同的知识间的"联系"。那么我们该如何培养从业人员的这种"联系"呢？

现代学徒制人才培养模式的设计提供了培养这种联系的环境与要素。工学交替式的设计有助于明确知识在时间维度上的联系。工学交替本质上是检验知识的

---

① 王亚南、石伟平：《职业知识概念化的内涵意蕴及课程实现路径——麦克·杨职业教育思想的述评及启示》，载于《清华大学教育研究》2017年第4期，第78~86页。

② 杜威著，王承绪译：《民主主义与教育》，人民教育出版社2001年版，第325~326页。

内涵、价值与意义的螺旋式设计。它允许学习者通过"理论到实践再到理论"的多环节重复，不断检验已有知识特征的合理性，使用过去的知识去解决新的问题，进而形成过去的知识与现在和未来的知识之间的联系。当我们通过数轮"理实交叉"后建立起了稳定的知识在时间维度上的联系后，我们对待工作任务或任何工作情境中的事物就更为"自由"。因为我们拥有了针对工作任务和事物的广泛联系，这些联系能够帮助我们间接地了解和处理一个新任务和新事物。现代学徒制发挥了真实问题/任务的驱动功能。企业中的真实工作任务，或是培训中心中来源于工作现场但又经过了特殊设计的工作任务，能够成为学生形成知识与空间维度联系的抓手。基于真实工作任务形成的知识间的联系才是真实的、有效的联系。因为这种联系暗含了对非良构问题解决的思维，是接近真实需求的。现代学徒制为学习者提供了参与真实的工作过程与项目的机会。真实的工作过程与项目是学生组织知识联系、形成真实、有效的知识串联逻辑的基础。职业教育中脱离工作过程的知识系统化，与普通教育中脱离知识学科逻辑的系统化一样，都无法最佳呈现出知识演化与应用的状态。师傅的参与，为学徒知识间联系的修正、完善与个性化发展提供了参照和指导。正如前面提到的那样，知识特征具有普遍性与个性化双重特点。在工作场所中与师傅基于观察与模仿的互动，可以为学徒提供一个反省原有知识联系，学习师傅（专家）知识联系的机会。学徒可以通过观察、询问、模仿等体悟师傅是如何在工作过程中使用知识的，以及为什么这些知识在此刻可以被使用，它的价值如何。基于对这些问题的回答，学徒还可以将自己的个性特征，以及对问题的独到理解与习得的经验相融合，以创造出具有个性化，且能够解决问题的知识间的联系机制。

六、知识的迭代与更新

产业技术、生产组织方式、消费市场瞬息万变，从业人员需要不断地更新自己的知识储备，以适应工作场所中发生的变革。对于产业从业人员而言，随着企业对组织学习、组织创新、团队协作的不断重视，工作任务与工作技术复杂度的不断提升，知识的迭代与更新已非过去简单的阅读、技术自学等即可完成。知识的更新越来越成为一个在时间与空间层面具有多元性和连续性的终身学习的过程。不同时间段的学习内容与深度各不相同，不同场所的学习内容及重点也有所侧重，不同时间段与空间学习的内容还需要相互交融与互动，围绕工作任务生发出新的创意、技术、知识与成果。可以说，知识的迭代与更新已经超出了某个时间段、某个角色以及某个空间，成为从业人员不断发展自我的手段。

现代学徒制为学习者提供了三种知识迭代与更新的机制。

（一）基于阶梯式设计的知识迭代与更新机制

例如，英国的学徒制分为四级：基础（中级）学徒制、高级学徒制、高等学徒制与学位学徒制。不同级别学徒制的定位目标各不相同，基础学徒制重在一线普通技能人才的培养，相当于我国的中等职业教育；学位学徒制的目标在于为国家培养重点行业的高质量高技术人才，相当于我国的应用型本科或更高层级。学徒毕业后所取得的国家职业资格等级逐级提升，高等学徒制与高级学徒制毕业生毕业后还可获得学位。任何个体可以根据自己的先前学习认定，基于国家职业资格框架选择更高层级的学徒制。由于每个阶段的学徒制都有着不同的人才培养目标及相对应的知识与技能培养的内容与方法，这种阶梯式的学徒制设计能够允许个体根据工作和个人发展需求自由、灵活地进入学徒制教育体系中，实现基于不同时期不同目标的知识更新与迭代需求。比较典型的是对理论知识的获取。职业生涯发展的不同阶段会经历不同类型和复杂度的工作任务，这些工作任务对理论知识的深度与广度需求也各不相同。那么从业人员可以根据从业需要，选择合适等级的学徒制以更新理论知识。

（二）基于工学交替的知识迭代与更新机制

由于与行业与企业存在时空间隔，行业与企业发展的前沿信息与改革举措很难及时反映到学校教育当中。这就导致学校所传授的部分知识可能无法适应现代企业或区域内企业的需求。另外，企业可能也存在对相关领域最新科学研究及其应用成果获取的阻碍。那么工学交替的设计就可以为学习者、学校以及企业提供有效的知识迭代与更新机制：学习者可以通过工学交替的形式更新区域内行业一线的工作信息，尤其是设备、企业规模、行业发展趋势等信息。企业从业人员和学校教师则可以依托工学交替这一模式，通过建立有效的沟通机制，以实现科学研究与工作实践间的信息流动。在这一机制中，行业知识、理论知识、软硬件与工单使用知识的迭代与更新较为典型。因为这些知识更新迭代速度较快，且部分知识具有典型的区域性特征。

（三）基于教学评估结构化的知识迭代与更新机制

现代学徒制拥有结构化的教学、学习与评价设计，其中最核心的是基于学校教育与工作场所学习的课程框架。这些课程框架会根据需求定期更新，且更新的结果会直接影响学校与企业教学的内容。由于这些课程框架是由产业界主导、教育界参与所指定的框架，故能够在一定程度上反映产业界人才培养的真实需求。

课程框架以及其他内容标准的更新能够促进学习者知识的迭代与更新。

七、知识学习兴趣的激发与非认知技能的提升

如何激发学生的学习兴趣，利用学生的非认知技能提升学习效果，一直是教育者们关注的重点。针对这一问题，很多心理学家、教育学家给出了他们自己的见解。杜威（Dewey）认为，当学习者拥有选择学习什么以及怎样学习的权力时，当他们完成对他们而言有意义的任务，尤其是那些"确实需要完成"的任务时，当他们在一个共同努力的社区里工作时，学习的动力会被激发。虽然年轻人是他们自己学习的积极推动者，但他们并不是唯一的建设者。课程应该围绕着长期的任务、问题、重要的社会主题、文化认可的学科和活动（杜威有时称之为通过职业学习）来组织。此外，由于杜威看到了社会环境迅速变化，他相信年轻人必须为不可预知的未来做好准备，迎接新的问题和新的知识需求。在这种情况下，他们必须准备好成为终身学习者、实验者和问题解决者[①]。

如果杜威强调的是学科经验，那么蒙特梭利（Montessori）则强调目的性[②]。她认为，孩子们在严格的、相对具体的任务上学习得最好，而且这些任务是他们可以控制的；完成一项任务的过程本身就是一种激励；这些任务应该与课堂之外的真实世界相呼应。教师的角色是建立环境，使孩子们能够独立工作、观察和引导。在孩子不能完全解决自己的问题时，教师才能进行干预。

维果斯基（Vygotsky）反过来强调，思维从根本上是由社会调节的。直接的社会环境和文化作为整体提供了原料和机制[③]。通过观察、模仿和社交互动，年轻人的"潜在"成就将在实践中被唤醒，直到内化成为他自己的财富。成年人在帮助不成熟的学习者将日常学习的知识与特定领域的专业知识和技能联系起来时，扮演着特别重要的角色。

布鲁纳（Bruner）则认为，当年轻人有机会"深入沉浸于一种重要的活动（consequential activity）中——不是隐喻、模拟和替代的体验时，学习的动力才会被激发"[④]。当一个特定的想法、过程或信息被认为是有价值的时候，并且当它是可以立即使用的时候，他们就会被激励去学习。他们也有动力去模仿那些有价值的个体，并参与到他们的文化中去，成为社会互惠网络的一部分。

这四位学者分别从任务的特性、学习的方式、情境的熏陶三个方面阐述了唤

① Dewey, J. *The School and Society* [M]. Chicago：University of Chicago Press. 1990.
② Montessori, M. *The Montessori Method* [M]. New York：Frederick Stokes. 1913.
③ Vygotsky, L. *Mind in Society* [M]. Cambridge, MA：Cambridge University Press. 1978.
④ Bruner, J. *Toward a Theory of Instruction* [M]. Cambridge, MA：Harvard University Press. 1966：69.

醒学习者学习兴趣。现代学徒制也分别在上述三个层面给出了现实层面的解决方案。

（一）现代学徒制提供基于真实需求的任务

企业工作任务的真实性来源于任务背后的社会需求。工作场所中的任何一项工作任务都有其现实逻辑与内在动因。这个工作任务可能是一个更大的工作任务的一部分，或者它本身就是一个完整的项目。例如，"使用 45 号钢生产 1 000 个规格为 8 × 80 的螺帽"。单从任务的表述上看，它似乎与学校中课本上出现的问题没有什么区别，但是一旦它出现在企业的订单中，就被赋予了一种社会关系。也就是说，这个任务连接了企业与客户，它被赋予了赚取利润、维持企业信用乃至维持社会生产体系正常运转的责任。这种责任一旦落实到生产者个体的时候，就具有了真实性带来的内在驱动力。员工完成的不再是一个缺少社会评判、检验的问题，而是一个攸关企业信誉、个人收入乃至社会运转的实实在在的任务。这个任务是客户提出的真实需求，是工作情境知识的一部分，所以也是员工"组织社会化"的重要媒介。这样，真实的工作任务产生了与学校外部世界的联结，且任务十分具体，给学生带来一种责任感，驱使学生投入精力去完成。

（二）现代学徒制注重榜样（师傅）的"替代强化"作用

师傅这个群体是现代学徒制从传统学徒制中继承下来的最宝贵元素。而之所以保留这一元素，原因之一便是师傅带给学徒的"唤醒"与激励作用。从学校进入工作场所的学生在经历真实的工作任务前总是缺乏自信的。这种不自信来源于基于良构问题所形成的知识特征与非良构问题情境间的不匹配。当学生发现教室或学校实训室中的布置、氛围以及完成的任务与企业给出的任务有差距时，基于责任感以及维持可能存在的"自我效能感"，新进学徒可能会产生心理上的畏惧。而师傅的作用就是为学徒的操作提供示范，为学徒建立操作的自信，让其不再惧怕操作可能导致的失败。而潜藏在学徒内部的"模仿"冲动也将随着师傅的鼓励和监督而被挖掘。不断重复的"试误"过程逐渐消除学徒心中的不确定性，并最终达到师傅肯定的目标。班杜拉的"替代强化"作用机制认为当一个人观察到别人的行为时，会产生两种认识：一是认识到行为所导致的结果是什么，如外界对此行为的反馈与强化；另一个是认识到此任务的难度如何及其行为方式。师傅的操作能够通过被学徒观察而对学徒产生强化或抑制效果，所以师傅的鼓励与教学方法至关重要。师傅必须要循序渐进地选择任务交予不同层级的学徒，并在合适的时候给出恰当的评论与指导，防止不当示范、要求与评价降低学生的自我效能感。

（三）现代学徒制注重非良构问题情境的熏陶与引导作用

非良构问题情境的最大特点是"不确定性"。这种不确定性包括任务的不确定、任务执行过程中可能存在的不确定、任务结果得到反馈的不确定。也正是因为这种不确定，使得工作场所能够成为锻造技术能手的"主战场"，因为不确定的任务为从业人员提供了多元问题情境的解决机会，进而使从业人员能够拥有更多的问题解决图式。解决非良构问题需要更丰富的知识储备、更复杂的思考过程以及更强大的非认知技能。每解决一次非良构问题都是从业人员知识特征的一次完善乃至重组，而应对不确定性过程中产生的成就感也能够激发个体不断探索新问题的动机。

第三节　我国职业教育现代学徒制育人价值的实践与遮蔽

2014 年，教育部启动了现代学徒制的试点工作，并在 2017 年颁布了第二批试点的院校、企业与地方名单。截至 2018 年，共有 254 所高职院校、65 所中职院校、19 个试点地区、4 个行业组织、13 家企业参与到了试点工作当中。在近五年的实践中，各试点地区、学校与企业之间在人才培养、制度建设、利益协调等方面探索出了诸多宝贵经验，但同时也暴露出校企对职业教育现代学徒制基本认识与培养模式设计上的一些缺陷。本节基于以上各章的研究结果，将理论转化为对实践工作的指导，重点聚焦以下几个问题：目前现代学徒制的实践做到了什么，又没有做到什么；以知识论的视角来看，目前我国职业教育现代学徒制的育人模式在设计层面存在哪些问题导致"价值遮蔽"；如何使现代学徒制在我国更好地发挥其育人价值。

一、价值实践：我国职业教育现代学徒制试点成果的特点

2017～2018 年，笔者所在研究团队对全国 13 个省（自治区、直辖市）的 72 所试点现代学徒制的学校进行了调研，本次调研共涉及 123 个专业，其中农牧业专业 8 个、制造业专业 43 个、服务业专业 68 个、文创业专业 4 个（见表 7-4）。本次调研的内容包括专业实施现代学徒制的动机、合作企业的选择、合作方式、人才培养模式、制度建设等方面。在人才培养模式上，重点调研了教师与师傅团队建设情况、学徒培养的工学交替模式、工作本位学习开展情况、学徒选拔、师

徒关系建立、培养方案的开发、师傅的指导方式与内容、学徒评价等。从这些调研结果中，我们可以一窥当前我国职业教育现代学徒制人才培养模式试点成果的特点。

表7-4 调研学校与专业基本情况

位置	省份	学校数	专业数	其中：专业类型数量			
				农牧业	制造业	服务业	文创业
东部	浙江	11	20	0	7	11	2
	广东	9	20	0	1	19	0
	山东	4	7	0	5	2	0
	江苏	6	8	0	4	4	0
中部	山西	8	14	1	6	7	0
	陕西	1	1	0	1	0	0
	安徽	3	4	0	3	1	0
	湖南	3	7	0	2	5	0
西部	重庆	6	8	0	1	6	1
	四川	13	20	2	10	8	0
	广西	3	4	1	1	1	1
东北	吉林	3	8	3	1	4	0
	辽宁	2	2	1	1	0	0
总计		72	123	8	43	68	4

（一）合作企业和专业特点

所有专业至少和某一家企业建立合作关系开展现代学徒制。一些专业选择同时和两家以上企业开展合作。这些合作企业包括国营企业（如中国振华电子集团有限公司、中航工业贵阳博亚机械制造有限公司等）、民营企业（如浙江西子航空工业有限公司、广东茂德公食品有限公司等）和跨国企业（如敦豪物流、采埃孚机械等），少数学校联合部分事业单位（如武汉铁路局、福建省慈善总会）开展合作。所合作的企业均为地方行业龙头企业，企业规模均在中型以上。学校选择合作企业主要考虑的因素包括：企业与学校以前的合作关系（平均得分：4.02，下同）、企业规模（3.94）、企业用人计划与用人规格（3.38）、企业知名度（2.92）、企业所处区域（2.74）、企业员工发展情况（2.7）、企业技术水平及其生产组织方式（2.11）、其他因素（1.57）。合作的专业也主要是制造业

（34.7%）与服务业（54.8%）。

（二）合作载体与方式

目前，校企围绕现代学徒制开展合作的载体主要包括企中校、校中厂、冠名学院、冠名班、订单班、名师工作室、行业联合学院、跨企业培训中心等。这些合作载体的共同点在于人才培养目标和质量由企业（大师）和学校共同制定与实施，且企业、行业或大师在其中扮演更为重要的角色。可以说，这种合作载体类似于企业人才储备单元，人才培养的任何环节都将融入合作企业或技能大师的元素。

无论是何种合作载体，这些学校和企业都有着较为一致的合作方式：招生招工一体化。从实践层面来看，这种"定制化"的人才培养模式能够最大限度地保护企业、学校和学生在学徒制参与过程中的利益，减少了学校实施过程中的诸多不确定性，在一定程度上确保了企业边际效益的最大化。招生招工一体化也有四种实施形式：一是在学校招生期间直接按照订单班的形式招生，所招学生既是学校学生，也是企业准员工，这种选拔方式占所有选拔方式的54.72%。二是在第一或第二学期末，由学校和企业组成选拔小组对有意愿的新生进行选拔，入围的学生单独组建学徒制班级，享受双重身份和相应待遇，这种选拔方式占据所有选拔方式的26.42%。三是企业招工与派学，即某企业招工后在工人中选择相当于高中学历的人员报名参加高考，而后参加学校的单招考试或春季高考，并在考前为工人进行培训与辅导。工人考入学校后仍是原单位工人并享受双重身份。四是通过教育服务机构招生，即某企业通过教育服务机构面向一定区域招收合作学校的意向生，在单招前或春季高考前进行专业培训，同时组织学生与企业签订就业意向与学徒协议，通过单招或春招进入合作学校的相关专业就读并具备双重身份。

（三）合作保障

在外部制度环境尚未形成的前提下，企业、学校、学生（家长）、行业之间需要通过相关协议确保三方或四方间的权利与义务关系，形成多方合作的内部保障机制。目前有56.6%的专业在实施现代学徒制的过程中均根据现行法律法规和政策环境，与企业、行业与学生（家长）签订合作协议，以此保障利益相关主体的权益。协议内容包括带徒期限（41.15%）、带徒内容（56.6%）、学习目标（43.4%）、工资分配（11.32%）、师傅职责（60.38%）、徒弟职责（47.17%）、考核方式与标准（41.51%）、其他（30.19%）。一般而言，企业、学校、学生/学徒、家长的权利与职责如表7-5所示。

表7-5　　　企业、学校、学生/学徒、家长四方的权力与义务

利益相关主体	权利		义务	
	共同权利	个别权利	共同义务	个别义务
学校	校企合作开发成果、学徒/学生的录用、学徒/学生的考核评价	提升教师职业技能与在岗教学能力	制定人才培养方案和教学计划、提供实训条件、编写教材、奖励优秀学徒、教师与师傅、提供部分经费和设施	规划设置专业、委派优秀师资、培养企业教师队伍、提供班级管理
企业		优先录用合格学徒、提升师傅理论知识水平		提供岗位需求、企业状况、人才规格等信息、委派优秀师傅、支付学徒补助、维护学徒安全生产等基本权益
学生/学徒	在校生所有权利、顶岗实习期保险与补助		遵守规章制度、服从校企双方管理、积极参加学习和生产	
家长	监督学校企业的履约情况，帮助学生参与签约的相关决策		配合学校与企业开展学徒学习与未来就业的相关工作	

（四）工学交替形式

由于现代学徒制涉及企业学校双元培养，且这种培养模式与过去双元分离的安排形式不同，需要以某种形式进行工作场所学习和学校学习的交叉，以帮助学生将理论知识合理地运用到工作场所的真实情境之中，从而实现知识的内化与技能水平的提升，所以现代学徒制的实施模式将呈现出典型的交替式安排。但是鉴于不同类型企业的用工方式、生产周期、校企位置等诸多因素，不同学校实施的现代学徒制表现出了不同类型的交叉形式。目前所有学校的工学交替形式包括了按照日、周、月、学期、学年五种形式的交叉轮换（见表7-6）。

表7-6　　　　　不同类型的现代学徒制工学交替形式

交叉类型	实例
按日交叉	5天学校学习+2天企业实岗训练，贯穿培养全程
按周交叉	第一学年：校内公共课程+专业基础课程 第二学年：每学期4周企业学习+16周校内学习 第三学年：第五学期12周校内学习+8周企业学习，第六学期顶岗学习+校内毕业论文
按月交叉	从第二学期起每学期前两个月在校理论学习，后三个月在企业进行各岗位的专业技能学习

续表

交叉类型	实例
按学期交叉	第一、第二学期：在校完成基础素养教育 第三、第四学期：工学交替学习 第五学期：学徒式学习 第六学期：准员工学习
按学年交叉	第一、第二学年在学校学习公共基础课程和专业课程 第三学年在企业当学徒

此外，不同学校与企业合作开展的工作场所学习也有着不同的设计思路。在服务业现代学徒制的实施模式中，现代学徒制倾向于按照岗位层次进行设计，即逐年从基础岗位到中层岗位再到经理岗位进行在岗学习；而制造业现代学徒制中的在岗学习则更多地按照岗位类型进行设计，即逐年从认知岗位群到岗位群内轮岗，再到定岗和顶岗（见图7－8）。之所以会产生这两种不同的设计思路，主要在于不同行业的岗位特征与人才培养目标存在显著差异。服务业现代学徒制的培养目标多集中于培养管理型人才，需要学生/学徒掌握企业生产与管理的整体运作过程；而制造业现代学徒制的培养目标以车间主任、技术骨干为主，企业更多地强调某一类岗位的精湛技艺，对于岗位群或整体生产格局的了解不做更高要求。

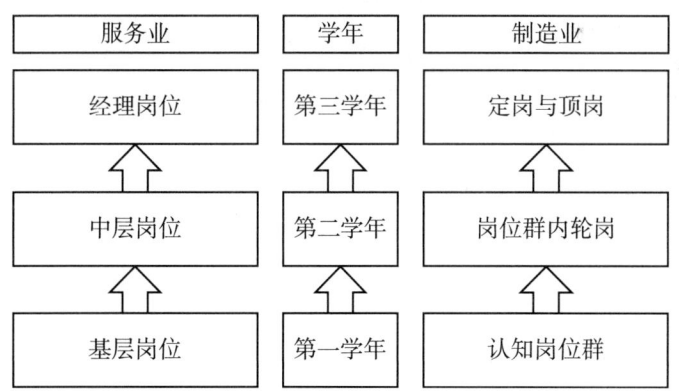

图7－8 两种不同的现代学徒制在岗学习设计思路

（五）师傅与徒弟的选拔与师徒关系确立

（1）学校与企业在选拔师傅时主要考虑以下因素（按重要性排序）：师傅技能等级（7.85）、师傅道德素质（7.38）、师傅从业年限（6.32）、师傅意愿（5.02）、师傅业内评价（4）、师傅先前指导徒弟的经历（2.91）、师傅所在企业的意愿（2.87）、师傅性格（0.92）、师傅年龄（0.68）。（2）在选拔徒弟时则主要考虑以下因素（按重要性排序）：学徒意愿（7.85）、学徒家长意愿（4.32）、学徒在校素质表现（3.21）、专业对口（3.08）、学徒在校学习成绩（1.91）、其他（1.51）、学徒籍贯（0.64）、学徒性格（0.55）、学徒年龄（0.28）。（3）学徒选拔的方式主要包括志愿填报（69.81%）、职业性向测试（20.75%）、专业技能测试（28.3%）、其他（20.75%）。（4）师徒关系的确立方式主要是企业指派（83.02%）、学校指派（20.75%）以及学生与师傅互选（11.32%）。（5）22.64%的企业经常对师傅进行培训，32.08%的企业则是偶尔培训，5.66%的企业则没有培训。39.62%的企业拥有师傅团队的培训计划，实施的培训主要包括教育理论（20.75%）、学徒管理（41.51%）、教学方法（30.19%）、法律法规（3.77%）、其他（45.28%）。

（六）师傅的教学与评价

目前，围绕学徒的培训方案主要由校企合作统一开发（88.68%），有少数专业采用企业开发的培养方案（5.66%）以及由师傅制订训练的方案（5.66%）。师傅指导的内容包括（按得分多少排序）：岗位操作技能（8.34）、工作过程中的经验与诀窍（6.53）、工作过程中要求的基本品质和精神（6.04）、工作中各种设备的使用、调试与简单维修方法（5.34）、工作中遇到实际问题时如何快速决策和处理（4.58）、企业生产的各类产品与提供的各类服务（4.34）、个人职业生涯发展规划（3.43）、企业的基本概况（如企业的基本信息、薪资待遇、领导架构等）（2.91）、企业中各生产/服务岗位及其相互之间的关系（2.74）、面对不同的客户需求时如何设计和选择最优的生产或服务方案（2.15）、工作中涉及的原理性知识（1.4）。可以看出，学校与企业间围绕知识与技能的分工协作落实到位，且企业以操作技能和专家知识的传授为主，并附带工作情境知识、相关岗位工作知识等知识的教学。

师傅指导的方式主要包括观摩法（师傅完成工作任务时，徒弟在旁边观察学习）（4.68）、讲解法（师傅利用一段时间专门讲解与工作任务相关的理论知识）（3.62）、合作法（师傅与徒弟围绕一个具体的生产任务进行合作）（2.11）、试误法（徒弟自主完成任务，师傅根据完成结果点评并修正）（1.85）与研讨法（师傅与徒弟就某一个项目或问题进行集中研讨）（1.21）。企业对学徒的评价方式包括独立完成岗位任务（79.25%）、能力等级评价（33.96%）、理论考核（37.74%）、行业技能大赛（20.75%）、考取相关证书（26.42%）。学校对学徒培训质量的监控方式包括定期过程考核（66.04%）、随堂听课（30.19%）、师傅带徒评比（26.42%）、学徒评教（22.64%）、其他（20.75%）。

（七）课程设置

由于现代学徒制的实施带来了全新的课程设计理念与模式，且企业对于参与课程体系设计与课程内容开发的意愿得到显著提升，故大部分学校的现代学徒制课程体系都进行了调整，个别学校完全打破原有的课程体系，以企业需求为目标重构课程内容。就课程设置的影响因素来看，现代学徒制课程体系的建构主要受三个因素的影响：一是国家标准，包括职业技能标准和国家规定的必修课程；二是企业需求，包括企业对学生技能种类与层次的需求以及企业岗位的设置情况；三是学生自身的生涯发展，即学生在工作中按照何种路径发展。

就课程体系的特点来看，目前大部分学校都采取的是模块化课程形式。从宏观上看，这种课程体系将整个课程分为基础模块、核心模块和企业模块三个部分：基础模块包括公共课、专业基础课程和专业基本技能，核心模块主要为专业核心课程，企业模块则是根据企业技术特征和员工培训需要设置的特色课程，如企业特殊技术课程、企业文化课程等。一般而言，核心模块和企业模块由学校和企业共同确定。模块化课程体系的优势在于其灵活性，即企业可以根据需要增删模块，学校也可以保证公共课等必修课程的开设，并通过学分制课程体系实现课程管理。

通过对目前我国职业院校现代学徒制试点成果的分析，我们可以总结出三个现代学徒制试点工作积累的基本经验。

一是因地制宜——基于校企合作、工学结合的区域特征开展试点工作。因地制宜是我国职业院校现代学徒制试点工作最为突出的特点，也是最为宝贵的经验。因为"现代学徒制"这一概念本身是一个舶来品，在德国、英国、美国的本土化进程中都充分考虑和融入了国别和区域特色。我国现代学徒制的试点工作也必须要充分基于区域产业发展的现状以及我国近 30 年校企合作的基石。具体而言，"因地制宜"主要体现在以下几个方面：（1）专业选择因地制宜。在现代学徒制试点过程中，专业问题始终是困扰职业院校试点现代学徒制的首要问题。因为很多学校尚不清楚应该挑选哪些专业开展现代学徒制。实际上，试点工作的经验告诉我们，专业的选择应充分考虑专业所对应行业的技术特征。现代学徒制实施的一个重要前提是技术本身的现代性，如果一个岗位的工作任务较为简单，技术含量低，那么传统的学校一元培养甚至短期的职业培训即可让学生胜任工作。但是现代技术融合了复杂的工作情境和深厚的理论知识，迫切需要学生在学校掌握必要的理论知识，并在复杂、多元、真实的工作情境中通过实践内化和掌握这些知识。此外，由于工作任务与工作情境的复杂性，技术专家长期积累的处理复杂问题的方法型知识就变得极为重要，而掌握这些知识的最有效率的方式是与师傅建立稳定的师徒关系，在师傅的指导下通过长期地观察、模仿和试误加以领悟。所以唯有那些技术含量较高，具有系统培养必要的专业更为适合开展现代学徒制。（2）企业选择因地制宜。企业的选择主要考虑企业规模、用人规模、企业位置等要素。一般而言，现阶段现代学徒制合作的企业都是中型以上的企业，因为这类企业具有一定的合作基础和实力，且能够提供一定数量的岗位。企业在区域内或行业内具有一定的声望，对技术技能人才的需求和培养具有一定的示范性。此外，当地企业更受学校青睐，因为异地合作将会带来学生实习成本的提升以及安全问题。（3）合作机制设计因地制宜。囊括哪些合作主体、采取何种合作方式和载体、订立何种合约，这些都需要充分考虑合作双方的具体要求。在充分考量合作各方的利益、确保合作各环节依法依规的前提下，我们应该鼓励职业院校与企业、行业乃至政府之间探索合适的合作机制。（4）实施模式因地制宜。各个学校和企业可根据企业用人特点、技术水平与类型、产业特征等灵活设计课程体系与教学形式。一般而言，模块式课程更加适合分散式的现代学徒制试点阶段，围绕产业技术特征和人才培养目标开展教学安排更能够同时照顾企业用人、学校教学与学生就业的需求。

二是规范程序——通过多方协议确保利益相关主体的权利与义务。现代学徒制的复杂之处在于不同属性、具有不同利益取向的主体共同围绕人才培养开展活动，这其中必然要涉及复杂的权利与义务关系的协调。从权利或利益的角度来看，企业希望能够从中获得优质的人力资源，实现技能替代与传承；学校则希望能够节约办学成本，提高人才质量；学徒参与的动力来源于技术技能水平的提高、稳定的就业渠道和较高的工资待遇；政府试图通过现代学徒制促进经济发展，保障社会稳定；企业师傅希望能够获得相应的经济报酬以及企业或行业内的地位；行业协会则希望能够确保行业内技能传承的秩序与提升行业竞争力[1]。从义务的角度来看，学校企业分别需要承担相应的人才培养责任，并投入相应的设备、人员与资金；学生需要履行学习与就业的相关义务，遵守学校与企业对于学生和实习员工的管理规定；政府和行业则更多地起到协调与宏观调控的作用，整合相关资源并给予一定的优惠政策。可以看出，如果缺乏一个协调机制以统筹协调如此复杂的利益关系，校企合作也将无法健康、可持续的进行。现代学徒制引入了三方或多方协议机制，这一协议明确规定了合作各方在人才培养规程中所享有的权利和必须履行的义务，将过去较为松散的合作关系上升至法律高度。更重要的是，学生及家长同样被纳入了协议规范的主体，这就使得人才培养的直接受

---

① 贾文胜、潘建峰、梁宁森：《高职院校现代学徒制构建的制度瓶颈及实践探索》，载于《华东师范大学学报（教育科学版）》2017年第1期，第47～53页。

益者——学生的行为与活动受到法律的保护与约束，客观上提升了校企合作双主体人的有效性。

三是多元主体——管理、教学、评价主体的多元化与行业功能定位的明晰。无论是管理团队的建立，还是教学过程的安排，抑或是教学评价的实施，现代学徒制都强调多元主体的动态参与。在管理上，将企业、学校乃至行业成员纳入管理团队，有利于在人才培养问题上博采众长、统一思想；教学过程中的"双导师制""三导师制"等立体式地构建了职业教育人才培养的行动保障；评价过程中的自评、企业现场评价、教师评价、行业认证评价等赋予了学生知识与技能更为广泛的评定视角，也拓展了学生学业成绩的适用广度和内涵深度。

此外，现代学徒制的成功之处还在于它很好地解决了行业在校企合作中的功能定位问题。行业的参与之所以一直没有行动和显著成效，其根源在于对于行业参与人才培养的功能定位不够明晰。在传统的校企合作办学模式之中，学校与企业通过建立点对点的合作关系便直接完成了人才培养的过渡与协作，很少需要行业在资源与渠道上的协调。而现代学徒制却进一步明确了行业所扮演的两个重要角色：资源协调与标准统一。行业协会凭借其丰富的企业资源和信息资源，既可以承担合作企业的遴选、学徒名额的统筹分配与管理等资源协调之角色，也可以在学徒培养标准、师傅遴选标准等方面发挥统一作用。

二、价值遮蔽：知识论视角下我国职业教育现代学徒制的问题

价值遮蔽是价值在生成过程之中被人为地掩盖、干扰或阻隔着价值实现或价值增长的现象①。从我国职业教育现代学徒制试点的阶段性结果来看，尽管现代学徒制在育人模式设计、培训标准开发等方面已经取得了一些成果，但是对标职业教育现代学徒制围绕从业人员各类知识形成的育人价值而言，现有的设计与执行也的确存在"价值遮蔽"的情况。

（一）现代学徒制终身育人价值的缺失

从业人员知识特征的形成是一个长期的过程。这个"长期"体现在部分知识需要经历较长时间与多个场所才能获得。而且这些知识往往需要学校中的理论教育与工作场所中的工作本位教育间持续地互动才能不断完善和提升，以应对不断提升的任务复杂度与环境变迁。

---

① 吴德清：《论中华科学文化的价值遮蔽现象》，载于《中南民族大学学报（人文社会科学版）》2004 年第 S1 期，第 285～287 页。

就各类知识而言：（1）理论知识需要不断更新以适应技术、生产、经营、服务等的不断变革。故在岗工作人员的职业生涯发展的任何阶段都不能缺失系统理论知识传授的空间。（2）工作情境知识需要学生毕业后进入真正的工作岗位才能获得，因为它涉及员工的"组织社会化"问题，一个被设计过的模拟岗位情境，以及以学徒身份工作的情境只能帮助学生或学徒注意和初步领会工作场所知识的存在、重要性及其基本标准，但并不能真实反映真实工作岗位中的工作情境知识。（3）职业伦理规范知识的形成具有阶段性、岗位情境性和历史性。在学校或以学徒身份在企业中获得的职业伦理规范知识需要通过在岗工作才能得到更深刻的体悟与实践。而且在岗工作阶段的道德伦理教育更为隐性，更有针对性，也更有实效。（4）相关岗位知识一部分来源于学校与企业实践期间的学习与观察，另一部分来源于真实工作岗位中与周围岗位间的协作关系安排。这取决于学徒进入工作岗位后的工作需求。（5）一些行业知识（主要指行业惯例或潜规则）只有当从业人员正式进入岗位工作，甚至进入核心岗位圈后才能获知；而一部分行业知识则需要通过行业研究专家经过解读才能得到更清晰的认识。（6）工艺技术知识包含经验体系与理论体系双重成分，对工艺技术的探索既要重视生产经验的积累，也要注重工艺理论的指导。而工艺的改进本身就是一个长时间的过程。

可以看出，很多知识的学习已经从学校教育阶段延伸到了在岗工作阶段。甚至到了岗位工作阶段以后，仍然需要多元主体的参与、多种情境的过渡。所以，只停留在就业前的现代学徒制是无法满足从业人员知识建构的需求的。由于从业人员的知识建构需求与重点会随着工作任务、工作环境、行业技术、生产组织方式等的变化而变化，那么现代学徒制也必须从过去特定学段的人才培养模式设计走向针对技术技能人才培养的终身育人模式设计，构建起具有阶梯性、终身性特点的"现代学徒式"技术技能人才培养模式。

（二）社区、社会作为现代学徒制育人主体的缺失

我国职业教育现代学徒制的参与主体以企业、学校、行业和政府为主。学校和企业是现代学徒制设计与实施的最主要主体。在试点阶段，政府作为主体的意义更多的是发挥"政策宣誓"的功能，并给予一定量的财政补助。而行业在现代学徒制中也找到了合理的定位。尽管现阶段行业在现代学徒制中的作用范围并不广泛，但可以预见在现代学徒制"质量建设""标准建设"逐渐步入深水期的未来，行业的作用不可小觑。在第六章我们提到了从业人员各类知识的形成还有另外三个重要的主体：家庭、地方（社区）与社会。这三大主体涉及工作情境知识、职业伦理规范知识、素材库知识、个性化创意知识、区域性服务知识等的形成。（1）地方（社区）是区域性服务知识的来源，但是在现有的现代学徒制育

人模式中几乎难以看到地方（社区）在内容编制与教学中的痕迹；（2）家庭是个体形成素材库知识与个性化创意知识的重要环境，尽管家庭的功能定位并不十分清晰，且家庭作用发挥的过程也不明显，但是我们不能忽视家庭作为建构个体知识的社会角色；（3）社会作为人与环境形成的关系总和，会影响个体对工作情境知识、职业伦理规范知识的理解和运用。其发挥作用的方式也十分内隐，但其造成的影响却是重要和久远的。尤其是对于那些处于价值观形成关键期的职业院校学生而言，社会对于知识建构的影响甚至会有决定性的作用（如社会舆论对某个职业的评论可能会影响个体对某个职业伦理道德知识的看法）。

很显然，现代学徒制在实施过程中比较忽视对这三大主体的关注。无论是制度设计，还是课程内容、教学过程的设计，都很难寻找到它们的踪影。实际上，家庭、社区与社会构成了个体生存与发展环境的三个层面。当我们跳出技术技能人才培养的视角去审视这三个主体时可以发现，家庭、社区与社会的介入反映了教育事业发展的一个趋势：教育逐渐成为多主体建构的"学习共同体"的行为。学习共同体是由学习者及助学者共同构成的以完成共同的学习任务为载体，以促进成员全面成长为目的，通过人际沟通、交流和分享各种学习资源而相互影响、相互促进的学习团体①。在这个"学习共同体"中，无论是家长、教师、师傅、社区成员还是其他社会成员，都与学习者保持着密切且有价值的互动。而且这种互动不仅发生在学校和企业，还发生在家庭与校外任何一个场所；不仅发生在学校教育阶段，还发生在个体生命历程中的任何一个时间点。互动的目的是帮助学习者建构稳定、全面和有效的知识特征，不同的主体在不同的知识中发挥各自的作用，且这些作用之间也会相互影响。

（三）缺少更高层面的质量标准

从调研结果来看，所有的学校都拥有一套学徒培训方案，且大部分培训方案（88.68%）都是由校企合作统一开发。但是这种培训方案的制定是企业与学校间的"个体对个体"的行为。由企业和学校（可能包括行业）进行的利益博弈将充分体现在培训方案的内容之中，例如，工学交替的实施方案，教学内容的设计逻辑与课时安排、学徒培训质量的评价标准等。此外，企业的规模与技术水平、经营理念、学校的教育理念等都会影响方案和标准制定的结果。那么这样的方案和标准设计过程就可能导致一个企业因合作的学校不同而有着不同版本的人才培养方案或标准，一个专业因合作的企业不同而有着不同版本的方案与标准，不同时间段因合作双方的变动而产生不同的培养方案和标准。

---

① 伏荣超：《学习共同体理论及其对教育的启示》，载于《教育探索》2010 年第 7 期，第 6~8 页。

校际乃至校内不统一的标准和方案对于知识特征的形成具有负面影响：（1）部分标准和方案可能会缺乏对部分知识的关注。例如，有的企业不允许学徒接触新工艺、新设备、新方法，不注重学徒对企业内不同岗位间协作关系的教学或感受，而导致对工作情境知识、软硬件操作与工单知识、相关岗位工作知识等教学的缺失或不足。（2）同一类知识所教学的深浅度不一。不同企业里的师傅在现场教学中都会指导学徒的操作技能，但是由于师傅自身技能水平的差异，或者企业对技能水平需求的差异，导致不同学生在不同企业中所学习到的操作技能知识/技艺知识内容与质量各有差异。此外，企业在区域行业内的地位和实力等也会影响其对行业知识的判断和输出。（3）领域知识的前沿性不一，部分企业难以体现行业发展的趋势。由于员工水平、设备种类与先进度、行业地位、企业规模、经营理念等的差异，有些企业的生产要素不能体现区域内整个行业发展的趋势，实质上难以胜任符合行业发展趋势的技术技能人才的培养。（4）知识的可迁移性差，只局限于个别企业的需求。尤其是在产品或服务定位与行业主流偏差较大、管理理念落后的企业中，人才培养的基础和目标会存在与行业主流不相适应的地方。更重要的是，尽管这种具有企业特色的知识有利于企业内部技术技能人才梯队的建设，但是并非所有的学生在毕业后会留在实习企业继续工作，那么进入劳动力市场的其他学徒将面临知识特征接受市场检验的挑战。如何消除企业特色需求与普通知识培养可能存在的矛盾问题，是我国现代学徒制试点需要解决的重要问题。（5）难以对知识的形成质量进行横向评判和监督。这些负面影响最终会导致区域技术技能人才培养质量的参差不齐，更会影响部分学徒职业生涯发展的质量。在调研过程中，"学生掌握水平参差不齐"与"不同师傅之间教授内容不一致"的问题排在学徒培训过程中各类问题的第二和第三名（得分2.64与2.49）。

对更高层级标准的强调并不是否认校企间独特培养方案的价值。但是这些培养方案必须要有一个基本底线。这个底线的功能是"质量兜底"与"行为规范"，即确保学校教育阶段中学生知识在内容与关系上的基本质量，并以此规范企业和学校在学校教育与工作场所教育中的教学行为。实际上，国家内容框架与地方培训标准结合的方案在操作层面是可行的，也是必需的。重点是建立起一个具有兼顾公平性、前瞻性、区域性和基础性的综合内容标准。

（四）工作任务缺乏典型性及部分知识教学的缺失

现代学徒制拥有以企业和学校为主体的多情境育人机制。之所以将企业作为现代学徒制的核心主体是因为企业提供了学校难以复制的育人环境——工作场所，及其内部的制度环境、人际环境、非良构问题、多元化的客户需求。但如果企业并没有将这些关键要素提供给学徒，而是以一种"学校实训场所替代品"的形式开展工作场所学习，那么这样的现代学徒制将无法发挥企业作为最重要一元的核心价值。

在调研过程中，"工作任务简单、重复，缺少学习价值"的问题在一些工作场所中普遍存在，且排在学徒培训问题中的第四名（得分2.4）。例如，师傅只将简单的操作性任务交予学徒操作，长期负责边缘性的工作任务等。这些问题的本质在于学徒在工作场所中所处理的工作任务不具有建构知识的意义，也就是工作任务"不典型"。之前的论述已经提到，工作任务的典型性对于知识的建构具有关键影响：如果工作任务是典型的良构问题，不包含能够体现真实工作情境的问题表述方式和复杂解决路径，那么就不能使学徒更好地整合、深化、验证学校所学到的判断决策知识、理论知识、操作性技能知识、职业伦理规范知识，更不能学习到复杂工作任务中所蕴含的新知识。此外，不典型的工作任务也不能帮助学习者明晰各类知识间蕴含的错综复杂关系，并建立具有个性化特征的知识关系。而如果长期无法从事具有培养价值的工作任务，缺乏师傅在工作核心要素上的指导，那么就很容易导致我国职业教育校企合作的老问题——"沦为廉价劳动力"现象重现。实际上，这一问题在现代学徒制校企双主体育人过程中已经开始显现。调查数据显示，目前学徒培训过程中存在的最重要问题就是"岗位任务过重"（得分4.15）。如果这一现象无法得到遏制，那么现代学徒制将难逃传统校企合作育人模式被社会诟病的问题。

（五）行业特色不突出

从第三、第四、第五章的研究结果可以看出，三大产业从业人员在知识类型及内部关系上有很多不同之处。而且即使是相同的知识类型，在内容和特点上同样有着显著的行业特色。基于此，在各行业所对应的专业与专业群中开展现代学徒制就应该凸显行业特征。也就是说，职业院校和企业在设计现代学徒制时，应该在保有现代学徒制基本范型的基础上，结合行业和企业的特点，灵活选择工作场所与模拟场所、灵活开展工学交替、灵活设计课程体系和教学内容、灵活设计教学方法与评价标准。但试点实施过程中这种基于行业的现代学徒制特色化定制不明显。这种不明显体现在：（1）部分行业在现代学徒制实施过程中忽视一些知识的教学，例如，服务类、文创类专业并没有将行业性知识列入教学内容之中，三大产业对于相关岗位知识的重视程度不够。（2）部分知识没有采用贴近行业真实情况的教学方法。例如，工艺技术知识重理论体系教学轻经验体系的默会传递；服务业从业人员"判断决策知识"中的"情境判断型"知识缺少相应的真实情境教学法；文创业中的"个性化创意知识"缺少交流、研讨、观察等教学方法。（3）知识类型的数量占比与课时占比不协调。例如，有些专业对应的岗位对判断决策知识的需求度显著高于其他岗位，且判断决策的难度较大，但在课程内容中却没有体现出这种比较差异。（4）按照传统的现代学徒制设计模式，只有学校和企业之间达成的育人合作才能被称为"现代学徒制"，而将大师引入校内成立"大师工作室"，或者业界大师在校外成立的私人工作室则不能被称为现代学徒制育人模式。实际上，文创业中以"工作室"为形式的工作模式十分普遍。文创业与服务业和制造业对于工作情境知识的要求不太相同，从业人员的工作过程也具有较强的内隐性，工作场所的外在特征并不明显。但是校内或校外的"大师工作室"基本保有了文创业工作场所的要素，尤其是"大师"这一核心要素，那么我们可以认为，这些文创业独有的，或者制造业和服务业中具有行业或地域特色的工作模式均可以被视为现代学徒制的育人模式。

（六）较少考虑现代学徒制实施专业的遴选问题

原则上讲，所有的专业都可以使用现代学徒制培养技术技能人才。但是这里涉及人才培养效率的问题。实际上，随着智能制造的不断普及，一些岗位一线从业人员的操作性技能知识成分开始有所下降，而判断决策知识、工作情境知识、理论知识等知识的重要性开始提升。一些岗位（如数控编程）的理论性偏强，实践操作的复杂性主要体现在对理论知识或软硬件使用知识的深入思考与运用之上，真正的操作成分很少，在工作场所花费大量时间进行操作的必要性低。在文创业中，实施现代学徒制的也并非所有行业和岗位，有一部分岗位（如音乐、舞蹈、戏剧）并不具有明显的工学结合现实需求。它们更多的是强调理论学习、技能训练基础上的个人体悟，且对从业者的生理条件和综合素养有着较高的要求。这些行业在多年来的实践中已经总结出了一套具有行业特色的育人机制。单纯地套用现代学徒制可能会适得其反。美国注册学徒制的实施就引入了审核机制，所有实施注册学徒制的岗位必须满足以下四个条件：（1）需要通过有组织的、有系统的在职监督方式学习技能；（2）注册学徒制在整个行业中确定并得到普遍承认；（3）手工、机械或技术技能知识的获得具有渐进性，且按照行业标准需要完成至少 2 000 个小时的在职学习；（4）需要相关的指导，以补充在职学习[①]。但调研过程中，一些学校并未认识到这一点，在选择现代学徒制试点的专业时忽略了岗位工作任务的特性。某种程度上，这也可以部分解答调研过程中遇到的突出问题"为什么企业参与现代学徒制的积极性不高"，

---

① Registered Apprenticeship：Federal Role and Recent Federal Efforts ［EB/OL］．（2018 – 4 – 20）［2018 – 6 – 17］．https：//fas. org/sgp/crs/misc/R45171. pdf

原因在于当企业的用人层次和类型与育人机制不匹配时，企业自然不会付出多余的成本。

（七）师傅的资格遴选与教学方法上存在问题

师傅在"现代学徒制"育人模式中发挥着至关重要的作用。在勃兹曼和菲尼对"师徒制"概念的界定中，"师傅"被认为是"具有更多相关知识、常识以及经验的个体"。"徒弟"则是具有较少相关知识、常识以及经验的个体。师徒制的核心是"被徒弟认为与工作、职业发展和技术提升相关的非正式的知识、社会资本和心理支持的传递"[①]。师傅发挥的作用主要集中在"榜样激励"（如"职业伦理规范知识"）、"非认知技能培养"（如"判断决策知识"）、"范例展示与试误纠错"（如"操作技能知识"）、"隐性知识传递"（如"工作情境知识"）、"社会资本传递"（如"工作情境知识"）等方面。这些作用对于知识的形成具有显著意义。师傅角色的重要性决定了师傅资质的重要性，师傅作用的发挥必须依赖于师傅自身职业能力与教育能力的高低。但调研数据显示，部分企业的师傅存在"资格值得商榷""教学方法不得当"的问题，例如，"师傅本身欠缺解决工作场所非良构问题的经验""师傅在进行示范时不指出动作的要领且不给予学徒指导""师傅选择展示的任务过于简单和复杂，不符合学徒学习阶段的特点"等。抛去制度层面客观设置障碍的可能性，这些问题集中反映了师傅资质遴选与教学能力上的欠缺。当然，学校教师队伍中存在的问题也不容忽视，例如，学校教师教学与工作场所学习不同步、理论教学方法教条死板等。现代学徒制中，企业师傅队伍建设、学校师资队伍建设、企业师傅与学校教师间的行动配合等都是影响学生/学徒知识建构的因素。

第四节　知识论视角下我国职业教育现代学徒制的价值拓展

"价值遮蔽"现象，以及"后试点时代"校企之间围绕"现代学徒制"实施过程中所遇到的问题，启发我们应该从知识特征的角度出发，改革我国职业教育现代学徒制的模式设计与实施过程，实现从"价值遮蔽"到"价值拓展"

---

① Bozeman，B. & Feeney，M. K. Toward a Useful Theory of Mentoring：A Conceptual Analysis and Critique [J]. *Administration & Society*，2007（6）：719 –739.

的转变。

一、从制度到思想：树立现代学徒制服务个体"经验生长"的育人理念

就业与升学、技能训练与知识习得、理论与实践等常被视为两个相互对立的元素，并真实地呈现在职业教育的办学进程中。在杜威看来，职业是学校作业的延伸，它"给了我们一个轴心，把大量变化多样的细节贯穿起来，使种种经验、事实和信息的细目彼此井井有条。[①]"相应地，职业教育也应该是能够整合种种要素（例如，显性知识与隐性知识、理论知识与实践经验、人文与科学）的过程。在这一过程中，学生的经验不断生长，能力倾向不断明晰，职业观念不断形成，最终走向适合他自己发展的道路。可见，职业教育的过程设计是极其重要的。但是当我们有意地割裂两个原本连续的要素，并刻意地再将两个要素机械的结合在一起时，就无法达到想要的效果。改革开放以后，市场化浪潮破坏了"厂内师徒式学习与厂办技校学习融合"教育机制的生存土壤。而为了让人才培养能够满足企业需求，职业学校就不得不在已有校企分离的基础上重新拼接"工作本位学习"和"学校本位学习"。这种拼接的结果就是去情境化的知识学习与技能训练，以及低效率地向工作场所"迁移"，甚至出现了被人诟病的"廉价劳动力"现象。"拼接式"发展固然有其现实背景，例如，职业学校实训条件差。但其问题源头在于发展思维的"二元"分割。正是因为我们在微观上的技能训练与知识学习、学校学习与工作场所学习的割裂，宏观上的理论与实践、就业与升学、学校与社会的割裂，才造成了职业教育"异化"之结果。正如杜威所言："按照各种工业和专业现在的做法，给予学生技术上的准备，教育改造是不能成功的；仅仅在学校照样模仿现有的工业状况，教育改造更难成功。问题不在于使学校成为制造业和商业的附属机关，而在于利用工业的各种因素使学校生活更有生气，更富于现实意义，与校外经验有着更密切的联系。这个问题是不容易解决的[②]。"实际上，种种"割裂"均有其深厚的社会基础乃至哲学源头。在阶层差距仍然明显的社会里，这种"割裂"也暂时无法彻底消除。但是经济发展的成就以及人民对更高质量教育的需求为消解"二元"分割创造了氛围，而以现代学徒制为代表的技能形成机制则为消解提供了条件或执行框架。

"现代学徒制"的模式设计带来了技术技能人才培养模式的深刻变化：企业从一开始就与学校共同设计和制定人才培养方案、课程体系与教学内容，不再是

[①②] 约翰·杜威著，王承绪译：《民主主义与教育》，人民教育出版社2001年版，第332页。

以前单纯的"企业模块"叠加。工作场所全程贯穿技能形成的始终，不再只作为"实习期的场所"。学生的知识整合以工作过程为逻辑主线，以真实的工作任务（非良构问题）为焦点，真正在组织、内容、时间、空间层面做到了"理实一体化"。学校和企业也将在现代学徒制这一框架下进一步延伸至在岗职业培训与职业提升阶段，两者成为促进技术专家成长的持久动力。

所以当我们始终在制度层面聚焦或争论"现代学徒制"的是是非非时，应该看到"现代学徒制"背后更深层次的育人思想。在不同国家，与"现代学徒制"相似的制度都是基于促进就业、技术技能人才培养、维护行会利益等不同目的而推出的，也就是说这些制度的出发点各不相同。但是这些制度在形式与内容设计上却存在高度相似之处。如上述提到的企业主导、校企双主体育人、围绕工作过程，聚焦工作任务（问题）、理论实践一体化，甚至出现了阶梯式的学徒制体系等。与单纯的学校职业教育或单纯的工作场所师徒制不同，这种育人模式的推出体现了新的育人理念：服务个体的"经验生长"。我国职业教育开始由"就业教育"阶段迈入"生涯教育"阶段。除了实现促进就业的基本功能以外，更要通过现代职业教育体系与终身职业教育与培训制度的建设，实现职业教育促进生涯发展的目标。现代学徒制提供了持续有效"经验生长"的基本模式与通道。职业教育人才培养模式变革，首先应该树立促进个体"经验生长"的理念，并用这一理念去审视现代学徒制在促进个体知识建构中的价值。事实上，知识的建构是伴随着"经验生长"的过程而实现的。

二、从学习场所结合到学习共同体的建立：搭建多主体协作育人机制

从业人员知识特征的形成是一个时间、空间连续的过程。在这其中，学校和企业作为最主要的两大主体，发挥着促进知识结构从简单到复杂、从设计性到实践性的发展。而连续的发展过程需要一个内部高度整合、相互协作的资源库做基础。这个资源库包括知识特征发展所需的师资力量、实践场所、课程资源、资金投入等。从业人员知识特征的形成，是一个多主体协作的过程。在这个协作的过程中，每个主体围绕不同类型的知识，分别在新手、高级入门者、胜任者、精通者、专家的不同阶段发挥相应的作用。只是在不同阶段，主体间发挥作用的形式与重要性不同而已。如果在时间维度，我们将技术技能人才的培养视为一个由新手到专家的长时间的过程，那么在空间维度，技术技能人才的培养也可以被视为一个"学习共同体"协作的过程。过去由学校与企业构成的双主体结构应逐渐过渡到由学校、企业、行业、家庭、社区、政府、社会共同参与的多主体结构。

在这个结构中，以学校为代表的正规教育场所，和以企业为代表的非正规教育场所构成了技术技能人才发展的两大场所，但是由家庭、社区、社会等构成的非正式教育场所也应被纳入到人才发展的框架之中。它们构成了个体生存与发展的基本环境，是部分知识的重要来源。政府与行业扮演的是"决策者"或"缓冲器"的角色，它们既可以成为知识的提供者，也可以成为已有知识的筛选者。

在当前现代学徒制试点的情况来看，将家庭、社区以及社会纳入已有的主体结构还缺乏一个基本条件：那就是现代学徒制的"终身化"。因为家庭、社区与社会对知识特征形成的贡献主要存在于非学校职业教育阶段。在我国终身职业教育与技能培训制度尚未建立的前提下，家庭、社区与社会很难能够进入技术技能人才培养的"决策圈"。即使考虑到了这些主体的重要性，也会因为这些主体的"内部成员复杂且情况多元""长时间、隐性的作用发挥方式"等而难以对知识进行提炼与组织化。所以，将这三大主体纳入知识建构的主体是一个长期的过程，这个过程至少需要两大基础：一是建立起终身职业教育与技能培训制度，至少拥有阶梯式的、延长至在岗期间的学徒制；二是将家庭、社区与社会提供的知识纳入从业人员知识特征形成与评价标准，并探索基于社区活动、社会实践活动、行业体验等为基础的新教学模式。

三、从地方标准到系统标准：关键领域控制下标准制定的均权模式

标准问题是质量问题，更是权力问题。从现实层面来看，我国东、中、西、东北部地区经济发展水平、产业结构、人口结构差别较大，区域内企业对人才结构的需求、职业院校的软硬件与师资梯队建设、政府对职业教育事业发展的观念与投入也各有特色。这就使得在地方层面建立现代学徒制的标准体系更有现实层面的合理性。但也正是因为各地区间存在的客观差异，使得国家层面通过内容标准兜底职业教育质量、平衡区域间的教研水平差异、规范职业院校的办学过程变得更为重要。所以国家与地方之间应围绕现代学徒制的质量建设进行权力协调，在确保国家对教育质量进行统筹管理与调控的基础上，尊重地方职业教育现代学徒制开展的独特需求。

但是围绕现代学徒制质量建设的标准有很多，例如，内容标准、评价标准、企业遴选标准、师傅遴选标准，甚至学徒遴选标准等。是不是国家在所有标准的建立上都要体现意志呢？或者国家对于各种标准建设的干预程度究竟几何？实际上，国家介入所有标准建设既不可行，也没有必要。首先，国家层面对标准建设进行干预的目的是"质量兜底"，而并不是设置各层级技术技能人才达到的具体

标准。其次，很多标准（如企业遴选标准、师傅遴选标准等）的内容难以"一刀切"，国家统一制定的意义不大。相反，还有可能造成打击企业和师傅参与积极性的后果。最后，国家对标准干预仅限于"现代学徒制"的学校教育阶段，因为这一阶段中国家拥有干预的中介——学校。当学生/学徒进入劳动力市场，服务于特定企业以后，他（她）的知识特征完善需求就与企业的发展需求紧密相连。国家对一线从业人员在岗发展的倡议更多的是通过鼓励政策而非强制性政策体现，因为这一阶段的教育行为更多的具有了市场化的色彩。此外，这一阶段国家调控技术技能人才成长的手段从教育转为人力资源，即通过职称评定的方式实现对技术技能人才职业生涯发展的鼓励，所以国家层面教育手段的作用自然被淡化。总而言之，国家与地方之间应建立起"关键领域控制下的均权模式"。

"均权模式"① 来源于课程政策领域，指的是课程决策过程中的集权式与分权式相结合（见图7-9）。而"关键领域控制下的均权模式"则是强调国家对关键领域进行调控，并在其他领域保持国家与地方和学校之间的均权状态（见图7-10）。具体而言：（1）在现代学徒制的各类标准制定中，国家应重在内容标准（或称"内容框架"）的制定。因为内容标准是影响学生/学徒知识建构的最重要因素，也是影响技术技能人才队伍建设的核心要素。内容标准的制定将牵

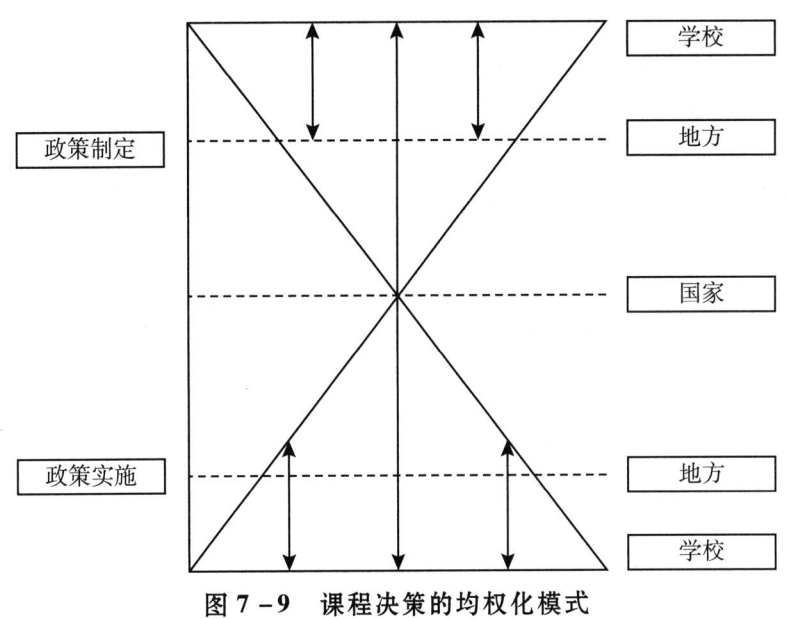

图7-9　课程决策的均权化模式

① 黄忠敬：《课程政策》，上海教育出版社2010年版，第147页。

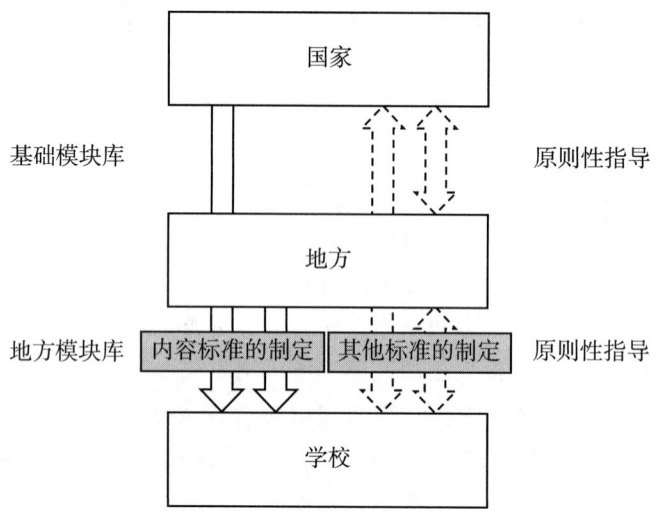

图 7 - 10 标准制定模式——关键领域控制下的均权模式

涉办学的各个要素，不仅能够体现国家对现代学徒制育人的统筹调控，又能间接影响学校和企业在其他方面的行为。此外，内容标准的制定需要耗费大量的人力、物力与财力，职业教育发展投入较低的地方很难能够制定出高质量的内容标准，故可以将这一部分交由国家完成。但是这并不代表地方层面在内容标准上毫无发言权。由于国家层面制定的内容标准发挥的是"质量兜底"的功能，那么它只能在形式与内容上规范最基本的要素。地方可以在国家标准的基础上进行再开发，根据当地产业人才需求和职业教育发展特色适当增加和扩展部分内容[①]。内容标准的"模块化"是解决内容标准制定中国家与地方需求相结合的有效方案。（2）国家可以在企业遴选、师傅遴选、学徒管理等方面提出原则性建议，地方和学校根据实际情况主导这些制度的建立。这样，国家与地方能够围绕现代学徒制的育人质量形成良性互动，共同促进学生/学徒知识完整、有效地建构。

四、从职业能力到核心素养：基于岗位情境的职业教育核心素养培养

在各行业从业人员的知识特征中，我们可以看出一个合格乃至优秀的从业人员应不仅具备有熟练的操作技能，还应具备一定程度的理论知识功底，更应具备以下知识和能力：拥有对工作情境的适应和把控能力，以职业伦理规范知识规范

---

① 徐国庆、李政：《职业教育国家专业教学标准开发：理论与方法》，华东师范大学出版社 2018 年版，第 113 页。

自身的职业行为，对行业具有一定的洞察能力，具有信息搜集和对周围事物的观察、提炼能力，完善、发展和利用个体对知识间复杂联系的认识，依靠判断决策知识解决复杂的非良构问题，具有自我激励等非认知技能等。尽管这些知识和能力不是学校职业教育阶段就可以实现的，但它代表着我们对企业未来人力资源需求的新的认识，以及现代学徒制围绕这一认识所形成的人才培养目标系统，那就是基于岗位情境的职业教育核心素养的培养。

职业教育人才培养目标经历了从操作技能为主的阶段，到以职业能力培养为主的阶段，再到以核心素养为主的阶段①。核心素养是学生在接受相应学段教育过程中，逐步形成的适应个体终身发展和社会发展需要的必备品格和关键能力。它是关于学生知识技能、情感、态度、价值观等多方面要求的综合体②。德国的设计导向职业教育、美国的 SCANS 能力框架等都是核心素养在各国实践的产物。之所以在职业教育领域提出"核心素养"这一概念，是为了应对 21 世纪人类社会深度变革的新背景，以及劳动力市场不断变化、职业流动性强、工人失业风险高的现实问题。从三大产业从业人员的知识特征中，我们可以看出，一些知识类型共同存在于三大产业从业人员之中，如理论知识、软硬件使用知识、操作技能知识、工作情境知识、判断决策知识、职业伦理规范知识等。而对于某个特定产业而言，内部的很多岗位则共享更多种类的知识。除此之外，以监控学习为代表的元认知技能，以及以学习动机为代表的非认知技能开始对岗位任务的完成产生十分重要的影响。这些条件预示着过去"知识+技能+态度"的三维目标、或者以职业能力为核心的培养目标无法涵盖从业人员不断变化的就业环境与需求，尤其是相同类型知识在不同岗位中的交互影响。各类知识在某种程度上可以被视为与"核心素养"或"关键能力"相类似的概念，三大产业从业人员的培养应该注重对这些类型知识及其相互关系的渗透，并创造条件帮助学生实现知识的迁移应用。

但即使是相同的知识在不同的岗位中也会有着细微的差异，这种差异甚至还会出现在不同工作场所的相同岗位之中。造成这种差异的原因在于技术技能人才的各类知识实际上是工作场所的元素（物理、心理、语言工具和设备）、规范性结构、工作职责分工和社会集体之间的多媒介交互作用③。真正的知识、能力一定要结合具体的工作情境去提升。所以当我们以"核心""关键"等词形容职业

---

① 陈宏艳、徐国庆：《职业教育学生核心素养体系构建：背景与思路》，载于《当代职业教育》2018年第1期，第22~26页。

② 辛涛、姜宇、林崇德等：《论学生发展核心素养的内涵特征及框架定位》，载于《中国教育学刊》2016年第6期，第3~7页。

③ Stevenson J. Concepts of Workplace Knowledge [J]. *International Journal of Educational Research*, 2002. 37（1）：1-15.

能力时，容易忽视"职业能力体现在真实工作任务完成的细节"这一基本现象。此外，由于各类型知识之间并非孤立存在，而是在工作过程中按照目标、步骤和工作任务的性质进行组织，所以在抽象层面理解和培养学生的知识结构，必然导致学生知识学习过程的离散与知识使用的割裂。为了解决这一问题，教育者应该让知识的形成充分体现在具体的工作任务和岗位情境之中，在知识类型和组织方式的框架下挖掘具有职业特色的知识细节，帮助学生扎根实践，促进各类知识在工作场所的"落地生长"。

五、从单一阶段设计到多元阶梯设计：彰显现代学徒制的"终身性"

现代学徒制所体现的"经验生长"的育人理念，客观上要求现代学徒制基于现有学段进行延长，并根据不同群体的发展需求，对理论与实践学习的时间和内容进行针对性设计，例如，前面提到的英国学徒制阶梯式设计。正如里兹万（Ridzwan，2014）所言，"现代学徒制绝不仅仅是一个技能培训制度，而是一个终身学习制度"①。在我国，现代学徒制的试点主要集中在中等职业学校和高等职业院校。应用型本科和具有专业型硕士点的高校尚未开展普遍性的现代学徒制试点。同时针对企业在职员工的企业学徒制也仅限于在岗学习为主，除了那些拥有企业大学的大型企业以外，中小企业员工的在岗培训缺少正规教育的参与。

实际上，一些学校和企业之间已经开始针对在岗员工进行现代学徒制的课程设计尝试。表7-7是广东某高职院校汽车检测与维修技术专业与捷豹路虎汽车培训中心、经销商等针对不同类型的企业员工合作开发的课程体系。可以看出，不同生涯发展阶段的员工在公共基础课与专业基础课的要求上相同，均需要完成一定课时的学习，并通过英语等级考试与计算机水平测试。但是在职业教育分级课程与企业证书课程的要求上有等级差异。此外，对于刚毕业或工作不满一年的学生，其项目课程的评估标准与更长年限的员工不同。而沈阳农业大学作为地方应用型本科高校，也在畜牧兽医学院等学院内围绕相关专业开展现代学徒制的育人尝试。该院将现代学徒制中的"工作场所学习"引入人才培养当中（见图7-11），将企业的生产实习和毕业实习与校内的实验、课程实习、课程设计结合起来，并在第七学期和第八学期安排学生进入企业参与完整实习。学校与企业根据人才培

---

① Ridzwan, C. R. & Yasin, R. M. Cultivating Learning: A Grounded Theory of Skills Acquisition for Vocation in Modern Apprenticeships [J]. *Procedia - Social and Behavioral Sciences*, 2015 (174): 275 - 282.

养需求重新设计课程体系、课程标准、培养标准等①。尽管它们是全国为数不多的在岗员工现代学徒制以及应用型本科现代学徒制的两个案例,但随着人们对现代学徒制育人价值的不断挖掘,从制度层面将现代学徒制应用到更高学历与更多场合的情况将指日可待。

表 7 – 7　　　　　　　　在岗员工现代学徒制课程体系设计实例

类别	公共基础课 + 专业基础课	公共选修课	职业教育分级课程	捷豹路虎企业认证证书课程	捷豹路虎工作项目课程
工作未满一年的企业员工或高中毕业生	完成规定课时且合格,通过英语 AB 级考试和计算机水平测试	10 学分以上	一级 ~ 四级课程	一级、二级课程	累积一年以上
工作满一年未满三年的企业员工	完成规定课时且合格,通过英语 AB 级考试和计算机水平测试	10 学分以上	二级 ~ 四级课程	根据已取得认证证书确定,至少达到二级	根据员工企业工作实际现场评估
工作满三年未满五年的企业员工	完成规定课时且合格,通过英语 AB 级考试和计算机水平测试	10 学分以上	三级 ~ 四级课程	根据已取得认证证书确定,至少达到二级	根据员工企业工作实际现场评估
工作满五年未满六年的企业员工	完成规定课时且合格,通过英语 AB 级考试和计算机水平测试	10 学分以上	四级课程	根据已取得认证证书确定,至少达到二级	根据员工企业工作实际现场评估

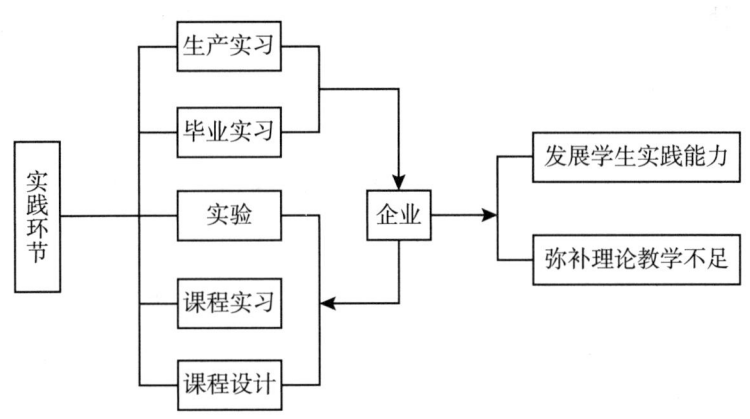

图 7 – 11　沈阳农业大学畜牧兽医专业"现代学徒制"育人模式设计

① 韩杰、白文林、尹荣焕、原婧、陈晓月、韩小虎、刘宝山、刘丽霞:《现代学徒制模式在本科院校人才培养实践中的借鉴与探索——以沈阳农业大学为例》,载于《畜牧与饲料科学》2017 年第 10 期,第 84 ~ 86 页。

2014 年，教育部颁布了《现代职业教育体系建设规划（2014 – 2020 年)》，该规划强调"高等职业教育规模占高等教育的一半以上，本科层次职业教育达到一定规模。建立以提升职业能力为导向的专业学位研究生培养模式"。可见，学历制度的设计为现代学徒制的多元阶梯式设计提供了基础。打破了职业教育的学历瓶颈，就是让这些现代学徒成为技术工人的同时，能够获取更高学历，实现社会阶层之间的正常流动，技术工人也能够成为国家公务员、高级科研人员、某领域的专家学者等①。基于此，未来职业教育现代学徒制的阶梯式设计可以按照如图 7 – 12 所示进行：学校教育阶段的学徒制被称为"学校现代学徒制体系"，工作岗位中的学徒制称为"在岗现代学徒制体系"。学校现代学徒制体系根据学历层次可划分为中职、高职、应用型本科、专业硕士、专业博士五个阶段的学徒制。学徒/学生在每个阶段的学徒制结束后都可以直接进入工作岗位工作。进入工作岗位后同样拥有现代学徒制的培训模式，且根据职称等级可对现代学徒制进行针对性的设计，以满足从新手到专家的不同阶段知识结构建构的需求。

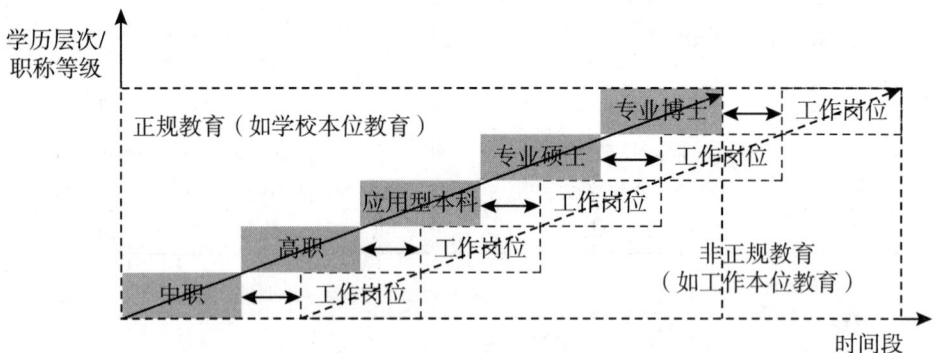

图 7 – 12　我国职业教育现代学徒制的阶梯式设计

六、从简单移植到行业特色：鼓励基于区域行业特点的模式改进

不同产业和行业从业人员的知识具有鲜明的行业特性。这决定了现代学徒制在各个产业或行业内的实施应充分尊重从业人员知识类型的特点，体现行业特色。

学校与企业在开展现代学徒制时，应从以下几个方面考虑模式设计的行业特色：（1）考虑行业生产/服务的特点对工学交替的影响。有的行业的生产工作具有明显的周期性或季节性，例如，畜牧业、农业、部分食品加工业、航空业、旅

---

① 现代学徒制需破学历教育瓶颈 [EB/OL].（2015 – 08 – 26)［2018 – 06 – 21］. http：//news. 163. com/15/0826/00/B1TF5R5200014AEE. html.

游业等。这些行业在与企业进行合作开展现代学徒制时，应充分考虑企业生产进程的基本特征，将企业生产周期作为工学交替安排的重要因素。争取让学生能够在深度参与企业热门季节的生产和服务的过程中，获取更多类型的知识，建构更贴近生产实际的知识。（2）考虑行业特色知识的培养对课程设计与教学方法的影响。文创业中的素材库知识与个性化创意知识需要更多地依靠学生生活经历的滋润、多元情境的刺激、师傅的榜样引导等，所以文创类专业可以根据这一特点创造性地安排多元化的教学方法，如实地采风、师徒项目式合作。甚至可通过小范围的创意比赛激发学生的创意。而服务业和文创业中的行业知识培养则可以通过行业讲座、参加展会等方式开展教学。（3）考虑行业经营模式对校企合作模式的影响。例如，在文创业中，诸多创意大师并不依附于某个企业，而是以独立工作室的形式开展市场运营。那么这种校外的工作室，或者将大师引入校内成立的工作室也应被视为工作场所。这一点在软件行业、游戏行业等也有体现。这些行业的主要工作场所中工作情境知识较为淡化，往往一个设备（如电脑）就可以完成工作。工作信息的交流主要集中在互联网，或者工作的讨论对工作环境无特殊要求。（4）考虑区域内行业现阶段与未来人才需求对现代学徒制的实际需求。学校应基于区域内企业的人力资源需求实情，并综合考虑企业的技术水平、未来若干年内区域内企业的发展态势与消费市场发展情况等信息，评估现代学徒制实施的层次与重点。尤其是一些新兴产业，相关企业规模较小，且员工队伍非常年轻，在企业学习与在学校学习相比不存在明显优势；或尚待转型的专业，合作企业技术设备较为落后，正在进行转型升级，显然不适合学生在岗学习[1]。（5）考虑行业工作过程对个体知识关系形成的影响。在培养学生形成知识间关系的过程中，相关专业所对应的岗位应根据实际情况选择逻辑主线，如产品、工作对象、操作程序、设备或系统的结构、岗位、典型工作情境等。工作过程能被大多数岗位用于探索知识间的关系，但教师或师傅也应根据企业的实际情况，从效率、难易度等入手做出更优化的决策。

七、从普及到适合：注重现代学徒制的适用性问题

原则上讲，所有的岗位都可以应用现代学徒制解决人才培养的问题。但是这里存在一个人才培养效率和必要性的问题。从知识论的视角来看，现代学徒制解决的是一个具备复杂知识特征的技术技能人才的培养问题，对于那些只需要简单或单一知识的岗位而言，现代学徒制的应用未必能够为人才培养带来正面效应。

---

[1] 七类专业慎选"现代学徒制"（2017-12-18）[2018-05-22]，http://www.sohu.com/a/211134192_243614.

例如，对于简单的零件组装岗位，数天甚至几个小时的培训就能让一个从业人员上岗，因为这种岗位的工作任务只需要简单的操作知识或技艺知识，对于其他知识类型的需求并不显著。而对于那些单独的数控机床程序设计员而言，由于他们的工作任务是程序设计，更依赖于技术原理知识，所以对于企业的一线实践并没有长期的需求（因为程序的调试等可以在非生产环境进行，即使是生产环境中的程序调试，也只是非连续性的工作需求）。现代学徒制的长期应用可能会降低人才培养的效率，造成不必要的资源浪费。所以现代学徒制的应用涉及一个适用性问题。它是由工作任务的特点所决定的。实际上，一项基于德国数据的研究显示，高学徒制使用率的地区，其岗位的电脑替代率与雇佣两极化情况都比较低[1]（见图 7 - 13）。这也就从侧面说明了某些岗位的智能化程度会影响到学徒制的适用。所以，尽管现代学徒制体现了技术技能人才培养在现代产业环境下的新需求，但是我国产业发展的地区不平衡，以及对人才培养效率的较高要求，使得我们必须要注重现代学徒制人才培养模式在现阶段的适用性问题。简而言之，并不是所有专业都有必要采用现代学徒制的方法培养人才，一个专业也并不是在所有地区都必须采用现代学徒制人才培养模式。

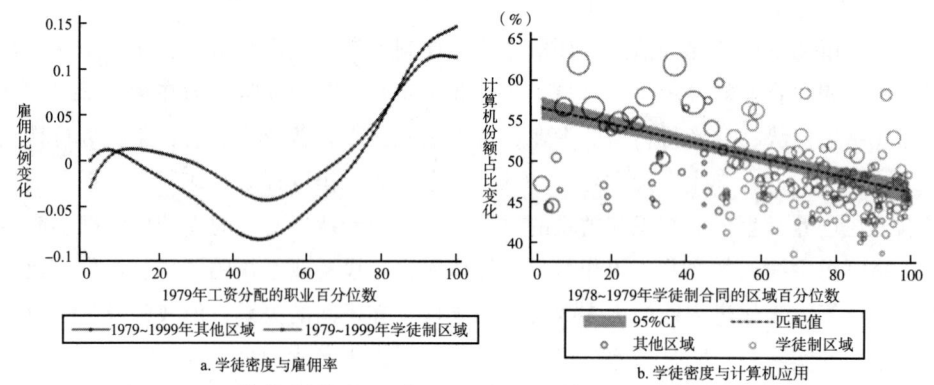

图 7 - 13　学徒制的使用率与岗位的计算机替代率之间的关系

基于上述判断，学校或行业在考虑相关专业或岗位是否使用现代学徒制人才培养模式方面，可以使用本书提供的知识类型框架，对本地区相关产业的人才需求进行分析。在教育资源需求与供给矛盾较为突出的情况下，应重点将资源投入到对复杂知识特征有需求的岗位人才培养中。对于智能化程度高（如编程）、或对操作技能要求有单一要求（如非物质文化遗产传承）的岗位及其对应的专业，则可以考虑以学校教育和传统学徒制为主要的人才培养模式。

①　Rendall，M. & Weiss，F. J. Employment Polarization and the Role of the Apprenticeship System [J]．*European Economic Review*．2016（82）：166 - 186．

参考文献

［1］ 波兰尼：《个人知识：迈向后批判哲学》，贵州人民出版社 2000 年版。

［2］ 布莱恩·阿瑟：《技术的本质》，浙江人民出版社 2014 年版。

［3］ 仓桥重史：《技术社会学》，辽宁人民出版社 2012 年版。

［4］ 陈俊兰：《职业教育现代学徒制研究》，湖南大学出版社 2016 年版。

［5］ 陈向明：《质的研究方法与社会科学研究》，教育科学出版社 2000 年版。

［6］ 杜威：《哲学的改造》，商务印书馆 1958 年版。

［7］ 杜威著，王承绪译：《民主主义与教育》，人民教育出版社 2001 年版。

［8］ 杜伟宇：《从知识到创新——知识的学习过程与机制》，上海财经大学出版社 2007 年版。

［9］ 范崇洛主编：《机械加工工艺学》，东南大学出版社 2009 年版。

［10］ 古斯塔夫·勒庞著，戴光年译：《乌合之众》，新世界出版社 2010 年版。

［11］ 韩翼：《师徒关系结构维度、决定机制及多层次效应机制研究》，武汉大学出版社 2016 年版。

［12］ 洪汉鼎、陈治国：《知识论读本》，中国人民大学出版社 2010 年版。

［13］ 胡森：《国际教育百科全书（第 6 卷）》，贵州教育出版社 1990 年版。

［14］ 胡谊：《专长心理学：解开人才及其成长的密码》，华东师范大学出版社 1994 年版。

［15］ 怀特海著，庄连平等译：《教育的目的》，文汇出版社 2012 年版。

［16］ 黄忠敬：《课程政策》，上海教育出版社 2010 年版。

［17］ 蒋三庚：《文化创意产业研究》，南开大学出版社 2006 年版。

［18］ 杰弗里·A.康托著，孙玉直译：《美国 21 世纪学徒制——培养一流劳动力的秘密》，中国劳动社会保障出版社 2016 年版。

［19］ 劳动和社会保障部教材办公室组织编写：《金属材料与热处理：第四

版》，中国劳动保障出版社 2001 年版。

［20］刘颖、苏巧玲：《医学心理学》，中国华侨出版社 1997 年版。

［21］卢涛：《文化创意产业基础》，武汉大学出版社 2014 年版。

［22］欧盟委员会发布，孙玉直译：《欧洲现代学徒制》，中国劳动社会保障出版社 2016 年版。

［23］任佳：《印度工业化进程中产业结构的演变——印度发展模式初探》，云南人民出版社 2011 年版。

［24］石中英：《知识转型与教育变革》，教育科学出版社 2011 年版。

［25］斯滕伯格：《创意心理学》，中国人民大学出版社 2009 年版。

［26］孙启明：《文化创意产业前沿希望：新媒体崛起》，中国传媒大学出版社 2008 年版。

［27］涂尔干：《社会分工论》，三联书店 2015 年版。

［28］王通讯：《论知识结构》，北京出版社 1986 年版。

［29］王星：《技能形成的社会建构——中国工厂师徒制变迁历程的社会学分析》，社会科学文献出版社 2014 年版。

［30］沃尔特·G. 文森特：《工程师知道什么以及他们是如何知道的》，浙江大学出版社 2015 年版。

［31］徐国庆、李政：《职业教育国家专业教学标准开发：理论与方法》，华东师范大学出版社 2017 年版。

［32］徐国庆：《实践导向职业教育课程研究：技术学范式》，上海教育出版社 2005 年版。

［33］伊万·塞林格、罗伯特·克里斯：《专长哲学》，科学出版社 2015 年版。

［34］郁振华：《人类知识的默会维度》，北京大学出版社 2012 年版。

［35］约翰·安德森：《认知心理学及其启示》，人民邮电出版社 2012 年版。

［36］张斌：《技术知识论》，中国人民大学出版社 1994 年版。

［37］张东苏：《认识论》，商务印书馆 2011 年版。

［38］张奇：《学习理论》，湖北教育出版社 1999 年版。

［39］郑涵、金冠军、张莹：《文化创意产业读本》，上海交通大学出版社 2013 年版。

［40］中共上海市委党史研究室、上海市总工会：《上海机器业工人运动史》，中共党史出版社 1991 年版。

［41］中共中央马克斯恩格斯列宁斯大林著作编译局译：《马克思恩格斯全集》（第 46 卷下），人民出版社 1980 年版。

［42］钟启泉：《现代课程论》，上海教育出版社 2015 年版。

［43］竹内弘高，野中郁次郎著，李萌译：《知识创造的螺旋：知识管理理论与案例研究》，知识产权出版社 2006 年版。

［44］安维复、郭荣茂：《科学知识的合理重建：在地方知识和普遍知识之间》，载于《社会科学》2010 年第 9 期。

［45］巴战龙：《地方知识的本质与构造——基于乡村社区民族志研究的阐释》，载于《西北民族研究》2009 年第 1 期。

［46］白晋荣：《关于迁移理论的几点思考》，载于《心理科学》2007 年第 6 期。

［47］边巍、徐建高、马蕾、张海云：《依托双主体的现代学徒制探索与实践——以汽车技术服务与营销专业为例》，载于《职业技术教育》2015 年第 32 期。

［48］曹兴、李瑞、程小平、彭耿：《企业知识结构及其优化机制》，载于《科学管理研究》2006 年第 6 期。

［49］曹兴、向志恒：《技术核心能力形成的企业知识结构分析》，载于《科学学与科学技术管理》2007 年第 8 期。

［50］陈冬梅：《高职院校现代学徒制人才培养模式研究》，载于《教育理论与实践》2015 年第 30 期。

［51］陈洪澜：《论知识分类的十大方式》，载于《科学学研究》2007 年第 1 期。

［52］陈宏艳、徐国庆：《职业教育学生核心素养体系构建：背景与思路》，载于《当代职业教育》2018 年第 1 期。

［53］陈俊兰：《1949 年至 1965 年中国学徒制政策研究》，载于《教育与职业》2012 年第 8 期。

［54］陈俊兰：《现代学徒制的合理性、现实性与合法性研究》，载于《职教论坛》2014 年第 16 期。

［55］陈鹏：《美国注册学徒制：演进过程与内部机理》，载于《职业技术教育》2011 年第 21 期。

［56］陈树公、陈俐俐：《制造业生产方式演变过程中的劳动分工及启示》，载于《西安财经学院学报》2009 年第 1 期。

［57］陈耀华、陈琳：《互联网＋教育智慧路向研究》，载于《中国电化教育》2016 年第 9 期。

［58］陈圆：《美国注册学徒制的演进轨迹与最新举措》，载于《职业技术教育》2015 年第 19 期。

［59］成洁：《现代学徒制的校本研究与实践》，载于《学校党建与思想教育》2014 年第 16 期。

［60］成素梅：《技能性知识与体知合一的认识论》，载于《哲学研究》2011 年第 6 期。

［61］程宇宁：《广告创意的本质特征研究》，载于《广告人》2004 年第 5 期。

［62］丛立新：《讲授法的合理与合法》，载于《教育研究》2008 年第 7 期。

［63］邓泽民、姚梅林、王泽荣：《职业技能教学原则探究》，载于《教育研究》2012 年第 5 期。

［64］丁俊武：《动作技能学习理论的演变及发展展望》，载于《北京体育大学学报》2007 年第 3 期。

［65］董秀敏：《苏格拉底"美德即知识"思想述评》，载于《现代大学教育》1999 年第 2 期。

［66］杜广平：《我国现代学徒制内涵解析和制度分析》，载于《中国职业技术教育》2014 年第 30 期。

［67］多淑杰：《我国企业参与职业教育的制度困境与突破——兼论德国现代学徒制发展与启示》，载于《中国职业技术教育》2016 年第 24 期。

［68］樊陈琳：《现代学徒制——我国教师培训的重要途径》，载于《中小学教师培训》2003 年第 2 期。

［69］方雪梅：《现代学徒制在高职文秘人才培养中的实践与探索——以江阴职业技术学院为例》，载于《职教论坛》2016 年第 5 期。

［70］冯晓沛、胡克祖：《中国古代学徒制职业教育评价历史述评》，载于《职教论坛》2012 年第 34 期。

［71］伏荣超：《学习共同体理论及其对教育的启示》，载于《教育探索》2010 年第 7 期。

［72］付金颂：《对中等职业学校数学教师知识结构的思考》，载于《教育与职业》2010 年第 21 期。

［73］高展军、李垣：《组织惯例及其演进研究》，载于《科研管理》2007 年第 3 期。

［74］顾森毅：《绘画技能的学习与心理学的关系》，载于《艺术·生活》2005 年第 2 期。

［75］关晶、石伟平：《现代学徒制与农民工培训》，载于《教育发展研究》2013 年第 11 期。

［76］关晶、石伟平：《西方现代学徒制的特征及启示》，载于《职业技术教

育》2011 年第 31 期。

[77] 关晶、石伟平：《现代学徒制之"现代性"辨析》，载于《教育研究》2014 年第 10 期。

[78] 关晶：《法国现代学徒制改革述评》，载于《全球教育展望》2013 年第 4 期。

[79] 关晶：《英国和德国现代学徒制的比较研究——基于制度互补性的视角》，载于《华东师范大学学报（教育科学版）》2017 年第 1 期。

[80] 郭宏伟、米靖：《丹麦学徒制课程体系探析》，载于《职教论坛》2017 年第 15 期。

[81] 郭慧志、郭红燕、施凤丹：《大脑与手：从工业革命论科学与技术的关系》，载于《科学学研究》2007 年第 S2 期。

[82] 韩杰、白文林、尹荣焕、原婧、陈晓月、韩小虎、刘宝山、刘丽霞：《现代学徒制模式在本科院校人才培养实践中的借鉴与探索——以沈阳农业大学为例》，载于《畜牧与饲料科学》2017 年第 10 期。

[83] 韩天学：《缄默知识理论视域下现代学徒制企业师傅的角色定位》，载于《高教探索》2016 年第 4 期。

[84] 韩喜梅：《我国现代学徒制走学校本位之路的因素探析》，载于《职业技术教育》2015 年第 31 期。

[85] 贺斌：《默会知识研究：概述与启示》，载于《全球教育展望》2013 年第 5 期。

[86] 和震、谢良才：《论学徒制与职业教育的技能精英人才培养》，载于《江苏高教》2016 年第 5 期。

[87] 胡军：《什么是知识》，载于《求是学刊》1999 年第 3 期。

[88] 胡敏中：《论创意思维》，载于《江汉论坛》2008 年第 3 期。

[89] 胡万年，叶浩生：《中国心理学界具身认知研究进展》，载于《自然辩证法通讯》2013 年第 6 期。

[90] 胡谊、吴庆麟：《专长的心理学研究及其教育含义》，载于《华东师范大学学报（教育科学版）》2003 年第 4 期。

[91] 黄健青、陈进、殷国鹏：《北京现代服务业发展研究》，载于《国际贸易问题》2010 年第 1 期。

[92] 黄享苟：《现代学徒制要以学校为主导》，载于《职业技术教育》2013 年第 24 期。

[93] 黄永娜：《论职业技术教育中工艺理论学习的重要性》，载于《广西轻工业》2010 年第 3 期。

[94] John F. Feldhusen、周林：《创造性思维与创造力培养的概念》，载于《心理学动态》1993 年第 3 期。

[95] 贾生华、邬爱其：《企业成长的知识结构模型及其启示》，载于《科研管理》2003 年第 2 期。

[96] 贾文胜、潘建峰、梁宁森：《高职院校现代学徒制构建的制度瓶颈及实践探索》，载于《华东师范大学学报（教育科学版）》2017 年第 1 期。

[97] 江凤娟：《基层官员政策再制定：规则的冲突——以中小学布局调整政策执行为例》，载于《教育学术月刊》2013 年第 2 期。

[98] 江淑玲、李梦瑶：《理论性知识向实践性知识的转化——实习教师专业能力发展的一个重要视角》，载于《教育学术月刊》2016 年第 6 期。

[99] 姜大源：《德国"双元制"职业教育再解读》，载于《中国职业技术教育》2013 年第 33 期。

[100] 金大元：《工艺规范体系构建与编制研究》，载于《新技术新工艺》2016 年第 8 期。

[101] 匡瑛：《论职业道德教育低效的原因及对策》，载于《中国职业技术教育》2009 年第 3 期。

[102] 雷沪、李万锦：《现代学徒制中知识技能转移路径及其影响因素——基于职业院校离散式顶岗实习的实践》，载于《职教论坛》2015 年第 6 期。

[103] 李钢：《主体知识结构的哲学探讨》，载于《陕西师大学报（哲学社会科学版）》1993 年第 3 期。

[104] 李国兰、高军：《现代学徒制视阈下工匠精神的培育》，载于《职教通讯》2016 年第 22 期。

[105] 李俊：《技能形成的身体社会学分析——一个初步的框架》，载于《职教通讯》2016 年第 28 期。

[106] 李廉水、程中华，刘军：《中国制造业"新型化"及其评价研究》，载于《中国工业经济》2015 年第 2 期。

[107] 李素敏、纪德奎、成莉霞：《知识的意义建构与基本条件》，载于《课程·教材·教法》2015 年第 3 期。

[108] 李亦菲、朱新明：《对三种认知迁移理论的述评》，载于《心理发展与教育》2001 年第 1 期。

[109] 李赟、林祝亮、王泽文：《英国现代学徒制改革成效分析》，载于《职业技术教育》2015 年第 22 期。

[110] 李政：《后试点时期的现代学徒制：认知重构与中国方案》，载于《职教通讯》2018 年第 13 期。

[111] 李政、徐国庆：《现代学徒制：应用型创新人才培养的有效范式》，载于《江苏高教》2016 年第 4 期。

[112] 李政：《"中国制造 2025" 与职业教育发展观念的转轨》，载于《中国职业技术教育》2015 年第 33 期。

[113] 李政：《职业教育现代学徒制的价值审视——基于技术技能人才知识结构变迁的分析》，载于《华东师范大学学报（教育科学版）》2017 年第 1 期。

[114] 梁业梅：《应用型院校现代学徒制人才培养模式研究》，载于《教育与职业》2018 年第 23 期。

[115] 林崇德：《培养和造就高素质的创造性人才》，载于《北京师范大学学报》1999 年第 1 期。

[116] 刘芳：《行业语的泛化及其认知基础》，载于《语文学刊（教育版）》2010 年第 5 期。

[117] 刘曼琴、于达：《行业潜规则的形成与规制：基于演化博弈的分析》，载于《产经评论》2014 年第 6 期。

[118] 鲁志鲲、申继亮：《结构不良问题解决及其教学涵义》，载于《中国教育学刊》2004 年第 1 期。

[119] 罗仲伟：《中国制造业如何实现由大到强》，载于《社会观察》2015 年第 5 期。

[120] 马淑文：《基于自主创新的企业知识结构演化机制研究》，载于《技术经济》2008 年第 6 期。

[121] 马宇民、钱盛花：《现代学徒制在中职学校民族文化专业人才培养中的运用——以工艺美术专业紫砂陶艺方向为例》，载于《江苏教育研究》2016 年第 Z6 期。

[122] Namsoo Shin Hong、杜娟、盛群力：《解决良构问题与非良构问题的研究综述》，载于《远程教育杂志》2008 年第 6 期。

[123] 聂顺江、罗云芳、龙月娥：《企业技能知识：特征、来源、确认与计量》，载于《经济问题探索》2007 年第 1 期。

[124] 聂小武：《中国古代的主要铸造技术》，载于《金属加工（热加工）》2008 年第 9 期。

[125] 欧阳忠明、韩晶晶：《成本—收益视角下企业参与现代学徒制研究》，载于《现代教育管理》2016 年第 6 期。

[126] 潘建峰：《基于现代学徒制的高端制造业人才培养研究与实践》，载于《中国职业技术教育》2016 年第 5 期。

[127] 潘赛、咸桂彩：《学习情境与成就动机对大学生操作技能形成的影响

研究》，载于《天津工程师范学院学报》2009 年第 2 期。

[128] 庞维国：《维果茨基的创新观述评》，载于《全球教育展望》2010 年第 4 期。

[129] 齐红霞：《论陈述性知识与教学——兼谈教师知识观的更新》，载于《教育探索》2003 年第 3 期。

[130] 瞿葆奎、施良方：《"形式教育"与"实质教育"（下）》，载于《华东师范大学学报（教育科学版）》1988 年第 2 期。

[131] 邵晨霞：《家族传承保护"非遗"的职教路径研究——以常州留青竹刻为例》，载于《职教论坛》2016 年第 29 期。

[132] 邵国平、苗德露，杨琳：《高校辅导员的职业能力：结构与测量》，载于《心理研究》2013 年第 2 期。

[133] 沈建根、石伟平：《高职教育专业群建设：概念、内涵与机制》，载于《中国高教研究》2011 年第 11 期。

[134] 盛群力、褚献华：《布卢姆认知目标分类修订的二维框架》，载于《课程·教材·教法》2004 年第 9 期。

[135] 施刚钢、柳靖：《试析中国学徒制中师徒关系的变化》，载于《职教通讯》2013 年第 25 期。

[136] 施晶晖：《基于现代学徒制的职教教师队伍建设探索》，载于《中国成人教育》2014 年第 21 期。

[137] 石晓辉：《元认知迁移理论及其对教学的启示》，载于《沈阳教育学院学报》2003 年第 3 期。

[138] 舒钰、成良斌：《论新知识类型与传统知识类型的关系》，载于《哲学动态》2013 年第 1 期。

[139] 孙佳鹏、石伟平：《现代学徒制：破解职业教育校企合作难题的良药》，载于《中国职业技术教育》2014 年第 27 期。

[140] 孙金年：《知识的存在形式》，载于《南京大学学报（哲学·人文科学·社会科学版)》2003 年第 1 期。

[141] 谈毅：《工业 4.0 对德国二元制职业教育体系的冲击及其应对》，载于《职业技术教育》2015 年第 1 期。

[142] 覃庆华：《校企合作教育对创新型人才创造力的影响研究——组织创新鼓励的中介作用》，载于《技术经济与管理研究》2018 年第 4 期。

[143] 汤霓：《国外现代学徒制理论研究与实践探索》，载于《中国职业技术教育》2016 年第 31 期。

[144] 唐洪鹏：《现代学徒制与学校职业教育对比研究》，载于《中国成人

教育》2015 年第 10 期。

[145] 唐文忠、徐羽中、徐东树：《基于"非遗"传承人才培养的现代学徒制探索——福建艺术职业学院培养传统工艺美术人才试点项目分析》，载于《福建论坛（人文社会科学版）》2016 年第 8 期。

[146] 陶纪明：《服务业的内涵及其经济学特征分析》，载于《社会科学》2007 年第 1 期。

[147] 童星、罗军：《社会规范的三种形式及其相互关系》，载于《江海学刊》2001 年第 3 期。

[148] 涂平荣、姚电：《孔子职业伦理思想探析》，载于《中北大学学报（社会科学版）》2007 年第 4 期。

[149] 王不凡：《哲学视域中的技能知识》，载于《洛阳师范学院学报》2012 年第 9 期。

[150] 王不凡：《论技能性知识及其增长图式》，载于《哲学分析》2014 年第 4 期。

[151] 王健敏：《社会规范学习认同心理过程研究》，载于《教育研究》1998 年第 1 期。

[152] 王俊美：《现代学徒制人才培养模式探索与校本实践研究——以无锡机电高等职业技术学校为例》，载于《职教通讯》2015 年第 5 期。

[153] 王丽：《印度经济发展方式转变的实证分析》，载于《南亚研究季刊》2009 年第 3 期。

[154] 王青兰：《环境心理研究——工作环境的设计》，载于《心理科学》1998 年第 1 期。

[155] 王亚南、石伟平：《职业知识概念化的内涵意蕴及课程实现路径——麦克·杨职业教育思想的述评及启示》，载于《清华大学教育研究》2017 年第 4 期。

[156] 王雁、姚梅林：《专家医生的知识结构及诊断推理方式》，载于《心理科学进展》2009 年第 1 期。

[157] 王雁：《竞技体操专长发展研究——美国优秀竞技体操运动员从新手到专家的发展过程》，载于《中国体育科技》2013 年第 1 期。

[158] 王雁飞、朱瑜：《组织社会化理论及其研究评介》，载于《外国经济与管理》2006 年第 5 期。

[159] 王宇苓、雷沪、胡娜：《产教融合人才培养中现代学徒制的价值探析》，载于《天津职业院校联合学报》2016 年第 8 期。

[160] 王振洪、成军：《现代学徒制：高技能人才培养新范式》，载于《中

国高教研究》2012 年第 8 期。

[161] 王正平：《美国职业伦理的核心价值理念和基本特点》，载于《道德与文明》2014 年第 1 期。

[162] 吴德清：《论中华科学文化的价值遮蔽现象》，载于《中南民族大学学报（人文社会科学版）》2004 年第 S1 期。

[163] 吴红耘：《修订的布卢姆目标分类与加涅和安德森学习结果分类的比较》，载于《心理科学》2009 年第 4 期。

[164] 吴涛、张振明、耿俊浩：《基于制造特征的工艺知识管理技术研究》，载于《中国制造业信息化》2011 年第 7 期。

[165] 吴毅、吴刚、马颂歌：《扎根理论的起源、流派与应用方法述评——基于工作场所学习的案例分析》，载于《远程教育杂志》2016 年第 3 期。

[166] 武任恒、杨国柱、万树巍：《西方操作技能理论研究的新进展》，载于《教育学术月刊》2010 年第 8 期。

[167] 武炎吉：《美国：不断创新的注册学徒制》，载于《上海教育》2016 年第 14 期。

[168] 夏杰长：《中国服务业三十年：发展历程、经验总结与改革措施》，载于《首都经济贸易大学学报》2008 年第 6 期。

[169] 肖先举、唐学红、王德堂：《现代学徒制视野下校企文化融合的意义与途径》，载于《职教通讯》2016 年第 23 期。

[170] 辛涛、姜宇、林崇德等：《论学生发展核心素养的内涵特征及框架定位》，载于《中国教育学刊》2016 年第 6 期。

[171] 徐聪：《德国企业参与双元制职业教育的因素分析》，载于《职业技术教育》2014 年第 16 期。

[172] 徐金雷：《技术的默会知识及其实践培育》，载于《华东师范大学学报（教育科学版）》2018 年第 6 期。

[173] 徐国庆：《高职教育发展现代学徒制的策略：基于现代性的分析》，载于《江苏高教》2017 年第 1 期。

[174] 徐国庆：《中国的民间学徒制》，载于《职教论坛》2006 年第 2 期。

[175] 徐国庆：《我国职业教育现代学徒制构建中的关键问题》，载于《华东师范大学学报（教育科学版）》2017 年第 1 期。

[176] 徐艺乙：《手工艺的传统——对传统手工艺相关的知识体系的再认识》，载于《装饰》2011 年第 8 期。

[177] 闫佳怡、宋轶凡、施俊琦：《工作年限与工作绩效关系研究》，载于《职业》2014 年第 1 期。

［178］杨红荃、苏维：《基于现代学徒制的当代"工匠精神"培育研究》，载于《职教论坛》2016 年第 16 期。

［179］杨丽娟：《试论工艺的本质》，载于《自然辩证法研究》1994 年第 8 期。

［180］姚燕芬、潘建华：《关于校企合作新模式——现代学徒制的思考》，载于《当代职业教育》2014 年第 1 期。

［181］叶浩生：《论班图拉观察学习理论的特征及其历史地位》，载于《心理学报》1994 年第 2 期。

［182］易艳明、李国桢、孙勇民：《精密机械技术专业"现代学徒制"人才培养模式实践探索》，载于《职业技术教育》2015 年第 17 期。

［183］殷明、刘电芝：《身心融合学习：具身认知及其教育意蕴》，载于《课程·教材·教法》2015 年第 7 期。

［184］袁维新、吴庆麟：《问题解决：涵义、过程与教学模式》，载于《心理科学》2010 年第 1 期。

［185］远德玉：《产业技术界说》，载于《东北大学学报（社会科学版）》2000 年第 1 期。

［186］远德玉：《技术是一个过程——略谈技术与技术史的研究》，载于《东北大学学报（社会科学版）》2008 年第 3 期。

［187］苑国栋：《政府责任：实现校企合作的必要条件——来自现代学徒制的启示》，载于《职教论坛》2009 年第 16 期。

［188］张光荣：《谈谈绘画技能的教学探索》，载于《职业教育研究》2004 年第 9 期。

［189］张华：《论核心素养的内涵》，载于《全球教育展望》2016 年第 4 期。

［190］张庆玲：《高职机电一体化技术专业现代学徒制实践探索》，载于《职业技术教育》2014 年第 14 期。

［191］张翔云、胡振宇：《高职学生职业素养的量化评价方法》，载于《职业技术教育》2010 年第 2 期。

［192］张映伟、于川：《现代制造业的组织与管理》，载于《成组技术与生产现代化》2002 年第 3 期。

［193］张志伟：《创意的版权保护》，载于《法律科学（西北政法大学学报）》2014 年第 4 期。

［194］赵鹏飞、陈秀虎：《"现代学徒制"的实践与思考》，载于《中国职业技术教育》2013 年第 12 期。

［195］赵鹏飞：《现代学徒制人才培养的实践与认识》，载于《中国职业技术教育》2014 年第 21 期。

［196］赵志群、陈俊兰：《我国职业教育学徒制——历史、现状与展望》，载于《中国职业技术教育》2013 年第 18 期。

［197］赵志群、陈俊兰：《现代学徒制建设——现代职业教育制度的重要补充》，载于《北京社会科学》2014 年第 1 期。

［198］赵志群、庄榕霞：《职业院校学生职业能力测评研究》，载于《职教论坛》2013 年第 3 期。

［199］郑晓明、方俐洛、凌文辁：《社会规范研究综述》，载于《心理学动态》1997 年第 4 期。

［200］郑玉清：《国外现代学徒制成本分担机制探析——兼论现代学徒制企业的成本与收益》，载于《中国职业技术教育》2016 年第 15 期。

［201］周宏伟：《认识"现代学徒制"的六个维度》，载于《职教通讯》2017 年第 10 期。

［202］周洁：《现代服务业的内涵及特征》，载于《品牌（理论月刊）》2010 年第 7 期。

［203］周丽华、李守福：《企业自主与国家调控——德国"双元制"职业教育的社会文化及制度基础解析》，载于《比较教育研究》2004 年第 10 期。

［204］周友光：《"第二次工业革命"浅论》，载于《武汉大学学报（社会科学版）》1985 年第 5 期。

［205］朱晓民、张德斌：《近二十年来教师知识结构研究述评》，载于《山西师大学报（社会科学版）》2006 年第 2 期。

［206］朱燕：《现代知识分类思想下的学习迁移理论述评》，载于《心理科学》1999 年第 3 期。

［207］庄西真：《技能人才成长的二维时空交融理论》，载于《职教论坛》2017 年第 34 期。

［208］百度知道（2016 - 06 - 03）［2018 - 02 - 17］. https：//zhidao. baidu. com/question/195265597. html.

［209］《德国"工业 4.0"》及其影响 . （2014 - 02 - 24）［2017 - 04 - 08］：http：//cass. cssn. cn/xueshuchengguo/jingjixuebu/201402/t20140224_971515. html.

［210］《服务业创新发展大纲（2017—2025 年）》［EB/OL］. （2017 - 06）［2017 - 09 - 11］. http：//www. ndrc. gov. cn/zcfb/zcfbtz/201706/W020170621580363698534. pdf.

［211］观察者网：《全国城市调查失业率》4.99%（2016.2.16）［2017 - 03 - 01］. http：//www. guancha. cn/society/2016_02_16_351143. shtml.

［212］国家发改委《服务业创新发展大纲》，给文化产业什么机会.（2017－06－28）［2018－02－26］.http：//www.sdwht.gov.cn/html/2017/gwy_0628/41333.html.

［213］国家统计局：就业保持基本稳定结构出现较大调整——十八大以来我国就业状况.（2016－03）［2017－09－11］.http：//www.stats.gov.cn/tjsj/sjjd/201603/t20160308_1328215.html.

［214］欧洲失业率普遍降低法国仍居高不下（2015－7－29）［2017－04－01］.http：//world.huanqiu.com/hot/2015－07/7131070.html.

［215］七类专业慎选"现代学徒制".（2017－12－18）［2018－05－22］http：//www.sohu.com/a/211134192_243614.

［216］《景德镇市陶瓷市场"精品瓷"物流现状调查》.（2015－06）［2017－10－03］.人民网·江西频道http：//jx.people.com.cn/n/2015/0105/c359068－23446653.html.

［217］《十八大以来中国文化产业十大数据分析》.（2017－08－08）［2018－02－24］.http：//news.sina.com.cn/c/2017－08－08/doc－ifyiswpt6107657.shtml.

［218］《学徒制缘何在美国企业兴起：动机及成本收益分析》（2017－03－01）［2017－04－01］.搜狐网，http：//mt.sohu.com/it/d20170301/127563327_468720.shtml.

［219］《我国服务业发展回顾及"十三五"发展思路和目标》.（2015－12－02）［2017－10－17］.http：//www.drc.gov.cn/xscg/20151202/182－224－2889490.htm.

［220］《现代学徒制需破学历教育瓶颈》.（2015－08－26）［2018－06－21］.http：//news.163.com/15/0826/00/B1TF5R5200014AEE.html.

［221］《2015年世界部分国家和地区失业和失业率情况汇总——欧洲篇（下）》（2016－10－07）［2017－04－01］.中国就业网，http：//www.chinajob.gov.cn/World/content/2016－10/07/content_1163730.htm.

［222］《中国制造2025》.（2015－05－19）［2017－07－05］.http：//www.gov.cn/zhengce/content/2015－05/19/content_9784.htm.

［223］冯帆：《发达国家职业教育实训基地建设典型模式及其启示》，载于《中国职协2014年度优秀科研成果获奖论文集》（上册），2014年。

［224］王丽：《技术中的符号》，载于《第三届全国科技哲学暨交叉学科研究生论坛文集》，中国自然辩证法研究会，2010年。

［225］Anderson，J.R.Language，memory，and thought［M］.Hillsdale，NJ：Erlbaum，1976.

［226］Bartlett，F. C. *Remembering*：*A Study in Experimental and Social Psychology* ［M］. Cambridge University Press，Cambridge. 1932.

［227］Becker，G. S. *Human Capital* ［M］. New York：Columbia University Press，1964.

［228］Bernstein，N. *The Coordination and Regulation of Movements* ［M］. Pergamon Press，Oxford. 1967.

［229］Billett，S. *Learning in the Workplace*：*Strategies for Effective Practice* ［M］. Sydney，Australia：Allen & Unwin. 2001.

［230］Bourdieu，P. *Distinction*：*A Social Critique of the Judgement of Taste* ［M］. Cambridge：Harvard University Press. 1984.

［231］Bruner，J. *Toward a Theory of Instruction* ［M］. Cambridge，MA：Harvard University Press. 1966.

［232］Bunz，U. K. *Usability and Gratifications*：*Effective Website Communication Through an Audience-centered Website Analysis Model* ［M］. University of Kansas，Communication Studies，2002.

［233］Chiu，C. Y. & Hong，Y. *The Social Psychology of Culture* ［M］. New York：Psychology Press. 2006.

［234］Cuadrado－Roura，J. R. *Service Industries and Regions*：*Growth，Location and Regional Effects* (1*st ed.*) ［M］. Heidelberg，Berlin：Springer. 2013.

［235］Dewey，J. *The School and Society* ［M］. Chicago：University of Chicago Press. 1990.

［236］Dreyfus，H. *On the Internet*：*Thinking in Action. Routledge* ［M］：Routledge Press，2001.

［237］Engestrom，Y. *Learning by Expanding*：*An Activity Theoretical Approach to Developmental Research* ［M］. Helsinki：Orienta－Konsultit Oy. 1987.

［238］Ericsson，K. A. & Simon，H. A. *Protocol Analysis*：*Verbal Reports as Data* (*revised ed.*) ［M］. Cambridge，MA：MIT Press. 1993.

［239］Gadner，H. *the Unschooled Mind* ［M］. NewYork：Basic Books. 1991.

［240］Gibson，J. J. *The Senses Considered as Perceptual Systems* ［M］. Houghton Mifflin，Boston. 1966.

［241］Greenwood，D. J. & M. Levin. *Introduction to Action Research* ［M］. Sage，Thousand Oaks，CA. 1998.

［242］Halpern. *The Means to Grow up*：*Reinventing Apprenticeship as a Developmental Support in Adolescence* ［M］. NY：Routledge. 2009.

［243］ Leonard，B. D. *Wellsprings of Knowledge*：*Building and Sustaining the Sources of Innovation* ［M］. Harvard Business School Press，Boston：Massachusetts，1995.

［244］ Lipsky，M. *Street – Level Bureaucracy* ［M］. Russell Sage，New York. 1980.

［245］ Magill，R. A. *Motor Learning and Control*：*Concepts and applications* (*8th ed.*) ［M］. New York：McGraw Hill. 2006.

［246］ Maxwell，J. A. *Qualitative Research Design*：*An Interactive Approach* ［M］. SAGE Publications，2013.

［247］ Mirsky，R. & Schaufelberger，J. *Professional Ethics for the Construction Industry* ［M］. Taylor and Francis，2014.

［248］ Montessori，M. *The Montessori Method* ［M］. New York：Frederick Stokes. 1913.

［249］ Norman，D. A. & Shallice，T. *Attention to Action*：*Willed and Automatic Control of Behavior* (*CHIP Report* 99) ［M］. University of California，San Diego，CA. 1980.

［250］ Regev，G.，Gause，D. C. & Wegmann，A. *Requirements Engineering Education in the 21st Century*，*an Experiential Learning Approach* ［M］. 16th IEEE International Requirements Engineering Conference，Barcelona，Catalunya，Spain，2008.

［251］ Rose，M. *The Mind at Work*：*Valuing the Intelligence of the American Worker* ［M］. London：Penguin Books. 2005.

［252］ Roser，C. "*Faster*，*Better*，*Cheaper*" *in the History of Manufacturing＿ from the Stone Age to Learn Manufacturing and Beyond* ［M］. CRC Press. 2016.

［253］ Rylatt，A. *Learning Unlimited*：*Practical Strategies and Techniques for Transforming Learning in the Workplace* ［M］. Business and Professional Publishing，Sydney. 1994.

［254］ Schank，R. C. *Dynamic Memory* ［M］. Cambridge University Press，Cambridge. 1982.

［255］ Scheffler，I. *Condition of Knowledge*：*An Introduction To Epistemology and Education* ［M］. Chicago，Scott，Foresman，1965.

［256］ Sosa，E. A *Virtue Epistemology*：*Apt Belief and Reflective Knowledge* (*Vol.* 1) ［M］. Oxford：Oxford University Press：2007.

［257］ Stanley，J. *Know How* ［M］. Oxford：Oxford University Press. 2011.

［258］ Stevenson，J. (Eds.). *Developing Vocational Expertise*：*Principles and Is-*

sues in Vocational Education ［M］. Crows Nest，NSW：Allen & Unwin. 2003.

［259］Strauss，A. *Qualitative Analysis for Social Scientists* ［M］. Cambridge：Cambridge University Press，1987.

［260］Sveiby，K. E. *The New Organizational Wealth*：*Managing and Measuring Knowledge - Based Assets* ［M］. Berrett - Koehler Publisher，San Francisco：CA，1997.

［261］Turner，A. N. & Lawrence，P. R. *Industrial Jobs and the Worker* ［M］. Boston：Harvard University Graduate School of Business Administration，1965.

［262］Vygotsky，L. *Mind in Society* ［M］. Cambridge，MA：Cambridge University Press. 1978.

［263］Ward，C.，Bochner，S. & Furnham，A. *The Psychology of Culture Shock* ［M］. London：Routledge. 2001.

［264］Wenger，L. J. *Situated Learning*：*Legitimate Peripheral Participation* ［M］. Cambridge：Cambridge University Press. 1991.

［265］Adams，F. Embodied Cognition ［J］. *Phenom Cogn Science*. 2010（9）：619.

［266］Amabile，T. M. Attributions of Creativity：What are the Consequences? ［J］*Creativity Research Journal*，1995（4）：423 - 426.

［267］Andrea，E. C.，Griffin，A. C. & Srikanth，G. Newcomer and Organizational Socialization Tactics：An Interactionist Perspective ［J］. *Human Resource Management Review*，2000（4）：453 - 474.

［268］Baber，C. Cognitive Aspects of Tool Use ［J］. *Applied Economics*. 2006（37）：3 - 15.

［269］Bernstein，B. Vertical and Horizontal Discourse：An Essay ［J］. *British Journal of Sociology of Education*，1999（2）：157 - 173.

［270］Billett，S. Situating Learning in the Workplace - Having Another Look at Apprenticeships ［J］. *Industrial and Commercial Training*，1994（11）：9 - 16.

［271］Billetts，S. R. & Barker，M. Understanding Work，Learning and the Remaking of Cultural Practices ［J］. *Studies in Continuing Education*，2005（3）：19 - 237.

［272］Bishiop，J. H. & Mane，F. The Impacts of Career-technical Education on High School Labor Market Success ［J］. *Economics of Education Review*. 2004（4）：381 - 402.

［273］Bozeman，B. & Feeney，M. K. Toward a Useful Theory of Mentoring：A

Conceptual Analysis and Critique [J]. *Administration & Society*, 2007 (6), 719 – 739.

[274] Bradley, G. Job Tenure as a Moderator of Stressor Strain Relations: A Comparison of Experienced and New-start Teachers [J]. *Work & Stress*, 2007 (1): 48 – 64.

[275] Brennan, L., Ferdows, K., Godsell, J., Golini, R., Keegan, R., Kinkel, S., Srai, J. & Taylor, M. Manufacturing in the World: Where Next? [J]. *International Journal of Operations & Production Management*, 2015 (9): 1253 – 1274.

[276] Byrne R. W. & Russon A. Learning by Imitation: A Hierarchical Approach [J]. *Behavioral & Brain Sciences*, 1988 (21): 667 – 721.

[277] Byrne, R. W. Imitation as Behaviour Parsing [J]. *Philosophical Transactions of the Royal Society B: Biological Sciences*, 2003 (1431): 529 – 536.

[278] Chan, S. The Reciprocity of 'Imitative Learning' through Apprenticeship [J]. *Vocations and Learning*. 2017. (10): 325 – 342.

[279] Chan, S. Crafting an Occupational Identity: Learning the Precepts of Craftsmanship through Apprenticeship [J]. *Vocations and Learning*, 2014 (3): 313 – 330.

[280] Chao, L. L. & Martin, A. Representation of Manipulable Manmade Objects in the Dorsal Stream [J]. *NeuroImage*, 2000 (12): 484 – 487.

[281] Cheng, C. & Angela, K. Revisiting the Multicultural Experience – Creativity Link: The Effects of Perceived Cultural Distance and Comparison Mind – Set [J]. *Social Psychological and Personality Science*. 2013 (4): 475 – 482.

[282] Clarke, L. & Winch, C. Apprenticeship and Applied Theoretical Knowledge [J]. *Educational Philosophy and Theory*. 2004 (5): 509 – 522.

[283] Coleman, J. S. Social Capital in the Creation of Human Capital [J]. *American Journal of Sociology*, 1988 (S): 95 – 120.

[284] Crouch, C. Skills-based Employment: The Latest Philosopher's Stone [J]. *British Journal of Industrial Relations*, 1997 (35): 3.

[285] Dickie, I. Skill before Knowledge [J]. *Philosophy and Phenomenological Research*, 2012 (3): 737 – 745.

[286] Domínguez, E. S. Work Stressors and Creativity [J]. *Management*, 2013 (4): 479 – 503.

[287] Elbaum, B. Why Apprenticeship Persisted in Britain But Not in the United States [J]. *The Journal of Economic History*, 198 (2): 337 – 349.

［288］Eyferth, J. Craft Knowledge at the Interface of Written and Oral Cultures ［J］. *East Asian Science, Technology and Society: an International Journal*. 2010 （2）: 185－205.

［289］Fattori, P. , Breveglieri, R. , Bosco. A. , Marzocchi, N. , Esseily, R. & Fagard J. Observational Learning of Tool-use in Human Infants and Macaques ［J］. *Human Evolution*. 1987 （2）: 175－183.

［290］Fuller, A. Modern Apprenticeship, Process and Learning: Some Emerging issues ［J］. *Journal of Vocational Education & Training*, 1996 （48）: 229－248.

［291］Gamble, J. Modelling the Invisible: The Pedagogy of Craft Apprenticeship ［J］. *Studies in Continuing Education*, 2001 （2）, 185－200.

［292］Garavan, T. N. & Murphy, C. The Co－Operative Education Process and Organisational Socialisation: A Qualitative Study of Student Perceptions of its Effectiveness ［J］. *Education & Training*, 2001 （6）: 281－302.

［293］Gary, D. & Morgan, M. Modern Apprenticeships: Filling the Skills Gap? ［J］. *Journal of Vocational Education & Training*. 1998. 50 （1）: 123－134.

［294］Geel, R. , Mure, J. & Backes－Gellner, U. Specificity of Occupational Training and Occupational Mobility: an Empirical Study based on Lazear's Skill-weights Approach ［J］. *Education Economics*, 2011 （19）. 5: 519－535.

［295］Glover, R. W. & Bilginsoy, C. Registered Apprenticeship training in the US Construction Industry ［J］. *Education & Training*; 2005 （47）: 337－349.

［296］Granovetter, M. The Strength of Weak Ties: A Network Theory Revisited ［J］. *Sociological Theory*, 1983 （1）: 201－233.

［297］Grimmett, P. & MacKinnon, A. Craft Knowledge and the Education of Teachers ［J］. *Review of Research in Education*, 1992 （18）: 385－456.

［298］Hackman, J. R. & Lawler, E. E. Employee Reactions to Job Characteristics ［J］. *Journal of Applied Psychology*, 1971 （55）: 259－286.

［299］Hafner, K. In Real Life's Shadow, Virtual Life Can Pale ［J］. *The New York Times*, 1999: 10.

［300］Hamilton, G. The Decline of Apprenticeship in North America: Evidence from Montreal ［J］. *The Journal of Economic History*. 2000, 60 （3）: 627－664.

［301］Hill, T. P. On Goods and Services ［J］. *The Review of Income and Wealth*, 1977 （23）: 138.

［302］Hofer, H. & Lietz, C. Labor Market Effects of Apprenticeship Training in Australia ［J］. *International Journal of Manpower*. 2004 （1）: 104－122.

［303］ Johnson – Frey, S. The Neural bases of Complex Tool Use in Humans ［J］. *Trends in Cognitive Sciences.* 2004（8）：71 – 78.

［304］ Jonassen, D. , Strobel, J. & Lee, C. Everyday. Problem Solving in Engineering：Lessons for Engineering Educators ［J］. *JEE.* 2006（2）：139 – 151.

［305］ Kačerauskas, T. & Tamošauskas, P. Sport as Factor of Creativity ［J］. *Filosofija. Sociologija*, 2015（1）：64 – 71.

［306］ Keefe, E. B. & Copeland, S. R. What Is Literacy? The Power of a Definition ［J］. *Research and Practice for Persons with Severe Disabilities*, 2011（3）：92 – 99.

［307］ Kilbrink, N. & Bjurulf, V. Transfer of Knowledge in Technical Vocational Education：a Narrative Study in Swedish upper Secondary School ［J］. *International Journal of Technology and Design Education*, 2013. 23（3）：519 – 535.

［308］ Klara, H. T. Examining the "Point of Frustration". The Think-aloud Method Applied to Online Search Tasks ［J］. *Qual Quant*, 2009（43）：211 – 224.

［309］ Lamont, M. & Lareau, A. Cultural Capital：Allusions, Gaps and Glissandos in Recent Theoretical Developments ［J］. *Sociological Theory*, 2011（2）, 153 – 168.

［310］ Lee, H. & Kim, K. Can Speaking More Languages Enhance Your Creativity? Relationship between Bilingualism and Creative Potential among Korean American Students with Multicultural link ［J］. *Personality and Individual Differences.* 2011（8）：1186 – 1190.

［311］ Leung, A. K. , Maddux, W. W. , Galinsky, A. D. & Chiu, C. Multicultural Experience Enhances Creativity：The When and How ［J］. *American Psychologist*, 2007（3）：169 – 181.

［312］ Malcomson, J. , Maw, J. & Cormick, B. General Training by Firms, Contract Enforceability and Public Policy ［J］. *Europe-an Economic Review*, 2003（47）：2.

［313］ Marton, F. Skill as an Aspect of Knowledge ［J］. *The Journal of Higher Education*, 1979（5）：602 – 614.

［314］ Mellers, B. A. , Schwartz, A. & Cooke, A. D. J. Judgment and Decision Making ［J］. *Annual Review of Psychology.* 1998（49）：447.

［315］ Melvin, J. R. History and Measurement in the Service Sector：a Review ［J］. *Review of Income and Wealth*, 1995（41）：481 – 494.

［316］ Middleton, H. Complex Problem Solving in a Workplace Setting ［J］. *Inter-*

national Journal of Educational Research. 2002 （1）: 67 – 84.

［317］Muehlemann, S. & Wolter, S. C. Return on Investment of Apprenticeship Systems for Enterprises: Evidence from Cost-benefit Analyses ［J］. *IZA Journal of Labor Policy.* 2014 （3）: 25.

［318］Nagell, K. Processes of Social Learning in the Tool Use of Chimpanzees and Human Children ［J］. *J Comp Psychol.* 1993 （2）: 174 – 86.

［319］Pavese, C. Skill in Epistemology I: Skill and Knowledge ［J］. *Philosophy Compass*, 2016. （11）: 642 – 649.

［320］Pavitt, K. Technologies, Products and Organisation in the Innovating Firm: What Adam Smith Tells Us and Joseph Schumpeter doesn't ［J］. *Industrial and Corporate Change.* 1998 （3）: 433 – 452.

［321］Piske, F. H. R. & Stoltz, T. O. Desenvolvimento Afetivo de Alunos Superdotados: Uma Contribuição a Partir de Piaget ［J］. *Schème: Revista Eletrônica de Psicologia e Epistemologia Genéticas*, 2012 （4）: 149 – 166.

［322］Preston, B. Cognition and Tool Use ［J］. *Mind Language.* 1998 （13）: 513 – 547.

［323］Ratnam, A. Traditional Occupations in a Modern World: Implications for Career Guidance and Livelihood Planning ［J］. *International Journal for Educational and Vocational Guidance*, 2011 （2）: 95 – 109.

［324］Reber, A. S. An Evolutionary Context for the Cognitive Unconscious ［J］. *Philosophical Psychology.* 1992 （5）: 33 – 51.

［325］Rendall, M. & Weiss, F. J. Employment Polarization and the Role of the Apprenticeship System ［J］. *European Economic Review.* 2016 （82）: 166 – 186.

［326］Ridzwan, C. R. & Yasin, R. M. Cultivating Learning: A Grounded Theory of Skills Acquisition for Vocation in Modern Apprenticeships ［J］. *Procedia – Social and Behavioral Sciences*, 2015 （174）: 275 – 282.

［327］Robert, V. A. Refining the Test Phase of Usability Evaluation: How Many Subjects is Enough? ［J］. *Hum Factors*, 1992 （4）: 457 – 468.

［328］Royer, J. M. Theories of the Transfer of Learning ［J］. *Educational Psychologist*, 1979 （14）: 53 – 69.

［329］Ryan, P. The School-to – Work Transition: A Cross – National Perspective ［J］. *Journal of Economic Literature*, 2001 （39）: 1.

［330］Sande, F. S. Globalization as a Risk Factor For Creativity And Innovativeness ［J］. *Ekonomski Vjesnik.* 2016 （1）: 177 – 192.

［331］ Smith, E. & Wilson, L. School-based Apprenticeships and Traineeships in Australia ［J］. *Education Training*, 2004 (2): 64 – 74.

［332］ Stanley, J. & Williamson, T. Skill ［J］. Noûs, 2017, 51 (4): 713 – 726.

［333］ Stevenson, J. Normative Nature of Workplace Activity and Knowledge ［J］. *International Journal of Educational Research*, 2002, 37 (1): 85 – 106.

［334］ Stevenson, J. Concepts of Workplace Knowledge ［J］. *International Journal of Educational Research*, 2002, 37 (1): 1 – 15.

［335］ Stevenson, J. The Implications of Learning Theory for the Idea of General Knowledge ［J］. *Journal of Vocational Education and Training*. 2003 (2): 241 – 256.

［336］ Webster, A. & Lunt, I. Ethics, Professionalization and the Future Landscape of Educational Psychology ［J］. *Educational and Child Psychology*, 2002 (1): 97 – 107.

［337］ Yanow, D. Translating Local Knowledge at Organizational Peripheries ［J］. *British Journal of Management*, 2004 (S1): 9 – 25.

［338］ Kilgour, A. M. The Creative Process: the Effects of Domain Specific Knowledge and Creative Thinking Techniques on Creativity ［D］. Unpublished doctoral dissertation, University of Waikato. 2006.

［339］ BIBB. VET Data Report Germany 2015 ［R］. Bundesinstitut für Berufsbildung. 2016: 50 – 51.

［340］ Deist, F. L. , Winterton, J. Comparative Analysis of Apparent Good Practice in Apprenticeship System ［R］. Toulouse: ESC. 2011: 105.

［341］ Gordon, J. et al. . Key Competences in Europe: Opening Doors for Lifelong Learners across the School Curriculum and Teacher Education ［R］. 2009: 33.

［342］ INAP. The Architecture for Modern Apprenticeship: Standards for Structure, Organization and Governance ［R］. 2012: 37.

［343］ Lerman, R. I. Training Tomorrow's Workforce: Community Colleges and Apprenticeship as Collaborative Routes to Rewarding Careers ［R］. Washington, DC: Center for American Progress, 2009: 6/12.

［344］ OECD. The Definition and Selection of Key Competencies: Executive Summary ［R］. 2005: 4.

［345］ Richardson, W. , Spours, K. , Woolhouse, J. & Young, M. Learning for the Future: Initial Report ［R］. Institute of Education and University of Warwick. 1995: 25.

［346］ Specification of Apprenticeship Standards for England ［R］. London： NAS. 2011： 9 – 11.

［347］ Steedman, H. Apprenticeship in Europe： Fading or Flourishing? ［R］. London： Centre for Economic Performance. 2005： 12.

［348］ A Cost-benefit Analysis of Apprenticeships and Other Vocational Qualifications ［EB/OL］. （2013 – 03 – 21） ［2017 – 02 – 03］. http： //webarchive. nationalarchives. gov. uk/20130321015154/https： //www. education. gov. uk/ publications/ eOrderingDownload/RR834. pdf.

［349］ A Technical Report on Learnership and Apprenticeship Population Databases in South Africa： Patterns and Shifts in Skills Formation ［EB/OL］. （2012 – 01 – 01） ［2017 – 04 – 05］. http： //www. hsrc. ac. za/en/research – data/ktree – doc/9841.

［350］ An Architecture for Modern Apprenticeships'. Standards for Structure, Organisation and Governance ［EB/OL］. （2012 – 05） ［2017 – 04 – 01］. http： //bildungsklick. de/ datei – archiv/51719/memorandum_ – inap – commissionarchitecture – apprenticeship_may – 2012. pdf.

［351］ Apprentices and Trainees 2015 Annual Report ［EB/OL］. （2016 – 02） ［2017 – 05 – 04］. https： //www. ncver. edu. au/_data/assets/word_doc/0026/60488/ Apprentices – and – trainees – 2015 – annual – 2880. docx.

［352］ Apprenticeship and Economic Advantage： A Blueprint for. American Industry and Public Policy in the 21st Century ［EB/OL］ ［2018 – 05 – 19］. http： // milestoneplanning. net/whitepapers/Apprenticeship% 20Article% 20Final. pdf.

［353］ Apprenticeship Standards： List of Occupations Available ［EB/OL］. （2015 – 10 – 5） ［2017 – 04 – 07］. https： //www. gov. uk/government/uploads/system/uploads/attachment_data/file/628714/Apprenticeship_standards. pdf.

［354］ Creative Industries Mapping Documents ［EB/OL］. ［2017 – 05 – 07］. https： //www. gov. uk/government/uploads/system/uploads/attachment _ data/file/183544/ 2001part1 – foreword2001. pdf.

［355］ Datenreportzum Berufsbildungsbericht 2012 ［EB/OL］. （2013 – 03） ［2017 – 04 – 02］. https： //datenreport. bibb. de/media2012/BIBB _ Datenreport _ 2012. pdf.

［356］ Delivering TVET through Quality Apprenticeships： Report of the UNESCO – UNEVOC Virtual Conference ［EB/OL］ （2015 – 06 – 26） ［2017 – 01 – 02］. http： // www. unevoc. unesco. org/up/2015eForum_Quality_Apprenticeships_Report. pdf.

［357］ Dual Apprenticeship Models in Bangladesh ［EB/OL］. （2013 – 12）

［2017 – 03 – 01］：http：//www. ilo. org/wcmsp5/groups/public/—asia/—ro – bang-kok/—ilo-dhaka/documents/publication/wcms_226501. pdf.

［358］European Commission. Apprenticeship and Traineeship Schemes in EU27：Key Success Factors ［EB/OL］. （2013 – 06）［2017 – 03 – 08］. https：//www. bibb. de/dokumente/pdf/Guidebook_Apprenticeship_Schemes_EU27. pdf.

［359］Holliday，R. & Retallick，J. Workplace Learning：Module 2 – The Workplace as a Place of Learning ［EB/OL］. ［2017 – 05 – 11］. https：//learn. canvas. net/courses/1247/pages/module – 2 – learning-objectives.

［360］IFF Research and the Institute of Employment Research. Evaluation of Apprenticeships Employers （No. 77）［EB/OL］（2012 – 05）［2017 – 02 – 08］：http：//dera. ioe. ac. uk/14428/1/12 – 813 – evaluation-of-apprenticeships-employers. pdf.

［361］ILO & World Bank. Towards a Model Apprenticeship Framework：A Comparative Analysis of National Apprenticeship Systems. ［EB/OL］（2014 – 01 – 30）［2017 – 01 – 03］：http：//www. ilo. org/newdelhi/whatwedo/publications/WCMS_234728/lang—en/index. htm.

［362］ILO. Overview of Apprenticeship System and Issues：ILO Contribution to the G20 Task Force on Employment ［EB/OL］（2012 – 11）［2017 – 01 – 07］. http：//natlex. ilo. ch/wcmsp5/groups/public/—ed_emp/—ifp_skills/documents/genericdocument/wcms_190188. pdf.

［363］ILO. The Conclusion on Skills for Improved Productivity，Employment Growth and Development ［EB/OL］（2008 – 06 – 13）［2017 – 02 – 03］. http：//www. ilo. org/skills/pubs/WCMS_103457/lang—en/index. htm.

［364］ILO/MOLE Programme on Operationalization of Skills Development：Policy paper. ［EB/OL］. （2011 – 12）［2017 – 04 – 02］. http：//www. ilo. org/newdelhi/whatwedo/projects/WCMS_123410/lang—en/index. htm.

［365］ILP. The Youth Employment Crisis：A Call for Action. Record of Proceedings ［EB/OL］（2012. 7. 25）［2017 – 01 – 09］：http：//www. ilo. org/ilc/ILCSessions/101stSession/texts-adopted/WCMS_185950/lang—en/index. htm.

［366］Kevin Hollenbeck. The Interaction of Workforce Development Programs and Unemployment Compensation by Individuals with Disabilities in Washington State ［EB/OL］（2011 – 06）［2017 – 02 – 08］. http：//research. upjohn. org/cgi/viewcontent. cgi? article = 1062&amp；context = externalpapers.

［367］Key Elements of Quality Apprenticeships ［EB/OL］. （2012 – 09 – 27）

〔2017 – 01 – 07〕. http：//www. ilo. org/wcmsp5/groups/public/—ed _ emp/—ifp _ skills/documents/publication/wcms_218209. pdf.

〔368〕National Skills Needs List〔EB/OL〕.（2015 – 07）〔2017 – 05 – 06〕. https：//www. australianapprenticeships. gov. au/sites/ausapps/files/publication-docu-ments/fact_sheet_ – _about_the_national_skills_needs_list_july2015_final. docx.

〔369〕National Standards of Apprenticeship for Wildland Fire Fighter〔EB/OL〕.（2016 – 02 – 12）〔2018 – 05 – 08〕. https：//www. nafri. gov/wfap/docs/2016/1National StandardsWithSignatures. pdf.

〔370〕Origins of Creative Industries Policy〔EB/OL〕.（2011 – 04 – 19）〔2018 – 02 – 26〕. https：//www. sagepub. com/sites/default/files/upm-binaries/42872_Flew. pdf.

〔371〕Quintini G. ，Martin J. P. & Martin，S The Changing Nature of the School to Work Transition Process on OECD countries.（Discussion Paper No. 2582）. Re-trieved from institute of the Study of Labor〔EB/OL〕（2007 – 01）〔2017 – 02 – 03〕：http：//ftp. iza. org/dp2582. pdf.

〔372〕Registered Apprenticeship：Federal Role and Recent Federal Efforts〔EB/OL〕.（2018 – 04 – 20）〔2018 – 06 – 17〕. https：//fas. org/sgp/crs/misc/R45171. pdf.

〔373〕Towards a Model Apprenticeship Framework：a Comparative Analysis of National Apprenticeship Systems〔EB/OL〕.（2013 – 05）〔2017 – 04 – 03〕：ht-tp：//www. ilo. org/wcmsp5/groups/public/—asia/—ro-bangkok/—sro-new_delhi/doc-uments/publication/wcms_234728. pdf.

〔374〕Axmann，M. & Hofmann，C. Overcoming the Work-inexperience Gap through Quality Apprenticeships—the ILO'S contribution〔M〕// Akoojee，S. ，Gonon，P. ，Hauschildt，U. ，Hofmann，C.（Eds. ）. Apprenticeship in a globalized world：premises，promises and pitfalls. Berlin：LIT，2013：17 – 27.

〔375〕Billet，S，Vocational Learning：Contributions of Workplaces and Educa-tional Institutions〔M〕// Maclean，R. & Wilson，D.（eds. ）. International Handbook of Education for the Changing World of Work. 2010：1711 – 1723.

〔376〕Brumm，T. J. ，Hanneman，L. F. & Mickelson，S. K. The Data are in：Student Workplace Competencies in the Experiential Workplace〔C〕// Proceedings of the American Society for Engineering Education Annual Conference，Portland，Ore-gon. 2005.

〔377〕Butler，S. On Tools〔M〕//Keynes，G. ，Hill，B.（Eds. ）. Samuel Butler's Notebooks. Jonathan Cape，London. 1912.

［378］ Collins, A. , Brown J. S. & Newman, S. E. Cognitive Apprenticeship: Teaching the Crafts of Reading, Writing and Mathematics ［M］//Resnick, L. B. (Ed.). Knowledge, Learning and Instruction, Essays in Honour of Robert Glaser, Erlbaum & Associates, Hillsdale, NJ, 1989: 453 - 94.

［379］ Eraut, M. Transfer of Knowledge between Education and Workplace Settings ［M］// Rainbird, H. , Fuller, A. & Munro, A. (Eds.). Workplace Learning in Contex. London: Routledge. 2004a: 201 - 221.

［380］ Gonon, P. Apprenticeship as a Model for the International Architecture of TVET ［M］//Zhiqun Zhao. Assuring the Acquisition of Expertise: Apprenticeship in the Modern Economy. Beijing: Foreign Language Teaching and Research Press. 2011: 23 - 25.

［381］ Hager, P. The Conceptualization and Measurement of Learning at Work ［M］//Rainbird, H. , Fuller, A. & Munro, A. (Eds.). Workplace Learning in Context. London: Routledge. 2004: 242 - 258.

［382］ Herrmann, I. , Grollmann, P. & Rauner, F. Introduction to W13: Rediscovering Apprenticeship-an Answer to Learning Enterprises ［M］. // Rauner, F. Rediscovering Apprenticeship An Answer To Learning Enterprises. Bielefeld: W. Bertelsmann Verlag, 2007: 5.

［383］ Lerman, R. I. Apprenticeship in Global, National and Local Contexts: Can INAP Bridge the Gaps? ［M］//Akoojee, S. , Gonon, P. , Hauschildt, U. & Hofmann, C. (Eds.). Apprenticeship in a Globalized World: Premises, Promises and Pitfalls. Berlin: LIT, 2013: 28 - 36.

［384］ Marsh, R. Progress with the English Apprenticeship ［M］// Akoojee, S. , Gonon, P. , Hauschildt, U. & Hofmann, C. (Eds.). Apprenticeship in a Globalized World: Premises, Promises and Pitfalls. Berlin: LIT, 2013: 69 - 72.

［385］ Marsick, V. J. New Paradigms for Learning in the Workplace ［M］// Marsick, V. J. (Ed.). Learning in the Workplace, Croom Helm, London, 1987 - 11 - 30.

［386］ Nunes, T. Systems of Signs and Conceptual Change ［M］// Schnotz, W. , Vosniadou, S. & M. Carrereto (Eds) . New Perspectives on Conceptual Change. Amsterdam: Pergamon. 1999.

［387］ Rauner, F. The Apprenticeship Approach: a Way to Overcome Demarcations between Vocational and Higher Education ［M］//Zhiqun Zhao. Assuring the Acquisition of Expertise: Apprenticeship in the Modern Economy. Beijing: Foreign Language Teaching and Research Press. 2011：23 – 25.

　　［388］Wigfield，A. ，Byrnes，J. P. & Eccles，J. S. Development during Early and Middle Adolescence ［M］//Alexander，P. A. ，& Winne，P. H. (Eds.). Handbook of Educational Psychology，Second edition. New York：Routledge. 2006：89.